C.Bertelsmann

ANDREAS ENGLISCH

DAS VERMÄCHTNIS VON PAPST FRANZISKUS

Wie der Kämpfer
im Vatikan die
katholische Kirche
verändert hat

C.Bertelsmann

Sollte diese Publikation Links auf Webseiten Dritter enthalten,
so übernehmen wir für deren Inhalte keine Haftung,
da wir uns diese nicht zu eigen machen, sondern lediglich auf
deren Stand zum Zeitpunkt der Erstveröffentlichung verweisen.

MIX
Papier | Fördert
gute Waldnutzung
FSC® C014496
FSC
www.fsc.org

Klimaneutral*
Druckprodukt
ClimatePartner.com/14044-1912-1001

Penguin Random House Verlagsgruppe FSC® N001967

1. Auflage
© 2023 Andreas Englisch
© 2023 C.Bertelsmann Verlag, München,
in der Penguin Random House Verlagsgruppe GmbH,
Neumarkter Str. 28, 81673 München
Umschlaggestaltung: Büro Jorge Schmidt, München
Lektorat: Brigitte Wormer
Bildredaktion: Annette Baur
Satz: Leingärtner, Nabburg
Druck und Bindung: GGP Media GmbH, Pößneck
Printed in Germany
ISBN 978-3-570-10514-6

www.cbertelsmann.de

Inhalt

19. November 2022   9

Rom

25. Oktober 2022   16

Rom

25. Juli 2022   24

Vergebung

13. März 2013   34

Vatikan 34 • Irak 35 • Vatikan 36 • Griechenland 39
Vatikan 40 • Brasilien 44 • Vatikan 45
Deutschland 47 • Vatikan 48 • Madagaskar 50
Vatikan 51 • Abu Dhabi 54 • Vatikan 55 • Kanada 57
Vatikan 58 • Italien 60 • Vatikan 61 • Italien 63
Vatikan 64 • Zypern 67 • Vatikan 69 • Myanmar 71
Vatikan 72 • Mosambik 72 • Vatikan 73

2013 76

Ein anderer Papst 76 • Der Umzug 78
Der erste Handy-Papst 87 • Zwei Päpste 91
Schock zu Ostern 98 • Des Papstes neue Kleider 102
Der Bruch des Paktes 107 • *Lumen Fidei* –
Licht des Glaubens 110 • Massengrab Mittelmeer 112
Exkurs: Die Päpste und die Politik 112 • Rio de Janeiro 117
Homosexuelle 124 • Castel Gandolfo 128

2014 132

Die Israel-Reise 132 • Kurienkrankheiten 139

2015 153

Heilige Jahre 153 • Maria Faustyna Kowalska 156
Óscar Romero 161 • Das Heilige Jahr 2015 –
Eröffnung 171 • Homosexualität 173

2016 177

Prophezeiung 184 • *Amoris Laetitia* 195

2017 202

»Dubia« 202 • Myanmar 210 • Dhaka – Bangladesch 220
Donald Trump 227

2018 232

Franziskus und die Mafia

2019 237

Im Dialog mit dem Islam 237 • Missbrauch 243
Mosambik 250 • Madagaskar 256

2020 265

Im Schatten der Pandemie 265 • *Fratelli tutti* 269

2021 275

Die Reise in den Irak

2022 297

Kanada 297 • Iqaluit 319 • Nur-Sultan 323

Winter 2022/23 339

Eine veränderte Welt 339 • Ein Paukenschlag
während der Audienz 347 • Abschied 351
Das Ende einer Epoche 358

Personenregister 364

Bildnachweis 368

19. November 2022

Rom

Es ist 8.30 Uhr, als Georg Bätzing, der Chef der deutschen Bischofskonferenz, allein über den Petersplatz in Richtung des großen Synodensaals im Antonianum geht, dem modernen Gebäude in der Nähe des Palastes der Glaubenskongregation im Vatikan. Der Nieselregen taucht Rom an diesem Morgen in eine düstere Atmosphäre. Das sommerliche Wetter, das bis in den späten Herbst reichte und den Römern erlaubte, noch im November im Meer zu baden, ist endgültig vorbei. Der Nebel und die Kälte scheinen die Menschen nach sieben Monaten mit zum Teil sengender Sonne in ihre Wohnungen zu treiben. Die Besitzer der Cafés räumen an diesem Morgen keine Stühle mehr auf die Plätze von Rom. Bätzing weiß, dass er zu einem außergewöhnlichen Ereignis unterwegs ist, in einer für die katholische Kirche in Deutschland historischen Zeit. Die Auseinandersetzungen zwischen den Bischöfen aus Deutschland und dem Papst eskalierten derart, dass etwas Ungeheuerliches eintrat. Ein Ereignis, das jahrzehntelang bei niemandem Neugier weckte, der »Ad-limina-Besuch« der deutschen Bischöfe beim Papst, also der reine Routinebesuch an den Schwellen (ad limina) der Gräber der Apostel, der alle fünf Jahre fällig wird, schaffte es an diesem Samstagmorgen, die Weltpresse zu mobilisieren. Reporter aus den USA, aus England, Frankreich, Spanien, Italien und natürlich aus Deutschland warten drauf, dass sich Bätzing ihren Fragen stellt.

Es ist lange her, dass sich die internationale Presse brennend für einen Besuch der Bischöfe aus Deutschland im Vatikan interessierte. Das letzte Mal sorgte der erbitterte Streit zwischen Papst Johannes Paul II. und dem damaligen Chef der Bischofskonferenz Karl Lehmann über die Frage der Schwangerenkonfliktberatung für internationales Aufsehen. Das war vor 30 Jahren. Wenn es einen Gott gibt, scheint es ihm Spaß zu machen, die entscheidenden Erschütterungen in der römischen Kirche seit Martin Luther von Deutschland ausgehen zu lassen.

Diesmal geht es um die Frage: Will die deutsche katholische Kirche tatsächlich eine Kirchenspaltung, ein Schisma? Wollen die reformbereiten Katholiken in Deutschland, die sich eine offenere, modernere, demokratischere Kirche wünschen, wirklich gehen? Am ersten Advent des Jahres 2019 hatte die Deutsche Bischofskonferenz zusammen mit den Laien des Zentralkomitees der deutschen Katholiken einen »Synodalen Weg« beschlossen, erschüttert durch die Ausmaße des Missbrauchsskandals.

Lässt diese jahrelange Debatte in Deutschland über die Abschaffung des Zölibats, die Beendigung der Diskriminierung homosexueller Menschen, die Möglichkeit, Frauen zu Priestern zu weihen, überhaupt noch etwas anderes zu als die Trennung der katholischen Kirche Deutschlands von Rom, sollten alle diese Vorschläge einfach wieder sang- und klanglos vom Tisch gefegt werden?

Im Synodensaal warten nervöse Reporter. Sie gieren nach Nachrichtenfutter. Aus dem Umfeld der Kurienkardinäle gibt es klare Signale, dass es während der Treffen mit den deutschen Bischöfen gekracht hat. Wie angespannt dieser Morgen ist, zeigt allein die Liste der Journalisten, die eine Frage stellen wollen. Bei gewöhnlichen Ad-limina-Besuchen zeigen sich Pressesprecher der Bischofskonferenzen erfreut, wenn es überhaupt Fragen gibt. Diesmal muss Pressechef Matthias Kopp versuchen, die lange Liste der Anfragen mit dem geplanten Abflug von Bischof Bätzing vom römischen Flughafen unter einen Hut zu bekommen.

Georg Bätzing verneint natürlich die spektakulärste aller Varianten, dass die katholische Kirche auf eine Spaltung zusteuere. Darum gehe es nicht. Es gehe darum, dass die dramatischen Entwicklungen in Deutschland dazu führten, dass die Kirchenspitze in Rom einen »Flächenbrand« fürchtet. Bei der Pressekonferenz wird Georg Bätzing sagen, in den Gesprächen mit der Kurie sei zu spüren gewesen, dass Rom eine weltweite Eskalation fürchtet, ausgelöst von Deutschland.

Die Sorge scheint durchaus begründet. Im deutschen Kirchenvolk brodelt es. Hunderttausende verlangen eine regelrechte Revolution. Der Priester Oliver Lahl, Geistlicher Rat der deutschen Botschaft, legt während der Pressekonferenz den Finger in die Wunde. Wie es möglich sei, will er wissen, dass es in den Dokumenten, die während des Besuchs der Bischöfe erstellt wurden, heiße, dass das Volk Gottes »geduldig« auf Entscheidungen warte.

Bätzing muss einräumen, dass das eine eklatante Fehleinschätzung sei. Geduldig scheint das deutsche Gottesvolk beim besten Willen nicht mehr zu sein. Die katholische Kirche, die in Deutschland so drastisch an Bedeutung verliert wie nie zuvor, hat es seltsamerweise geschafft, zum heiß diskutierten Dauerbrenner-Thema in der öffentlichen Debatte zu werden und wieder einen »Fall« zu schaffen, den des Kölner Erzbischofs Rainer Maria Woelki.

Selbst gesellschaftliche Gruppen, die absolut nichts mit der katholischen Kirche zu tun haben, debattieren plötzlich den »Fall Woelki«. Fernsehsatiriker stürzen sich auf diese Personalfrage.

Im Kern geht es um Vertuschungsvorwürfe. Der Kardinal soll in Fällen, in denen es um sexualisierte Gewalt geht, nicht die Wahrheit gesagt haben. Die Staatsanwaltschaft entschloss sich nach anfänglichem Zögern im November 2022, gegen Kardinal Woelki zu ermitteln. Doch die umstrittenen Vorwürfe allein hätten vermutlich kaum das Potenzial gehabt, dass Millionen Menschen in Deutschland in einer aufgeheizten Debatte den Kopf des Kölner Erzbischofs fordern.

Es ist Woelkis extrem konservative Haltung, die die Debatte anheizt, vor allem seine Meinung über den Umgang mit Homosexuellen.

Im März 2021 hatte Rainer Maria Woelki das vatikanische Verbot der Glaubenskongregation, »Verbindungen von Personen gleichen Geschlechts zu segnen«, begrüßt. Kardinal Luis Ladaria Ferrer, der spanische Chef der Glaubenskongregation, geboren auf der Insel Mallorca, hatte am 15. März 2021 verlauten lassen:

> »Aus diesem Grund ist es nicht erlaubt, Beziehungen oder selbst stabilen Partnerschaften einen Segen zu erteilen, die eine sexuelle Praxis außerhalb der Ehe (das heißt außerhalb einer unauflöslichen Verbindung eines Mannes und einer Frau, die an sich für die Lebensweitergabe offen ist) einzuschließen, wie dies bei Verbindungen von Personen gleichen Geschlechts der Fall ist.«

Kardinal Ladaria hatte damit die erste ernsthafte Revolte homosexueller Menschen innerhalb der katholischen Kirche ausgelöst. An Kirchen hingen plötzlich die Regenbogenfarben der LGBT-Bewegung. Der Vorstoß entpuppte sich als kolossales Eigentor, vor allem wegen einer Formulierung in dem Verbot. Kardinal Ladaria hatte geschrieben:

> »Das Vorhandensein positiver Elemente (…) in solchen Beziehungen ist trotzdem nicht in der Lage, diese zu rechtfertigen und sie daher rechtmäßig zum Gegenstand einer kirchlichen Segnung zu machen, weil diese Elemente im Dienst einer Verbindung stehen, die nicht auf den Plan des Schöpfers hingeordnet ist.«

Kardinal Ladaria hatte sich also entschlossen, die härteste Keule aus dem Schrank der Theologie zu holen, denn der Satz bedeutet: Gott will keine homosexuellen Menschen. Sie sind im Plan des Schöpfers nicht vorgesehen. Diese Menschen leben gegen Gottes Willen.

Die Reaktion darauf war eine regelrechte Revolution in Deutschland. Mehr als 100 Mitarbeiter der katholischen Kirche outeten sich in einer TV-Dokumentation als homosexuell. Der Titel des Films schoss genau auf Ladarias Verbot. Er lautete: »Wie Gott uns schuf«. Die betroffenen gläubigen Katholikinnen und Katholiken, die sich in dem Film äußern, wehren sich dagegen, dass Gott sie in seinem Plan nicht vorgesehen habe, nur weil Kardinal Ladaria das so sieht.

In Deutschland erzielte die Dokumentation einen sensationellen Erfolg und räumte den Deutschen Fernsehpreis als beste Reportage ab. Aber nicht nur in Deutschland sorgte das Verbot, Homosexuelle zu segnen, für Widerstand, weltweit protestierten Priester und Ordensleute. Jetzt kam es darauf an, ob der Papst Kardinal Ladaria den Rücken stärken würde. Sollte er das nicht tun, würde er der Glaubenskongregation jede Glaubwürdigkeit nehmen.

Die Anhänger von Kardinal Ladaria verlangten, dass der Papst zuschlug, also konkrete Strafen verhängte für alle Priester und Bischöfe, die sich nicht an das Verbot hielten. Schließlich leitete Kardinal Ladaria nicht irgendeine Kongregation, denn seine Behörde ging auf die Inquisition zurück, deren erster Chef der spätere Papst Paul IV. war, der im Jahr 1556 in Rom einen Studenten in heißem Fett töten ließ, weil er Luthers Gedanken guthieß. Doch der Papst verweigerte sich. Es wurden keine Strafen verhängt, der Papst ließ zu, dass Ladarias Verbot ganz offen ignoriert wurde.

Kardinal Woelki musste hinnehmen, dass er ein Eigentor geschossen hatte, als er die Ablehnung, Homosexuelle zu segnen, offen als »Stärkung der Ehe« feierte. Der Papst sah es offenbar anders.

Während der Pressekonferenz hatte Bischof Georg Bätzing kein Problem damit, zuzugeben, dass Woelkis Freude über das Ladaria-Verbot einen tiefen Graben gerissen hatte, weil Woelki, obwohl Kardinal, mit seiner Meinung keineswegs die komplette Deutsche Bischofskonferenz vertrete. Bätzing bestätigte, dass er die Segnung gleichgeschlechtlicher Paare in seiner Diözese nicht verbieten werde. Gleichzeitig unterstrich er, dass die Situation in der Diözese Köln »unerträglich« geworden sei. Der Papst, der Kardinal Woelki ein Rücktrittsgesuch abverlangt hatte, das seitdem unbeachtet in seiner Schublade liegt, solle jetzt endlich entscheiden. Georg Bätzing räumte ein, dass er wohl wisse, der Papst wolle sich im Fall Woelki nicht drängen lassen, aber die Situation sei so angespannt, dass endlich eine Entscheidung hermüsse.

Rainer Maria Woelki hatte selbst den Streit um seine Person, ohne es zu wollen, bis nach Rom getragen. Am Montag, dem 3. Oktober 2022, kam es ausgerechnet in einer der römischen Hauptkirchen, in San Pietro fuori le mura, zu einem Eklat. Der Kölner Kardinal musste die Erfahrung machen, dass junge Menschen der LGBT-Bewegung nahestehen und die Herabsetzung homosexueller Menschen, denen Woelki den Segen verweigert, nicht hinnehmen. Während der Predigt von Rainer Maria Woelki in der Kirche standen zahlreiche der 2000 Ministranten auf und drehten dem Kardinal demonstrativ den Rücken zu. Später tauchten auch in Assisi, der nächsten Etappe der Wallfahrt unter den Ministranten, Symbole der LGBT-Bewegung auf.

Doch an diesem Morgen in Rom ging es Georg Bätzing nicht nur um den Fall Woelki. Es ging um viel mehr. Es ging darum, dass die Vorstellungen der Synodalversammlung in Deutschland und die Vorgaben des Vatikans sehr weit auseinanderliegen. Georg Bätzing spricht Klartext im Synodensaal in Rom. Für ihn sind die »Frauen in der Kirche« das wichtigste aller Themen des Synodalen Wegs.

Bätzing weiß, dass der Vatikan die Priesterweihe für Frauen kategorisch ablehnt. Drei Päpste hintereinander haben das unterstrichen. Aber Georg Bätzing bleibt dabei: Dass der Vatikan diese Frage beantwortet hat, heißt nicht, dass es diese Frage nicht mehr gibt. Georg Bätzing weiß, dass vor allem der massenhafte Rückzug der Frauen aus der katholischen Kirche eine Katastrophe ist. Denn die Umfragewerte zeigen, dass keineswegs nur Menschen die katholische Kirche verlassen, die Kirchensteuern sparen wollen, sondern auch engagierte Katholikinnen, die einfach die Nase voll davon haben, offiziell nicht von Belang zu sein.

An diesem Vormittag will Georg Bätzing vor allem eines sagen: So wie es zurzeit läuft, kann es nicht weitergehen. Wenn eine Kirche sagt, dass sie Frauen einfach nicht will, dann ist das für diese Frauen »auch nicht mehr ihre Kirche«, warnt Georg Bätzing. Mit jedem Satz, den Georg Bätzing spricht, mit jeder Frage, die er beantwortet, zeigt sich immer mehr die wahre Dramatik des zu Ende gegangenen Ad-limina-Besuchs. Es ist keineswegs so, dass die deutschen Bischöfe nur sehr wenig umsetzen konnten von dem, was sie gerne erreichen würden. Sie konnten absolut gar nichts umsetzen.

Trotzig antwortet Georg Bätzing auf die Frage, warum es in keinem einzigen großen Streitpunkt auch nur einen Millimeter weiterging: »Aber alle Fragen liegen noch auf dem Tisch, und wir haben sie nicht herunterfegen lassen.«

Als die Pressekonferenz zu Ende geht, ist die Enttäuschung von Georg Bätzing greifbar. Er muss diese Niederlage jetzt einer rebellischen deutschen katholischen Kirche verkaufen, die wieder einmal auf die Barrikaden gehen wird, weil in Rom natürlich keine Laien gehört wurden und die Würdenträger wieder einmal unter sich blieben.

Es gibt Probleme, die Papst Franziskus anpacken muss. Die deutsche katholische Kirche will wissen, wieso der Zölibat nicht abgeschafft wird und warum Frauen nicht zu Priestern, ja nicht einmal zu Diakoninnen geweiht werden dürfen. Diese Fragen sind drängend in Deutschland. Das Problem ist, dass es in dieser Kirche viele Probleme gibt und dass die katholische Kirche vor allem eines auszeichnet: Sie ist groß, sehr groß. Sie besteht nicht nur aus Deutschland.

25. Oktober 2022

Rom

Gegen 13.00 Uhr beginnen Polizisten, die Via dei Fori Imperiali am Kolosseum abzusperren. Sogar die Fußgängerwege werden mit gepanzerten Autos blockiert. Touristen wundern sich, dass an diesem herrlichen Herbsttag auch die U-Bahnstation am Kolosseum geschlossen ist. Währenddessen verkünden Anzeigetafeln, dass das Kolosseum erst am nächsten Tag wieder öffnen wird.

In der Via Labicana, nahe dem Eingang zur ehemaligen Villa des Kaisers Nero, stehen Sondereinheiten der besonders trainierten Grenzschutzgruppe des Zolls. Sie bewachen die Hauptzufahrtswege zum größten Amphitheater der Welt. Es herrscht höchste Alarmstufe.

Der Papst will mit Religionsführern aus der ganzen Welt, Muslimen, Juden, Hindus und Buddhisten, im Kolosseum für den Frieden beten. Die Veranstaltung genießt an diesem Tag absolute Priorität. Eine Einsatzgruppe der Polizei sammelt sich am Anfang der Via San Giovanni in Laterano gegenüber dem Kolosseum.

Hier liegt das römische Gay Village. Seit vielen Jahren haben sich hier Cafés und Lokale etabliert, die spezialisiert sind auf ein homosexuelles Publikum. Lesben, Schwule, Bi- und Transsexuelle, die sogenannte LGBT-Gemeinde, haben hier einen geschützten Treffpunkt in Rom. Ganz am Beginn der Straße, nur einen Steinwurf vom Kolosseum entfernt, liegt das berühmteste LGBT-Café mit dem Namen »Coming Out«. Weil es in der Vergangenheit zu Übergriffen gegen Besucher des Gay Village kam, kontrolliert hier abends die Polizei die Umgebung, um die Gäste zu schützen.

An diesem warmen Nachmittag versammelt sich eine Gruppe Polizisten am Eingang der Straße. Einige der Beamten haben noch gut in Erinnerung, wie es im Juli 2000 zu Ausschreitungen zwischen Unterstützern und Gegnern der LGBT-Bewegung kam, nachdem Papst Johannes Paul II. versucht hatte, die römische Gay Pride Parade im Heiligen Jahr um jeden Preis zu verhindern. Den Demonstrationszug der LGBT-Gemeinde hatte der Papst als »eine Beleidigung« der Stadt Rom bezeichnet und Homosexuellen immer wieder vorgeworfen, gegen Gottes Gesetze zu leben.

Sein Nachfolger Papst Benedikt XVI. hatte den vollen Zorn der LGBT-Gruppen gespürt, als er im Januar des Jahres 2014 eine der ältesten Universitäten der Welt, die Sapienza in Rom, besuchen wollte. Der Papst aus Deutschland hatte homosexuelle Menschen als Frauen und Männer bezeichnet, denen Gott »eine schwere Prüfung« auferlegt habe. Der Zorn der LGBT-Gemeinde vermischte sich mit der Ablehnung einiger Wissenschaftler, die nicht akzeptieren konnten, dass Joseph Ratzinger der Meinung war, der Prozess der Kirche gegen Galileo Galilei sei vollkommen in Ordnung gewesen. Auf dem Universitätsgelände war es zu Ausschreitungen mit der Polizei gekommen.

An diesem Nachmittag am Kolosseum wartet eine Gruppe Polizisten auf die Anweisung, eine Barriere zu bilden, um zu erwartende Proteste der LGBT-Gemeinde gegen den Besuch des Papstes abzuwehren. Doch der Kommandant winkt ab. Die Zeiten haben sich geändert. Angesichts der Veränderungen im Vatikan, die Papst Franziskus durchgesetzt habe, sei von lauten Protesten im Gay Village nicht mehr auszugehen.

Die Cafés und Restaurants im Gay Village sind an diesem

Nachmittag gut besucht. Die Menschen genießen das warme Wetter, und in der Tat gibt es noch nicht einmal einen Ansatz von Protest gegen diesen Papst, als er im Kolosseum eintrifft. Es ist ein leiser Erfolg für Franziskus, der in der Berichterstattung über das Friedensgebet jedoch keine Beachtung findet. Aber er hat etwas verändert, als er in der Papstmaschine vor Journalisten verkündete, dass die katholische Kirche sich bei homosexuellen Menschen entschuldigen müsse für das, was sie ihnen angetan hat. Er hatte etwas verändert, als er in der Botschaft in Washington einen ehemaligen Studenten segnete, der mit seinem Partner gekommen war. Er hatte etwas verändert, als er dem Chef der Glaubenskongregation seine Unterstützung verweigerte, als dieser das Segnen homosexueller Paare verbot. Welche Sünde, so wollte der Papst wissen, hätten Homosexuelle bitte schön begangen, dass man sie so schwer bestrafen müsse?

Natürlich gibt es viele Menschen, denen das, was der Papst für die LGBT-Bewegung getan hat, absolut nicht weit genug geht. Noch immer dürfen homosexuelle Menschen nicht in Kirchen heiraten. Noch immer wurde der Katechismus der katholischen Kirche, der von einer Unregelmäßigkeit bei homosexuellen Menschen spricht, nicht geändert. Das gehört zum Schicksal dieses Papstes. Das ist der Vorwurf, der ihn seit seiner Wahl im Jahr 2013 verfolgt: nicht genug getan zu haben.

Die Reformbewegung der deutschen Katholiken des Synodalen Wegs verlangt weit mehr, als dieser Papst gegeben hat. Noch immer gibt es keine Antwort darauf, wieso die Ehelosigkeit der Priester, der Zölibat, überhaupt nötig ist und warum man ihn nicht einfach abschafft. Noch immer gibt es keine Antwort auf die Frage, warum Frauen durch das System der katholischen Kirche diskriminiert und von Ämtern ausgeschlossen werden. Noch immer verärgern die Machtstrukturen der Kirche die Menschen, die den Synodalen Weg in Deutschland begleiten, und sie werfen dem Papst vor, die Reformbemühungen zu behindern oder einfach zu wenig zu tun.

Auch heute, an diesem Dienstag, dem 22. Oktober 2022, steht dieser Vorwurf im Raum. Ja, es würde ein Friedensgebet geben im Kolosseum. Der Papst würde einen eindringlichen Appell an die Welt richten:

»In diesem Jahr ist unser Gebet ein Schrei geworden, weil der Frieden auf das Schwerste gebrochen, verletzt, niedergetrampelt wurde, und das in Europa, also dem Kontinent, der im vergangenen Jahrhundert die Tragödie von zwei Weltkriegen erlebte, und jetzt sind wir im Dritten Weltkrieg, leider haben seitdem die Kriege nie aufgehört, die Erde in ein Blutbad zu verwandeln und verarmen zu lassen, aber dieser Moment, den wir jetzt erleben, ist ganz besonders dramatisch. Heute tritt ein, was wir befürchtet haben und von dem wir hofften, es nie zu hören. Ich meine die Nutzung von Atomwaffen, die nach Hiroshima und Nagasaki immer noch produziert und getestet werden und mit deren Nutzung nun offen gedroht wird.«

Natürlich sollte dieser Tag ein eindrucksvoller Appell werden. Papst Franziskus hatte die Forderung also erfüllt, die seit Beginn des Krieges in der Ukraine von verschiedensten Seiten an ihn gerichtet worden war: möglichst viele Religionsführer der Welt zu versammeln, um eindringlich den Frieden einzufordern. Doch gleichzeitig symbolisierte auch dieser Tag wieder das Drama dieses Papstes. Denn vielen war dieses Gebet absolut nicht genug.

Der Papst war nicht nach Kiew gefahren, obwohl der Vatikan das mehrfach angekündigt hatte. Die Kirche hatte auf diesen Krieg bisher nicht einwirken können, keinen Waffenstillstand erreichen, ihn nicht stoppen können.

Dabei hatte Papst Franziskus die Hände gar nicht in den Schoß gelegt. Er hatte am 25. Februar 2022 nach dem Angriff Russlands auf die Ukraine sofort seinen Staatssekretär im Vatikan darüber informiert, dass er auf der Stelle den russischen Botschafter sprechen wolle. Sie hatten ihm die übliche Antwort gegeben. Die Einberufung eines Botschafters dauert normalerweise Tage, vor allem, wenn der Botschafter eigentlich keine Lust hat zu kommen. Aber sie hatten den Papst falsch verstanden. Der Papst wollte den Botschafter gar nicht einberufen, er wollte hinfahren, und zwar sofort. Er wollte sein Auto nehmen, den Fiat 500, der in der Nähe des Gästehauses im Vatikan geparkt war, einsteigen, zwischen den ganzen Touristen die Via della Conciliazione hinunterfahren bis zu dem etwa 600 Meter entfernten Eingang der russischen Botschaft. Er wollte einfach hingehen, um es hinauszuschreien, dass ein Angriffskrieg die Missachtung alles dessen war, was dieser Jesus von Nazareth je gewollt hatte und auf den sich die russisch-orthodoxe Kirche mit ihren 150 Millionen Mitgliedern beruft.

Aber so etwas war noch nie passiert.

In der fast zweitausendjährigen Geschichte der Päpste gibt es eigentlich gar nichts, was nicht schon einmal passiert war. Päpste hatten selbst die außergewöhnlichsten Dinge schon einmal getan, sie hatten in Kampfmontur die Mauern einer Stadt überstiegen, um sie einzunehmen, oder persönlich Kriegsflotten befehligt, und einer hatte den deutschen Kaiser in Canossa im Schnee stehen lassen, aber dass ein Papst zum Botschafter fuhr, statt ihn kommen zu lassen, das war noch nie passiert.

Das Staatssekretariat informierte sofort die russische Botschaft, und die glaubte an einen Scherz. Dass der Papst persönlich spontan vorbeikommen könnte, schien so lange so vollkommen ausgeschlossen, bis er tatsächlich vor der Tür stand. Das Auto von Franziskus war nahezu unbemerkt zwischen den Tausenden von Touristen die Via della Conciliazione hinuntergefahren und in den Torbogen des Palastes der Botschaft eingebogen. Der vollkommen überraschte Botschafter beobachtete gerade vor dem Fernsehschirm die Entwicklung des Krieges, als Franziskus in sein Büro trat.

Der Papst forderte einen sofortigen Waffenstillstand. Der Botschafter antwortet lediglich, dass er ebenfalls »sehr besorgt sei« angesichts der Lage. Franziskus bot sich bei dem Treffen auch als Vermittler an, sofern das beide Seiten akzeptierten.

In den Jahren zwischen 1979 und 1984 hatte schon einmal ein Papst einen Krieg verhindert. Papst Johannes Paul II. hatte sich in den sogenannten Beagle-Konflikt eingeschaltet. Es war um die Inseln bei Feuerland gegangen und den Zugang zur Antarktis, was zu einem Krieg zwischen Chile und Argentinien zu führen drohte, den der Papst in zähen Verhandlungen verhindern konnte.

Franziskus hatte in dieser Botschaft gesessen, und der Botschafter wusste, dass er ihn vermutlich sehr ernst nehmen musste, denn Franziskus hatte zuvor einen sensationellen Erfolg zu verzeichnen gehabt. Deswegen schien die katholische Kirche in diesem so dramatischen Moment eines Krieges in Europa überhaupt mit im Spiel zu sein. Sie saß nicht am Rand als Zuschauer, handlungsunfähig und ohne dass sie überhaupt jemand wahrnahm.

Papst Franziskus hatte im Februar des Jahres 2016 ein Treffen mit dem russisch-orthodoxen Patriarchen auf Kuba erreicht. Es musste Kuba sein, denn noch immer sah der russisch-orthodoxe Patriarch Kuba als einen Teil des Sowjetstaates an und glaubte, dass dessen Einfluss noch existierte. Nur auf Boden unter russischem Einfluss wollte der Patriarch den Papst treffen.

Seit der Trennung zwischen der katholischen Kirche Roms und den orthodoxen Kirchen im Jahr 1054 hatte kein Papst je mehr das Oberhaupt dieser Kirche getroffen.

Franziskus hatte ihn damals überschwänglich als seinen »Bruder« begrüßt und davon gesprochen, dass dieses Treffen ein »Geschenk Gottes« sei. Es war das erste Mal, dass die Oberhäupter dieser beiden Kirchen ein friedliches Abkommen unterzeichneten. Ausgerechnet Raúl Castro, der Bruder Fidels, hatte seine Begeisterung für den Papst erklärt und angekündigt, dass er katholisch werden wolle, wenn dieser so weitermache.

Diesem herausragenden Erfolg hatte es der Papst zu verdanken, dass er jetzt als eine Figur der Hoffnung galt. Er hatte einen Kontakt aufgebaut zu einem der ganz wenigen Männer, auf die

Wladimir Putin wirklich hörte, den Patriarchen Kyrill. Das wusste auch der Bürgermeister von Kiew, der ehemalige Box-Weltmeister Vitali Klitschko. Auch er setzte Hoffnung auf Papst Franziskus. Er wandte sich direkt per Telefon und in Videobotschaften an Journalisten, von denen er glaubte, dass sie im Vatikan Gehör finden würden. Er lud den Papst in einer flehentlichen Bitte ein, nach Kiew zu kommen. Zusammen mit anderen religiösen Oberhäuptern sollte er von dort aus einen Appell an Wladimir Putin richten, um diesen Krieg zu stoppen.

Der Papst hatte diesen Besuch nach Kiew vorbereiten lassen und gleichzeitig versucht, seinen Kontakt zu Kyrill in Moskau zu nutzen. Auf keinen Fall sollte die russische Seite verschreckt werden. Er wollte versuchen, so neutral wie möglich zu bleiben, um über Kyrill einen Waffenstillstand zu erreichen. Monatelang versuchte der Papst immer wieder, diese Reise nach Kiew durchzusetzen, aber sie musste immer wieder verschoben werden, bis es Zweifel daran gab, ob eine solche Reise überhaupt einen Nutzen haben würde. Es hatte sich im Laufe der Zeit herausgestellt, dass der Draht zu Kyrill überhaupt nichts gebracht hatte.

Aber wie hätte dieser Papst ahnen können, dass noch im Jahr 2022 ein religiöses Oberhaupt wie der Patriarch der russisch-orthodoxen Kirche auf die Idee kommen könnte, den Soldaten zu versprechen, dass sie, falls sie im Eroberungskrieg in der Ukraine fallen sollten, direkt ins Paradies gelangen würden. So etwas hatten die Oberhäupter der Religionen im Ersten und Zweiten Weltkrieg versprochen. Das schien alles längst überwunden und lange her. Wer hätte sich vorstellen können, dass es jemals wieder dazu kommen würde?

Jetzt nannte der russisch-orthodoxe Patriarch den Kriegsherrn Wladimir Putin, der ein Land überfallen hatte, ein »Wunder Gottes«. Wie hatte der Papst ahnen können, dass es noch im Jahr 2022 möglich sein würde, dass eine Kirche einen Angriffskrieg als eine patriotische Notwendigkeit in Gottes Namen segnen würde?

Der Papst weiß, dass seine Versuche, diesen Krieg zu stoppen, ein Fehlschlag waren. Aber die Kirche des Franziskus ist keine Kirche, die Erfolge erzwingen will mit Geld oder Macht. Es ist eine Kirche, die bettelt, die auf die Menschen guten Willens hofft, die versucht, den langen, schwierigen Weg des Dialogs und der Versöhnung zu gehen.

Das ist unspektakulär, schwierig und manchmal auch völlig aussichtslos. Das weiß auch Papst Franziskus, das bedeutet aber nicht, dass man es nicht immer und immer wieder versuchen muss, auf dem guten, dem schwierigen, dem steinigen Weg.

Er ist kein Mann, der alles beim Alten belassen will, und deswegen zählt für seine Gegner der Vorwurf nicht, er tue zu wenig.

Seine wahren Gegner haben ein massives Problem mit diesem Papst, nicht, weil er zu wenig reformiert, sondern zu viel. Sie hassen ihn dafür, das zeigte sich seit seiner Wahl, sie warfen ihm immer wieder Knüppel zwischen die Beine und verfolgten ihn mit einer regelrechten Abscheu, bekämpften ihn so sehr, dass er zugab, dass seine Gegner sich wünschten, »dass er sterbe«, dass »sie das nächste Konklave schon vorbereiten«, weil sie nur eines wollen: dass er verschwindet.

Sie wollen ihn weghaben, weil er etwas angefasst hat, das niemand anfassen durfte, weil er ein Siegel aufgebrochen hat, das für immer verschlossen bleiben sollte.

Das ist das Geheimnis seines Pontifikates.

25. Juli 2022

Vergebung

Drei Monate zuvor: 25. Juli 2022, Maskwacis, Kanada.

Es ist kalt an diesem Julivormittag. Die Wolken hängen tief über der weiten, mit Gras bewachsenen Ebene. Zusammengesunken sitzt Papst Franziskus in seinem Rollstuhl und schaut auf das Feld, auf dem sein Albtraum auf ihn wartet.

Mehr als 150 Jahre lang, von 1850 bis 2000, misshandelten, vergewaltigten und töteten Ordensleute und Priester der katholischen Kirche in Kanada Tausende indigener Kinder, die in ihrer Obhut waren. Mehr als 6000 Kindergräber wurden seit 2021 zufällig entdeckt. Die Kinderleichen wurden auf den Äckern rund um die katholischen Internate verscharrt, in denen 150000 Schüler interniert waren, auf Äckern wie dem, vor dem der Papst jetzt schweigt. Wegen der gefrorenen Erde wurden die Kinder nicht allzu tief vergraben. Die Gräber wurden nie markiert. Es gibt nichts, was einem Grabstein ähnelt, keine Tafeln mit Geburts- und Todesdatum, nicht einmal ein einfaches Holzkreuz. Die Eltern bekamen nie eine Chance zu erfahren, wo ihre Kinder, die die Polizei ihnen weggenommen hatte, zur letzten Ruhe abgelegt worden waren. Die Entdeckung dieser Gräber hatte die ganze Welt schockiert.

Der Papst kennt die Geschichten der Kinder, die dort vor ihm in den Gräbern liegen. Da war dieses Mädchen, es floh durch das ganze Internat, wenn es wieder einmal in das Zimmer gezerrt werden sollte, wo es von einem Priester vergewaltigt wurde. Das

Mädchen stürzte sich auf der Flucht vor den Nonnen, die es packen wollten, die Treppe hinunter und brach sich das Genick. Ein anderes Mädchen liegt in einem Grab irgendwo in der Nähe. Die Achtjährige wurde ausgesperrt, im Winter, bei minus 40 Grad, weil sie nicht richtig gebetet hatte. Sie erfror unter dem Busch, unter dem sie sich vor der Kälte verkrochen hatte.

Er ist einen weiten Weg gegangen, dieser Jorge Mario Bergoglio aus Argentinien bis hierher auf dieses Feld in Kanada. Es kommt ihm jetzt wie Hohn vor, dass er zusammen mit anderen lateinamerikanischen Bischöfen darüber referierte, wie viel Gutes die katholische Kirche auf dem amerikanischen Kontinent in den Ländern getan hatte, in denen die Katholiken Politik und Gesellschaft dominierten, wie in Argentinien, Brasilien, den Ländern Mittelamerikas oder im französischen Kanada.

In den USA hatte die katholische Kirche viel weniger Einfluss gehabt. Es ist sehr bitter für den Papst, jetzt einzusehen, dass gerade die Tatsache, dass seine Kirche dort nicht viel zu sagen gehabt hatte, Tausenden Kindern der Ureinwohner unendliches Leid erspart hat.

So wird der Papst auf dem Rückflug nach Rom benennen, was hier in Kanada geschehen ist: »Völkermord durch die Mitglieder der katholischen Kirche«.

Dabei war die Triebfeder seines ganzen Lebens gewesen, dass er im Orden der Jesuiten, die sich als Soldaten Christi sehen, dafür kämpfen wollte, dass die katholische Kirche diese Welt in einen besseren Ort verwandelt.

Mit 85 Jahren sitzt er jetzt im Rollstuhl vor den Gräbern, die der eindeutige Beweis dafür sind, dass die katholische Kirche in diesem Teil der Welt gar nichts besser gemacht, sondern Kindern die Hölle auf Erden gebracht hat.

Oft hatte der Papst aus Argentinien gepredigt, dass Christus die Orientierungsrichtlinie für das ganze Leben sein müsse, dass er die Augen öffne. Aber hier hatte Christus kein Auge geöffnet und auch keine Orientierung geboten in der Frage, was mit den

Kindern der Ureinwohner Kanadas geschehen solle, die die Polizei bei den Eltern abholte, damit sie in Internaten der katholischen Kirche erzogen würden. Statt sich von Christus die Augen öffnen zu lassen oder wenigstens das Offensichtliche zu sehen, nämlich dass es sich um wehrlose Kinder handelte, hatten die Ordensleute und Priester etwas ganz anderes gesehen: kleine Wilde, die mit aller Härte christianisiert werden mussten – sodass sie dabei ums Leben kamen.

Die Ureinwohner Kanadas, die an ihre eigenen Götter glaubten, hatten natürlich keine Chance gehabt, dass Gottes Sohn ihnen die Augen öffnete, aber sie wären nie auf die Idee gekommen, ihre Kinder umzubringen. Es waren die überzeugten Nonnen und Priester der katholischen Kirche, die hier jahrzehntelang Kinder misshandelten, und sie hatten geglaubt, das im Namen Gottes zu tun.

Papst Franziskus hat schon in viele Abgründe geschaut, die sich in der katholischen Kirche aufgetan haben, aber dieser hier ist wohl der tiefste. Natürlich hatte er gewusst, dass es Probleme in seiner Kirche gibt, und er wollte sie anpacken, als er im Frühjahr 2013 den Kardinälen signalisiert hatte: Ich würde es machen, ich traue mir das Amt des Papstes zu, ich kann der Nachfolger des so umstrittenen Benedikt XVI. werden.

Aber er hatte damals nicht geahnt, dass es so schlimm werden würde. Waren die Fälle sexuellen Missbrauchs durch Priester – so hatte sicher auch er einst gedacht – in Wirklichkeit nicht doch Einzelfälle, wie sie leider in allen großen Organisationen vorkommen? Er hatte als 21-Jähriger ein Jesuitenpater werden wollen, weil er für diesen Gott kämpfen wollte als sein Soldat. Aber was für eine schmutzige Schlacht war das geworden!

Er hatte begriffen, dass keineswegs die Guten gegen das Böse kämpften, gegen die Armut, die Ungerechtigkeit, die Gewalt der Mächtigen, sondern dass es viele Verbrecher in seinen eigenen Reihen gab, die sich nicht scheuten, sich an den Wehrlosesten zu vergehen.

Das Entsetzen über die Verbrechen der Priester und Ordensleute an Kindern und Jugendlichen hat die Kirche weltweit nicht in irgendeine Krise gestürzt: Sie steht vor einer Katastrophe.

Allein in Deutschland verlor die katholische Kirche im Jahr 2021 360 000 Mitglieder. Nur noch jeder vierte Bundesbürger gehört der katholischen Kirche an. 1990 war es noch mehr als jeder dritte gewesen. Auf jeden geweihten Priester kommen elf, die aufhören: Die Kirche blutet in einem sagenhaften Tempo aus. Um überhaupt noch Kandidaten zu finden, die sich zum Priester weihen lassen, wirbt die katholische Kirche in Deutschland inzwischen Quereinsteiger ohne Abitur an.

Die Menschen haben genug von dieser arroganten Kirche, die von oben herab bestimmt. Aber jetzt steht Papst Franziskus, der Rebell, der zum Entsetzen der Traditionalisten gefordert hatte, dass Schluss sein müsse mit der selbstverliebten und faulen Kirche, auf einmal auf der anderen Seite.

Er hat Reformen durchgepaukt, aber wenn er Änderungen zu schnell umsetzt, riskiert er die Kirchenspaltung. Und doch muss endlich etwas passieren, damit das, was hier geschehen ist, sich niemals wiederholt: Die kanadische Regierung hatte bei den Bemühungen, die indigenen Völker zu »zivilisieren«, entsetzliche Verbrechen begangen, und die katholische Kirche hat in all den Jahrzehnten nie gezögert, nicht nur mitzumachen, sondern die ausführenden Täter zu sein. Bis heute ist unklar, wie viele junge Menschen dabei ihr Leben durch Gewalt, Krankheiten und Hunger verloren.

Franziskus weiß, dass er handeln muss, um seinen Traum von einer Kirche an der Seite der Armen und Schwachen zu verwirklichen. Die Kirche muss aufhören, nur fromm zu sein, sie muss etwas tun. Und darum geht es diesem Papst, der versucht, seine Vision von einer besseren Kirche Schritt für Schritt umzusetzen.

Das beste Symbol dafür ist Kardinal Konrad Krajewski. Dieser Mann repräsentiert auf eine gewisse Art und Weise die neue

Kirche des Papstes. Der Priester war nichts weiter gewesen als ein einfacher Zeremonien-Mitarbeiter, im Grund ein besserer Messdiener. Er war in der Amtszeit von Papst Johannes Paul II. aus seiner Heimat in Polen nach Rom gekommen. Er hatte an der erfolgreichen Papstreise des Jahres 1999 mitgearbeitet, sich in Rom eine bescheidene Wohnung in der Nähe des Vatikans gesucht. Dort kannten die Menschen den Polen mit dem betrübten Gesicht. Er war nicht glücklich gewesen während des Pontifikates von Papst Benedikt XVI. Er hatte immer wieder darüber geredet, dass er am liebsten nach Polen zurückgehen würde. Viele rund um den Vatikan kannten sein Geheimnis. Er benutzte sein Gehalt dafür, in einem der edelsten Lebensmittelläden einzukaufen, die es in der Nähe des Vatikans gibt, dem Feinkostgeschäft Castroni, und morgens und abends die Obdachlosen rund um den Vatikan mit den Spezialitäten zu versorgen.

Wenn man ihn fragte: »Warum kaufst du ausgerechnet in diesem teuren Geschäft ein, du könntest viel einfachere Lebensmittel viel billiger woanders bekommen?«, dann pflegte er immer zu sagen: »Für mich sind diese Obdachlosen rund um den Petersplatz Christus, und die haben nur das Beste vom Besten verdient«.

Dass Krajewski sich jeden Tag um die Armen kümmerte, fiel der Chefetage um Papst Benedikt XVI. nicht auf. Krajewski galt als ein bisschen versponnen, ein Mann ohne große theologische Ausbildung, gerade gut genug dazu, Kerzenleuchter zu halten, während andere komplizierte theologische Theorien besprachen. Aber dann kam Papst Franziskus, und alles wurde anders. Er hatte davon hörte, dass dieser einfache Priester sich seit Jahren ganz klein gemacht hatte, ein Diener Gottes gewesen war.

Für Franziskus symbolisierte dieser Mann die neue Kirche, und er hatte ihn befördert. Nicht nur ein wenig. Er hatte ihm Macht gegeben, er hatte ihn zum Kardinal gemacht. Er sollte sein Macher werden. Krajewski bekam den Spitznamen »der Elektriker«, seitdem er in einen Schacht einer Halle geklettert war, in der Papst Franziskus Emigranten hatte unterbringen lassen. Aber in der Halle gab es keinen Strom, kein Licht, keine Heizung. Der Vermieter hatte alles abgestellt. Kardinal Krajewski war einfach in den Versorgungsschacht geklettert und hatte die Stromversorgung wieder eingeschaltet. Dafür hatte er sich eine Strafanzeige wegen Diebstahls durch die Staatsanwaltschaft eingefangen.

Zuvor hatte er in einem anderen Auffanglager, in dem der Betreiber die Türen für die Waschräume verschlossen hatte, einfach die Türen aufgebrochen, um den Migranten Zugang zu den sanitären Einrichtungen zu verschaffen. Auch da hatte es Ärger gegeben, aber der Papst hatte Krajewski gesagt: »Wir können es uns leisten«.

Zuletzt war Kardinal Konrad Krajewski in der Ukraine mit Krankenwagen und Lebensmittel-Transportern unterwegs. Natürlich ist seine Aktion nur ein Tropfen auf den heißen Stein und natürlich wäre es viel besser gewesen, wenn ihm, Papst Franziskus, gelungen wäre, einen Waffenstillstand zu erreichen. Aber dem Papst geht es darum, es immer wieder zu versuchen, diese Welt zum Besseren zu verwandeln, auch wenn alle anderen wegschauen, auch wenn alle anderen sagen, es hat keinen Sinn, wenn alle anderen sagen, das Problem ist so groß, dass man es gar nicht angehen kann.

In seiner Jugend hatte es nicht danach ausgesehen, dass er sich jemals um das würde kümmern müssen, was Päpste im weit entfernten Rom angerichtet hatten. Der Sohn aus einer Eisenbahnerfamilie hatte nur ein guter Schüler sein wollen. Er hatte sich verliebt, gern getanzt, die Ideen des so widersprüchlichen Politikers Juan Perón aufgesogen, in einer Bar als Rausschmeißer gearbeitet und am Wochenende die Tore seines Lieblingsfußballvereins San Lorenzo bejubelt. Er hatte es geschafft, eine Stelle als Chemielaborant zu bekommen, als das Schicksal seinem Leben bereits ein Ende setzen wollte. Mit 21 Jahren erkrankte er an einer lebensgefährlichen Lungenentzündung, ein Teil des rechten

Lungenflügels musste entfernt werden. Noch viel später erinnerte er sich an die Angst in den Augen seiner Mutter. Als er wieder auf die Beine kam, war er ein anderer. Sein Glaube an Gott spielte auf einmal eine sehr große Rolle.

Er war nicht blauäugig gewesen, er war keiner dieser Bürokraten des Heiligen Stuhls, die er verachtete und während der Weihnachtsansprache an die Kurie im Jahr 2014 regelrecht fertiggemacht hatte. Er wusste, dass man sich die Hände schmutzig machen konnte, wenn es richtig schwierig wurde. Er hatte die erste große Katastrophe seines Lebens erlebt, als er erfahren musste, dass man in einer Diktatur nicht unschuldig bleiben kann, wenn man beschlossen hat, sich nicht wegzuducken. Die Mörder in Uniform hatten sich in Argentinien 1976 erneut an die Macht geputscht und leiteten die blutigste und brutalste Militärdiktatur in der Geschichte des Landes ein: Zwischen 1976 und 1983 starben mehr als 30 000 Systemgegner: Wer dem Regime nicht passte, wurde ermordet und verschwand. Viele wurden gefangen genommen und gefoltert und später von Flugzeugen aus ins Meer geworfen. Auf eine dramatische Weise hatte Bergoglio jetzt das Thema seines Lebens erlebt: Reich gegen arm. Es gab Patres, die ihm unterstanden und sich radikal auf die Seite der Armen stellten. Sie besuchten sie in den Slums von Buenos Aires. Das war lebensgefährlich, denn in den Slums versteckten sich auch die größten Feinde der Militärjunta: die Kämpfer der Stadtguerilla, die Montoneros. Sie beriefen sich auf Juan Perón, der auch von Bergoglio verehrt worden war.

Als Jesuitenchef wäre es Bergoglios Aufgabe gewesen, die Militärs darüber zu informieren, dass die Patres in den Slums nur die Armen, nicht die Guerillakämpfer, unterstützen wollten, aber die Soldaten schlugen zu, nahmen zwei seiner Mitarbeiter fest und folterten sie wochenlang. Bergoglio verhandelte mit der Junta, um seine Leute freizubekommen, wohl wissend, dass die Militärs Mörder waren. Die Patres kamen nach entsetzlichen Wochen tatsächlich frei und beschuldigten ihren Vorgesetzten

Bergoglio, sie verraten zu haben. War er schuld? Hat er mit der Junta kollaboriert? Nie mehr hörte es auf, dass irgendjemand, oft er selbst, diese Frage stellte.

Das alles war schlimm gewesen, so schlimm, dass er in psychiatrische Behandlung musste. Aber selbst in diesem katastrophalen Fall war es nicht im Ansatz um ein solches Ausmaß des Verbrechens gegangen wie hier in Kanada. Nie zuvor hatte ein Papst in der Geschichte eine Auslandsreise angetreten und erklärt, dass diese Reise einen einzigen Zweck habe, nämlich Buße zu tun. Die Cree hatten auf dem Feld, in dem die Kinder ihres Volkes begraben lagen, ihre Tipis aufgestellt, neben dem Platz, an dem der Papst in seinem Rollstuhl kauerte. Sie hatten ihm angeboten, eine Rede zu halten, aber er hatte zu ihrer Verwunderung abgelehnt. Er konnte angesichts dieses Leids, das auch ein Papst niemals wiedergutmachen würde können, nur schweigen. Dieses Schweigen war ihm so wichtig gewesen, dass er den Plan der Reise hatte umwerfen lassen. Kein offizieller Besuch in der Hauptstadt, im Sitz des Staatsoberhauptes wie sonst immer und seit Jahrzehnten üblich. Nein, er war gekommen, um auf diesem Friedhof zu schweigen. Seine Kirche hatte diese Frauen und Männer ausgebildet, die zugesehen hatten, wie Kinder in katholischen Internaten verhungert waren und an Krankheiten starben, die die weißen Priester und Ordensleute aus Europa in den Internaten einschleppten und gegen die fast keine Indigenen Abwehrstoffe entwickelt hatten – die gar nicht nötig gewesen wären, wenn die Weißen ihnen nicht ihr Land und ihre Freiheit genommen hätten. Er ist jetzt ein sehr alter Mann, weltberühmt und täglich gefeiert, bemitleidet und angegriffen. Er kann keinen einzigen Schritt mehr ohne Hilfe gehen, ohne sich abzustützen. Er ist auf Hilfe angewiesen, wenn er aus dem Rollstuhl aufstehen will. Er ist seinem Gott über weite Strecken und viele Jahre gefolgt und hatte im Namen dieses Gottes wie ein verzweifelter Bettler gestritten, mit den Mächtigen und den Gleichgültigen, damit sie nicht einfach wegsehen, wenn Menschen leiden, wenn sie zu Tausenden im Mittelmeer ertrinken oder einfach ermordet werden im Dschungel von Myanmar. Er hatte von Anfang an gestritten, und jetzt verließen ihn seine Kräfte immer schneller. Sein Körper war nach und nach zum Gefängnis geworden für den einst so hageren, agilen Jorge Mario Bergoglio, der mit 22 Jahren Pater werden wollte bei den Jesuiten.

Es war keineswegs so gewesen, dass er angesichts der Abgründe der Kirche, in die er hatte schauen müssen, aufgehört hätte zu kämpfen. In den Jahren seines Pontifikates hatte er immer und immer wieder den Finger in die Wunde gelegt, war an Orte gereist, die die Welt am liebsten vergessen wollte, weil sie es satt hatte zu erfahren, wie sehr die Menschen dort litten. Er hatte nie gekniffen, selbst wenn es lebensgefährlich gewesen war. Er flog zusammen mit seiner Delegation in den Irak, obwohl die islamistischen Terroristen sogar den Flughafen mit Raketen angegriffen hatten, auf dem er landen sollte. Die Zeit der angenehmen Papstreisen war mit diesem Franziskus vorbei. Statt in den Pausen zwischen Messen und Andachten in Paris auf der Champs-Élysées shoppen zu können oder während eines Papstbesuchs in New York über die Fifth Avenue zu schlendern, schleppte sich der päpstliche Tross jetzt durch Slums auf Lesbos in Griechenland, AIDS-Hospitäler in Mosambik oder Auffanglager für verletzte Flüchtlinge in Bangladesch.

Lange schon sitzt der Papst schweigend vor den Gräbern auf diesem Acker, als die kanadischen Organisatoren der Vatikan-Delegation das Zeichen geben, dass es Zeit wäre: Er will jetzt zu den Überlebenden des Horrors, den seine Kirche angerichtet hat, er will direkt mit vielen von ihnen sprechen, und es würde einer der schwersten Wege im Leben dieses alten Mannes werden.

Deswegen ist er hierhergekommen, auf diesen Acker voller Gräber in Kanada, weil er zeigen will, dass er wagt anzufassen, was niemand je hatte anfassen dürfen. Er hat das Siegel gebrochen, das auch sein Vorgänger wie alle 264 Päpste vor ihm gehütet hatte, und das Siegel hütete einen unantastbaren Satz: Die von

Gott selbst gegründete katholische Kirche kann gar nicht schuldig werden, sondern nur ihre Mitglieder.

Aber hier in Kanada und in vielen anderen Ländern und in vielen Jahrhunderten ist die katholische Kirche schuldig geworden. Nicht nur einzelne Sünder machen der Kirche zu schaffen. Franziskus ist der erste Papst, der zugibt: In der Kirche Gottes selbst steckt der Wurm.

13. März 2013

Vatikan

Am Nachmittag dieses 13. März 2013 fegte der Wind immer wieder leichte Regenschauer über den für diese Jahreszeit noch ungewöhnlich kalten Petersplatz in Rom. Die Nässe trieb die Menschen nach und nach dazu, sich unter den mächtigen Kolonnaden zusammenzudrängen. Von hier aus konnten sie das Dach der Sixtinischen Kapelle aber nicht mehr sehen. Deswegen behielten sie die Gruppe, die auf dem Platz stehen geblieben war, fest im Blick. Diese kleine Schar hatte freie Sicht auf den Schornstein, der aus dem Dach der Sixtinischen Kapelle ragte. Dieser Schornstein wird nur unmittelbar vor der Papstwahl auf dem Dach der Kapelle installiert und danach sofort wieder abgebaut.

Allen Zuschauern war klar: In dem Augenblick, in dem Rauch aus dem Schornstein aufstieg, würde die Gruppe johlen. Wenn es schwarzer Rauch war, würde sich die Aufregung rasch legen. Doch ein Brausen würde über dem Petersplatz erklingen, wenn es weißer Rauch sein sollte. Die Menschen würden kreischen, klatschen, einige würden beginnen zu beten, andere würden Kirchenlieder singen. Eine feierliche, eine festliche und vor allem eine gespannte Stimmung würde die vielen Tausend Menschen erfassen: Denn in Kürze würden sie den 265. Nachfolger des heiligen Petrus sehen, den neuen Bischof von Rom, den Mann, der die Wahl gewonnen hatte. Und dieses Mal würde es nicht nur darum gehen, für was dieser Papst stand, sondern vor allem, gegen wen er sich stellte.

Irak

Am Nachmittag dieses 13. März 2013 räumt Suhair Nagit, eine Christin, ihre durch Granaten beschädigte Boutique in Mosul im Irak auf. Sie ist 47 Jahre alt und glaubt, dass diese Angriffe der Terroristen des Islamischen Staates (IS) Einzelfälle seien. Sie versteht noch nicht, dass viele ihrer muslimischen Nachbarn die Kämpfer des IS tatsächlich willkommen heißen. Sie ahnt nicht, dass diese Armee von Vermummten, die sich ISIS oder Daesh nennen, ein Jahr später über Nacht ihren Heimatort Mosul einnehmen werden, eine Stadt von der Größe Hamburgs.

»ISIS« und »Daesh« sind Abkürzungen für die deutsche bzw. arabische Bezeichnung des »Islamischen Staates im Irak und in Syrien«. Ursprünglich ging diese militärische Gruppierung aus Teilen der regulären irakischen Armee hervor.

ISIS-Kämpfer forderten die nichtmuslimischen Bewohner der besetzten Stadt Mosul per SMS auf, sofort zum Islam zu konvertieren und alle Frauen abzuliefern. Wer sich nicht daran hielt, wurde geköpft. Die Christen, die seit Jahrhunderten in Mosul lebten, gaben nicht auf. Es kam zu Feuergefechten. Männer ließen sich im Kugelhagel zerfetzen oder versuchten, mit ihren Frauen, Töchtern und Söhnen über den Fluss Tigris nach Erbil zu fliehen.

Die, die es nicht schafften, erlebten die Hölle auf Erden. Frauen wurden auf Sklavenmärkten verkauft, als sei das Mittelalter in das Zweistromland zurückgekehrt. In besonderem Maße litten Jesidinnen. Die Frauen, die dieser Religion angehören, deren Wurzeln 1500 Jahre älter sind als das Christentum, galten dem IS als perfekte Beute. Da Jesiden im Gegensatz zu Juden und Christen kein heiliges Buch kennen, galt für sie nicht die mindeste Rücksichtnahme. Die Jesiden nahmen auf der Flucht eher den Tod durch Verdursten oder Verhungern in Kauf, als vom IS gefangen genommen zu werden. Frauen, die nicht fliehen konnten, nahmen sich häufig mit Plastiktüten das Leben.

Acht Jahre später gehört Suhair Nagit zu den 500 Opfern, die nach der Flucht in einem lang gestreckten, nie zu Ende gebauten Betonkoloss am Basar in Erbil Schutz suchten. Die Zugänge zu dem Gebäude wurden von christlichen Freiwilligen bewacht, die mit Kalaschnikows bewaffnet waren. Suhair Nagits Familie lebt in bitterer Armut in Erbil und kann die Demütigungen, den Hunger, die Gewalt nicht vergessen: Aber die irakische Regierung fühlt sich nicht zuständig für das Elend dieser Christen, und ein Land, das sie aufnehmen will, gibt es nicht.

Vatikan

Am Nachmittag dieses 13. März 2013 versucht der Argentinier Jorge Mario Bergoglio in der Sixtinischen Kapelle darüber nachzudenken, wer der richtige Mann für das Amt des Papstes sein könnte. Er selbst hat seine Arbeit für die katholische Kirche offiziell beendet. Er ist 76 Jahre alt und hat mit dem Erreichen des 75. Lebensjahres seinen Rücktritt eingereicht, wie alle Bischöfe. Jorge Mario Bergoglio weiß, dass viele im Vatikan nur darauf warten, dass er seinen Posten räumt. Es hatte viel böses Blut gegeben in den vergangenen Jahren. Rom hatte ihm das Leben schwergemacht, und er hatte rebelliert. Wenn der argentinische Erzbischof nach Rom gekommen war, um an einer Synode teilzunehmen, hatte er auf Journalisten mürrisch gewirkt, in sich gekehrt, verschlossen. Bergoglio schien ein Mann zu sein, der dazu neigte, stets schlecht gelaunt durch den Tag zu gehen. Die Teilnehmer der Synoden und die Beobachter sahen ihn nie lächeln. Das war durchaus verständlich. Er hatte eine Menge Schlachten in seinem Leben schlagen müssen und meistens verloren. Als Johannes Paul II. im Jahr 1978 zum Papst gewählt wurde, trug der Pole den Konflikt mit dem linken Flügel der Jesuiten, zu denen auch Pater Jorge Bergoglio gehörte, offen aus. Johannes Paul II. entschied sich im Jahr 1981 zu einem radikalen Schnitt und setzte einen persönlichen Delegaten an die Spitze des Ordens, der normalerweise seine Generäle, wie die Ordensoberen der Jesuiten heißen, selbst wählen darf. Der Konflikt war ungewöhnlich, denn die Jesuiten – und nur die Jesuiten – schwören durch ein besonderes Gelöbnis dem Papst direkt Gehorsam. Aber ganz offensichtlich war Johannes Paul II. davon überzeugt, dass die Jesuiten nicht mehr hinter ihm standen, und übernahm persönlich die Kontrolle über den Orden. Bergoglio hatte zu denen gehört, denen Papst Johannes Paul II. wegen ihrer Vorliebe für die Politik eher mit Argwohn begegnete. Er ließ ihn nur deswegen zum Erzbischof von Buenos Aires aufsteigen, weil er ihn für den am wenigsten gefährlichen Mann mit sozialistischen Tendenzen gehalten hatte. Besonders geschätzt hatte er ihn nie. Aber diese Schlachten waren geschlagen, und der 76-jährige Argentinier hätte sich einfach in den Ruhestand verabschieden können, denn er passte einfach nicht nach Rom. Er hatte den prächtigen Palast der Jesuiten gemieden, als er zur Papstwahl gekommen war. Er hatte nicht darum gebeten, standesgemäß in der Zentrale wohnen zu können, sondern sich ein ganz einfaches Zimmer im Priesterheim in der Via della Scrofa genommen. Irgendwie passte er auch nicht hierher, in das prächtige Lapislazuli, dessen geradezu mystisches Blau die Sixtinische Kapelle verzaubert.

Bergoglio wusste, dass sich das argentinische Präsidentenehepaar Cristina Fernández de Kirchner und ihr Mann Néstor Kirchner immer wieder hier in Rom über ihn beschwert hatten: Bergoglio sei ein viel zu politischer Kardinal. Seine Predigten waren so gefürchtet, dass das Präsidentenpaar selbst an den hohen Feiertagen seiner Kirche fernblieb, um sich nicht anzuhören, was er ihnen an den Kopf warf. Er beklagte, dass die Arbeiter ausgebeutet würden, dass der Staat die Armen in ihrem Elend allein lasse, dass die Reichen korrupt und rücksichtslos seien. Diese Jahre waren nicht einfach gewesen, und dann war der Tiefpunkt im Jahr 2005 gekommen. Jorge Mario Bergoglio hatte an der Papstwahl teilgenommen, und ausgerechnet sein Mitbruder im Jesuitenorden, der frühere Mailänder Erzbischof, Kardinal Carlo Maria Martini, hatte vor ihm gewarnt. Sein Verhalten während der Zeit der Militärjunta in Argentinien sei nicht korrekt gewesen. Jorge Mario Bergoglio hatte daraufhin darum gebeten, ihn nicht mehr zu wählen.

Zwei Männer sind seitdem der Albtraum des Jorge Mario Bergoglio geblieben, die Patres Franz Jalics und Orlando Yorio. Die Militärs hatten die Patres am 23. Mai 1976 in den Armenvierteln Bajo Flores von Buenos Aires gefangen genommen und monatelang gefoltert. Hätte er das nicht verhindern müssen? Sie hatten Jorge Mario Bergoglio später angeklagt, er habe sie verraten, die Anklage dann aber wieder zurückgezogen. Aber ein Misstrauen gegen ihn blieb. Er musste damals in psychiatrische Behandlung, weil er mit den Zweifeln nicht fertigwurde.

Es hat Jorge Mario Bergoglio verletzt, dass sich die Kardinäle fragten, ob sie ihm trauen konnten. Er wusste, dass sie grübelten: Saß in diesem Konklave, das den Nachfolger von Joseph Ratzinger wählen sollte, aus ihrer Sicht also ein Mann, der das mörderische Regime der Militärjunta unterstützt hatte? Hatte er die beiden Patres wirklich an die Militärs verraten? Würde das eines Tages doch noch herauskommen? Bergoglio konnte die fragenden Blicke der Mitbrüder im Kardinalskollegium nicht übersehen. Wäre es nicht am besten zu gehen? Es gab mehr als genug Gründe dafür, sich einfach in die Rente zu verabschieden. Aber da war seine Überzeugung, dass so vieles in dieser Kirche anders laufen müsste.

Er hatte damit nicht hinter dem Berg gehalten während der Treffen vor dem Konklave. In seiner Ansprache hatte er beschrieben, dass Christus an die Tür klopfe. Das hatte ihm nicht nur Sympathien, sondern auch viele Anfeindungen eingebracht, denn sie alle hatten verstanden, was er damit gemeint hatte, dass Christus nämlich in dieser Kirche gar keinen Platz hatte, dass diese arrogante europäische Kirche diejenigen aussperrte, die

Christus wirklich brauchen. Aber so mancher war auch zu ihm gekommen und hatte ihm gesagt: »Mach du es!«

Er fragte sich, ob er jetzt noch zurückkonnte. Konnte er die, die auf ihn gesetzt hatten, die, die eine ganz andere Kirche wollten, jetzt noch vor den Kopf stoßen? Konnte er seine Kandidatur für die Nachfolge des heiligen Petrus doch noch zurückziehen, indem er dem Konklave klarmachte, dass er einfach zu alt und mit dem einen ihm verbliebenen Lungenflügel und dem Hüftleiden auch zu schwach war für ein solches Amt?

Griechenland

Am Nachmittag dieses 13. März 2013 beobachtete die griechische Küstenwache die Versuche von Flüchtlingen, von der türkischen Seite aus auf die griechische Insel Lesbos zu gelangen. Der Krieg der Taliban in Afghanistan, der aufflammende Bürgerkrieg in Syrien, aber auch die Not der Flüchtlinge aus dem Irak und den Kurdengebieten hatten dafür gesorgt, dass immer größere Flüchtlingsströme in die Türkei drängten. Der türkische Präsident Recep Tayyip Erdoğan nutzte die dramatische Lage, um die EU zu erpressen, die diese Menschen in Not nicht aufnehmen will: Er kann entscheiden, sie durchzulassen oder gegen viel Geld ihre Weiterreise zu verhindern.

Das größte Problem der Insel Lesbos ist ihre Lage. Vom Strand der Insel aus kann man die türkische Seite in etwa zehn Kilometern Entfernung gut sehen. Ein guter Schwimmer kann die Insel von der Türkei aus durchaus erreichen. Mit einem Boot scheint es ein Kinderspiel zu sein. Doch immer wieder kentern Boote, ertrinken vor allem Frauen und Kinder, die nicht schwimmen können, im Meer. Bewaffnete Schleuserbanden bringen mehrmals pro Tag Flüchtlinge nach Griechenland. Die Küstenwache weiß: Wenn der Krieg in Syrien nicht sehr bald zu Ende ist, sondern weitergekämpft wird, werden weiterhin Tausende nach

Lesbos kommen. Niemand kann das aufhalten. Aber wenn die Türkei die Menschen nicht haben will und die EU auch nicht, wer soll für diese verzweifelten Frauen und Männer eintreten?

Vatikan

Es gibt etwas, was Jorge Mario Bergoglio am Nachmittag dieses 13. März 2013 beruhigt: Die Wahrscheinlichkeit, dass er zum Papst gewählt werden könnte, ist gering. Denn um ihn zu wählen, müssten die Kardinäle gewaltigen Mut aufbringen. Sie müssten die einzige unangenehme der vier Varianten einer Papstwahl wahr werden lassen. Da Kardinäle aber dazu neigen, Ärger zu vermeiden, war es unwahrscheinlich, dass sie Konflikte in Kauf nehmen würden.

Die erste Variante, nämlich den Nachfolger eines verstorbenen erfolgreichen Papstes zu wählen, wäre kein Problem. Das Konklave musste lediglich einen Kandidaten aussuchen, der sehr eng mit dem Papst zusammengearbeitet hat.

Die zweite Variante wäre ebenfalls einfach: den Nachfolger eines verstorbenen Papstes zu wählen, der schwere Fehler gemacht hatte. Die Kardinäle im Konklave mussten einfach einen entschiedenen Gegner des Papstes wählen. Der Vorgänger wäre ja tot und müsste den radikalen Kurswechsel, der sein Pontifikat zunichtemachen würde, nicht mehr miterleben.

Den Nachfolger eines zurückgetretenen erfolgreichen Papstes zu finden, wäre auch kein Problem: In dem Fall konnten die Kardinäle einen engen Mitarbeiter des Papstes wählen.

Die vierte Variante, den Nachfolger eines zurückgetretenen Papstes zu bestimmen, der schwere Fehler gemacht hatte, stellte allerdings ein gewaltiges Problem dar. Dann mussten die Kardinäle einem Lebenden und seiner Mannschaft das Messer in den Rücken stoßen. Sie würden durch die Wahl eines Gegners das Lebenswerk des Zurückgetretenen zerstören, obwohl sie ihn selbst und seine Mannschaft jahrelang hofiert und über den grünen Klee gelobt hatten. War das machbar?

Jorge Mario Bergoglio musste an diesem 13. März 2013 davon ausgehen, dass er kaum Chancen haben werde, die Wahl zum Papst zu gewinnen und das Steuer der Kirche radikal herumzureißen, denn nahezu alle Kardinäle im Konklave hatten Joseph Ratzinger im Laufe seiner Amtszeit zu seiner weisen Führung der Kirche gratuliert.

So ist das nun mal im Staat des Papstes. In der letzten absolutistischen Wahlmonarchie der Welt misst sich Macht ausschließlich daran, wie nahe die oder der Betreffende dem Souverän kommt und wie wohlgesonnen der ihm ist. Es liegt daher in der Natur der Sache, dass Kardinäle dem Papst schmeicheln. Nur sehr selten wagen Kardinäle, ernste Konflikte mit einem Papst auszutragen. Das hat damit zu tun, dass laut der Glaubenslehre der katholischen Kirche der Heilige Geist den Papst aussucht. Wenn die Kardinäle ins Konklave einziehen, singen sie »Veni Creator Spiritus«. Das ist ein Befehl, es heißt »Komm her, Heiliger Geist!« Aber ein Kardinal, der Purpurrot trägt als Zeichen dafür, dass er bereit ist, sein Blut für die Kirche zu vergießen, kann ja kaum gegen einen Papst aufbegehren, den der Heilige Geist persönlich ausgesucht hat. Das würde ja unterstellen, dass der Heilige Geist danebengegriffen hat.

Seit der Erfindung der Papstwahl galt, dass ein Papst bestenfalls aus dem Jenseits mitbekommen kann, ob die Kardinäle, die seinen Nachfolger wählen, seine Arbeit würdigen und einen Mann aus seinem Umfeld wählen oder einen klaren Schnitt machen, weil sie unzufrieden sind mit seiner Leitung. Sollte es ein Leben nach dem Tod geben, wird sich Papst Johannes Paul II. möglicherweise darüber gefreut haben, dass die Kardinäle einen seiner engsten Mitarbeiter zum Nachfolger wählten, den Mann, den er seinen »bewährten Freund« nannte, Joseph Ratzinger. Diese Wahl bedeutete vor allem, dass Papst Johannes Paul II. sehr viel richtig gemacht hatte, sodass die Kardinäle damals ein

»Weiter so« wollten. Aber auf Erden hätte er die Wahl seines Nachfolgers nicht mehr beeinflussen können. Papst Pius XII. musste auch nicht als Lebender erfahren, dass sein liberaler Gegenspieler als Johannes XXIII. zum Papst gewählt wurde.

Doch im Jahr 2013 ist alles anders.

Joseph Ratzinger ist nicht tot. Die Kardinäle stehen jetzt vor einer heiklen Aufgabe. Entweder wählen sie einen Ratzinger-Mann, dann können sie nach der Wahl dem zurückgetretenen Papst noch problemlos unter die Augen treten. Oder aber sie wählen einen Anti-Ratzinger-Mann. Dann gäbe es im Vatikan zum ersten Mal einen verärgerten Expapst, der einen Gegner auf dem Thron Petri erdulden muss, den er freiwillig verlassen hat. Würden die Kardinäle das wagen? War das Pontifikat von Benedikt XVI. ein solcher Tiefpunkt gewesen, dass es keine andere Wahl gab, als alles anders zu machen?

Das größte Problem bestand darin, dass die Kardinäle Joseph Ratzinger nicht nur aus seiner Amtszeit zwischen 2005 und 2013 kannten, sondern sehr viel länger, weil er schon seit dem Jahr 1981 Präfekt der Kongregation für die Glaubenslehre gewesen und sagenhafte 24 Jahre lang Chef der Behörde der Glaubenshüter geblieben war. Nahezu alle wahlberechtigten Kardinäle hatten irgendwann mit Joseph Ratzinger geplaudert und ihn in seinem Amt als Papst mit Ermutigungen und Lob überschüttet. Und jetzt? Das »Team Ratzinger« saß noch an allen Hebeln der Macht. Es war von seinem Chef schlagartig seinem Schicksal überlassen worden.

Aber alle Kardinäle im Konklave wussten, dass Jorge Mario Bergoglio ein entschiedener Gegner Joseph Ratzingers war. Die Wahl Bergoglios würde bedeuten, das komplette System Ratzinger zu zerschlagen, während der alte Papst dem zuschauen musste.

Benedikt XVI. lebte seit dem Rücktritt zwar zurückgezogen, aber es war nicht absehbar, ob das so bleiben würde. Die Kirche hatte keine Erfahrung mit einer solchen Situation. Ein einziges Mal war ein Papst freiwillig zurückgetreten.

Am 13. Dezember 1294 gab Papst Coelestin V. sein Amt auf. Auch er war während der Wahl seines Nachfolgers Bonifatius VIII. noch am Leben. Aber die Situation lässt sich beim besten Willen nicht vergleichen. Coelestin V. musste nach dem Rücktritt um sein Leben fürchten. Er versuchte, sich nach Griechenland durchzuschlagen, aber die Schergen seines Nachfolgers erwischten ihn. Sie sperrten ihn in den Turm der Familie von Bonifatius VIII. in Fumone ein, nahe dem heutigen Frosinone, wo er 1296 auch starb.

Joseph Ratzinger würde selbstverständlich keineswegs um sein Leben fürchten müssen, aber es war sehr wahrscheinlich, dass er den Vatikan nicht verlassen würde. Dann würde der neue Papst schon aus Gründen der reinen Höflichkeit seinen Vorgänger zu gesellschaftlichen Ereignissen im Kirchenstaat einladen. Welcher Kardinal hatte nicht Ratzingers Bücher und seine theologischen Meisterleistungen sowie seine weisen Entscheidungen als Papst gelobt? War es tatsächlich denkbar, dass es eine Mehrheit im Kardinalskollegium gab, die den zurückgetretenen deutschen Papst, sein Team, seine Werte und sein Vermächtnis vernichten wollte?

Das war schon deshalb unwahrscheinlich, weil Benedikt XVI. selbst 66 wahlberechtigten Kardinälen ihr Amt verliehen hatte. Wie sollten diese Männer, die Joseph Ratzinger ihren Kardinalshut verdankten, einen Papst wählen, der ein erklärter Gegner ihres Exchefs war? Joseph Ratzinger hatte die Kirche auf einen klaren Weg geschickt, und der ging zurück in die Vergangenheit. Jorge Mario Bergoglio aber wollte einen Reformkurs und die Kirche auf eine neue Zukunft hin ausrichten. Um das zu verhindern, hatte Joseph Ratzinger die Stellung der italienischen Kardinäle gestärkt.

Ganze 456 Jahre lang, bis zur Wahl von Papst Johannes Paul II., hatten die italienischen Kardinäle den nächsten Pontifex unter sich ausgemacht. Johannes Paul II. hatte die Kirche globalisiert, und Joseph Ratzinger hatte das wieder zurückgenommen.

Die Zahl der wahlberechtigten Kardinäle aus Italien war in seiner Amtszeit um sagenhafte 40 Prozent nach oben geschnellt von 20 auf 28. Praktisch jeder vierte der 115 wahlberechtigten Kardinäle war Italiener. Es war durchaus möglich, dass die katholische Kirche an diesem Nachmittag in die von Italienern dominierte Vergangenheit zurückkehrte.

Zwei große Gruppen standen aller Voraussicht nach dafür, einen Papst zu wählen, der das Werk Benedikts fortsetzen würde.

Die Gruppe, auf die Joseph Ratzinger für die Wahl eines ihm genehmen Nachfolgers aller Voraussicht nach zählen konnte, umfasste 74 Kardinäle. 66 von ihnen hatte er selbst ernannt. Dazu kamen acht Italiener, die schon unter Papst Johannes Paul II. gedient und Benedikt gewählt hatten. 77 Stimmen reichten, um den neuen Papst zu wählen. Das »Team Ratzinger« brauchte nur drei weitere Stimmen, um einen konservativen Kandidaten durchzusetzen. Zwei italienische Kardinäle kamen dafür infrage: Kardinalstaatssekretär Tarcisio Bertone und der Mailänder Erzbischof Angelo Scola. Für beide sprach die Tradition. Auch Papst Pius XII. war zuvor Kardinalstaatssekretär gewesen und Papst Paul VI. Erzbischof von Mailand.

Brasilien

Am Nachmittag dieses 13. März 2013 sitzt Amara in ihrer Baracke im Slum Varghina in Rio de Janeiro. Sie hat Glück gehabt, denn sie wohnt jenseits der Demarkationslinie, die sie hier spöttisch den »Todesstreifen« nennen. Auf der anderen Seite der Straße, im östlichen Teil der Favela, wird regelmäßig geschossen. Banden liefern sich über Wohnblocks hinweg Feuergefechte. Bei ihr ist es relativ ruhig. Es gibt Geschäfte und sogar eine Art Bank in der Favela. Aber die Hoffnung auf ein besseres Leben, die hat Amara nicht. Sie hat sich damit abgefunden, dass ihr niemand helfen wird, der Armut zu entkommen, aber was sie ganz besonders ärgert, das ist, dass nicht einmal ihre Kirche, die katholische, sich für sie einsetzt. In der Kirche gibt es für ihresgleichen keinen Platz. Das weiß sie, weil sie den Helden der Armen verehrt. Sein Bild hängt in vielen Wellblechhütten der Favela. Es ist der katholische Bischof Óscar Romero.

Romero wurde im Jahr 1980 von den Militärs in El Salvador am Altar erschossen. Er setzte sich für die Millionen Menschen in den Slums Lateinamerikas ein und wollte, dass der gigantische Unterschied zwischen arm und reich, der nirgendwo sonst so groß ist wie in Lateinamerika, von der Welt wenigstes zur Kenntnis genommen wird. Er wollte, dass Menschen wie Amara eine Chance bekommen, durch Bildung und eine gerechtere Verteilung des Geldes aus der Armut herauszukommen. Er wollte, dass den Reichen nicht weiter erlaubt wird, die Bodenschätze ihrer Länder auszubeuten, einfach weil sie es konnten, und sich an ihnen noch weiter zu bereichern. Amara ist traurig, dass ihre Kirche einem Mann wie Óscar Romero keine Ehre erweist, nicht einmal, nachdem er ermordet wurde. Eine Selig- oder Heiligsprechung ist nicht geplant. Menschen, die Frauen wie Amara ernst nehmen, haben in dieser Kirche offensichtlich keinen Platz, nicht einmal in der Erinnerung. Das macht sie traurig, denn wer sollte das in der katholischen Kirche je ändern?

Vatikan

Jorge Mario Bergoglio denkt am Nachmittag dieses 13. März 2013 zurück an den Abend vor zwei Wochen, als er auf dem Weg zurück in sein Priesterheim in der Via della Scrofa mit einem Priester zusammengetroffen war, der für das kanadische Fernsehen arbeitete. Der Mann hatte ihn gefragt, ob er beunruhigt sei, angesichts der Wahl. Bergoglio hatte genickt. Ja, er ist nervös, und jetzt fragt er sich, warum er eigentlich beunruhigt ist. Es gibt da ein Gerücht, das man sich auf den Fluren erzählt. Die Kardinäle, die bereit sind, das »Team Ratzinger« auszutauschen und eine völlig neue Chefetage im Vatikan zu installieren, sollen einen sehr mächtigen Verbündeten vorweisen können. Die Kurienkardinäle hatten angeblich den Groll der Wahlkardinäle auf sich gezogen, die aus allen Gegenden der Welt zum Konklave angereist waren. Diese Gruppe hatte mit Entsetzen zur Kenntnis genommen, dass der Papst im Vatikan entmachtet worden war. Eine Episode dieser Entmachtung hatte sich vor Vatikan-Journalisten zugetragen und war deshalb weltweit bekannt geworden. Auf dem Flug nach Aparecida in Brasilien im Jahr 2009 hatte Marco Politi, der Kollege, der damals für die italienische Tageszeitung *La Repubblica* arbeitete, dem Papst eine Frage gestellt. Es ging um den Umgang mit Politikern in Mexiko. Benedikt XVI. hatte eine klare Antwort gegeben und war dann gegangen. Sofort darauf war etwas Erstaunliches passiert. Die wichtigsten Kurienkardinäle kamen zu uns Journalisten und forderten uns auf, alles zu löschen, was Papst Benedikt XVI. soeben gesagt hatte. Sie erklärten, die Antwort seiner Heiligkeit sei nicht korrekt gewesen, er habe offenbar den Zusammenhang nicht verstanden. Sie würden uns jetzt die richtige Antwort diktieren.

Angeblich hatte dieser ungeheuerliche Vorfall dafür gesorgt, dass sich ein erheblicher Missmut unter den Wahlkardinälen breitgemacht hatte angesichts der Arroganz und Übergriffigkeit der Kurienkardinäle, die dem Papst das Ruder aus der Hand genommen hatten. Angeblich wollten die Wahlkardinäle jetzt einen Mann an der Spitze ihrer Kirche, der durchsetzungsstark genug sein würde, um die Kurie auseinanderzunehmen und neu aufzubauen.

Jorge Mario Bergoglio wusste, dass er so ein Mann wäre. Wenn die Wahlkardinäle jetzt jemanden wollten, der sich durchgesetzt, gestritten, gefochten hatte, der so verbittert und wütend gewesen war, dass er sich geweigert hatte, nach Rom zu kommen, um sich von der Kurie maßregeln zu lassen, also jemanden, den die Kurie nicht hatte verbiegen können, dann ihn.

Deutschland

An diesem 13. März des Jahres 2013 wiegen sich die Männer rund um den Chef der deutschen Bischofskonferenz Robert Zollitsch in einer sehr trügerischen Gewissheit. Die Zahlen für das Jahr 2012 liegen vor. An ihnen lässt sich ablesen, dass die Zahl der Kirchenaustritte in Deutschland abnimmt. Zwar traten im Jahr 2012 immer noch 118 335 Menschen aus der katholischen Kirche aus, aber das waren über 7000 weniger als im Jahr zuvor. Es scheint sich etwas zu bestätigen, das zu den seltsamsten Phänomenen der katholischen Kirche gehört. Über Jahrhunderte haben die Gläubigen der Kirche auch die schwersten Fehler, die im Grunde unverzeihlich schienen, immer wieder vergeben. Das scheint im Missbrauchsskandal, der schon seit Jahren die Kirche erschüttert, ebenso zu sein.

Der Freiburger Bischof Zollitsch ist ein mutiger Mann, der sich zutraut, auch mit dem Thema »sexueller Missbrauch« umgehen zu können. Seinen Mut hat er in Rom eindrucksvoll unter Beweis gestellt. Während alle anderen deutschen Bischöfe es nie wagten, das Verhalten der Kurie gegenüber dem deutschen Papst Benedikt XVI. zu kritisieren, wagte Zollitsch einen offenen Angriff. Er erklärte gegenüber uns Journalisten in Rom, dass er in seinem Ordinariat im Bistum die Leute feuern würde, wenn sie sich so illoyal verhalten würden wie einige Mitarbeiter von Papst Benedikt im Vatikan.

Zollitsch scheint ein unerschrockener Löwe zu sein, der glaubt, dass die Kirche über dem Berg sein könnte. Papst Benedikt XVI. hat seiner Ansicht nach die richtigen Weichen gestellt, um das Problem des sexuellen Missbrauchs in der Kirche in den Griff zu bekommen. Zollitsch glaubt, dass die katholische Kirche in Deutschland sich wieder in einem Aufwärtstrend befindet und dem Nachfolger von Papst Benedikt XVI. Rückenwind geben kann.

Am 13. März 2013 weiß Zollitsch im Amt des Vorsitzenden der deutschen Bischofskonferenz, dass die katholische Kirche

Deutschlands vor größeren Herausforderungen steht. Dass ihr der Untergang droht, kann sich Zollitsch zu diesem Zeitpunkt nicht einmal vorstellen.

Vatikan

Joseph Ratzinger hatte in seinem Pontifikat deutlich polarisiert, und jetzt kam es darauf an, dass die Gefolgsleute des deutschen Kardinals sein Programm umsetzten. Zu den Spitzenthemen gehörte der Umgang mit dem Islam. Es galt als wahrscheinlich, dass die Mehrheit der Kardinäle, die den nächsten Papst wählen sollten, erhebliche Vorbehalte gegen den Islam hegte. Vor allem dort, wo der Konflikt offen ausgetragen wurde, in Europa, im Inneren Afrikas und im Nahen Osten, wollten viele Kardinäle keinen Kuschelkurs mit den Muslimen. Offen mochte kaum jemand aus der Führungsriege der katholischen Kirche darüber sprechen, aber in einem Konklave war das ja gar nicht nötig. Es reichte vollkommen, den Kandidaten der Ratzinger-Anhänger zu wählen, um sicherzugehen, dass das kommende Pontifikat auf erhebliche Distanz zur muslimischen Welt gehen würde. Der Islam war »das Andere«. Joseph Ratzinger hatte in der Regensburger Rede vom 12. September 2006 in einem Zitat gesagt, Mohammed habe nur »Schlechtes und Inhumanes« gebracht. In der muslimischen Welt hatte es Proteste gehagelt. Der Papst musste sich entschuldigen, nachdem aus Rache für die Regensburger Rede Attentate auf Ordensfrauen verübt worden waren. Die absichtliche Herabsetzung Mohammeds durch einen Papst, wenn auch in einem Zitat, schuf Fronten. Aber innerhalb der konservativen Kreise erntete Joseph Ratzinger Jubel, denn viele waren der Meinung, dass endlich einmal ein Oberhaupt der katholischen Kirche ausgesprochen hatte, dass die katholische Kirche sich immer noch als Gegner des Islam sah. Die Kardinäle, die eine Überfremdung durch eine andere Religion in dem ihrer Ansicht nach ausschließlich durch das Christentum geprägten Europa sahen, feierten Joseph Ratzinger, der es gewagt hatte, seine Überzeugung zu äußern, der Islam habe in Europa nichts verloren. Auch die zweite eklatante Entscheidung seiner Amtszeit, die das Verhältnis zum Islam betraf, zeigte, was Joseph Ratzinger wollte. Benedikt XVI. war mit dem designierten Kardinal Michael Fitzgerald aneinandergeraten, der Chef der Interreligiösen Kongregation werden sollte. Fitzgerald hatte in internen Kreisen gegen die Erklärung Joseph Ratzingers aufbegehrt, dass es »objektiv besser sei, katholisch zu sein«, wenn ein »Gläubiger ins Paradies« kommen wolle. Fitzgerald hatte in einer internen Diskussion darauf verwiesen, dass Gott und nicht Joseph Ratzinger entscheide, wer ins Paradies komme. Michael Fitzgerald musste seine Versetzung nach Kairo akzeptieren. Das bedeutete: Für die katholische Kirche ist der Islam kein wichtiger Gesprächspartner, ihr macht euer Ding, wir unseres. Denn in Kairo gibt es die Al-Azhar-Hochschule und die gleichnamige Moschee. Sie gelten als Zentrum des sunnitischen Islam, zu dem etwa eine Milliarde Menschen zählen. Hier ist die Schnittstelle im Kontakt mit dem Islam. Doch die Entscheidung, einen Mann nach Kairo zu schicken, den er zuvor gnadenlos degradiert hatte, zeigte, dass Benedikt kein Interesse an einem fruchtbringenden Dialog mit dem Islam hatte. Wie sollte die muslimische Seite eine Chance haben, über Michael Fitzgerald, der nicht Kardinal werden durfte, mit dem Papst in Kontakt zu treten, wenn sie ein wichtiges Anliegen hatte? Einen direkten Zugang zum Papst hatte Michael Fitzgerald sicher nicht.

Dieser Punkt des Verhältnisses zum Islam war für Joseph Ratzinger so wichtig, weil es ihm gar nicht um den Islam ging, sondern um den Kern konservativen Christentums überhaupt. Es ging um die Frage, ob Gott sich nur ein einziges Mal, und zwar in Jesus von Nazareth, den Menschen hatte mitteilen wollen. Wenn das stimmte, dann lagen alle anderen Religionen falsch. Joseph Ratzinger sah das exakt so: In den anderen Religionen fänden sich im besten Fall ein paar »Körner«, die mit der Botschaft Gottes zu tun hatten. Aber um zu erfahren, was Gott wirklich wollte, müsse man sich auf Jesus von Nazareth und nicht auf Mohammed oder Buddha oder sonst wen einlassen. Alle anderen Religionsstifter hätten sich nur eingebildet, dass Gott sich ihnen offenbart hatte, und alle Religionen, die mehrere Götter kennen, lägen leider ganz daneben.

Madagaskar

Am Nachmittag dieses 13. März 2013 wartet Sophie vor einem Supermarkt in Antananarivo auf Madagaskar. Sophie ist zehn, vielleicht auch schon elf, sie weiß nicht genau, wann sie Geburtstag hat, niemand hat es aufgeschrieben, und sie ist durch die Jahre der Mangelernährung sehr klein geblieben. Ihr Bruder heißt Thierry und ist ungefähr sechs, ihre Schwester Claire wahrscheinlich drei Jahre alt. Ihre Mutter hat ihnen erklärt, dass nicht mehr genug zu essen für alle da ist, und sie fortgeschickt. Seitdem lebt Sophie mit den beiden Geschwistern auf der Straße. Wo ihre Mama jetzt ist, weiß sie nicht.

Ihr älterer Bruder Robert hat Glück gehabt und Arbeit gefunden. Er hat aus einem Autoreifen, den er gefunden hat, ein Stück herausgeschnitten und das Gummi so um die Füße gewickelt, dass es fast so aussieht, als trage er ein Paar Schuhe. Dann hat er sich als Lastenträger angeboten. Er ist zwölf Jahre alt und wartet am Straßenrand, bis er einen der schweren Holzkarren sieht. Sie sind vollbeladen mit Baumaterial, vor allem mit Lehmziegeln, die in der Sonne getrocknet wurden. Mehrere Jungs sind vor den Wagen gespannt wie Esel. Wenn einer nicht mehr kann und hinfällt, dann springt ihr Bruder ein. Für ein bisschen Kleingeld schleppen sie den Karren dann ein paar Kilometer weiter. Sie haben Angst vor dem Karren, denn wenn es den Berg hinuntergeht und es zu steil wird, können sie ihn nicht bremsen. Der eine oder andere Junge ist daruntergeraten und zerquetscht worden. Sophie hat ihren älteren Bruder eine ganze Weile nicht mehr gesehen. Wenn es Nacht wird, geht sie an den Ort, den man in Antananarivo den »Tunnel der Schande« nennt. Viele kleine Kinder und auch Jugendliche schlafen in diesem Autotunnel. Es sind Dutzende, manchmal, in der Regenzeit, auch Hunderte. Sie sind verletzt, unterernährt, sie haben Angst. Jede Nacht sind sie wieder da. Sophie war einmal dort oben am Hügel. Dort gibt es eine Schule, ein Heim für Kinder wie sie. Priester laufen dort herum, und sie konnte durch die Gitter die gut ernährten, sauberen Kinder sehen, die auf dem Schulhof gespielt haben. Das hat irgendetwas mit Gott zu tun. Sie hat nicht verstanden, was das ist, aber sie weiß, dass sie es nie in ein solches Heim schaffen wird. In dem Tunnel schlafen einfach zu viele Kinder, um sie irgendwo aufnehmen zu können. Deswegen wird sie auf der Straße bleiben. Sie hat keine Hoffnung mehr, dass jemand kommen könnte, der sich um sie und um die anderen armen Kinder kümmern könnte, der versuchen könnte, mehr Platz in diesem Kinderheim da oben für alle zu schaffen.

Vatikan

An diesem 13. März 2013 sitzt Jorge Mario Bergoglio in der Sixtinischen Kapelle und fragt sich, wie er so vermessen gewesen sein konnte, sich als Nachfolger Joseph Ratzingers anzubieten. Er würde gern vieles ändern auf dieser Welt, auf der es so viel Leid gibt, aber er weiß im Grunde, dass das aussichtslos ist. Niemand kann alle Probleme der Erde lösen. Um es auch nur zu versuchen, müsste man den Mut eines Löwen haben, und der Argentinier fragt sich, wie groß sein Mut ist. Er weiß, dass der nächste Papst nicht nur einen aussichtslosen Kampf gegen die Armut, die Gewalt, den Krieg, sondern auch gegen die eigene Kirche würde kämpfen müssen. Wollte er das wirklich? Er war immer ein Priester des einfachen Volkes gewesen, daran hatte auch seine Beförderung zum Bischof nichts geändert. Sie erzählten in Buenos Aires gern diese Anekdote über ihn: Nach seiner Wahl zum Bischof hatte eine Gemeinde am Stadtrand Jorge Mario Bergoglio eingeladen. Sie hatten die Kirche festlich geschmückt und warteten auf das große Auto, mit dem schon der Vorgänger von Bergoglio, der Erzbischof von Buenos Aires, Kardinal Antonio Quarracino, zu ihnen zu kommen pflegte. Die Gemeindemitglieder standen in Gruppen vor der Kirche und warteten auf die Limousine. Bergoglio war mit dem Bus zu dieser Gemeinde gefahren, und als er die vielen Menschen vor der Kirche hatte stehen sehen, stellte er sich einfach dazu. Erst nach einer Weile merkten die Menschen, dass da gar kein Auto kommen würde, sondern dass der Erzbischof schon längst da war.

Sie hatten ihm im Vatikan nicht verübelt, dass er sich stets um die kleinen Leute gekümmert hatte. Verübelt hatten sie ihm, dass er sich *nur* um die kleinen Leute gekümmert hatte. Bergoglio hatte eine klare Sicht auf die Kirche. Sie gehörte an die Seite der Armen und nur dorthin. Er wollte keine wohlhabenden Paare trauen, keine Preise von adligen Gesellschaften empfangen und auch nicht bei Galadiners Reden halten. Er wollte in den Armenvierteln von Buenos Aires Matetee trinken, mit den einfachen Menschen Bohnen essen und ab und zu einen Schnaps genießen. Er gab als Bischof seinen Priestern eine unmissverständliche Anweisung: »Wenn die einfachen, armen Leute nicht mehr in eure Kirchen kommen, dann geht zu ihnen! Mietet eine Garage, feiert die Gottesdienste dort, wo sie leben! Wartet nicht in den Kirchen, bis sie kommen, sondern geht zu ihnen! Sie brauchen euch.« Mit dieser Haltung hatte sich Jorge Mario Bergoglio eindeutig in der uralten Frage der Kirche positioniert, nämlich, was sie denn tun solle. War die Kirche Gottes dazu da, sich dem Himmel oder auch der Erde zu widmen? Von Anfang an ging es um diese Frage.

Aus der Apostelgeschichte im Evangelium geht hervor, dass Petrus und die anderen Apostel sich offenbar ständig mit Gott beschäftigten und den Dienst auf Erden dem Diakon Stephanus überließen. In jedem Fall hatten die Apostel keine Zeit, sich um die Witwen und Waisen zu kümmern, denn es ist der Diakon Stephanus, der ihnen Essen bringt und sich um sie kümmert, bis er gesteinigt wird. Papst Benedikt XVI. hatte eine eindeutige Haltung: Für ihn war der Himmel wichtig, nicht die Erde. Die Aufgabe der Kirche war es seiner Ansicht nach, die Seelen zu retten und ihnen den Weg ins Paradies zu öffnen. Da war er vollkommen auf einer Linie mit seinem Vorgänger Papst Johannes Paul II. Ich erinnere mich an Gespräche mit Karol Wojtyła nach dem Besuch in einem der ärmsten Länder der Welt, und auf diese Armut angesprochen, antwortete er immer gleich. Er sagte, dass die Armut vor Gott weit schlimmer sei als Geldprobleme auf Erden und dass es auf die Schätze im Himmel ankomme. Dass Menschen einen Arbeitsplatz brauchten und eine anständige Mahlzeit und medizinische Versorgung, leuchtete ihm durchaus ein, aber es war für ihn völlig nebensächlich. Das Einzige, was den Menschen auf Erden wirklich interessieren sollte, war seine Beziehung zu Gott. Der Mystiker Johannes Paul II. ging dabei nahezu so weit wie die Bewegungen innerhalb der katholischen Kirche im 16. Jahrhundert. Damals gab es eine ganze Anzahl Heiliger, die darauf hofften, dass sie möglich bald sterben würden, um ins Paradies zu kommen. Ein möglichst kurzes Erdenleben schien ein überaus erstrebenswertes Ziel zu sein. Für sie spielte die Seele des Menschen die Hauptrolle, der Körper galt als nebensächlich.

Für Joseph Ratzinger ist die katholische Kirche nicht eine Hilfsorganisation, sondern die Kirche Gottes, die Menschen zur Heiligkeit anstiften sollte. Deswegen sieht er auch kein Problem darin, eng befreundet zu sein mit schwerreichen Adligen wie der Familie Thurn und Taxis oder den Borgheses, die Privilegien am päpstlichen Hof genossen. Der irdische Kampf zwischen Arm und Reich interessiert Joseph Ratzinger nicht. Ihn interessiert, ob eine Gläubige oder ein Gläubiger versucht, durch Gebete, Teilnahme an der heiligen Messe, die Beichte und die gehorsame Befolgung der Gebote der Kirche der Hölle zu entgehen. Aber ob der- oder diejenige in seiner bzw. ihrer Privatkapelle betet und einen eigenen Beichtvater zu sich kommen lässt oder in einem Slum Gott sucht, spielt keine Rolle. Für die Gruppe der Kardinäle, die eine Fortsetzung der Linie von Joseph Ratzinger wollten, war diese Bedingung unverzichtbar: Der nächste Papst sollte wie die beiden Vorgänger die irdischen Probleme wie Hunger, Arbeitslosigkeit, soziale Ungerechtigkeit der Politik und den Hilfsorganisationen überlassen und sich ganz der Aufgabe widmen, Menschen auf ihrem Weg ins Paradies zu helfen. Aber das war mit Jorge Mario Bergoglio ganz sicher nicht zu machen.

Abu Dhabi

Am Nachmittag dieses 13. März 2013 arbeitet Maria Tarqua in ihrem Lokal am Strand von Abu Dhabi. Die 21-jährige Christin aus Syrien ist zufrieden mit ihrem Job. Er ist gut bezahlt, und ihr Chef mag sie, seitdem sie einmal zwei giftige Seeschlangen am Strand entdeckt hat und ihm Bescheid sagte, sodass er die Gäste warnen konnte. Sie kommt auch mit ihren Kundinnen und Kunden gut zurecht, vor allem mit den jungen.

Zwei ihrer muslimischen Freundinnen haben ihr erzählt, dass sie mit ihren Freunden in eleganten Apartments ganz in der Nähe wohnen und in wilder Ehe zusammenleben. Viele junge Paare in Abu Dhabi wollen nicht gleich heiraten. Sie kommen regelmäßig, um Pizza zu essen, und gönnen sich ab und zu auch mal ein Bier, auch mit Alkohol. Sie haben sie einmal mitgenommen in einen Jazzclub in der Stadt, und Maria hat sich gewundert, wie sehr sich Abu Dhabi verändert hat.

Die Männer, die an den Regeln des traditionellen Islam festhalten, werden weniger einflussreich. Es betrübt sie, dass es in Abu Dhabi verboten ist, christliche Symbole zu zeigen. Sie bindet es niemandem auf die Nase, dass sie Christin ist, und die Kirche, in die sie geht, darf auch kein Kreuz auf dem Dach haben.

Aber sie hat einen Traum. Sie wünschte sich, dass eines Tages jemand zu ihnen kommt, zu den wenigen Christen auf der Arabischen Halbinsel, und ihnen den Rücken stärkt. Sie ahnt, dass das nie geschehen wird und auch nie geschehen kann, weil die arabische Halbinsel der heiligste Ort des Islam ist.

Die saudi-arabischen Familien sehen sich als Beschützer der heiligen Stätten Mekka und Medina, und dass überhaupt Christen geduldet werden, nach einem mehr als tausend Jahre alten blutigen Kampf zwischen dem Christentum und dem Islam, ist schon ein Fortschritt. Aber Maria träumt davon, dass eines Tages jemand kommt, der sagt, dass es in Ordnung ist, Christ zu sein, auch in Abu Dhabi, wo sie jetzt lebt. Sie wünscht sich, dass sie sich nicht zu schämen braucht in diesem Meer muslimischer Gläubiger, dass sie ganz selbstverständlich hier sein darf.

Sie wünscht sich auch, dass die Auseinandersetzungen zwischen muslimischen Jugendlichen und ihrer christlichen Umgebung, von denen ihre in Frankreich lebende Schwester erzählte, endlich aufhören. Kann es nicht einfach Frieden geben, einen Friedensschluss zwischen diesen beiden großen Religionen nach so vielen Jahrhunderten des Krieges?

Maria weiß, dass es niemanden gibt, der so etwas schaffen könnte, weil es vollkommen aussichtslos zu sein scheint. Während sie auf der Terrasse ihres Lokals am Strand von Abu Dhabi serviert, denkt sie daran, dass es vielleicht erst noch viel schlimmer werden muss zwischen Christen und Muslimen, bis endlich jemand kommt, der Frieden schließen kann.

Vatikan

Auch der zweite Punkt spricht gegen Jorge Mario Bergoglio während der Papstwahl: der Umgang mit dem Judentum. Joseph Ratzingers Begeisterung für das Christentum hatte zu einem Konflikt mit einer weiteren Weltreligion geführt, mit dem Judentum.

Nach dem Zweiten Weltkrieg hatte sich vor allem in Deutschland eine große Gruppe innerhalb der katholischen Kirche gebildet, die die Aufarbeitung der Schuld der katholischen Kirche gegenüber dem Judentum für zwingend notwendig hält. Das Thema »Antisemitismus und Antijudaismus der katholischen Kirche« füllt heute Bibliotheken. Dass Papst Johannes Paul II. sich im März des Jahres 2000 an der Klagemauer in Jerusalem für die Verbrechen entschuldigte, die Christen in zwei Jahrtausenden Juden angetan hatten, war für diese Gruppen eine späte Genugtuung. Doch damals war es zu einer der seltenen heftigen Zwistigkeiten zwischen Papst Johannes Paul II. und Joseph Ratzinger gekommen. Das deutsche Oberhaupt der Glaubenskongregation war der Meinung, dass die von Gott gegründete Kirche keine Schuld auf sich laden könne. Natürlich konnten Mitglieder der Kirche schuldig werden, aber die Kirche selbst nicht. Johannes Paul II. setzte sich durch und zelebrierte die »Bitte um Entschuldigung für die Kirche«, obwohl Joseph Ratzinger eindeutig dagegen gewesen war. Laut Joseph Ratzinger ist die einzige wahre Kirche Gottes, die katholische, am Holocaust unschuldig, auch wenn Katholiken schuldig geworden waren. Damit legte Papst Benedikt XVI. aus Sicht der jüdischen Seite mangelndes Fingerspitzengefühl in der Beziehung zum Judentum an den Tag. Außerdem hegte Joseph Ratzinger eine tiefe Verehrung für die Tradition der katholischen Kirche und schätzte auch die sogenannte vorkonziliare Messe, die bis zum Zweiten Vatikanischen Konzil galt und in Latein und nicht in den Landessprachen gefeiert wurde. Benedikt XVI. wollte diese Messe rehabilitieren. Das war an sich kein großes Problem, wenn es in diesem Messbuch nicht die sogenannte Karfreitagsfürbitte gegeben hätte. Bis zum Jahr 1959 hatten die Katholiken der Welt am Karfreitag gebetet: »Und bewahre uns vor den hinterhältigen Juden.« Dass ausgerechnet ein deutscher Papst eine Messe wiedereinführen wollte, in der es eine solche Formulierung gegeben hatte, sorgte im Judentum für gewaltigen Ärger. Vor allem, weil Joseph Ratzinger sogar so weit ging, zu unterstreichen, dass die Katholiken den Juden wünschten, dass sie Gottes Sohn erkennen mögen. Fortschrittlichere Theologen wie Walter Kasper waren der Meinung, dass die Juden den richtigen Gott bereits erkannt hatten und keine »Nachhilfe« durch Christen brauchten. Darüber hinaus hatte Joseph Ratzinger 2009 eine hoch umstrittene Entscheidung getroffen, die für Entsetzen auf der jüdischen Seite sorgte. Er hatte den ultrakonservativen Bischof der Piusbruderschaft Richard Williamson, einen per Haftbefehl gesuchten notorischen Holocaust-Leugner, rehabilitiert. Die deutsche Bundeskanzlerin Angela Merkel hatte daraufhin erklärt, dass sie kein Verständnis für diese Entscheidung habe. Joseph Ratzinger hatte schrittweise die abtrünnige, superkonservative Piusbruderschaft, zu der mehrere Hundert Priester gehören, zurück in die katholische Kirche holen wollen. Doch dieser Aussöhnungsversuch am rechten Rand hatte viel böses Blut gemacht.

Die Unterstützer des Joseph Ratzinger würden sich also einen Papst wünschen, der Distanz zum Judentum hielt. Jorge Mario Bergoglio ist da der denkbar ungeeignetste Kandidat, denn der Rabbiner von Buenos Aires Abraham Skorka gehört zu seinen engsten Freunden. Sie hatten sogar ein Buch miteinander geschrieben.

Kanada

An diesem 13. März 2013 wartet David Gamble vom Volk der Cree, der zu den First Nations, den Ureinwohnern Kanadas, gehört, auf den Bericht der Frauen und Männer der Truth and Reconciliation Commission. Gamble ist einer der 6500 Zeugen, die dieser Kommission vom unfassbaren Leiden der indigenen Kinder und Jugendlichen in kanadischen Internaten berichten

David Gamble ist enttäuscht, denn er glaubt, dass es für die Täter, die katholische Kirche, optimal gelaufen ist. Die Verantwortlichen sind entweder längst tot oder zu alt, um noch zur Verantwortung gezogen zu werden. Niemand wird für diese Gräueltaten ins Gefängnis gehen. Einige sind geflohen. Auch die Verantwortlichen ganz oben sind längst tot. Am schlimmsten wütete die katholische Kirche in ihren Internaten in Kanada in der Zeit zwischen den beiden Weltkriegen und den beiden Jahrzehnten danach, aber die zuständigen Päpste Pius XI., Pius XII., Johannes XXIII. und Paul VI. liegen längst in ihren Gräbern im Petersdom. Das Gleiche gilt für die Priester und Ordensleute, die den Horror zu verantworten hatten. David Gamble ist nicht gläubig, aber er will Gerechtigkeit und ein Eingeständnis der Schuld. Aber er ist sich sicher, dass keiner den Mut haben wird zuzugeben, was die heilige katholische und apostolische Kirche in seiner Familie, in seinem Volk der Cree und in seinem Land Kanada angerichtet hat. Es müsste schon ein sehr ungewöhnlicher Mann kommen, aber so einen Mann, glaubt David Gamble, wird es an der Spitze der Kirche nie geben.

Vatikan

An diesem 13. März 2013 in der Sixtinischen Kapelle weiß Jorge Mario Bergoglio nicht, wie viele Kardinäle versuchen, seine Wahl zu verhindern. Aber er weiß ganz genau, warum viele gegen ihn stimmen werden: Joseph Ratzinger hatte in seinem Pontifikat eine rote Linie gezogen und schon vor dem Einzug ins Konklave klargemacht, dass er der Meinung sei, dass diese rote Linie nie überschritten werden dürfe. Es ging um das Schicksal von Millionen wiederverheirateten Geschiedenen.

Jorge Mario Bergoglio hatte ihr Leid in seinem Erzbistum in Buenos Aires selbst erlebt. Einvernehmliche Ehescheidungen sind eine Ausnahme. Meistens geht der Trennungswunsch von einem der beiden Partner aus, und der andere fühlt sich in eine Scheidung gezwungen. Für verlassene ehemalige Ehepartner bedeutet die Trennung häufig eine Tragödie. Für besonders gläubige Menschen aber ist eine Scheidung eine regelrechte Katastrophe.

Denn diese Menschen haben nicht nur damit zu kämpfen, dass sie nicht mehr gewollt werden, sondern auch damit, dass sie künftig für immer allein bleiben müssen oder in Sünde leben werden. Sich nach einer gescheiterten Ehe erneut zu verlieben und eine zweite Ehe einzugehen, war nach Meinung der Fraktion um Benedikt XVI. nicht erlaubt. Seit Jahrzehnten beschäftigte sich der Vatikan mit diesem Problem, und Joseph Ratzinger hatte als Papst die ganze Härte der Kirche in dieser Frage ausgespielt.

Während einer Audienz hatte ihn ein kleines Mädchen angesprochen und gesagt: »Heiliger Papst, meine Mama ist geschieden und hat jetzt wieder geheiratet, und ich habe einen neuen Papa. Die Mama ist aber ganz traurig, weil sie nicht zur Kommunion gehen darf. Darf sie das wirklich nicht?«

Der Papst hatte das Kind korrigiert und ihm klipp und klar gesagt, dass seine Mutter nicht nur nicht zur Kommunion gehen dürfe, sondern selbstverständlich auch nicht beichten könne, weil sie auch die anderen Sakramente der katholischen Kirche nicht in Anspruch nehmen dürfe. Selbst die Freunde des Papstes hatten seine Reaktion damals als hart empfunden. Benedikt XVI. blieb aber in der Frage unerbittlich: Wer nach einer Scheidung erneut standesamtlich heiratete, war von allen Sakramenten der Kirche ausgeschlossen. Das kam einem Rauswurf aus der Kirche gleich.

Den Grund dafür sahen die Konservativen ganz einfach in dem biblischen Befehl aus dem Matthäus-Evangelium (Kapitel 19, Vers 6): »Was aber Gott verbunden hat, das darf der Mensch nicht trennen.« Aus Sicht vieler Geschiedener, die unter ihrer Situation litten, war die Haltung der Kirche absurd. Die Kirche hatte nichts dagegen, dass sich Menschen nach standesamtlich geschlossenen und geschiedenen Ehen erstmals kirchlich trauen lassen. Die Kirche vergab die Kommunion auch an Geschiedene, die danach ein Single-Leben führten. Problematisch wurde es erst, wenn ein Partner nach einer Scheidung eine neue Ehe einging.

Die Teilnehmer der Papstwahl wussten, wie Jorge Mario Bergoglio in diesem Punkt dachte. Er betonte, dass die Welt sich seit der Zeit des Jesus von Nazareth sehr stark verändert hat. Nur noch in Ausnahmefällen hielten Ehen bis zum Tod. Scheidungen waren in allen Gesellschaften keine Einzelfälle mehr, sondern die Regel. In der EU sank die Zahl der Eheschließungen pro 1000 Einwohner zwischen 1970 und 2015 von 7,9 auf 4,3. Gleichzeitig stieg die Zahl der Scheidungen von 0,9 auf 1,9. Den Spitzenwert hielt im Jahr 2016 Portugal: Auf 100 Ehen, die geschlossen wurden, kamen 69 Scheidungen. Viele geschiedene und wiederverheiratete Katholiken empfanden den Ausschluss von den Sakramenten als eine ungerechte und harte Strafe. Bergoglio fand das auch.

Italien

An diesem 13. März 2013 denkt Giovanni Traettino, ein Pastor der evangelikalen Kirche, an seinen Freund Jorge Mario Bergoglio, der jetzt gerade im Konklave sitzt. Im Jahr 2006 hatte er den Bischof in Buenos Aires kennengelernt bei einem in Lateinamerika umstrittenen Treffen. Ein Großteil der katholischen Kirche in Lateinamerika sieht die evangelikalen Kirchen als »Sekten«, die der katholischen Kirche ihre Gläubigen wegnehmen und das mit außerordentlichem Erfolg. In Südamerika verlor die katholische Kirche in den vergangenen 50 Jahren fast ein Viertel der gläubigen Frauen und Männer an die evangelikalen Kirchen. Zahlreiche Bischöfe Lateinamerikas wollen daher vor allem eins, dass die Kirche diese »Sekten« bekämpft, wo sie kann. Jorge Mario Bergoglio wählte einen anderen Weg. Er schuf ein Forum, damit die katholische Kirche sich mit den evangelikalen Kirchen austauschen kann. Bergoglio setzte auf Begegnung, nicht auf

Konfrontation. Giovanni Traettino kann sich nicht vorstellen, dass er noch erleben wird, dass Männer wie Bergoglio sich in der katholischen Kirche durchsetzen können.

Vatikan

Der Nachmittag dieses 13. März 2013 zeichnete sich natürlich auch dadurch aus, dass ein Mann die stille Abstimmung in der Sixtinischen Kapelle mit beeinflusste, der nicht zugegen war. Viele Teilnehmer des Konklaves konnten sich noch daran erinnern, wie erschrocken Joseph Ratzinger ausgesehen hatte, als er immer mehr Stimmen auf sich vereinigte. Er war so blass gewesen, dass die Kardinäle schon erwarteten, dass er die Wahl ablehnen würde. Er hatte lange gezögert, bevor er erklärte, dass er die Wahl doch annehme.

Sie würden ihm nach der Wahl unter die Augen treten müssen, und diejenigen Kardinäle, die mit dem Gedanken spielten, Jorge Mario Bergoglio zum nächsten Papst zu wählen, waren sich im Klaren darüber, was das bedeutete. Dadurch würden sie nicht nur das theologische Erbe Joseph Ratzingers zunichtemachen, sondern auch sein politisches. Denn in einem Punkt hatte sich die Außenpolitik Joseph Ratzingers nicht kritisieren lassen, nämlich, dass sie nicht klar gewesen sei. Das konnte ihr niemand vorwerfen. Sie war so klar gewesen, dass es keinerlei Interpretationsspielraum gab. Ratzinger wollte eine möglichst enge Bindung des Vatikans an die USA.

Es gab aber unter den Männern, die an diesem Nachmittag in der Sixtinischen Kapelle einen neuen Papst wählen sollten, keinen anderen mit einer so klaren antiamerikanischen Haltung wie Jorge Mario Bergoglio. Der Argentinier hatte nie damit hinter dem Berg gehalten, dass er den amerikanischen Kapitalismus für einen menschenfeindlichen Irrweg hielt. Vor allem die Abschottungspolitik der USA hatte er auf das Schärfste verurteilt. Die

USA nahmen Tag für Tag den Tod von Menschen in Kauf, die verzweifelt versuchten, aus den bitterarmen Ländern Mittelamerikas in die USA zu kommen. Sie starben in Lkws der Schlepper, ertranken im Grenzfluss Rio Bravo oder im Meer.

Sie starben, eingequetscht zwischen den Waggons der Züge, die nach Norden in die USA rollten. Erzbischof Bergoglio hatte dies und vor allem die Verweigerung von Solidarität gegenüber ärmeren Ländern in den USA immer kritisiert. Eine Politik wie die US-amerikanische, die davon ausging, dass die Interessen der USA wichtiger seien als die Interessen anderer Länder, hielt Bergoglio für grundfalsch. Es gab eine ganze Reihe Kritiker in den USA, die in Bergoglio schlicht und einfach einen Kommunisten sahen. Denn er machte keinen Hehl daraus, dass er das kapitalistische System an sich für falsch hält. Bereits als Erzbischof hat er wiederholt klargemacht, dass er es als eine Ehre ansehe, wenn die USA ihn kritisierten.

Diese Haltung ließ sich nun beim allerbesten Willen nicht mehr mit den Vorstellungen der Anhänger Joseph Ratzingers in Einklang bringen. Für viele im Vatikan hatte es eine kolossale Überraschung bedeutet, dass Joseph Ratzinger dem Vatikan maximale Nähe zu den USA verordnete. Denn US-Präsident George W. Bush galt in seinem eigenen Land als höchst umstritten.

Der Krieg im Irak hatte über 100 000 Toten gefordert und galt schon lange als ein Fehlschlag. Wieso hielt ausgerechnet ein Papst diese Allianz für so unverzichtbar? Die Beziehungen zu George W. Bush waren derart eng, dass Joseph Ratzinger nicht davor zurückschreckte, seinen Geburtstag im Weißen Haus zu feiern und George W. Bush als einzigem Staatschef der Welt das Recht einzuräumen, im Turm des heiligen Johannes, einem Wachturm im Vatikan, zu wohnen. Selbst in den USA stieß diese päpstliche Linie auf Verwunderung, weil das Land sich auf einen historischen Wahlkampf vorbereitete, in dem zum ersten Mal in der US-Geschichte mit Barack Obama eine Person of Color gute Chancen hatte, Präsident zu werden. Ratzinger-Anhänger sahen im Chefdiplomaten des Papstes, Kardinalstaatssekretär Tarcisio Bertone, den geeigneten Mann für eine Fortsetzung der außenpolitischen Ausrichtung des Vatikans.

Italien

An diesem 13. März des Jahres 2013 arbeitet Karim Baghdadi im Lager einer von Chinesen betriebenen Bar im römischen Stadtteil Trastevere. Wenn er nach den zahllosen Narben auf Armen und Beinen gefragt wurde, erwähnte er immer einen Autounfall in seiner Heimat im Niger. Karim ist aus Niamey und hat sich auf den Weg gemacht durch die große Wüste, die Sahara, immer weiter nach Norden mit Lkws, Autos, manchmal zu Fuß, manchmal auf einem Esel. In Libyen haben sie ihn erwischt und in eine Zelle gesperrt. Er war sicher, am Durst, an der Hitze, der Enge oder an den vielen Schlägen zu sterben. Sie schlugen ihn ohne Grund wie die anderen, und irgendwann vegetierte er nur noch vor sich hin. Doch dann kam irgendwer, um das Gefängnis zu sehen, und sie befahlen ihm, den Toten und die beiden Schwerverletzten aus der Zelle hinauszutragen. Es war dunkel, und er konnte abhauen. Er irrte durch die Stadt, versteckte sich, und nach ein paar Tagen begann er, den Strand zu beobachten. Da war ein Mann, der sich an den Booten zu schaffen machte, und er fragte ihn, ob er mitfahren könne, obwohl er kein Geld habe. Der Mann nickte und sagte, dass er ihn mitnehmen würde, wenn er ihm aufs Wort gehorche und Frauen und Männer auf See ins Wasser werfe, sollte das nötig sein. Dazu kam es aber nicht, der Motor stockte, und dann war der Mann auf einmal weg, und sie trieben auf dem Meer. Sie kenterten, und ein Fischer holte ihn nach Stunden aus dem Wasser. Er weiß nicht, was aus den anderen Gekenterten geworden ist. Ein tunesischer Hilfsarbeiter auf dem Schiff erklärte ihm, dass sein Chef wie alle Mittelmeerfischer sauer sei, weil sich so oft Leichen von Immigranten in den

Netzen verfingen. Sie würden sie zurück ins Meer werfen, damit sie an Land keine Scherereien mit der Polizei bekamen.

Karim schlug sich über Reggio Calabria bis nach Rom durch. Mit seinem chinesischen Chef ist er zufrieden. Aber er denkt oft an seinen kleinen Bruder, der in Niamey am Flughafen auf einem Holzbrett kauerte und um Almosen bettelte. Karim weiß jetzt, dass sein Bruder Kinderlähmung gehabt hatte und dass die Weißen das mit einem einzigen Stückchen Zucker wegzaubern konnten, mit einem einzigen Stück Würfelzucker. Dass sich irgendwer je um die Frauen und Männer kümmern wird, die im Mittelmeer ertrinken, glaubt er nicht.

Vatikan

Der Nachmittag dieses 13. März 2013 ist durch einen unglaublichen Zufall gekennzeichnet. Unter den Männern, die zunächst schworen, allein auf Gott zu hören bei der Wahl des Papstes und sich dann auf die schmalen Bänke in der Sixtinischen Kapelle setzten, um zu wählen, gab es einen einzigen, der absolut alles getan hatte, um sicherzugehen, niemals in seinem Leben Papst zu werden. Das war ausgerechnet Jorge Mario Bergoglio. Schon mit seinem Entschluss, in den Orden der Jesuiten einzutreten, hatte er sich als junger Mann eigentlich den Weg an die Spitze der Kirche verbaut. Denn es hatte noch nie einen Jesuiten auf dem Thron Petri gegeben. Es gehört zum Selbstverständnis der Jesuiten, dass sie sich nicht auf hohe Ämter in der Kirche bewerben, schon gar nicht auf das des Papstes. Es gab noch einen Punkt, der den Weg an die Spitze der Kirche für Jorge Mario Bergoglio unmöglich machte. Er war ein sogenannter Spätberufener, ein Mann, der zunächst einen Beruf ausgeübt hatte, bevor er Priester wurde. Aber konnte ein Mann, der sich zunächst gar nicht sicher gewesen war, ob Gott ihn zum Priester berufen hatte, Papst werden?

Ein weiteres Hindernis war ein bisschen peinlich für Bergoglio. Er wäre der erste Papst seit über hundert Jahren ohne Doktortitel. An sich wäre das gar nicht so problematisch gewesen, wenn Bergoglio nicht ein Jesuitenpater gewesen wäre. Zum Selbstverständnis der Jesuiten gehört, dass sie viele Jahre ihres Lebens außer dem Studium der Theologie noch mindestens einem anderen Fach widmen. Ein Jesuit ohne Doktortitel, das ist so, als wenn ein Mann oder eine Frau Flottenkapitän bzw. Flottenkapitänin werden will und den Segelschein nicht besteht. Die Umgebung des Theologieprofessors Joseph Ratzinger war selbstverständlich geprägt von Frauen und Männern, die eine akademische Ausbildung mit den entsprechenden Titeln für das absolut Mindeste halten, um ernst genommen zu werden. Aber Jorge Mario Bergoglio hatte seine Versuche, in Deutschland eine Doktorarbeit zu schreiben, abgebrochen. Er musste sich seitdem im Jesuitenorden sagen lassen, dass er als Wissenschaftler kläglich gescheitert und damit im Grunde gar kein vollständiger Jesuitenpater war, sondern höchstens einer zweiter Klasse.

Von Anfang an hatte sich die Frage gestellt, ob die Kirche einen Praktiker oder einen Wissenschaftler an ihrer Spitze brauche. Jesus hatte bestimmt, dass er auf dem Felsen Petrus eine Kirche bauen wollte: Petrus war ein Fischer und ein Haudegen gewesen, aber die Wissenschaft übernahm ein anderer: Paulus. Während Petrus als Bischof von Rom, sofern er überhaupt je in Rom war, seltsam blass blieb, legte Paulus in seinen Briefen die Grundlage für die Theologie des Christentums: eine Mammutleistung.

Den meisten Päpsten war diese Aufteilung der Aufgaben aber egal. So handelte sich Papst Johannes Paul II. eine Menge Ärger durch seine 104 Auslandsreisen ein. Denn die Aufgabe des Petrus und damit seiner Nachfolger, der Päpste, war es ja traditionell, in Rom zu bleiben und die Kirche zu regieren. Nicht Petrus, sondern Paulus war zu den Völkern der damals bekannten Erde gereist, um zu predigen. Doch Papst Johannes Paul II. übernahm gern die Rolle des Paulus und bereiste die Welt.

Die Anhänger Joseph Ratzingers hatten nicht den geringsten

Zweifel daran, dass ein Papst eine solide akademische Karriere hinter sich haben sollte, möglichst als Professor. Sie sahen in den wissenschaftlichen Fähigkeiten Benedikts einen großen Gewinn. Die Bücher, die er als Papst über Jesus von Nazareth schrieb, sahen sie als echte Schätze an. Für sie war Joseph Ratzinger ein Idol, das es geschafft hatte, Vernunft und Glauben zu vereinen.

Joseph Ratzinger sah auf Gott mit dem Blick eines Wissenschaftlers. Seine Anhänger erkannten darin einen unschätzbaren Vorteil. Ihrer Meinung nach konnte die Kirche dank ihm endlich das Ghetto des Hokuspokus verlassen. Immer mehr aufgeklärte Menschen weltweit belächelten die Kirche und ihre Gläubigen wie ein Relikt aus Zeiten, als man noch an Märchen glaubte.

Joseph Ratzinger stemmte sich erfolgreich gegen diese Auffassung. So ließ er keinen Zweifel daran, dass er nur an ein einziges Wunder glaube, das Wunder der Auferstehung. Alle anderen Wunder, die in der katholischen Kirche gefeiert werden, waren seiner Ansicht nach nur spirituelle Ereignisse im Inneren einer Person gewesen, aber keine objektiven, für alle sichtbaren Wunder. Den Menschen war es also nur so vorgekommen, als sei ein Wunder geschehen.

Populäre Wunder bekämpfte Joseph Ratzinger als Präfekt der Glaubenskongregation mit allen Mitteln. Als in der Nähe von Rom in Civitavecchia eine Gips-Muttergottes angeblich Blut geweint hatte, hatte Joseph Ratzinger zum Bedauern vieler Katholiken klargestellt, dass es sich da um faulen Zauber gehandelt habe.

Ratzingers wissenschaftlicher Umgang mit Gott stand in einem eklatanten Widerspruch zu der Art und Weise, wie sein Vorgänger Papst Johannes Paul II. mit Gott umgegangen war. Für den Polen Karol Wojtyła war Gott nicht wissenschaftlich zu erfassen gewesen, sondern mit allen Sinnen, auch mit dem Körper. Er schien sich nach Gott zu sehnen wie ein Liebender nach einem geliebten Menschen.

Ich erinnere mich an ein beeindruckendes Beispiel. Ich war mit beiden Päpsten, sowohl Papst Johannes Paul II. als auch

Benedikt XVI., in Jordanien gewesen, an der Taufstelle Christi. Als wir im Gefolge von Johannes Paul II. zu diesem Platz am Jordan kamen, warf er sich in den Staub. Er wollte dem Ort, an dem Jesus den Boden berührt haben soll, so nahe sein wie irgend möglich.

Weil dieses Ereignis im Jahr 2000 so eindrucksvoll gewesen war, sammelten sich an dem Tag, an dem Benedikt XVI. die gleiche Stelle besuchte, Dutzende Fotografen am Jordan. Sie wollten festhalten, wie Papst Benedikt XVI. sich auf den Boden in den Staub werfen würde, um der Stelle zu huldigen, an der Gottes Sohn getauft worden sein soll.

Doch als Benedikt XVI. an die Stelle kam, saß er in einem Golfcart. Er schaute kurz auf die Stelle am Jordan und ließ dann weiterfahren. Er segnete die Stelle nicht, er stieg nicht einmal aus. Ob genau dort etwas passiert war, interessierte ihn nicht. Ihn interessierte, was es bedeutete. Ob die Taufe genau dort oder woanders stattgefunden hatte oder ob am Jordan nur eine Tradition fortgesetzt wurde, die auf Hörensagen beruhte, spielt für ihn keine Rolle.

Das »Team Ratzinger« wollte als Nachfolger von Benedikt XVI. einen Mann, der genau so weitermachte, einen Professor, der klarstellte, dass die Kirche sich nicht mit irgendwelchem Aberglauben abgab, sondern sich der wissenschaftlichen Auseinandersetzung mit Gott widmete.

Zypern

Am Nachmittag dieses 13. März 2013 dösen die Soldaten auf der griechischen Seite des Grenzübergangs in Nikosia wie fast immer. Sie haben nicht viel zu tun, außer ein paar Touristen wegzuscheuchen. Vor allem deutsche Urlauber sehen mit einem gewissen Grusel die Grenze, die zwischen Griechenland und dem von den Türken besetzten Teil von Nikosia verläuft und sie so sehr an das geteilte Berlin erinnert. Nach den obligatorischen Fotos am Schlagbaum vertreiben sich die Urlauber ihre Zeit in den Einkaufsstraßen von Nikosia und in zahllosen Bars und Fischrestaurants. Man braucht nur einen Pass, um auf die andere, die türkische Seite, hinüberzukommen. Viele Urlauber shoppen dort, schauen sich einen Teil des besetzten Zypern an und kommen dann abends auf die griechische Seite nach Nikosia zurück. Zwischen den beiden Teilen der Insel hin- und herzugelangen, ist kein Problem, und genau das macht der zypriotischen Regierung solche Sorgen. Der Bürgerkrieg in Syrien flammte im Winter 2012 und im Frühjahr 2013 mit enormer Heftigkeit auf. Vor wenigen Tagen ist es den Milizen des Islamischen Staates zum ersten Mal gelungen, eine Provinzhauptstadt zu erobern, nämlich Raqqa. Es ist nur noch eine Frage der Zeit, bis Tausende Flüchtlinge aus dem Kriegsgebiet in die Türkei drängen werden. Zwar sind die türkischen Küsten des Festlandes von Zypern Hunderte von Meilen entfernt, die Insel ist also von der Türkei aus für die Flüchtlinge nicht zu erreichen. Aber das ist nicht das Problem. Das Problem ist der Ercan International Airport auf der türkischen Seite. Die internationale Staatengemeinschaft hat die Besetzung Zyperns durch die türkische Armee im Jahr 1974 nie als rechtens angesehen. Die türkische Republik im Norden Zyperns wird nur von der Türkei anerkannt. Deswegen nutzen auch nur Flugzeuge der türkischen Luftlinien diesen Flughafen. Aber auf Zypern fürchtet man, was geschehen könnte, wenn die Türken syrische Flüchtlinge in den türkischen Teil der Insel fliegen. Sie könnten dann über die Grenze auf den griechischen Teil gelangen, wo sie als Flüchtlinge in der Europäischen Union ein Recht auf ein Asylverfahren hätten. Es gibt viele auf Zypern, die in diesem Frühjahr 2013 einen solchen Ansturm von Flüchtlingen fürchten. Das Problem ist, dass die Europäische Union nicht wirklich nach Lösungen des Flüchtlingsproblems sucht. Ein Staatsmann würde gebraucht, der über allen steht, der den Vorteil haben müsste, wirklich glaubwürdig zu sein.

Vatikan

Am Nachmittag dieses 13. März 2013 weiß auch Mario Bergoglio, dass einige der abschätzenden Blicke, die ihn treffen, ausgesprochen beleidigend gemeint sind. Unter einem Teil der Kardinäle gilt er als eine theologische Null. Das hat auch damit zu tun, dass viele der Kardinäle schon in ihrem Studium Professor Ratzingers Standardwerk *Einführung in das Christentum* gelesen haben. Bergoglio hat in seinem ganzen Leben kein bedeutendes Buch veröffentlicht. Was vielen der Kardinäle noch mehr aufstößt, ist, dass er zu einer ausgesprochen einfachen Sprache neigt. Er liebt es, seinen Glauben und Gott so zu erklären, dass Menschen ohne jede Vorbildung verstehen, was er meint. Latein und Griechisch sind nicht seine Stärke. Was für viele Kardinäle aber den Ausschlag gibt, Bergoglio zu verachten, das ist sein geliebter Kernsatz »Gott vergibt immer«.

Aus Sicht vieler Kardinäle ist das Unsinn, denn dann würde sowohl die Kirche als auch die Theologie vollkommen überflüssig sein. Die Menschen mit Gott wieder zu versöhnen durch Regeln, Gebote und Sakramente, ist ja gerade die Aufgabe der Kirche, aber mit einem gütigen Gott, der alles vergibt, braucht man weder einen Beichtstuhl noch eine Fastenzeit noch eine heilige Messe.

Es gibt noch einen Punkt, den viele Kardinäle dem Argentinier vorwerfen. Er glaubt an die Existenz des Satans. Er warnt vor dem Teufel und seinen Verführungen. In der modernen Theologie hat dieser Satan längst aufgehört zu existieren. Der Teufel wird eher gesehen als etwas, das sehr weit weg ist von Gott, aber ein Teufel, so wie ihn sich Bergoglio vorstellt, der die Menschen ganz konkret verführt, der durch die Welt marschiert, um Leute in seine Falle zu locken, der existiert ihrer Ansicht nach nur im Kopf eines theologischen Einfaltspinsels.

Dem Theologen Joseph Ratzinger ging es darum, möglichst präzise und sachlich erschöpfend über Gott zu sprechen. Die

Folge davon war, dass nur noch theologisch vorgebildetes Publikum wenigstens im Ansatz begriff, was Joseph Ratzinger sagen wollte. Die Liebe Joseph Ratzingers zur Theologie führte dazu, dass die Gläubigen zu allen Gelegenheiten mit seinen verschlungenen Lehren überschüttet wurden. Besonders eklatant zeigte sich dieses Problem bei den Massengottesdiensten mit Jugendlichen. Dabei kamen so komplizierte Reden heraus, dass selbst sein Sprecher Pater Federico Lombardi mehrfach einräumen musste, dass er die Reden nachlesen müsse, um ihren Inhalt zu begreifen.

Der Theologe Joseph Ratzinger besaß ein unglaublich geringes Gespür für das richtige Wort zur richtigen Zeit, wie seine Predigt vom 22. März 2009 zeigte. Die vatikanische Delegation hatte sich durch ein unfassbares Ausmaß an menschlichem Elend in der Nähe der Cimangola-Ebene in Luanda (Angola) gekämpft. Wie katastrophal die Zustände waren, zeigt schon allein, dass am Abend zuvor zwei Frauen in der Menge der Gläubigen zerquetscht worden waren. Beim Versuch, zum päpstlichen Gottesdienst zu kommen, wurden mehr als 40 Einheimische schwer verletzt. An diesem Tag musste der Papst vor Menschen die Messe lesen, die so arm waren, dass ihre Kinder verhungerten oder an generell heilbaren Krankheiten starben, weil sie sich die Behandlung nicht leisten konnten. Der Anblick der Müllberge, auf denen die Slums dieser Menschen standen, in denen das Wasser und die Luft vergiftet waren und Seuchen kursierten, trieb der Delegation aus Europa Entsetzen und Schamesröte darüber ins Gesicht, dass unser reicher Kontinent es zulässt, dass Menschen so dahinvegetieren müssen. Der Papst aber gab den jungen Menschen in den Slums zwei Empfehlungen mit: Sie sollten sich nicht sexueller Verantwortungslosigkeit hingeben und auch kein Haschisch rauchen.

Die Kirchenregierung, die Kurie, hatte Papst Benedikt XVI. während seiner Amtszeit angesichts seiner Vorliebe für die Theologie und die Abneigung für die Praxis regelrecht entmachtet. Ratzinger war nicht unschuldig daran gewesen. Seine Entscheidung, sich für Monate zurückzuziehen und Bücher über Jesus von Nazareth zu schreiben, hatte ein Vakuum hinterlassen. Benedikt XVI. fehlte offensichtlich das Interesse für das Tagesgeschäft beim Führen einer Kirche mit 1,3 Milliarden Mitgliedern. Aber wollten die Kardinäle jetzt einen starken Papst, oder sollte die zurückhaltende Linie Ratzingers weitergeführt werden?

Myanmar

Am Abend dieses 13. März 2013 feiert die Friedensnobelpreisträgerin Aung San Suu Kyi nach dem ersten Parteitag der Geschichte ihrer Partei, der Nationalen Liga für Demokratie (NLD), ihre erneute Wahl zur Parteichefin. Sie gilt als Hoffnungsträgerin für das immer wieder durch neue Militärputsche erschütterte Myanmar, das ehemalige Burma. Doch obwohl sie eine Friedensnobelpreisträgerin ist, kann sie nicht verhindern, dass es in ihrem Land zur schlimmsten Verfolgung von Menschen auf dem ganzen Globus kommt. Denn auch in diesem März 2013 fürchten die Familien der Rohingya aus einem Dorf bei Maungdaw in Myanmar einen weiteren Überfall des Militärs. Sie sind aufs Land geflohen, weil ihre Hütten verbrannt wurden. Sie haben das Schicksal des Mannes vor Augen, der seinen wenige Monate alten Sohn immer noch mit sich trägt, obwohl das Kind einen Schuss in die Brust abbekam und nicht mehr atmet. Seit Tagen schleppt er das Kind weiter und will es nicht begraben.

Die Armee versucht die Rohingya immer wieder nach Norden zu treiben, Richtung Bangladesch. Sie erkennen die muslimischen Rohingya als Bewohner ihres mehrheitlich buddhistischen Landes nicht an, obwohl diese Bevölkerungsgruppe mindestens seit dem Jahr 1890 dort lebt. Diese Menschen können ermordet, vergewaltigt, beraubt werden, weil es sie offiziell gar nicht gibt. Sie sind Staatenlose. Myanmar verweigert ihnen einen Pass. Die UNO bezeichnet sie als die am stärksten verfolgte Volksgruppe der Welt. Niemand wird sich für sie einsetzen und niemand wird zu ihnen kommen, denn es ist in Myanmar nicht erlaubt, den Namen ihres Volkes auch nur auszusprechen. Wenn sich nicht einmal eine Friedensnobelpreisträgerin für die muslimischen Rohingya einsetzt, wer sollte das dann tun?

Vatikan

Die Checkliste für den idealen Kandidaten des »Teams Ratzinger« sieht am Nachmittag dieses 13. März 2013 also so aus:

- Distanz zu Judentum und Islam
- Keine Sakramente für wiederverheiratete Geschiedene
- Zurückhaltende Amtsführung
- Wissenschaftler mit akademischem Titel
- Versierter Theologe
- Enge Verbundenheit mit den USA

Doch dann beginnt die Auszählung der Stimmen. Durch die Sixtinische Kapelle klingt immer wieder ein Name: Bergoglio, Bergoglio, Bergoglio und wieder Bergoglio. Die Kardinäle haben die Ära Ratzinger wie durch einen kirchlichen Tsunami hinweggefegt.

Das würde ein heißer Tanz werden.

Mosambik

Am Nachmittag dieses 13. März 2013 arbeitete Carmelita Namashalua am Bericht für das Parlament in der Hauptstadt Maputo über die Ausmaße der Katastrophe, die durch die Überschwemmungen der Regenzeit verursacht worden war. Die Bilanz war furchtbar: 117 Tote, davon 50 durch Ertrinken und 39 durch Blitzeinschläge. Die Opfer waren zum Teil in ihren Häusern verbrannt, die vom Blitz getroffen wurden. Laut der Statistik der Regierung wurden 5139 Häuser zerstört und 274330 Hektar Anbaufläche gingen verloren. Insgesamt waren 478 892 Menschen von der Katastrophe betroffen.

Etwa 1500 Rinder, 3500 Schweine, 5000 Ziegen und 12000 Hühner und Enten kamen in der Flut in dem bitterarmen Land um. Doch Mosambik musste nicht nur mit dieser Katastrophe zurechtkommen. In dem Staat im Südosten Afrikas stieg die Zahl der AIDS-Infizierten immer weiter an. Carmelita Namashalua musste leider auch mitteilen, dass die Zahl der Infektionen bei den 15- bis 49-jährigen Einwohnern Mosambiks auf 11,9 Prozent angestiegen war. In Ländern wie Deutschland lag die Zahl der Infizierten bei etwa 0,1 Prozent gemessen an der Bevölkerung.

Die Menschen in Mosambik fragten sich, ob der Vatikan das Land aufgeben würde. Es gab viele Länder in Afrika, die enorme Probleme hatten. Papst Benedikt XVI. hatte Kamerun und Angola bereist, das Land mit dem größten Landminenproblem der Welt. Aber in Mosambik war der deutsche Papst nicht gewesen.

Am 4. Oktober 1992 war in Rom auf Druck des Vatikans und der katholischen Gruppierung Sant'Egidio das Friedensabkommen unterzeichnet worden, um den Bürgerkrieg zu beenden. Seitdem hatte der Vatikan dem Land über verschiedene katholische Organisationen immer wieder unter die Arme gegriffen. War das jetzt vorbei? Oder würde ein neuer Papst sich den gewaltigen Problemen dieses Landes widmen?

Vatikan

Was die Ratzinger-Anhänger von Anfang an am meisten entsetzte, war nicht nur die Wahl des Mannes allein, sondern noch etwas anderes, nämlich seine Entschlossenheit. Einen größeren Kontrast zwischen den Amtsantritten von Papst Benedikt XVI. und Papst Franziskus kann man sich beim besten Willen nicht vorstellen. Die Wahl von Joseph Ratzinger war durch eine Besonderheit gekennzeichnet: Der Papst hatte das Amt nicht gewollt.

Unmittelbar nach der Wahl musste der Kölner Kardinal Joachim Meisner all seine Energie aufbringen, um Joseph Ratzinger davon zu überzeugen, die Wahl anzunehmen.

Jorge Mario Bergoglio zeigte, dass er das komplette Gegenteil war. Als der Kardinalprotodiakon Jean-Louis Tauran den Namen Jorge Mario Bergoglios verlas, wenige Minuten bevor der neue Papst auf die Benediktionsloggia kam, hegten die Ratzinger-Anhänger noch die Hoffnung, dass es jetzt erst einmal eine Schonfrist geben werde.

Die Geschichte hatte gezeigt, dass es auch für einen erfahrenen Kardinal einen erheblichen Schock bedeutete, zum Papst gewählt worden zu sein. Die Folge: Die neuen Päpste brauchen mindestens einige Monate, manche einige Jahre, um wirklich in dem Amt anzukommen. Der Apparat ist so groß und die Machtfülle so enorm, die Vorstellung, von Gott selbst auserwählt worden zu sein, so überwältigend, dass nur wenige Päpste in der Lage waren, das Amt unmittelbar nach ihrer Ernennung an sich zu reißen. In der Regel beschlossen sie, die ersten Jahre alles so zu belassen, wie es war, und dann ganz langsam und behutsam Reformen einzuführen.

Manche Päpste fanden sich etwas schneller in ihrer neuen Rolle zurecht, aber dass ein Papst blitzartig sein nahezu 2000 Jahre altes Amt verändern könnte, das hatte es noch nie gegeben. Das Tempo Jorge Mario Bergoglios entsetzte das »Team Ratzinger« deshalb so sehr, weil es vor allem darauf hindeutete, wie entschlossen dieser Papst war.

Kurz nach 20 Uhr betrat Jorge Mario Bergoglio den Balkon des Petersdoms, und sofort krempelte er das Amt um. Schon auf dem Weg aus der Sixtinischen Kapelle, nachdem die Kardinäle ihm gratuliert hatten, und durch die große Halle über dem Haupteingang der Peterskirche musste er sich vorgenommen haben, was jetzt folgen sollte: die Ankündigung einer Revolution.

Als es losgeht, ist Zeremonienchef Guido Marini völlig außer sich. Der neue Papst ist vor wenigen Augenblicken neben ihm auf den Balkon gekommen, und jetzt muss er ihm die Stola umlegen. Doch als er das tun will, weigert sich der Papst. Er dreht sich weg. Marini kann es nicht fassen, denn der Papst muss unbedingt diese Stola umlegen. Nur mit dieser Stola kann der Papst seinen Segen sprechen, und genau darauf, auf den ersten päpstlichen Segen, warten die Zehntausende Menschen unten auf dem Petersplatz. Ein weiteres Mal versucht Guido Marini, ihm die Stola umzulegen, und ein weiteres Mal lehnt Franziskus sie ab. Jetzt ist der Zeremonienchef verzweifelt. Selbst ein Dorfpfarrer, der seine Gemeinde segnen will, muss eine Stola umlegen. Der Papst kann nicht einfach ohne Stola seinen Segen sprechen, aber die Menschen dort unten nicht zu segnen und einfach hier oben stehen zu bleiben, geht auch nicht. Also muss dieser Papst diese Stola umlegen, und deswegen versucht es Marini noch ein drittes Mal, und ein weiteres Mal lehnt der Papst ab. Dann geschieht etwas, was es in der Geschichte der Päpste noch nie gegeben hat. Franziskus wendet sich an die Gläubigen und bittet darum, dass die Menschen auf dem Petersplatz zunächst ihn segnen mögen, und erst als das geschehen ist, lässt er sich die Stola umlegen und segnet die Menschen. Damit haben die Revolution und das große Aufräumen des Apparates, den sein Vorgänger hinterlassen hat, begonnen.

2013

Ein anderer Papst

Die Optimisten unter den Anhängern des Joseph Ratzinger glaubten, dass der Segen unmittelbar nach der Wahl zum Papst zwar eine spektakuläre Geste gewesen sei, aber eben nichts weiter als eine isolierte spektakuläre Geste. Der neue Papst werde künftig solche Umwälzungen der Gepflogenheiten unterlassen. Die nächsten Stunden sollten jedoch zeigen, dass dem keineswegs so war und es für die Gruppe, die eine »Weiter so«-Administration Joseph Ratzingers wollte, keinerlei Grund für Optimismus gab. Mittlerweile gingen die Bilder um die Welt, die zeigten, dass der Papst sich im Bus mit den Kardinälen von der Sixtinischen Kapelle zurück zu seiner Wohnung im Haus der heiligen Martha bringen ließ.

Dass ein Papst, der Stellvertreter Christi auf Erden, überhaupt in einen Bus steigen könnte, war den Traditionalisten im Vatikan bereits ein Gräuel. Doch der neue Papst hatte es abgelehnt, in die Staatskarosse des Vatikans zu steigen. An der Spitze des vatikanischen Hügels liegt die Garage, in der ein halbes Dutzend Limousinen, zum größten Teil vom Hersteller Mercedes-Benz und Lancia, auf ihren Einsatz warteten. Stattdessen war der Papst tatsächlich mit dem Bus gefahren.

Dass es sich keineswegs um Zufälle, sondern um eine bewusste Entscheidung handelte, zeigte auch der nächste Tag. Papst Franziskus ließ sich mit einem einfachen Auto in die Via della Scrofa in Rom bringen, in eines der Priesterheime des Vatikans. Dort hatte er während der Zeit der Vorbereitung des Konklaves übernachtet. Spektakulär war nicht allein, dass der neue Papst beschlossen hatte, sich einfach durch Rom kutschieren zu lassen. Der Anlass des Ausflugs erwies sich als noch ungewöhnlicher: Er wollte seine Rechnung für den Aufenthalt bezahlen, und zwar selbst. Aber ein Papst fuhr nicht herum und zahlte seine Rechnungen.

Joseph Ratzinger hatte jahrzehntelang die Tradition gepflegt, am Sonntagabend bei seinem langjährigen Sekretär Josef Clemens zu Abend zu essen. Bischof Clemens ist ein ausgezeichneter Koch. Die beiden Männer waren sich jahrzehntelang freundschaftlich verbunden. Vom Apostolischen Palast, in dem Joseph Ratzinger nach seiner Wahl wohnte, hätte er, ohne den Vatikan verlassen zu müssen, zu Fuß zum Palast der Glaubenskongregation gelangen können, in dem Josef Clemens wohnte. Der Weg, alle hundert Meter von Wachtposten des Vatikans kontrolliert, ist in zehn Minuten zu schaffen. Dennoch wurde jahrelang für jeden dieser Sonntagsbesuche eine lange Polizeieskorte rund um die Papstlimousine zusammengestellt, obwohl selbst den Polizisten nicht klar war, gegen welche Bedrohung sie eigentlich eingesetzt werden sollten. Jetzt gondelte der neue Papst Franziskus ohne Eskorte durch die Stadt, um eine Rechnung zu bezahlen, obwohl er dort tatsächlich Gefahren ausgesetzt war.

Dieser Mann aus Argentinien hatte etwas vor, etwas, das nichts Gutes bedeutete für die Ratzinger-Mannschaft, die noch an der Macht war. Schon die ersten 24 Stunden zeigten, dass er mit Traditionen brechen wollte. Möglicherweise hatte er sogar ein anderes Verständnis des Papstamtes. Seine Gesten machten bisher nur eines klar: Er wollte ein anderer Papst sein. Er wollte mit allem brechen, was sein Vorgänger getan hatte. Er wollte keine Majestät sein.

Wie hatte es dazu kommen können?

Das »Problem Bergoglio« schien sich doch bereits während des Konklaves im Jahr 2005 erledigt zu haben, bei dem Papst

Benedikt XVI. gewählt wurde. Ausgerechnet sein Mitbruder aus dem Orden der Jesuiten, der Mailänder Kardinal Carlo Maria Martini, hatte vor Jorge Mario Bergoglio gewarnt. Der einflussreiche Kirchenmann hatte durchblicken lassen, dass mit dem Erzbischof aus Buenos Aires etwas nicht stimmte. Es war also kein Wunder, dass das Konklave Bergoglio nicht wählte. Damals war er 68 Jahre alt gewesen, ein akzeptables Alter für einen neuen Papst. Mittlerweile hatte er das 76. Lebensjahr erreicht und damit die Pensionsgrenze für Bischöfe überschritten. Für einen Papst war das ausgesprochen ungünstig, weil es seine Position schwächte. Alle Bischöfe der Welt müssen mit dem Erreichen des 75. Lebensjahres ihren Rücktritt einreichen. Wenn aber ein Bischof mit über 75 Jahren zu alt für sein Amt ist, warum ein Papst dann nicht?

Wenn das Konklave 2005 einen viel jüngeren Papst Franziskus hatte verhindern können, warum konnte das Konklave im Jahr 2013 einen viel älteren dann nicht verhindern? Waren die Kardinäle von der Leistung Joseph Ratzingers so enttäuscht, dass sie seine komplette Mannschaft in die Wüste schicken wollten, und zwar mit Pauken und Trompeten?

Papst Franziskus war zweifellos auf den Thron Petri geholt worden, um das Ruder energisch herumzureißen. Doch schon wenige Stunden nach der Wahl des Argentiniers regten sich Zweifel, ob die Wahlkardinäle nicht eine zu radikale Änderung herbeigeführt hatten, um die Kurienkardinäle zu bestrafen, denn die Inbesitznahme des Apostolischen Palastes verwandelte sich in ein Debakel.

Der Umzug

Es gibt drei Orte in Rom, an denen Päpste gelebt haben. Zunächst bewohnten sie den Gebäudekomplex der Domus Laterani: Die Villen der Familie Lateranus gingen durch Heirat in den Clan der Familie von Kaiser Konstantin ein. Der ließ neben den Gebäuden der Laterani im 4. Jahrhundert die Lateranbasilika errichten, und in diesem Komplex entstanden auch die ersten Wohnungen der Bischöfe von Rom. Die Päpste bauten die Wohnungen nach und nach weiter aus. Der alte Papstpalast an der Lateranbasilika wurde abgerissen. Nur das Sanctum Sanctorum, die Papstkapelle am Ende der Heiligen Treppe, blieb nahezu unverändert erhalten.

Der zweite Aufenthaltsort der Päpste in Rom wird oft übergangen. Es ist der private Palast der Familie Colonna in der Nähe der Piazza Venezia. Nach dem Tod von Papst Bonifatius VIII. und dem nicht einmal einjährigen Pontifikat von Papst Benedikt XI. siedelten die Päpste im Jahr 1305 nach Avignon in Frankreich über. Als der in Konstanz am Bodensee gewählte Papst Martin V. aus der Familie Colonna zum Papst gewählt und damit das Abendländische Schisma beendet wurde, zog er zunächst in den Palast seiner Familie in Rom ein und beendete damit die Diskussion, ob die Päpste nicht doch nach Frankreich gehörten.

Erst seine Nachfolger begannen den Apostolischen Palast neben der Peterskirche zu bauen. Die Päpste zogen innerhalb dieses Palastes immer wieder um. Papst Alexander VI. ließ sich vom Renaissance-Genie Pinturicchio ein wundervolles Appartement ausmalen, das die Familiengeschichte des Mannes aus der Familie Borgia verherrlichen sollte. In dem Appartement wird das Wappenbild, der Stier der Familie Borgia, wie ein heiliges Tier verehrt. Die Geliebte des Papstes, Giulia Farnese, ist dort als Muttergottes dargestellt. Angesichts der sexuellen Ausschweifungen, die Papst Alexander VI. in seiner Wohnung genossen haben soll, weigerten sich seine Nachfolger, in das Appartement einzuziehen.

Vor allem das vom päpstlichen Sekretär Johannes Burckard beschriebene Kastanienfest soll dafür gesorgt haben, dass die Päpste das Appartement nicht mehr betreten wollten. Bei diesem

Fest gab es geröstete Kastanien, und die eingeladenen Herren zeigten angeblich den Damen, wer zu welchen sexuellen Höchstleistungen in der Lage war. Die Gewinner bekamen vom Papst einen Preis.

Papst Pius III., der im Jahr 1503 knapp drei Wochen regierte, zog noch ins Borgia-Appartement ein, aber sein Nachfolger Papst Julius II. ließ sich von Raffael seine Arbeits- und Privaträume ausmalen, die im Stockwerk über denen von Papst Alexander VI. liegen.

Papst Pius X. ließ schließlich den dritten Stock des Apostolischen Palastes ausbauen. Seitdem wohnten alle folgenden Päpste dort. Besucher gelangen in der Regel entweder durch das Treppenhaus oder mithilfe eines ganz besonderen Fahrstuhls, der im Innenhof Sixtus' V. verbaut worden ist, dorthin. Ohne einen besonderen Schlüssel lässt sich der Fahrstuhl nicht bedienen.

Die Inbesitznahme des Apostolischen Palastes durch einen Papst ist eine reine Formsache. Im Grunde geht es immer nur um eine Frage: Was muss in welchem Umfang renoviert werden? Da die Päpste nach der Stürmung des Kirchenstaates im Jahr 1870 mit Italien für viele Jahre kein Abkommen ausgehandelt hatten, konnte Pius X. in seiner Amtszeit 1903 bis 1914 nicht wirklich umfangreiche Umbauten durchsetzen, weil schlicht die nötigen Materialien fehlten.

Das Gleiche galt noch für seinen Nachfolger Benedikt XV. Erst Papst Pius XI. schloss im Jahr 1929 das Konkordat mit dem Königreich Italien, für das Benito Mussolini verhandelte. Ab diesem Zeitpunkt konnte wieder umfangreiches Baumaterial aus Italien geliefert werden, um das Appartement des Papstes umzugestalten. Der nächste Bewohner, Pius XII., änderte nur recht wenig in den Wohnungen, sodass für seinen Nachfolger Papst Johannes XXIII. im Jahr 1958 umfangreiche Bauarbeiten nötig wurden.

Der ehemalige Patriarch von Venedig, Papst Johannes XXIII., zog während des Umbaus, bei dem vor allem die Stromleitungen renoviert werden mussten und daher auch die Wandbespannungen, in den an ein Disney-Märchen erinnernden Turm des heiligen Johannes ein.

Papst Paul VI. ließ nur wenige Änderungen vornehmen. Er bestand allerdings darauf, dass auf der Dachterrasse ein Schwarz-Weiß-Fernseher installiert wurde. Papst Johannes Paul I. und Johannes Paul II. beließen fast alles beim Alten. Vor allem die extreme Sparsamkeit von Papst Johannes Paul II. sorgte dafür, dass selbst dringend nötige Arbeiten nicht vorgenommen wurden. Die Gasherde waren seit dem Einbau im den 1950er Jahren nicht mehr erneuert worden, die Möbel waren voller Kratzer, und selbst die Tischwäsche war verschlissen.

Ich erinnere mich an die angeschlagenen Tassen, die noch auf dem Tisch standen, als ich im März 2005 das Appartement des Papstes betrat. Das alles änderte sich mit Papst Benedikt XVI., der die Küchen des päpstlichen Appartements dank der Spenden von Sponsoren von Grund auf renovieren ließ.

Nach seiner Wahl musste Papst Franziskus, wie in der Regel der Papstwahl vorgeschrieben, das Siegel brechen, mit dem sein Vorgänger die päpstliche Wohnung verschlossen hatte. Danach zeigten die Angestellten der Verwaltung dem Papst seine neue Bleibe. Er soll angesichts der gewaltigen Ausdehnung des Appartements gesagt haben: »Hier passen ja 300 Menschen hinein.«

Der Lateinamerikaner Jorge Mario Bergoglio hatte bereits mehrfach bei Besuchen in Rom angemerkt, dass er den Apostolischen Palast nicht sonderlich schätze. Schließlich wurde das erste Gold, das Christoph Kolumbus in der Neuen Welt erbeutet hatte, in den Decken des Vatikanischen Palastes verbaut, also Gold, das den indigenen Ureinwohnern Lateinamerikas gehört hatte.

Die sensationelle Nachricht, dass Franziskus als erster Papst der Geschichte sich weigern könnte, in den Apostolischen Palast einzuziehen, sickerte in den Tagen nach der Wahl nur langsam durch. Zunächst einmal zog der Papst um. Während des Konklaves hatte er im Zimmer 207 gewohnt, das ihm durch die Entscheidung per Los zugefallen war. Jetzt bezog er das Zimmer 201, das einzige im Gästehaus der heiligen Martha, das neben dem Schlafzimmer noch ein vollständiges Arbeitszimmer mit einem Besprechungsraum bot. Der Machtapparat des Vatikans sah mit Entsetzen, dass der Papst begann, sich im Gästehaus einzurichten. Er sprach davon, dass ihm das päpstliche Appartement wie ein Trichter vorgekommen sei. Er wollte damit sagen, dass die schlichte Tatsache, im päpstlichen Appartement zu wohnen, den Zugang zu ihm wie durch einen Trichter erschweren würde.

Papst Franziskus erklärte, dass er in einer Gemeinschaft leben wolle und nicht allein und abgeschirmt. Das klang freundlich und offen, bedeutete aber für viele Machthaber im Vatikan einen brutalen Schlag. Die Entscheidung, nicht in den Apostolischen Palast einzuziehen, bedeutete vor allem, dass vielen Menschen Privilegien aberkannt wurden. Die Beschneidung von Sonderrechten kam im Vatikan noch nie gut an.

Bisher hatte alles so funktioniert: Nur drei Kardinäle besaßen das Recht, regelmäßig den Papst in seinem Appartement aufzusuchen. Zweimal die Woche kam der Kardinal-Staatssekretär, mindestens einmal der Substitut des Staatssekretariats und einmal der Chef der Glaubenskongregation. Alle anderen Kardinäle wurden ab und zu aufgefordert, sich zu Besprechungen im päpstlichen Appartement einzufinden.

Was wirklich im Vatikan vorging, erfuhr ein Papst immer nur gefiltert durch diese wenigen Männer. Der Nachteil dieses Systems bestand vor allem darin, dass wichtige Informationen, die längst bekannt waren, dem Papst nie zu Ohren kamen. Zudem schnitt es den Papst von Gesprächen mit ganz normalen Menschen ab.

Das hatte sich schon gezeigt, als Papst Paul VI. mit dem Problem rang, ein Lehrschreiben zur Geburtenregelung abzufassen. Das Zweite Vatikanische Konzil (1962–1965) war in der Frage zu keinem klaren Ergebnis gekommen. Papst Johannes XXIII. hatte zu Beginn des Konzils darum gebeten, dass eine Vielzahl von

Fachleuten in dieser Frage die Kirche beraten solle. Das Ergebnis war nicht eindeutig. Es gab durchaus Experten, die der Meinung waren, man solle das Thema Verhütung schlicht und einfach den Eheleuten überlassen.

Angesichts des explodierenden Bevölkerungswachstums rieten mehrere Berater dazu, Mittel zur Empfängnisverhütung zuzulassen, weil absehbar war, dass der Planet Erde nicht unbegrenzt Menschen aufnehmen könne.

Die Enzyklika zeigte später mit ihren verschiedenen Theorien über das Naturrecht, wie unendlich weit weg dieses Lehrschreiben von der Realität war. Abgeschlossen im Apostolischen Palast, hatte der Papst nie die Gelegenheit gehabt, sich zu einem Gespräch mit nicht auserwählten Personen an einen Tisch zu setzen. Aber wie sollte ein Papst über die Anti-Baby-Pille nachdenken, wenn er keinen Kontakt zu ganz normalen Frauen und Männern bekam?

Der spektakulärste Fall der vergangenen Jahrzehnte dürfte dem mexikanischen Ordensgründer Marcial Maciel Degollado gegolten haben, der fast die Heiligsprechung von Papst Johannes Paul II. verhindert hätte. Degollado galt als ungeheuer frommer Mann, der den superkonservativen Orden der Legionäre Christi gegründet hatte. In Wirklichkeit führte er ein Doppelleben. Das pfiffen im Vatikan schon die Spatzen von den Dächern. Denn Degollado lebte mit zwei Frauen zusammen, mit denen er auch Kinder hatte. Degollado hatte aber auch Seminaristen missbraucht und soll sich sogar an seinen eigenen Kindern vergangen haben. Das kolportierten zahllose Mitarbeiter. Dennoch behielt der Ordensgründer den privilegierten Zugang zum Papst. Er nahm an zahlreichen Gottesdiensten teil und prahlte damit, dass Johannes Paul II. in jedem Fall an ihm festhalte. Ganz besonders unschön an der Affäre war vor allem, dass Degollado und seine Legionäre Jesu Christi große Mengen Geld im Vatikan ablieferten. Da sich Papst Johannes Paul II. nie für Geldgeschäfte interessiert hatte, ahnte er nicht, was hinter seinem Rücken geschah. Es schien im Vatikan aber vielen so, als ob sich Degollado mit seinen großzügigen Spenden vom Vorwurf des sexuellen Missbrauchs in zahllosen Fällen freikaufte. Es hätte vollkommen gereicht, wenn Papst Johannes Paul II. zehn Minuten auf einen Kaffee in einem ganz normalen Büro im Vatikan verbracht hätte, um zu erfahren, dass Hunderte Mitarbeiter sich im Vatikan darüber das Maul zerrissen, dass ein solcher Sexualverbrecher jahrelang beim Papst ein und aus ging.

Auch Papst Benedikt XVI. hatte ein solches Debakel erlebt. Am Ende des Jahres 2008 beschloss Joseph Ratzinger, die ultrakonservative Gruppe der Piusbruderschaft zu rehabilitieren, und verkündete am 21. Januar 2009 die Aufhebung der Exkommunizierung von Richard Williamson, einem Holocaust-Leugner, gegen den Strafanzeigen vorlagen. Diese Tatsache konnte jeder durch eine banale Internetrecherche in wenigen Minuten feststellen, und schon Tage vorher hatten sich viele im Vatikan über den gewaltigen Nachteil dieser Entscheidung das Maul zerrissen.

Was also jedem Schüler auffallen konnte, übersah Papst Benedikt XVI. Er hielt an seiner Rehabilitation fest. Als er sie durchsetzte, kam es zu einem internationalen Aufschrei, weil ein deutscher Papst einen Holocaust-Leugner geehrt hatte.

Joseph Ratzinger verteidigte sich damit, dass er nicht gewusst habe, dass dieser Bischof ein Verbrecher war. Wenn es dem Papst möglich gewesen wäre, ein paar Minuten mit ganz normalen Angestellten seines Stadtstaates zu verbringen, wäre ihm das Problem mit Sicherheit gesteckt worden.

Die Entscheidung von Papst Franziskus, nicht in den Apostolischen Palast einzuziehen, betraf also nicht einfach eine Frage des Komforts und des Verzichts auf einen übertriebenen Luxus. Es ging um viel mehr. Es ging darum, dass sich Franziskus als erster Papst der Moderne unter das Volk im Vatikan begeben wollte. Er wollte ansprechbar sein auch für die mittlere und die untere Führungsriege im Vatikan. Für einen Großteil der Chefetage im Vatikan bedeutete diese Nachricht eine Katastrophe.

Ich habe 35 Jahre lang Freundschaften mit Mitarbeitern der unteren und mittleren Führungsschicht im Vatikan geschlossen. Wir haben zusammen gefeiert, Fußball gespielt oder sind ans Meer gefahren. Die Geschichten über ihre Arbeit im Vatikan ähnelten sich alle. Kaum einer der Kardinäle oder Bischöfe, die an der Spitze einer Kongregation stehen, machen wirklich die Arbeit.

Chefs bereiten in der Regel Vorträge vor – oder lassen sie vorbereiten – und kümmern sich um ihre wissenschaftlichen Arbeiten. Die wirkliche Arbeit, die im Vatikan anfällt, machen die Mitarbeiter ganz unten. Was diese Priester am meisten ärgert, ist, dass einige ihrer Chefs Arbeit von den Mitarbeitern erledigen lassen, sich dann aber mit den Ergebnissen rühmen. Es gibt im Vatikan einen legendären Fall, der deutlicher als jeder andere zeigt, wie das System funktioniert. Er betrifft Pater Sapienza.

Leonardo Sapienza, geboren am 18. November 1952, gehört zur Präfektur des Päpstlichen Hauses. Diese Behörde des Vatikans ist zuständig für alle Audienzen des Papstes, und zwar für alle, sowohl für den Empfang des US-Präsidenten beim Papst als auch für die Teilnahme des Kirchenchors aus einem Dorf. Zudem ist die Behörde zuständig für alle Gottesdienste des Papstes. Da die Anmeldungen für eine Audienz und die Gottesdienste per Fax erfolgt, muss die Behörde Lkw-Ladungen voller Anfragen auf Papier beantworten. Vor allem für die äußerst begehrte Teilnahme an päpstlichen Messen zu Ostern und Weihnachten fallen Zehntausende von Fax-Anfragen an. Jede davon muss beantwortet werden.

Wenn dann klar ist, wer die Glücklichen sind, die ein Ticket für eine Papstmesse bekommen, müssen Hunderte von Umschlägen vorbereitet werden mit den jeweiligen Tickets. Diese Umschläge werden dann am Eingang zum Vatikan, dem Bronzetor, hinterlegt.

Das alles ist eine sehr aufwendige Arbeit. Seit über 30 Jahren kümmert sich Leonardo Sapienza darum.

Seine Chefs, die Präfekten des päpstlichen Hauses, haben mit dem gewaltigen Aufwand so gut wie nichts zu tun. Ich habe Leonardo Sapienza während Hunderter Audienzen von Papst Johannes Paul II., Papst Benedikt XVI. und Papst Franziskus gesehen. Er kam immer, lange bevor der Papst kam, und blieb bis zum Schluss. Seine Chefs habe ich nur selten gesehen. Sie tauchten nur auf, wenn wirklich wichtige Gäste wie Könige oder Staatsoberhäupter mit dem Papst zusammentrafen. So geht es in nahezu allen Abteilungen des Vatikans zu.

Mit der Entscheidung des Papstes, im Gästehaus zu bleiben und damit der unteren und mittleren Führungsriege den Zugang zum Papst zu öffnen, drohte er die Büchse der Pandora zu öffnen. Die Chefs der Kongregationen hatten jahrhundertelang im Vatikan verbreitet, wie zufrieden ihre Mitarbeiter und Angestellten seien und wie gern sie für den einen oder anderen Kardinal vollkommen loyal arbeiteten. Dass das nicht stimmte, wusste jeder, der es geschafft hatte, Freundschaften mit Mitarbeitern der unteren Ebenen zu schließen. Es dauert oft Jahre, wenn nicht Jahrzehnte, bis Männer aus dem mittleren Management des Vatikans Journalisten die ungeschminkte Wahrheit anvertrauen.

Was dann dabei herauskam, war erschreckend. Kardinäle werden regelmäßig eingeladen, um Ansprachen zu halten, Preise zu verleihen, Bücher vorzustellen, Reden vor Kongressen zu halten oder zu predigen. Sie arbeiten oft Wochen an einem Vortrag, weil sie sich auf keinen Fall blamieren wollen. Der Vatikan produziert nun einmal vor allem mal eins: bedrucktes Papier. Vor allem Jubiläen sorgen dafür, dass Kardinäle sich an den Schreibtisch setzen müssen. Die Enzyklika XY wird hundert Jahre alt, also gibt es einen Kongress, also muss der zuständige Kardinal eine Rede halten. Für den ganz normalen Ablauf haben diese Herren keine Zeit. In der Kongregation für Selig- und Heiligsprechungen muss der Kardinal über die Frauen und Männer im Himmel regelmäßig Ansprachen halten. Die ganz normalen Probleme kennt er meist gar nicht. So muss sich die Kongregation für

Selig- und Heiligsprechungen oft mit dem Problem herumschlagen, dass die Kosten eines solchen Verfahrens explodieren und verzweifelte Bischöfe anrufen, die Rechnungen von Beratern oder Reisespesen-Auflistungen von Experten nicht bezahlen können. Solche Beschwerden bearbeitet nicht der Kardinal. Die meisten Kardinäle sind damit beschäftigt, dass die Texte, die sie produziert haben, in Büchern verewigt werden. Deswegen gehört es zu den Hauptjobs der Mitarbeiter der unteren Ebenen, Verlage zu finden, die so gut wie unlesbare Bücher ihrer eitlen Chefs veröffentlichen sollen.

Der erste Handy-Papst

Die Entscheidung, im Gästehaus der heiligen Martha zu bleiben und auf den Komfort des Apostolischen Palasts zu verzichten, bedeutete aber nicht nur für die Riege der wichtigsten Kardinäle einen deutlichen Machtverlust, sondern für den Papst auch einen katastrophalen Verlust an Lebensqualität. Franziskus hatte die Manieren seiner engsten Mitarbeiter maßlos überschätzt und die Tatsache, dass er jetzt der Papst und nicht mehr ein Ordensoberer war, völlig falsch bewertet. Franziskus hatte tatsächlich damit gerechnet, dass er wie ein ganz normaler Jesuitenpater im Gästehaus leben könne. Das war eine Illusion, denn die revolutionäre Entscheidung, sich nicht in den Palast zurückzuziehen, erfüllte plötzlich die Träume von Tausenden von Mitarbeitern.

Jahrhundertelang war es für die Mitarbeiter im Vatikan relativ frustrierend gewesen, am Hof des Papstes zu arbeiten, weil sie nie vorweisen konnten, dass sie tatsächlich zum Kreis der Macht der Kirche gehörten. Denn ein Zusammentreffen mit dem Papst gab es so gut wie nie. Bischöfe, die aus Asien oder Australien nach Rom kamen, hielten sich manchmal wochenlang in Rom auf, ohne den Papst je persönlich zu sehen.

Ihnen blieb nur, das Oberhaupt der Kirche weit entfernt bei

einer der Generalaudienzen zu erleben. Der Weg in den dritten Stock des Apostolischen Palastes blieb bis auf wenige Auserwählte für alle anderen immer versperrt.

Neben den regelmäßigen Besuchen des Kardinalstaatssekretärs, des Substituts des Staatssekretariats und des Chefs der Glaubenskongregation durften nur die beiden päpstlichen Sekretäre und die Ordensfrauen, die für den Papst arbeiten, das päpstliche Appartement betreten und verlassen, wann immer sie wollten. Diese kleine Schar trug den offiziellen Titel »päpstliche Familie«. Die Päpste feierten mit dieser »Familie« die christlichen Feiertage. Zu Weihnachten bereiteten die Ordensfrauen den Tannenbaum und Plätzchen vor, zu Ostern gab es ein Brathuhn, das der päpstliche Bauernhof aus Castel Gandolfo lieferte. Der höchste Feiertag, den die »päpstliche Familie« beging, war der Namenstag des Papstes, nicht der Geburtstag. Da der Namenstag mit der Taufe verbunden war und dem Schutzpatron des Betreffenden galt, bedeutet er in Kirchenkreisen mehr als der Tag der Geburt.

Diese »päpstliche Familie« konnte bis zum Amtsantritt von Papst Franziskus ein ungeheuer begehrtes Privileg vergeben: die Einladung zur privaten päpstlichen Messe. Die private Kapelle im Apostolischen Palast ist klein. Seitdem Papst Pius X. in das Appartement eingezogen war, konnten maximal 20 Gäste in der privaten Kapelle der Päpste Platz nehmen. In der Regel feierten die Päpste die Frühmesse um 6 Uhr, nach einer halben Stunde Meditation, nur zusammen mit der »päpstlichen Familie«. Deren Mitglieder durften aber Einladungen aussprechen.

An eine solche Einladung zu kommen, war ungeheuer kompliziert, wenn man nicht eine persönliche Freundschaft mit einem Mitglied der »päpstlichen Familie« pflegte. Eine echte Chance auf eine solche Einladung hatten nahezu alle nur einmal im Leben. Wer über 40 Jahre im Vatikan gearbeitet hatte, als Priester oder Laie, konnte zumindest darauf hoffen, eine solche Einladung zu bekommen.

Die Einladungen wurden durch einen Boten persönlich zugestellt, und man erhielt dazu den diskreten Hinweis, dass aus Respekt vor der Einnahme der Hostie, die der Papst persönlich übergab, es angemessen sei, mit leerem Magen zum Gottesdienst zu kommen. Während der Amtszeit von Papst Johannes Paul II. erschraken jahrzehntelang die Gäste, die gegen 5.30 Uhr in die Kapelle gelassen wurden, denn sie glaubten, in einer leeren Kapelle auf den Papst zu warten. Das stimmte aber nicht: Papst Johannes Paul II. pflegte sich für die Besucher unsichtbar auf den Boden vor dem Altar zu legen und zur Verwunderung der Gäste dann plötzlich aufzustehen.

Weil die Umgebung des Papstes so abgeschirmt war, arbeiteten ganze Generationen von Priestern und Laien im Vatikan, ohne den Papst je persönlich kennengelernt zu haben. Der Entschluss von Papst Franziskus, im Gästehaus zu wohnen, änderte alles. Geradezu unfassbare Möglichkeiten taten sich auf. Selbst einfache Angestellte, die zum Beispiel an der Rezeption des Gästehauses arbeiteten, konnten sich neben den Papst an das Buffet stellen, wenn er sich gerade Tomaten und Mozzarella nahm.

Das war natürlich nur dann befriedigend, wenn es ein Beweisfoto gab. Papst Franziskus hatte das Pech, der erste Handy-Papst der Geschichte zu sein, denn sein Entschluss, sich unter die normalen Angestellten zu begeben, fiel in eine Zeit, in der es erstmals nahezu jedem technisch möglich ist, unbegrenzte Mengen Fotos aus nächster Nähe zu schießen und sie auf der Stelle zu verbreiten.

Die Versuchung zu dokumentieren, dass sie den Papst aus unmittelbarer Nähe erlebt hatten, war einfach übermächtig. Der Papst wurde im Vatikan »abgeschossen« wie ein seltenes Wildtier auf einer Fotosafari. Nicht einmal Kardinäle kannten da Hemmungen. Selbst im Speisesaal des Gästehauses fischten hohe Kirchenmänner heimlich ihr Handy aus der Tasche, um den Papst zu fotografieren. Es half Franziskus nichts, darauf hinzuweisen, dass er nicht abgelichtet werden wollte, wenn er gerade Erbsen auf den Löffel schaufelte oder ein Stück Pizza in den Mund schob.

Die Rücksichtslosigkeit der Menschen kannte dabei keine Grenzen. Zu den schlimmsten Auswüchsen gehörten Kirchenmänner, die dem Papst die Hand gaben, ihm dabei aber gar nicht in die Augen sahen, sondern in die Linse des Handys blickten, um ein möglichst cooles Handy-Foto hinzubekommen. Selbst Bischöfe brachten nicht den Anstand auf, den Papst anzusehen, sondern beobachten den Nachfolger des heiligen Petrus, selbst wenn er direkt vor ihnen in den Speisesaal ging, über das Display ihres Handys, um den Film oder die Fotos Augenblicke später zu teilen.

Nie zuvor war einer der 265 Vorgänger des Papstes derart oft, in allen denkbaren Momenten seines Lebens, so oft von so vielen Menschen abgelichtet worden wie Franziskus.

Diese Entwicklung zerstörte gleichzeitig einen ganzen Berufsstand: Seit der Erfindung der Fotografie hatten Menschen mit dieser neuen Technik versucht, Momente aus dem Leben der Päpste festzuhalten. Im Laufe der Jahrzehnte war eine Berufsgruppe daraus entstanden. Zeitschriften, Zeitungen, Agenturen und Buchverlage wollten Fotos der Päpste veröffentlichen. Zunächst versorgten die Hoffotografen, wie der legendäre Arturo Mari, den Großteil der Presse mit Fotos. Doch die Auslandsreisen der Päpste schufen einen völlig neuen Markt. Das Foto eines Papstes, der an der Elfenbeinküste in der Zelle betete, in der ehemalige Sklavenhändler die gefangenen Afrikaner einsperrten, besaß auf dem Weltmarkt einen Wert von vielen 100 000 US-Dollar. Das Problem war rein technischer Natur.

Meine Kollegen brauchten in den 1980er Jahren aus einem Land in Afrika, Asien oder Lateinamerika Stunden, um über die Rollen der an Telefone angeschlossenen Übertragungsmaschinen ein einziges Schwarz-Weiß-Foto übertragen zu können. Die Maschinen, die in der Lage waren, eine solches Foto zu übertragen, passten nur in übergroße Koffer und wogen über 20 Kilogramm. Wenn uns damals jemand vorausgesagt hätte, dass wir es in unserem Berufsleben noch sehen würden, dass jedes Kind perfekte Farbfotos in Sekundenbruchteilen in alle Welt verschicken kann, hätten wir das nie und nimmer geglaubt.

Ein Foto des Augenblicks, in dem der Papst der Königin von England die Hand gab, war damals etwas sehr Wertvolles. Sobald der Fotograf das Bild im Apostolischen Palast geschossen hatte, rannte er hinunter, entwickelte es und übermittelte es an seine Agentur, die es gewinnbringend an die ganze Welt verkaufen konnte. In der Amtszeit von Franziskus zückten bei Treffen hochrangiger Persönlichkeiten mit dem Papst die Angestellten von deren Presseabteilungen ihre Handys, fotografierten und übermittelten das Foto blitzartig an die sozialen Medien, die es weltweit zugänglich machten. Profi-Fotografinnen und -Fotografen braucht niemand mehr.

Zwei Päpste

Es ist ein seltsames Gefühl, ein Ereignis zu erleben, von dem man weiß, dass es noch in Jahrhunderten, wenn nicht in Jahrtausenden erwähnt werden wird. Am 23. März 2013 geschah etwas absolut Einzigartiges. Papst Franziskus beschloss, den Hubschrauber zu nehmen und Papst Benedikt XVI. in Castel Gandolfo zu besuchen. Es sollte das erste Treffen von zwei Päpsten in der über zweitausend Jahre alten Geschichte der katholischen Kirche werden. Ob Papst Bonifatius VIII. im Jahr 1294 den freiwillig zurückgetretenen Papst Coelestin V., den er gefangen nehmen ließ, je persönlich traf oder gar, wie Gerüche besagten, eigenhändig erdrosselte, ist ungewiss. Am Tag von dessen Tod soll er Trauer getragen und einen Gottesdienst für den zweiten Papst gehalten haben.

Erst 717 Jahre später, am 23. März 2013, trafen tatsächlich zwei Päpste zusammen.

Als an diesem Morgen Papst Franziskus zum Hubschrauberlandeplatz des Vatikans ging, der direkt neben dem Turm des heiligen Johannes liegt, war jedem im Vatikan klar, dass eines der brisantesten Treffen in der Geschichte der katholischen Kirche bevorstand. Wenn es einen Gott gibt und wenn er tatsächlich die Geschicke der Kirche lenken sollte, dann hat er gewollt, dass zwei Kampfhunde seiner Kirche an diesem Morgen so tun müssen, als seien sie Lämmer.

Die Situation war unglaublich aufgeladen, weil der Mann, der die Papstwahl gewonnen hatte, nicht eines der Probleme repräsentierte, das der Chef der Glaubenskongregation Joseph Ratzinger gehabt hatte, sondern DAS Problem. Unterstützt von Papst Johannes Paul II., war Joseph Ratzinger in den 1980er und 1990er Jahren auf die Theologie der Befreiung losgegangen, auf die Männer um Jorge Mario Bergoglio. Der argentinische Erzbischof hatte sich zwar von den militanten Strömungen der Theologie der Befreiung distanziert, aber den Kerngedanken, die Forderung nach der Unterstützung der Armen durch die Kirche in einem prinzipiell ungerechten sozialen und politischen System immer mitgetragen. Eine der zahllosen Peinlichkeiten dieser Tage lag darin, dass Ratzinger aus einer Position der Stärke auf die viel schwächeren Männer um Bergoglio eingedroschen hatte. Jetzt hatte er durch seinen Rücktritt erreicht, dass ausgerechnet einer der Männer, die er untergebuttert hatte, sein Nachfolger wurde, der jetzt die komplette Fülle der Macht in der Hand hielt. Jedem im Vatikan war klar, dass es krachen musste. Joseph Ratzinger war ein Mann von Prinzipien und unverrückbaren Glaubenssätzen. Er hatte keine andere Wahl als zu akzeptieren, dass ein alter persönlicher Feind jetzt der neue Papst war. Das würde aber nichts daran ändern, dessen Positionen zu bekämpfen, ob er nun neuer Papst war oder nicht. In seinen Schriften *Libertatis Nuntius* (1984) und *Libertatis Conscientia* (1986) hatte Ratzinger den Bergoglio-Männern um die Ohren gehauen, was sie seiner Ansicht nach nicht kapierten: Die Kirche dürfe auf keinen Fall in den politischen Freiheitskampf der Armen Lateinamerikas hineingezogen werden, nur weil dort eine unfassbare soziale

Ungerechtigkeit herrschte. Die Freiheit bringe Christus allein. Jorge Mario Bergoglio, der sich schon als junger Mann für die dem Sozialismus entlehnten Konzepte des charismatischen Politikers Juan Perón begeistert hatte, empfand die römische Kirche und allen voran den Präfekten der Glaubenskongregation als arrogant.

Der Vatikan stand aus Sicht der Gruppe um Bergoglio auf der Seite der Unterdrücker, der reichen Familien Lateinamerikas, die das Heer der Armen und vor allem die indigene Urbevölkerung Lateinamerikas auspressten. Das zeigte sich schon allein daran, dass einer der einflussreichsten Kardinäle der Ära Papst Johannes Pauls II. Kardinal Alfonso López Trujillo aus Kolumbien war, Chef des päpstlichen Rates für die Familie. Der im Jahr 1935 geborene Kardinal, der im Jahr 2008 in Rom starb, gehörte zur schwerreichen Oberschicht seines Landes. Ausgerechnet einen solchen Mann hatte schon Papst Paul VI. zum Chef der Lateinamerikanischen Bischofskonferenz gemacht. Männer wie López Trujillo hatten in Priestern wie Jorge Mario Bergoglio den Widerwillen gegen die Kirche der Reichen in Lateinamerika entstehen lassen. Joseph Ratzinger hatte die wichtigsten Männer der Theologie der Befreiung, allen voran den Franziskanerpater Leonardo Boff, mit einem Schweigegebot belegt und damit ausgeschaltet. Er durfte seine Ideen der Theologie der Befreiung nicht mehr veröffentlichen. Dabei bauten Boffs Ideen nur auf dem Offensichtlichen auf. Sollte die Kirche tatsächlich weiter wegsehen, wenn ganze Generationen von Lateinamerikanern auf der Straße verhungerten, während die Reichen die Bodenschätze ihres Landes verprassten, die eigentlich allen gehörten? Pikanterweise kannten sich Boff und Joseph Ratzinger sehr gut, weil Boff in München bei Professor Ratzinger studiert hatte. Boff schmiss nach erneuten Drohungen aus Rom im Jahr 1992 hin und verließ den Franziskanerorden. Es ist kein Wunder, dass er von Papst Benedikt XVI. nicht unbedingt begeistert war. Er warf ihm vor, die Kirche in ein »Museum von gestern« verwandelt zu haben und sich »den Ring küssen zu lassen, bevor er die Hostie austeilt«.

Was die Gruppe um Bergoglio besonders verbitterte, war die Gnadenlosigkeit, mit der die Kirche sogar mit den Toten umging. Am 24. März 1980 war in San Salvador der Bischof der Theologie der Befreiung, Óscar Romero, nach einer Predigt in der Kapelle des Krankenhauses der Göttlichen Vorsehung in El Salvador am Altar erschossen worden, und zwar im Auftrag der Militärjunta. Romero hatte sich vor allem für das Schicksal der ärmsten Bauern eingesetzt. Doch Papst Johannes Paul II. und Joseph Ratzinger hatten die Seligsprechung Romeros, der in seiner Heimat als Volksheld verehrt wurde, abgelehnt. Dass dieser Märtyrer von seiner eigenen Kirche nicht geehrt wurde, konnten Bergoglio und seine Anhänger nicht verzeihen. Zumal die katholische Kirche zweierlei Maß anlegte. Am 19. Oktober 1984 war der polnische Priester Jerzy Popiełuszko vom kommunistischen Staatsapparat erschossen worden. Schon 13 Jahre später sprach Papst Johannes Paul II. ihn selig.

Es gab also nicht den geringsten Zweifel daran, dass das Zusammentreffen zwischen Joseph Ratzinger und Jorge Mario Bergoglio am Vormittag des 23. März so ungeheuer aufgeladen war. Zudem hatte Papst Franziskus Joseph Ratzinger schon im Vorfeld abgewatscht.

Jorge Mario Bergoglio war am späten Nachmittag des 13. März 2013 gewählt worden.

Am 14. März feierte er eine Messe mit allen Kardinälen.

Am 15. März traf er sich erneut mit allen Kardinälen.

Am 16. März traf er sich in der Audienzhalle mit allen Medienvertretern und wandte sich in einem Brief an seinen Orden, die Jesuiten.

Am Sonntag, dem 17. März, feierte er eine Messe in der Pfarrkirche des Vatikans, der Sankt-Anna-Kirche.

Am 18. März wandte er sich in einer Botschaft an den Erzbischof von Canterbury Justin Welby.

Am 19. März begann er offiziell sein Amt. Bis zur Wahl Papst Pauls VI., der noch die Krone der Päpste, die Tiara, getragen hatte, galt diese Messe als Inthronisierungsmesse.

Am 20. März traf er sich mit Vertretern der anderen christlichen Kirchen und anderen Religionen.

Am 21. März veröffentlichte der Vatikan die Biografie von Jorge Mario Bergoglio.

Am 22. März traf er sich mit dem diplomatischen Corps im Vatikan und feierte die Messe mit den Gärtnern und Müllmännern des Vatikans, aber erst zehn Tage nach seiner Wahl, am Samstag, dem 23. März, bequemte er sich, den zurückgetretenen Papst aufzusuchen, der seit über einer Woche mit einem Packen geheimer Akten auf Franziskus wartete.

Der Papst hatte also Zeit gefunden, sich mit den Müllmännern zu treffen, aber nicht mit Joseph Ratzinger.

Als der Hubschrauber des Papstes über dem kleinen Landeplatz nicht weit entfernt von den Hühnerställen auf dem Bauernhof des Vatikans in Castel Gandolfo landete, habe ich mich gefragt, was geschehen wäre, wenn die beiden Männer sich allein begegnet wären. Angesichts der Tatsache, dass die Kamerateams und Fotografen des Vatikans die ganze Zeit dabei sein würden, war vollkommen klar, was passieren würde. Papst Franziskus und Joseph Ratzinger würden eine innige Verbundenheit demonstrieren, sich umarmen und sich ihre gegenseitige Wertschätzung erklären. Die ganze Welt wartete auf das Foto der beiden Päpste.

Später sollte ein Film ein freundschaftliches Zusammentreffen der beiden Päpste erfinden, das mit einem fröhlichen Fernsehabend beim Fußball endete. Doch das Schauspiel der beiden in tiefster Freundschaft verbundenen Päpste überzeugte nicht. Schon als sie die Privatkapelle betraten und in der Gebetsbank Platz nahmen, konnte Jorge Mario Bergoglio das Dauergrinsen nicht mehr durchhalten. Seine Verärgerung und offensichtlich unüberbrückbare Distanz zu Joseph Ratzinger war nicht mehr zu übersehen. Die Wunden waren zu tief.

Ich war dabei gewesen, als die beiden zum letzten Mal zusammengetroffen waren, in Aparecida in Brasilien. Jorge Mario Bergoglio gehörte zur Führungsriege der CELAM, der Lateinamerikanischen Bischofskonferenz. Papst Benedikt XVI. zeigte ausgerechnet dort das, was Jorge Bergoglio so verabscheute, die Arroganz der katholischen Kirche. Joseph Ratzinger fragte in seiner Rede:

»Welche Bedeutung hat der christliche Glaube für Lateinamerika?« und antwortete: »Es bedeutet für sie (die Menschen Lateinamerikas), Christus kennenzulernen und anzunehmen. Christus, den unbekannten Gott, den ihre Vorfahren, ohne es zu wissen, in ihren reichen religiösen Traditionen suchten. Christus war der Erlöser, nach dem sie sich im Stillen sehnten.«

Und im gleichen Absatz heißt es:

»Tatsächlich hat die Verkündigung Jesu und seines Evangeliums zu keiner Zeit eine Entfremdung der präkolumbianischen Kulturen mit sich gebracht und war auch nicht die Auferlegung einer fremden Kultur.«

Der Satz hatte unter den Staatschefs Lateinamerikas wütende Proteste hervorgerufen. Der erste indigene Präsident in der Geschichte Boliviens, Evo Morales, hatte Joseph Ratzinger »Rassismus« vorgeworfen. Millionen Indigener waren durch die Eroberungszüge der Christen in Lateinamerika zu Tode gekommen durch Krieg, Hunger und Krankheiten.

Jorge Mario Bergoglio hatte sich selbst schon mehrfach für das Verhalten der Christen auf seinem Kontinent entschuldigt und nicht das geringste Verständnis für die Haltung Ratzingers gezeigt. Im Lauf des Tages, nach dem gemeinsamen Mittagessen und der Ablieferung der Vatikan-Leaks-Unterlagen an Franziskus, schien sich die Stimmung zwischen den beiden Päpsten ständig zu verschlechtern. Auch aus einem ganz einfachen Grund: Warum trug Benedikt eine weiße Soutane, als sei er noch der Papst? Das missfiel Papst Franziskus ganz offensichtlich, denn die Regeln in der katholischen Kirche sind einfach und klar.

Wenn ein Gemeindepfarrer in Rente geht, wird von ihm erwartet, dass er die Stadt verlässt, in der er zuletzt als Priester gedient hat. Dadurch soll verhindert werden, dass ein pensionierter Gemeindepfarrer, der in seiner Gemeinde bleibt, Einfluss nimmt und die Arbeit seines Nachfolgers erschwert.

Bischöfe dürfen ebenfalls keinen Einfluss darauf nehmen, wer ihr Nachfolger wird. Von einem Bischof, der in den Ruhestand geht, wird erwartet, dass er sich auf keinen Fall weiterhin in die Belange seiner ehemaligen Diözese einmischt. In das Amt des Nachfolgers des heiligen Petrus werden Päpste gewählt, und durch diese Wahl werden sie Bischöfe von Rom. Somit müsste auch für sie gelten, sich nach dem Rücktritt von allem zurückzuziehen. Wieso also trug Joseph Ratzinger dann noch die weiße Soutane des Papstes? Wollte er noch ein bisschen Papst bleiben? Und wieso war er überhaupt noch in Rom?

Sein langjähriger Weggefährte und Sekretär Bischof Josef Clemens hatte vorgeschlagen, dass Papst Benedikt XVI. nach seinem Rücktritt einfach in das klassische Benediktinerkloster nach Montecassino übersiedeln solle. Das Kloster hatte der heilige Benedikt noch selbst gegründet.

Das gigantische Kloster war nach Angriffen der Alliierten, die deutsche Stellungen treffen wollten, schwer beschädigt worden. Der italienische Staat hatte aber den Wiederaufbau bezahlt. Der riesige Bau stand so gut wie leer. Nur sehr wenige Mönche lebten dort. Der zurückgetretene Papst hätte dort an der Wirkungsstätte des von ihm bewunderten heiligen Benedikt zusammen mit seinem Sekretär mehr als genug Platz gehabt.

Aber Joseph Ratzinger hatte sich mit seinen Entscheidungen sein eigenes Gefängnis gebaut. Er hatte seinen Sekretär Georg

Gänswein im Herbst des Jahres 2012 zum Präfekten des Päpstlichen Hauses befördert. Der Amtsinhaber James Michael Harvey hatte dafür zuvor auf einen Kardinalsposten weggelobt werden müssen. Doch Georg Gänswein wollte nach dem Rücktritt von Joseph Ratzinger beide Jobs. Er wollte Sekretär des zurückgetretenen Papstes bleiben, aber auch sein Amt als Präfekt ausüben. Deswegen musste sich Joseph Ratzinger entscheiden. Entweder er trennte sich von seinem Sekretär Georg Gänswein und verließ Rom, was er offensichtlich nicht wollte, oder aber er blieb, um Georg Gänsweins Karriere zu ermöglichen. Bereits im Herbst 2012, als sich diese Entscheidung abgezeichnet hatte, waren die ersten Schritte eingeleitet worden, um das Kloster Mater Ecclesiae zu modernisieren. Das alte Frauenkloster am vatikanischen Hügel sollte vorbereitet werden für die Residenz eines Expapstes.

Später würde sich herausstellen, dass diese Entscheidung im Grunde überflüssig gewesen war. Papst Franziskus forderte sein Recht auf Urlaube im Sommersitz in Castel Gandolfo nie ein und betrat das Schloss auf dem Hügel der Albaner Berge nie. Joseph Ratzinger, der nach seinem Rücktritt Castel Gandolfo als Residenz gewählt hatte, wäre die Möglichkeit gegeben gewesen, einfach in Castel Gandolfo zu bleiben. Da Benedikt ins Mater-Ecclesiae-Kloster umzog, ließ Papst Franziskus Castel Gandolfo in ein Museum umwandeln.

Schock zu Ostern

Der 29. März des Jahres 2013, der Karfreitag, versetzte der alten Führungsriege im Vatikan einen gewaltigen Schock. Dabei ging es nur um eine Geste, um einige Sekunden. Zunächst war dieser Abend planmäßig verlaufen. Der Papst stand auf der Anhöhe des Palatins gegenüber dem Kolosseum, um an dem alljährlichen Kreuzweg teilzunehmen und der Todesstunde Jesu von

Nazareth zu gedenken. Erfunden hatte diesen Kreuzweg Papst Benedikt XIV. bereits im Jahr 1750. Damals glaubte man, dass im Kolosseum zahlreiche christliche Märtyrer hingerichtet worden waren. Nach dem aktuellen Stand der Wissenschaft ist das vermutlich Unsinn. Massenhinrichtungen von Christen soll es im Kolosseum nie gegeben haben. Nachdem die Italiener im Jahr 1870 den Kirchenstaat zerschlagen hatten, gaben die Päpste den Kreuzweg im Kolosseum, das jetzt in Italien und nicht mehr im Staat des Papstes lag, wieder auf. Erst Papst Johannes XXIII. nahm die Tradition wieder auf, und Papst Paul VI. machte den Kreuzweg am Karfreitag im Kolosseum im Jahr 1965 wieder zu einer festen Einrichtung. Da das italienische Fernsehen den Kreuzweg übertrug, wurden auch andere Sender auf dieses auf schauerliche Weise feierliche Ereignis aufmerksam, sodass es schließlich in zahlreiche Länder übertragen wurde.

Andere Päpste hatten auch schon dort auf dem Palatin gestanden, und genau das war das Problem. Seit seiner Wahl 16 Tage zuvor hatten die Mitarbeiter des Vatikans den Papst mit ihrem Expertenwissen überschüttet. Mit dem Kreuzweg im Kolosseum begann die heiße Phase der Osterfeierlichkeiten für den Papst. Jetzt würde die ganze christliche Welt auf den neuen Papst schauen. Die Mitarbeiter, die schon seit Jahrzehnten im Vatikan arbeiteten, versuchten Franziskus jetzt einfach in die Spur zu bringen.

Sie wollten ihm nur erklären, wie alles funktionierte und schon seit Jahrzehnten auf die gleiche Art und Weise funktioniert hatte. Zu Ostern war es besonders wichtig, dass der Papst verstand, wie alles störungsfrei lief, weil er so wenig Zeit hatte. Franziskus erhielt Ratschläge wie: »Sehen Sie, Heiligkeit, schon mancher Papst hat unterschätzt, wie anstrengend die Osterfeierlichkeiten sind. Sie werden nach der anstrengenden langen Osternacht am Ostersonntag ein Mammutprogramm inklusive *Urbi-et-Orbi*-Segen absolvieren müssen.«

Das Problem, mit dem die alte Mannschaft im Vatikan kämpfte, bedrohte alle auf die gleiche Weise. Wenn der Papst an allem bis ins Detail festhielt, dann war ihr Wissen unschätzbar wertvoll, weil sie schon an ihrem Platz gewesen waren, als Papst Johannes Paul II. und Papst Benedikt XVI. den Vatikan regiert hatten. Sollte der Papst aber alles anders machen wollen, dann war das, was sie in Jahrzehnten angehäuft hatten, plötzlich wertlos. Es gab äußerst beunruhigende Zeichen. Sie hatten dem Papst nach der Wahl klarmachen wollen, wie man sich auf der Benediktionsloggia nach der Wahl zum Papst verhält, aber er hatte sich nicht daran gehalten.

Er hatte sich auch nicht daran gehalten, in den Apostolischen Palast zu ziehen, und auch nicht daran, die ganz normalen Dienstwagen zu benutzen. Aber noch gab es die Hoffnung, dass die Führungsriege diesen Papst »einfangen« könnte, um dafür zu sorgen, dass er alles so machte, wie es im Vatikan nun einmal lief. Warum sollte man auch etwas ändern an den zum Teil uralten Gepflogenheiten? Schließlich hatte der Vatikan beachtliche Erfolge vorzuweisen. Hatte Michail Gorbatschow Papst Johannes Paul II. nicht gesagt, dass ohne ihn die Berliner Mauer vielleicht gar nicht gefallen wäre? Warum also hielt sich Papst Franziskus nicht einfach an die Abläufe im Vatikan, wenn es bisher gut gelaufen war, und niemand wusste so genau wie sie, wie es im Vatikan lief. Er musste nichts weiter tun als sich ihnen anzuvertrauen. Dagegen wehren konnte er sich ohnehin nicht, er hatte keine Chance. Denn um sich zu wehren, hätte er unhöflich sein müssen. Er hätte schlicht und einfach sagen müssen, dass er nicht wolle, dass alles so weitergehe, wie es immer gelaufen war. Aber warum sollte ein Papst gegenüber seinen engsten Mitarbeitern unhöflich sein? Hinzu kam, dass Papst Franziskus noch ein ganz bestimmtes Problem hatte. Er lebte in einem Vatikan, in dem noch zahlreiche Regeln galten, die Papst Johannes Paul II. in seinem über 26 Jahre währenden Pontifikat aufgestellt hatte. Dieser Papst war heiliggesprochen worden. Wie bitte sollte ein Papst Regeln brechen, die ein Vorgänger aufgestellt hatte, der offensichtlich die besondere Gunst Gottes genossen hatte? Wie sollte ein Papst den zahllosen höflichen Hinweisen, wie es im Vatikan laufe, widersprechen, ohne die Mitarbeiter vor den Kopf zu stoßen? Ein Staatspräsident oder Bundeskanzler konnte so etwas vermutlich tun, aber ein Papst? Schon der Titel der Päpste, »Vikar Jesu Christi«, beinhaltete, dass der Papst der liebenswürdigste Mensch der Welt sein musste. Musste er also nicht um jeden Preis den Verdruss seiner Mitarbeiter vermeiden? Er konnte doch nicht in Kauf nehmen, dass seine Mitarbeiter sich darüber beschwerten, dass er sie verletzt hatte. Das ging einfach nicht. Ein Papst durfte Menschen nicht willentlich verletzen. Er konnte ihnen verzeihen, aber auf keinen Fall durfte er Menschen kränken, also konnte er auch nicht Nein sagen.

Dieser Abend am Kolosseum war deswegen so entscheidend, weil der Papst »Nein!« sagte. Ich war gefesselt von dem Bild am Kolosseum. Der Papst stand dort in seiner weißen Soutane in der Kälte und sah auf die vielen Lichter, als der Zeremonienchef Guido Marini ihm den weißen Mantel umhängen wollte. Das war keine besondere Geste, sondern absolute Routine. Es war kalt, also gehörte es zum Job von Marini, ihm den Mantel umzuhängen. Doch Marini verkannte die Haltung von Franziskus vollkommen. In den vergangenen Jahrhunderten hatten Päpste zwar das Elend der Welt beklagt, aber deswegen doch nicht selbst auf Luxus verzichtet. Aber Franziskus wollte in der Todesstunde Christi, an einem Abend, an dem des ganzen Leides der Welt gedacht wurde, nicht in einem komfortablen weißen Mantel dort stehen.

Er wollte, dass die Kirche ernst genommen wurde, dass sie sich an die eigene Nase fasste. Eine Kirche, deren Päpste im äußersten Komfort lebten und das Elend beklagten, das ging mit Papst Franziskus nicht. Er wollte wie ein ganz normaler Büßer dort in der Kälte stehen. Natürlich ändert es für die Armen, die Geschlagenen, die Verlierer auf diesem Planeten nichts, ob der Papst einen Mantel trägt oder nicht. Aber für ihn änderte es etwas. Das war es, was Guido Marini nicht verstand, und der

Papst fauchte ihn tatsächlich an, als er ihm wieder den Mantel geben wollte, und sagte: »Nein, jetzt nicht, nicht in dieser Stunde.«
Er traute sich also, die Regeln umzuschmeißen. Auf den alten Apparat schienen unangenehme Zeiten zuzukommen.

Des Papstes neue Kleider

Die Art und Weise, in der sich Päpste bis ins 21. Jahrhundert kleideten, ist geprägt durch das Mittelalter, nicht durch die Antike. Die ersten Päpste kleideten sich wahrscheinlich einfach so wie ihre Zeitgenossen. In den Katakomben kann man Darstellungen sehen von Anführern der christlichen Gruppen, die schlicht und einfach nach der Mode ihrer Zeit gekleidet sind. Eine besondere Art des Auftretens brauchten die Päpste dieser Jahre noch nicht, schließlich hatten sie noch keine Macht und mussten also auch keine Macht repräsentieren.

Erst die Entscheidung Karls des Großen, das Reich der Langobarden zu zerschlagen und als Schutzherr der Stadt Rom und der Päpste aufzutreten, legte den Grundstein für den Kirchenstaat. Papst Leo III. hatte eher wegen eines Zufalls Karl den Großen im Jahr 800 in der Peterskirche zum Kaiser gekrönt und damit die Tradition gegründet, dass die Kaiser des Heiligen Römischen Reiches Deutscher Nation in Rom gekrönt werden. Der letzte in Rom gekrönte römisch-deutsche Kaiser ist Friedrich III., der im Jahr 1452 im Petersdom die Krone von Papst Nikolaus V. empfing.

Die Päpste sahen sich also als die rechtmäßigen Erben des Römischen Reiches, die berechtigt waren, die Macht weiterzugeben. Nur sie hatten die Befugnis, dem Kaiser die Krone aufzusetzen und ihm damit das Römische Reich anzuvertrauen. Es ist also kein Wunder, dass die Päpste ihr ganzes Auftreten nach dem Vorbild der römischen Kaiser der Antike wählten. Das gilt in weiten Teilen bis heute.

Noch immer trägt der Supermarkt im Vatikan den Namen »Annona«. So nannten die Römer die Zentren zur Verteilung von Lebensmitteln. Dieser Name stammt ursprünglich von der in der Antike verehrten Göttin Annona, die angerufen wurde, um eine gute Ernte zu garantieren. Kaiser Augustus ernannte einen Praefectus annonae, der in der Nähe des Viehmarktes in Rom seine Getreidelager aufbauen ließ. Das römische Kaiserreich war jahrhundertelang darum bemüht, die Millionenstadt Rom mit Getreide zu versorgen. Später übernahmen die Päpste diese Aufgabe und verteilten ihrerseits an die Gläubigen über die »Annona« Lebensmittel. Heute biegen vor allem Ordensfrauen hinter der Post im Vatikan ab, um sich in der »Annona« mit Nudeln und Tomatensoße zu versorgen, auf die keine Mehrwertsteuer gezahlt werden muss, weil es die im Vatikan nicht gibt.

Die Tradition des Römischen Reiches zeigt auch die Kleidung einfacher Priester: Sie tragen Soutanen. Das ist eine Art eng anliegender Rock, der bis zu den Knöcheln reicht. Diese Art von Kleidungsstück trugen die Römer der Antike als Unterkleid. Noch heute nennt man die Kleidung der Priester und Bischöfe »Vestis talaris«, das deutsche Wort »Talar« kommt daher.

Aber diese Vestis talaris war keineswegs eine Kleidung für Kleriker im Römischen Reich, sondern das ganz normale Outfit des Mittelstands. Die Kasel oder Casula, das liturgische Gewand der Priester und Bischöfe während eines Gottesdienstes, ist eine Art ärmelloser Mantel. Dieses Kleidungsstück leitet sich direkt ab von den Mänteln der römischen Legionen.

Auch das Pallium, das einem Schal ähnliche Band, das Päpste als Überwurf tragen, stammt aus der römischen Antike. Hohe Staatsbeamte pflegten ein Pallium zu tragen, eine Art Überwurf über die Tunika.

Den Päpsten war die Herkunft dieses Abzeichens der Macht immer etwas peinlich, deswegen betonten sie, dass das Pallium daran erinnern solle, dass Christus, der gute Hirte, auf den Schultern das Lamm getragen habe. Daran erinnere der Überwurf aus

Lammwolle auf den Schultern. Auch die Tradition der roten Schuhe des Papstes stammt direkt von den römischen Herrschern ab. Die Farbe Rot war ohnehin nur Senatoren und dem Kaiser vorbehalten. Der ungeheuer harte Stein Porphyr, ein Material aus dunklem Rot, durfte nur für die Kaiser verwendet werden. In den Vatikanischen Museen bewundern Besucher noch heute den wundervollen Sarg der Kaiserin Helena aus rotem Porphyr. Natürlich sind auch die Gebäude, die die Päpste des Mittelalters anlegen ließen, Kopien der römischen Originale.

Auf dem Forum Romanum kann man heute noch die Basilika des Maxentius bewundern, in der Kaiser Konstantin Hof hielt. Die Abertausende Basiliken, die römisch-katholische Bistümer seitdem errichten ließen, stammen von diesem Original ab. Der einzige Unterschied zur katholischen Basilika war, dass die Besucher, die dem Kaiser in einer Basilika huldigen wollten, sie von der Seite betraten. Der Kaiser saß nicht dort, wo heute der Altar einer christlichen Basilika steht, sondern in einer Apsis, die in einem Seitenschiff eingelassen war.

Als sichtbarstes Zeichen ihrer weltlichen Macht beschlossen die Päpste, sich eine Krone aufzusetzen. Bei einem Rundgang durch den Petersdom in Rom kann man die Entwicklung der päpstlichen Krone gut nachverfolgen. Wenn die Besucher die Krypta unter der Peterskirche verlassen, passieren sie die Stelle, an dem der Sarkophag von Papst Bonifatius VIII. aufbewahrt wird. Das Konterfei dieses ziemlich brutalen Zeitgenossen, des vorletzten römischen Papstes, bevor die Zentrale der Kirche im Mittelalter nach Avignon verlegt wurde, ist mit einer Krone auf dem Kopf in Stein gemeißelt worden. Diese Krone, die Urform der Tiara, ist deswegen so interessant, weil sie noch nicht aus dem dreifachen Ring der Kronen besteht, wie später üblich, sondern erst aus einem. Diese Tiara ähnelt eher der Kopfbedeckung der ägyptischen Pharaonen. Sie stammt in ihrer Urform von einer im Byzanz der Antike üblichen Kopfbedeckung für hohe Beamte am Hof des Kaisers.

Nicht weit davon entfernt kann man in der Krypta das Denkmal Papst Benedikts XII. sehen. Der Papst ist in Avignon begraben worden, in dem Palast, der in seinem Auftrag erbaut wurde. In der Peterskirche erinnert ein Denkmal an ihn. Dieser Papst trägt bereits eine Krone mit zwei Reifen. Interessant ist, dass sich zu seinen Lebzeiten der Übergang zu den bis zu Papst Benedikt XVI. üblichen drei Kronen auf der Tiara vollzog. Denn während das Denkmal Benedikts XII. in der Peterskirche noch mit zwei Kronen auf der Tiara auskommen muss, sind es auf der Darstellung des Papstes auf seinem Grab in Frankreich bereits drei.

Die Päpste erklärten diese drei Ringe auf der Krone gern mit dem dreifachen Charakter ihres Amtes, zu weihen, zu lenken und zu lehren. Tatsächlich kam es den meisten Päpsten aber vor allem darauf an, durch die dreifachen Kronen der Tiara klarzumachen, dass sie einem gewöhnlichen Kaiser oder König überlegen waren. Sie betonten auch gern den doppelten Schlüssel im Wappen der Päpste als das Zeichen der geistigen und der weltlichen Macht. Der Papst war also nicht nur in Himmelsfragen der maßgebliche Mann, sondern auch unter den Lenkern der Staaten auf Erden.

Wenn man hingegen in der Peterskirche Michelangelos Pietà bewundert, im rechten Seitenschiff der Peterskirche, kann man im Fußboden davor die Darstellung der letzten Tiara sehen. Papst Paul VI. ließ vor der von ihm so geliebten und verehrten Pietà Michelangelos sein Wappen in den Boden einlegen, auf dem seine Tiara abgebildet ist.

Seine Mailänder Diözese schenkte ihm diese über fünf Kilogramm schwere Krone. Er legte sie in einer spektakulären Geste am 13. November 1964 feierlich auf dem Altar der Peterskirche ab. Dieser Tag war der letzte, an dem ein Papst eine Krone trug. Zwar bekamen auch alle seine Nachfolger noch eine Tiara als Geschenk, jedoch weigerten sie sich, sie aufzusetzen. Aus Dankbarkeit für die Spendenbereitschaft der US-Amerikaner kam die letzte Tiara in die Nationalkirche der Unbefleckten Empfängnis nach Washington.

Nur vor diesem Hintergrund kann man verstehen, dass in der Nacht vom 30. auf den 31. März 2013, also in der Nacht von Ostersamstag auf Ostersonntag, eine Sensation geschah: Papst Franziskus zog in dem schlichtesten denkbaren Outfit eines ganz normalen Priesters ein.

Der Bruch mit seinem Vorgänger Joseph Ratzinger war mit dieser Geste endgültig und nicht wieder rückgängig zu machen. Denn Papst Franziskus pflegte nicht nur einfach einen anderen neuen Kurs einzuschlagen, sondern er klagte mit seinem Verhalten seinen Vorgänger regelrecht an. Er kam in dieser Nacht in seinen ausgetretenen Straßenschuhen in die Peterskirche. Er hatte sich geweigert, an diesem Hochfest die roten Schuhe anzuziehen. Er verzichtete auf alle prächtigen liturgischen Gewänder. Sein Vorgänger Joseph Ratzinger hatte sogar noch den Camauro getragen, diese Mütze geht zurück auf die Urform der Krone.

Geschockt hatten den Vatikan auch die Kürze des Palliums. Benedikt XVI. hatte absichtlich ein altes, wie im Mittelalter übliches Pallium getragen. Papst Franziskus hatte ein sehr viel kürzeres Pallium umgelegt, als sei ihm dieses Zeichen der Macht peinlich.

Papst Franziskus hatte also zweifellos mit den Traditionen brechen und das Zeichen setzen wollen: Der Karneval mit dem Firlefanz der vergangenen Jahrhunderte ist vorbei.

Das war nicht eine Kritik an seinem Vorgänger. Das war ein Schlag ins Gesicht. Wenn der Papst nicht einmal am höchsten Feiertag der Christen, zu Ostern, bereit war, würdige liturgische Gewänder zu tragen, wie sie Joseph Ratzinger wieder eingeführt hatte, dann war das kein Zufall, sondern eine Rebellion. Franziskus zerschlug in Windeseile alle Zeichen der päpstlichen Macht.

An diesem Osterfest erfuhr der Vatikan auch, dass der Papst plante, weiterhin morgens die Gottesdienste im Gästehaus zu leiten. Das bedeutete, dass es mit der abgeschiedenen Erhabenheit der Päpste ein Ende hatte. Jetzt durfte nicht mehr nur ein kleines auserwähltes Publikum in die päpstliche Kapelle. Ganz normale Mitarbeiter und selbst Laien konnten in der großen, dem Zelt der Juden in der Wüste nachempfundenen Kirche des Gästehauses Platz nehmen und am frühen Morgen der Andacht des Papstes folgen.

Der Bruch des Paktes

Im Sommer 2013 stellte sich nicht mehr die Frage, ob der Papst versuchen würde, den Vatikan umzukrempeln, sondern nur noch, wie sehr. Wie weit würde der Mann aus Argentinien gehen? War Franziskus ein Hund, der nur bellte, oder ein Hund, der auch biss? Würde Franziskus also den uralten Pakt des Vatikans aufkündigen? Dieser Pakt hatte in den vergangenen Jahrhunderten seine Kardinäle und Bischöfe stets geschützt. Natürlich hatte es auch während anderer Pontifikate Ärger gegeben mit der Führungsmannschaft, aber der Pakt, dass die Priester, Bischöfe und Kardinäle zusammenhielten gegen die Welt da draußen, der hatte immer gehalten.

Ein besonderer Fall war Papst Johannes Paul II. gewesen. Dieser Mystiker hatte nie wirklich verstehen können, warum nicht alle Frauen Nonnen und alle Männer Priester wurden. Da es seiner Ansicht nach nicht den geringsten Zweifel daran gab, dass Gott existierte, ging es auf dieser Erde ausschließlich darum, diesem Gott zu gefallen und im Paradies belohnt zu werden.

Wie konnte man also auf dieser Welt für ein paar kümmerliche Vergnügen das Leben im Paradies aufs Spiel setzen? Priester waren in den Augen von Johannes Paul II. an sich schon etwas Besseres, weil sie eingesehen hatten, dass das einzige sinnvolle Leben auf Erden eines war, das Gott gefiel. Alle, die es nicht geschafft hatten, sich von ihren simplen Trieben zu verabschieden, waren Menschen zweiter Klasse.

Dieser Gedanke hat unter anderem zu einem der katastrophalsten Fehler seines Pontifikates geführt: Johannes Paul II. hat den Zeitpunkt verpasst, als die Kirche energisch gegen Sexualverbrecher aus den eigenen Reihen hätte vorgehen müssen. Der Fall Hans Hermann Groërs hatte sich in der Amtszeit von Papst Johannes Paul II. zugetragen. Der Kardinal und Wiener Erzbischof war von glaubwürdigen Zeugen des schweren sexuellen Missbrauchs angeklagt worden. Selbst ranghohe Kirchenvertreter wie sein Nachfolger Kardinal Schönborn bestätigten diesen Verdacht. Dennoch unternahm Papst Johannes Paul II. nichts.

Ein ebenso schwerwiegender Fall betraf den Bostoner Kardinal Bernhard Law, der wegen Begünstigung von Sexualstraftaten in den USA vor Gericht gestellt werden sollte. Er konnte in den Vatikan fliehen und musste sich dank des Schutzes durch Johannes Paul II. nie vor einem Gericht verantworten. Priester und vor allem Kardinäle waren nun mal etwas besser als die ganz normalen Menschen. Die Frage war, ob dieser Pakt noch galt mit einem Mann wie Franziskus an der Kirchenspitze. Würde dieser Papst letztendlich klein beigeben, wenn es um seine Mitbrüder im Kardinalskollegium und die Mitbrüder im Amt des Bischofs ging, oder würde dieser Papst es wagen, sie tatsächlich ganz offen und vor aller Welt zu brüskieren, anzugreifen und zu kritisieren und sie eventuell sogar einer ganz normalen Strafverfolgung auszusetzen? Eine erste Antwort auf diese Frage bekam das Kardinalskollegium am 22. Juni 2013.

Alles sah an diesem Abend nach einem Routinetermin aus, und genau das zeigte, wie wenig die Kardinäle von dem verstanden hatten, was da auf sie zukam. In der Audienzhalle Papst Paul VI., die auch nach ihrem Erbauer Sala Pier Luigi Nervi genannt wird, sollte ein Konzert aus Anlass des Jahres des Glaubens stattfinden. Es handelte sich um ein normales gesellschaftliches Ereignis. Die Kardinäle legten ihre eleganten Roben an, man traf sich vor dem Konzert zum Smalltalk, ein ganz normales Oberschichtsereignis. Die neunte Sinfonie von Ludwig van Beethoven stand auf dem Programm. Der italienische Fernsehsender hatte das Konzert organisiert und wollte es live im Fernsehen ausstrahlen. Die Reichen und Mächtigen vieler Länder trafen sich nun mal bei großen Konzerten, und genau das war es, was dem Papst nicht passte. Er wollte nicht live im Fernsehen wie die Reichen und Mächtigen ein Konzert genießen. Er sollte später sagen, dass es ihm vorgekommen wäre wie eine Ohrfeige für die Armen der Welt.

Der Mann, der versprochen hatte, sich als Papst wie Franz von Assisi um die Verlierer der Gesellschaft zu kümmern, wollte nicht von einem bequemen Thron aus einem Konzert lauschen, das Tausende von Euro gekostet hatte. Den Kardinälen der Kurie war das durchaus klar, aber sie hatten dennoch nicht den geringsten Zweifel, dass alles glatt gehen würde. Der Papst hatte nun mal diesen Spleen, dass er nicht nur der Armen gedenken, sondern tatsächlich selbst wie ein armer, bescheidener Mann leben wollte. Aber das würden sie ihm schon austreiben. Er war schließlich einer von ihnen. Nicht umsonst hatten sich Kardinäle sehr lange als Fürsten der Kirche verstanden, und er, der Papst, war ihr Oberhaupt, der letzte absolutistische Herrscher einer Wahlmonarchie auf der Welt. Er würde es nicht wagen, seine Fürsten vor den Kopf zu stoßen, und schon gar nicht live im Fernsehen, sodass die ganze Welt es sehen konnte, aber genau das tat er. Der Sessel blieb leer. Der Organisator des Konzerts, Erzbischof Rino Fisichella, der Chef des Päpstlichen Rates für die Neuevangelisierung, glaubte bis zur letzten Sekunde, dass der Papst ihm und dem kompletten Führungsapparat des Vatikans das nicht antun könne, dass er tatsächlich dem mondänen Ereignis einfach fernbleiben würde. Der Sessel für den Papst stand schon prominent vor dem Orchester. Aber er kam tatsächlich nicht, und nicht nur das. Während des Konzertes, dem er angeblich wegen wichtiger Termine fernblieb, setzte er ein paar Zeilen über Twitter ab. Er hatte also keine Zeit gefunden, um mit seinen wichtigsten Mitarbeitern im eleganten Rahmen an einem Konzert teilzunehmen, aber um die sozialen Medien zu befeuern, dazu hatte er Zeit. Er bellte nicht nur, er biss auch.

Lumen Fidei – Licht des Glaubens

Die Veröffentlichung der Enzyklika *Lumen fidei* am 29. Juni 2013 bedeutete eine Sensation. Denn jetzt gab es keinen Zweifel mehr daran, dass die katholische Kirche sich in eine äußerst brenzlige Lage gebracht hatte. Es gab einen regierenden Papst und einen ihm nicht wohlgesonnenen zurückgetretenen Papst, der ganz offensichtlich in die Amtsgeschäfte seines Nachfolgers eingreifen wollte. Eine solche Situation hat es in der 2000-jährigen Geschichte der katholischen Kirche noch nie gegeben. Das Versprechen Joseph Ratzingers, sich nicht in die Belange seines Nachfolgers einzumischen, waren offenbar das Papier nicht wert, auf dem es geschrieben stand. Schon so kurz nach der Wahl wollte Joseph Ratzinger dem Pontifikat des Nachfolgers seinen eigenen Stempel aufdrücken. Das tat er, indem er eine Enzyklika im Namen seines Nachfolgers veröffentlichen ließ, die dieser gar nicht geschrieben hatte.

Die Sache war so klar, dass man die Enzyklika nicht einmal zu lesen brauchte. Es genügte vollkommen, sich den Titel und die Liste der Fußnoten anzuschauen, um zu sehen, dass es ein reines Ratzinger-Werk war. Die Enzyklika trug den lateinischen Titel *Lumen Fidei* – »Licht des Glaubens« und damit war alles gesagt. Die Beziehung eines Menschen zu Gott, sein Glaube, das war das Thema, dem Joseph Ratzinger nahezu sein ganzes Leben gewidmet hatte.

In der Enzyklika zitierte Joseph Ratzinger vor allem sich selbst, seine Enzyklika *Fides et Ratio* und seine hoch umstrittene Schrift *Dominus Iesus*, die er als Chef der Glaubenskongregation verfasst hatte. Daneben tauchen in der Liste der Fußnoten all die

Autoren auf, die Joseph Ratzingers theologisches Denken prägen. Da ist der gute alte Bonaventura, dem Joseph Ratzinger seine Habilitationsschrift widmete, der von ihm zutiefst verehrte Augustinus mit *De Civitate Dei (Vom Gottesstaat)* und seinen *Confessiones (Bekenntnisse)* und Irenaeus von Lyon. Das Denken Joseph Ratzingers wird also geprägt von einem Mann wie Irenaeus von Lyon, der zwischen circa 135 und 200 lebte, einem Augustinus der zwischen 354 und 430 lebte, und einem Bonaventura, der zwischen 1221 und 1274 wirkte. Das bedeutet, der jüngste der geistigen Väter Benedikts XVI. lebte im Mittelalter, die anderen beiden sind seit über 1500 Jahren tot. Keiner von ihnen hatte auch nur eine vage Vorstellung von den Nöten der Menschen in der Welt des 21. Jahrhunderts. Während der Papst aus Argentinien versucht, die jetzige Welt zum Besseren zu verändern, die sich mit den hochkomplexen Problemen des dritten Jahrtausends herumschlägt, wandert der Geist Joseph Ratzingers durch die Glaubenswelt der späten Antike und des Mittelalters.

Diese Gegensätze mussten zu einem großen Knall führen. Denn die Enzyklika offenbarte auch eines: Offensichtlich hatte Joseph Ratzinger große Teile dieser Schrift schon fertig geschrieben, als er beschloss zurückzutreten. Der Druck auf ihn zurückzutreten muss so groß gewesen sein, dass er sich nicht die Zeit nahm, diese Enzyklika noch zu Ende zu schreiben und zu verbreiten. Der Entschluss, so viel Druck auf Franziskus auszuüben, dass er diese Enzyklika als seine veröffentlichen musste, zeigte, dass Joseph Ratzinger in seinem Inneren wohl schon bereute, das Amt des Papstes aufgegeben zu haben. Er wollte es offenbar nach seinem Rücktritt noch einmal ausüben, indem er ein Lehrschreiben, das verbindlich für die ganze katholische Welt war, durch seinen Nachfolger veröffentlichen ließ. Das Signal war klar. Joseph Ratzinger dachte nicht daran, sich zurückzuziehen. Nach der Veröffentlichung dieser Enzyklika stand Franziskus vor einer völlig neuen Lage: Von jetzt ab musste er damit rechnen, dass es Sperrfeuer aus dem Lager Ratzinger geben werde.

Massengrab Mittelmeer

Bis zum 8. Juli 2013 hätte sich das Pontifikat von Papst Franziskus noch in eine ganz andere Richtung entwickeln können. Doch nach diesem Tag war alles anders. Der Papst hatte mit einem einzigen Schlag die bunte heterogene katholische Welt in zwei Lager geteilt. Das eine Lager war für ihn und das andere Lager gegen ihn. Eine andere Möglichkeit gab es nicht mehr. Der Papst hatte sich mit einer politischen Stellungnahme gleichzeitig die ungeheure Sympathie des linken Spektrums auf der ganzen Welt erobert und im selben Moment einen großen Teil der bürgerlichen Mitte und alles, was rechts davon steht, abgeschreckt. Auch in der internationalen Politik hatte der Papst so deutlich Stellung bezogen, dass von nun an zahlreiche Staatschefs in ihm entweder einen Verbündeten oder aber einen erbitterten Gegner erblickten. Das zu erreichen, war gar nicht so einfach gewesen. Die einzige Möglichkeit, diesen Coup zu landen, hatte darin bestanden, dass der Papst nicht irgendeine politische Frage ansprach, die auf der Welt gerade diskutiert wurde, sondern die am heißesten diskutierte: Immigration.

Exkurs: Die Päpste und die Politik

Die Tradition der Einmischung der Päpste in die Politik ist lang. Die Päpste der Renaissance und des Mittelalters betrieben selbst aktiv Weltpolitik und gestalteten im Guten und im Bösen die europäische Geschichte. Nach der Zerschlagung des Kirchenstaates im Jahr 1870 verloren die Päpste ihren Einfluss auf die politische Welt. Papst Pius IX. machte aus heutiger Sicht das Falscheste, was er tun konnte, er sah die Demokratie an sich als eine Bedrohung der durch Gott gegebenen Ordnung an.

Am 10. September 1874 erließ Pius IX. eine der berühmtesten päpstlichen Bullen der Neuzeit. Darin heißt es, dass es für Katholiken »non expedit«, also »nicht angebracht« sei, an Wahlen überhaupt teilzunehmen. Später legte der Vatikan noch nach, »nicht angebracht« sei als verboten zu verstehen. *Non expedit* beschäftigte den jungen italienischen Staat über Jahrzehnte. Interessanterweise verlangten vor allem die katholischen Eliten, die Großgrundbesitzer und Fürsten die Rücknahme des *Non expedit* durch den Papst, denn es verbot den braven Katholiken, sich politisch gegen Sozialisten und Radikale zu formieren. Erst im Jahr 1904 erlaubte Papst Pius X. den Katholiken, an einer Wahl teilzunehmen. Die Päpste sahen damals mit Entsetzen, dass ihre Welt durch einen demokratischen italienischen Staat vor dem Untergang stand. Die wahre Herausforderung kam dann mit der Oktoberrevolution in Russland.

Nahezu das ganze 20. Jahrhundert wurde geprägt durch die Auseinandersetzung der Kirche mit dem Kommunismus und Sozialismus. Das begann mit Papst Benedikt XV. im Jahr 1914 und endete mit Papst Johannes Paul II. nach dem Fall der Mauer.

Aber nicht nur die Erfahrungen in der Sowjetunion, sondern auch die Erfahrungen in Spanien schockierten Pius XI. Nach dem Ausbruch des Spanischen Bürgerkriegs gingen Tausende von Kirchen in Flammen auf, nach modernen Schätzungen starben etwa 7000 Mitglieder des spanischen Klerus. Am 14. September 1936 hielt Pius XI. eine Rede vor 500 spanischen Flüchtlingen in der Sommerresidenz der Päpste in Castel Gandolfo. Als er den Schlusssegen spendete, bezog der Papst eindeutig Stellung:

»Erhaben über alle politischen und weltlichen Erwägungen, wendet sich dieser Segen in besonderer Weise jenen zu, die die schwere und gefahrvolle Aufgabe übernommen haben, die Rechte und die Ehre Gottes und der Religion zu verteidigen und wiederherzustellen (…)«

Pius XI. sagte zwar, er wolle sich keiner der »politischen und weltlichen Erwägungen« stellen, widersprach sich aber, denn er ließ keinen Zweifel daran, auf welcher Seite der Vatikan stand: auf der des Generals Franco.

Pius XI. sah den Spanischen Bürgerkrieg als einen Verteidigungskampf des Christentums. Diese Vorstellung übertrug sich nach dem Bau der Mauer auf den kompletten Ostblock. Die Kirche hatte die Vorstellung, mit dem Rücken zur Wand zu stehen und sich verteidigen zu müssen.

Papst Pius XI. gründete das noch heute bestehende russische Priesterseminar und Kolleg neben der Kirche Santa Maria Maggiore als Reaktion auf die Priesterverfolgung in der Sowjetunion. Von Anfang an war es daher auf einen großen Kampf ausgerichtet, und deswegen überließ der Papst den Soldaten Christi, den Jesuiten, die Leitung des Kollegs. Der Plan von Pius XI. und später von Pius XII. war geradezu mörderisch. In dem Kolleg wurden katholische Priester ausgebildet, die hinter den Linien des Feindes in der Sowjetunion eingesetzt werden sollten. Soweit in Rom bekannt, wurden alle in die Sowjetunion eingeschleusten Priester entdeckt und entweder gleich hingerichtet oder auf ein langes Martyrium in ein Straflager geschickt, wo sie der sichere Tod erwartete. Deswegen erhielten die Absolventen dieses Kollegs in einem geheimen Treffen mit dem General der Jesuiten, bevor sie in die Sowjetunion abreisten, die letzte Ölung, um sie auf ihren Tod vorzubereiten.

Pius XII. beging allerdings einen Fehler in der Einschätzung der Bedrohung der Kirche. Er sah einen Zusammenhang zwischen den Interessen der Kommunisten und denen der Juden. Nach einem Zwischenfall in der Nuntiatur in München sprach er von »sehr harter russisch-jüdischer revolutionärer Tyrannei«.

Am 29. April 1919 war die Botschaft des Vatikans, die Nuntiatur, in München von Mitgliedern der Münchner Räterepublik umstellt worden. Eugenio Pacelli, der spätere Pius XII., stellte sich den Eindringlingen der Gruppe Pongratz und ihrem Anführer Eugen Leviné entgegen. Die Eindringlinge richteten einen

Revolver auf Eugenio Pacelli, der aber nicht zurückwich. Diese Episode muss den Papst stark geprägt habe. Zweifellos machte die NS-Propaganda, die eine angebliche »jüdisch-bolschewistische« Gefahr heraufbeschwor, Eindruck auf ihn.

Dass er den Sieg der Sowjetunion verhindern und einen Frieden zwischen Deutschland und England herbeiführen wollte, ist eindeutig belegt. Seine Haltung gegenüber dem Holocaust ist bis heute zwiespältig. Die Fakten ergeben kein eindeutiges Bild, so auch in dem Fall, der den Papst direkt betraf.

Am Morgen des 16. Oktober 1943 begann die sogenannte »Judenaktion« mit der Durchkämmung des Ghettos in Rom auf besonderen Befehl Adolf Hitlers. Sofort baten einflussreiche Katholiken den Papst, vor Ort einzugreifen. Das lehnte er ab. Er protestierte auch nicht persönlich beim deutschen Botschafter Ernst von Weizsäcker, dem Vater des späteren deutschen Bundespräsidenten Richard von Weizsäcker, sondern überließ das dem Staatssekretariat. Er wandte sich auch nicht an den Oberkommandierenden General Albert Kesselring oder den SS-Polizeichef Karl Wolff, um die Deportation der römischen Juden aus seiner Diözese nach Auschwitz zu verhindern.

Nach der Ankunft in Auschwitz kamen 834 Opfer direkt in die Gaskammern, 184 wurden als arbeitsfähig ausgewählt, nur 15 Menschen überlebten: 15 von 1018, die der Papst vielleicht hätte retten können.

In den Tagen danach garantierte der Papst Kirchenasyl und ließ etwa 4500 Juden in 150 Einrichtungen verstecken, auch in seinem Sommersitz in Castel Gandolfo.

Doch auch nach dem Zweiten Weltkrieg agierte der Papst auf zweifelhafte Weise. Er schützte ausgerechnet Ernst von Weizsäcker, der die Deportation der Juden Roms auf Befehl Hitlers durchgezogen hatte, und versteckte ihn nach dem Krieg im Vatikan. Im Sommer 1949 exkommunizierte Papst Pius XII. alle Katholiken, die den Kommunismus unterstützten: Es reichte, deren Tageszeitung zu lesen.

Alle diese politischen Eingriffe der Päpste hatten nahezu immer die gleiche Stoßrichtung: Ein rechts gerichteter Papst wandte sich gegen links. Aber der 8. Juli 2013 änderte alles, denn zum ersten Mal wandte sich ein linker Papst gegen rechts.

Das Thema der Immigration hatte die Politik weltweit in zwei Lager geteilt. Die Ankündigungen des Donald Trump, der US-Präsident werden wollte, im Falle eines Wahlsieges eine Mauer im Süden der USA zu bauen, um die Immigration aus dem Süden des Kontinents zu stoppen, hatte auf der ganzen Welt zu Diskussionen über Flüchtlingspolitik geführt.

In Ungarn hetzte Viktor Orbán gegen Immigranten, in Italien der Lega-Nord-Politiker Matteo Salvini, in Frankreich Marie Le Pen. Der Papst hatte also mit der Reise nach Lampedusa, um den »Mut« einzufordern. »Menschen aufzunehmen, die ein besseres Leben suchen«, nicht irgendein politisches Thema angesprochen, sondern in ein Wespennest gestochen. Dieser Tag war vor allem deswegen so dramatisch, weil der neue Papst zeigte, dass es viele Themen geben werde, um die er sich als Pontifex kümmern wolle, aber das Thema schlechthin war für ihn Immigration. Er zeigte das, indem er alles umwarf, was im Vatikan für eine päpstliche Reise üblich war, vor allem eine monatelange Vorbereitung.

Franziskus wollte nicht warten, er wollte sofort auf die Mittelmeerinsel Lampedusa, weil auf dem Weg dorthin immer wieder Menschen im Meer ertranken. Nach der Ankunft auf Lampedusa erklärte er, dass er in den Tageszeitungen von der Tragödie der ertrunkenen Immigranten im Mittelmeer gelesen habe. Das dürfe nie wieder passieren. Nichts schien ihm so wichtig wie dieser Punkt. Papst Johannes Paul II. hatte als Ziel seiner ersten Reise nach seiner Wahl ein Marienheiligtum gewählt, Papst Benedikt XVI. einen eucharistischen Kongress. Für Johannes Paul II. würde die Marienverehrung ein zentraler Punkt seines Pontifikates bleiben. Die Eucharistie und damit die Heilige Messe ein wichtiger Punkt für Papst Benedikt XVI. Aber Franziskus wollte ganz offensichtlich einen ganz anderen Schwerpunkt setzen. Er wählte das politisch am meisten aufgeladene Thema und spaltete damit schlagartig die katholische Welt. Die konservativen Kreise innerhalb der Kirche fürchteten eine Überfremdung. Sie sahen mit Entsetzen, dass ihre Länder ihre christliche Identität verloren. Fremde Kulturen sahen sie als Bedrohung, den Bau von immer mehr Moscheen als eine Art Übernahme ihrer Heimat durch eine andere Kultur.

Der Papst war für sie das Symbol ihrer Identität, und jetzt verlangte ausgerechnet dieser Papst, dass sie noch viel mehr Menschen einer anderen Religion und Kultur aufnehmen sollten. Die Statistik zeigte, dass weniger als 10 Prozent der Immigranten, die über das Mittelmeer kamen, Christen waren und nicht einmal 5 Prozent Katholiken. Warum also setzte sich das Oberhaupt der Katholiken so sehr für Menschen ein, die sich gar nicht durch ihn repräsentiert fühlten? Musste nicht ein Imam aus Syrien oder dem Irak oder Afghanistan zu den Immigranten reisen, denn aus deren Einflussbereichen kamen fast alle diese jungen Männer und wenigen Frauen. Der Papst gratulierte den Immigranten während seiner Ansprache sogar zum Ende des Ramadan. Er beklagte eine »Globalisierung der Gleichgültigkeit« und bat um »Entschuldigung für alle, die wegsehen«. Etwas Unglaubliches war eingetreten. Der konservativste Mann der Welt, der Papst, war auf einmal kein Konservativer mehr.

Rio de Janeiro

Es passiert mir immer wieder mal, dass mich Menschen im Petersdom ansprechen, vor allem wenn sie gerade am Grab von Papst Johannes II. im rechten Seitenschiff gebetet haben. Sie haben stets die gleiche Frage. Sie sagen zu mir: »Sie haben über 20 Jahre an der Seite des heiligen Papstes gearbeitet. Hat man das gespürt? Hat man gespürt, dass dieser Mann etwas Besonderes war? Ein Heiliger? Haben Sie das an irgendetwas gemerkt? Und die anderen beiden Päpste, die Sie erlebt haben, Benedikt XVI. und Franziskus? Spürt man an der Seite eines Papstes, dass er Gott näher ist als andere Menschen? Haben Sie an der Seite von Joseph Ratzinger oder Jorge Mario Bergoglio je das Gefühl gehabt, dass diese Männer auf eine ganz besondere Art und Weise mit Gott verbunden sind?«

Meistens weiche ich dann aus, weil es nicht einfach ist, diese Frage zu beantworten. Natürlich drängt sie sich bei Papst Johannes Paul II. am meisten auf. Jeden Tag beten Hunderte, manchmal Tausende Menschen am Grab dieses Mannes in der Peterskirche, vertrauen dem Heiligen ihre Wünsche und Hoffnungen an.

Wenn ich darüber nachdenke, dann hatte Karol Wojtyła natürlich etwas Besonderes. Ich habe sehr oft erlebt, dass er den Menschen hinter dem Eisernen Vorhang Hoffnung gebracht hat. Ich habe Tausende Menschen erlebt, deren Augen vor Freude regelrecht glühten, wenn sie in die Nähe dieses Papstes kam. Er war verrückt genug zu glauben, dass die Kraft des Glaubens das von Atomwaffen starrende Sowjetimperium tatsächlich beeindrucken könnte, und das hatte damals funktioniert. Das war ähnlich verrückt, als wenn man im Jahr 2022 glauben würde, mit einer Marienandacht die Armeen von Wladimir Putin aufzuhalten.

Johannes Paul II. war davon überzeugt gewesen, dass der Glaube das Böse stoppen kann. Ich glaube, das Besondere an diesem Papst war, dass er viele Menschen regelrecht dazu zwang, sich zu fragen, ob es Gott gibt.

Der Gott Karol Wojtyłas war ein ganz anderer Gott als der Benedikts XVI. Wojtyła glaubte an einen sehr konkreten Gott, einen Gott, der eingreift in der Welt. Er glaubte an Marienerscheinungen und an das wundersame Auftauchen von Jesus von Nazareth. Er glaubte, dass Gott auf dieser Welt Zeichen wirkt. Das war ihm sehr wichtig. Manchmal führte das zu eindrucksvollen, aber auf eine gewisse Art und Weise auch absurden Situationen.

Ich erinnere mich an einen Nachmittag auf dem Sinai am Katharinenkloster. Gott hatte hier aus dem Dornbusch zu Moses gesprochen. Karol Wojtyła war der erste Papst in der Geschichte, der diesen Boden betrat, den heiligen Berg Sinai. Aus seiner Sicht war vollkommen klar, dass Gott sich an dieser Stelle, dort wo er beten wollte, an ihn wenden würde. Er hatte nicht den geringsten Zweifel. Ich erinnere mich daran, dass die griechisch-orthodoxen Mönche sich brüsk abwandten, als Johannes Paul II. im Garten des Katharinenklosters mit der Andacht begann. Wir waren nur eine kleine Schar, vielleicht 30 oder 40 Journalisten, vielleicht 50 Gläubige. Das war wahrscheinlich einer der intimsten Momente, die ich an der Seite des Papstes erlebt habe, der gern Millionen um sich scharte. Als die Andacht zu Ende war, blieb er einfach auf seinem Sessel sitzen und wartete. Mir war nicht klar, worauf er wartete, weil die Delegation schon langsam nervös wurde und sich fragte, warum wir nicht einfach wieder abreisten. Aber Johannes Paul II. wartete. Er wusste, dass etwas geschehen würde. Das Besondere an diesem Papst war, dass er nicht nach innen lauschte. Er war nicht jemand, der glaubte, dass er eine göttliche Stimme in seinem Inneren hören konnte. Joseph Ratzinger war so. Aber Johannes Paul II. glaubte, dass er an diesem Tag ein für alle sichtbares Zeichen Gottes sehen würde. Am Sinai hatte sich Gott in dreifacher Weise gezeigt: durch die Stimme aus dem Dornbusch, durch eine Wolke und durch den Wind. Und ganz plötzlich erhob sich in diesem Backofen des Sinai ein Wind, und eine kleine Wolke tauchte am Himmel auf. Karol Wojtyła strahlte über das ganze Gesicht und begann zu beten. In diesem Augenblick habe ich mich gefragt: War dieser Mann einfach verrückt, oder hatte ich erlebt, dass ein völlig unerklärliches Wesen, das wir Gott nennen, sich dem Papst auf dem Sinai gezeigt hatte?

Ich weiß darauf keine Antwort. Es ist mir ein Rätsel geblieben, und ein solches Rätsel trage ich auch mit mir herum, was Papst Franziskus angeht. Konnte es sein, dass ich eine Prophezeiung erlebt hatte? Hatte Papst Johannes Paul II. vorhergesagt, dass Papst Franziskus in die Armenviertel, die Favelas Lateinamerikas, kommen würde, hatte er vorhergesagt, dass ein Nachfolger kommen würde, der sich um die Ärmsten der Armen kümmern würde und der Franziskus heißen würde?

Es gibt einen Ort auf dieser Welt, an dem ich nicht anders kann, als darüber nachzudenken, ob Päpste tatsächlich die Werkzeuge Gottes sind oder nicht. Es ist eine garagenähnliche Kapelle in dem Armenviertel der Favela Vidigal. Diese Favela gehört zu den seltsamsten Orten, die ich in meinem Leben gesehen habe. Menschen hausen in schrecklichen Bretterbuden zwischen Ungeziefer. Wer durch die Favela geht, glaubt die Warnungen der Polizei sofort, dass hier Drogen verkauft werden und Pistolen für 20 Dollar zu haben sind. Man kann Mörder anheuern für relativ kleines Geld. Gleichzeitig liegt diese Favela auf einem Hügel mit einem der schönsten Panoramablicke, die ich je in meinem Leben gesehen habe. Man schaut auf den tief unten liegenden blauen Ozean, auf die Gischt der Wellen, die an den weißen Strand schlagen.

Es gibt in dieser Favela eine Art Lebensmittelgeschäft, nur eine Bude aus Brettern, in der einige Dosen verkauft werden. Die Dame, die diesen Laden führt, kann auch den Schlüssel beschaffen für einen Betonbau, der nicht weit von dem Geschäft entfernt liegt. Es ist dunkel darin, staubig, und eine Glasscheibe fällt sofort auf. Im Jahr 1980 war Papst Johannes Paul II. hier, und er war von der Armut derart überwältigt, dass er einen Ring vom Finger zog und ihn einer armen Familie der Favela schenkte. Die Favela hatte zusammengelegt, der armen Familie eine kleine Kneipe eingerichtet und dafür den Ring erhalten, und um diesen Ring herum haben sie diese Kapelle gebaut. Dann hatten sie an den Papst geschrieben im Sommer 1981, sie wollten wissen, wie sie die Kapelle nennen sollten: »Johannes-Paul-II.-Kapelle«, weil der Papst diesen Namen trug, oder »Karol-Kapelle«, nach seinem Geburtsnamen? Der Papst schrieb zurück, dass er nicht wolle, dass diese Kapelle mit seinem Ring auf seinen Namen geweiht werde. Er sagte, dass ein anderer Papst kommen werde, der sich um die Favelas in Lateinamerika kümmern werde, und bat die Favela, die Kapelle auf den Namen Franziskus zu weihen. Den Namen trägt sie heute noch. Hatte Karol Wojtyła eine Vorahnung gehabt, hatte Gott ihm einen Tipp gegeben?

Wie auch immer: Im Juli des Jahres 2013 war Papst Franziskus angekommen. Es nieselte an diesem Wintertag in Rio de Janeiro, als der Papst die Favela Varghina erreichte. Es ist eine der etwa 500 Favelas im Stadtgebiet von Rio de Janeiro, und sie gilt als eine der gesicherten Favelas in Rio.

Etwa 95 Prozent der Favelas in Rio gelten als ungesichert und zu gefährlich, um sie bedenkenlos als Tourist betreten zu können. Die Drogenbanden sind ausgerüstet wie kleine Armeen. Es kam bei Razzien vor, dass die Soldaten der Drogenbosse mit ihren Raketen Hubschrauber der Polizei abschossen. Die Favela Varghina dagegen ist auf dem Weg von einem der ärmsten Viertel der Stadt zu einem Wohngebiet für Arme. Es gibt Shops, eine Bank und einen Sportplatz. Auf diesem Sportplatz sollte der Gottesdienst des Papstes stattfinden. Die Idee war ganz einfach: Der Papst sollte in einem gesicherten und gepanzerten Pulk von Polizei und Armee durch die Favela fahren, an dem von Polizei gesicherten Sportplatz aussteigen, dort den Gottesdienst halten und dann in dem gepanzerten Konvoi die Favela wieder verlassen.

Was der Polizei Sorgen machte, war nicht die Favela Varghina selbst. Die Favela liegt an etwas, was man den »Gazastreifen« nennt: Dahinter beginnt ein wirklich gefährliches Viertel. Die Gefahr bestand darin, dass die Teilnehmer des Gottesdienstes oder sogar der Papst selbst in ein Feuergefecht geraten könnten. In Rio de Janeiro sterben immer wieder Menschen dadurch, dass rivalisierende Banden sich auch über größere Entfernungen mit Gewehren beschießen.

Aber als der Konvoi in die Favela rollte, hielt sich der Papst nicht an den Plan. Er stieg einfach aus. Am Eingang zur Favela stand Amara. Sie hatte dort schon seit Stunden auf den Papst gewartet. Es hatte sie überrascht, dass er in die Favela kam. Sie hatte im Fernsehen gehört, dass der Papst an der Copacabana, da, wo die Superreichen wohnen, den Gottesdienst abhalten würde. Das hatte sie nicht überrascht. In ihrem Leben war die Kirche immer eine Kirche der Reichen gewesen, in der die Armen keinen Platz hatten. Sie hatte das Bild des Schutzpatrons der Armen, des im Jahr 1980 von den Militärs erschossenen Bischofs Óscar Romero, immer bewundert. Der hatte eine Kirche für die Armen gewollt, aber die Kirche hatte ihn nicht gewollt. Sie hatten nicht erlaubt, dass er wenigstens nach seinem Tod als Märtyrer und Heiliger verehrt werden durfte. Sie stand dort im Nieselregen und wartete auf den Konvoi von Papst Franziskus, der an den Armen vorbeirauschen würde, der sie auch nicht in seiner Kirche wollte. Doch dann hatten die Organisatoren ihr erklärt, dass sie den Papst vielleicht treffen könne. Schließlich kam der Konvoi, und Amara glaubte ihren Augen nicht zu trauen. Der Papst stieg auf einmal aus, obwohl die Polizei immer wieder »Nein« sagte und ihn in das Auto zurückschicken wollte, aber es war ihm egal. Er ging jetzt einfach mitten durch die Favela, und dann kam er genau auf Amara zu. Er nahm sie in den Arm, und später sollte sie sagen, dass sie ab da wusste, dass es im Fall Óscar Romero Gerechtigkeit geben würde. Papst Franziskus war durch die Favela spaziert wie der Gemeindepfarrer, der zu Besuch gekommen war. Er klopfte an einige der Türen, besuchte die bescheidenen Behausungen, ließ sich einen Kaffee anbieten, setzte sich und hörte sich die Sorgen der Menschen an. Er fragte nach: »Haben die Kinder Schultaschen, können sie überhaupt in eine Schule gehen?«

Natürlich können sie das nicht. Eine Schule kann niemand in der Favela bezahlen. Die katholische Kirche versucht, in Kapellen Unterricht zu organisieren. Der Papst ließ in seinen Gesprächen in diesen Hütten keinen Zweifel daran, dass eine der

Botschaften des Weltjugendtages, zu dem er gekommen war, auch sein würde, dass die Staaten verpflichtet waren, Armut durch Bildung zu bekämpfen. Der Staat, die Kirche, alle die Verantwortung tragen, müssten dafür sorgen, dass Mädchen und Jungen eine Chance durch Bildung bekommen. Papst Franziskus wählte drastische Worte an diesem Tag, so drastisch, dass jedem klar werden sollte, wie bitterernst er es meinte. Er sagte: »Keine Bemühung um Befriedung wird von Dauer sein, keine Harmonie und kein Glück wird es geben für eine Gesellschaft, die einen Teil von sich ignoriert, ausgrenzt oder an der Peripherie sich selbst überlässt. Eine Gesellschaft laugt sich so schlichtweg selbst aus, ja, verliert etwas Wesentliches für sich selbst. Lassen wir die Mentalität des Wegwerfens nicht in unser Herz hinein, denn wir alle sind Brüder und Schwestern, und keiner ist zum Wegwerfen.« Das war es also, was der Papst den modernen Gesellschaften vorwarf. Dass sie versuchten, mit Polizeigewalt die Ghettos zu »befrieden«, was nicht gelingen würde, wenn den Menschen an der Peripherie nicht eine Chance gegeben würde. Die moderne kapitalistische Gesellschaft warf Menschen weg wie Müll, das war die drastische Kritik dieses Papstes, und das war es, was er hier zum ersten Mal auch zur Freude von Amara sagte und was sein Pontifikat lange prägen sollte.

Bevor er abfuhr, lud er die Jugendlichen in der Favela ein, zum großen Fest des Abschlussgottesdienstes zu kommen, und wenn es einen Gott gibt, dann war der in diesem Juli 2013 in Partylaune. Der Plan der Organisatoren des Weltjugendtages bestand darin, wie nach dem Vorbild in anderen Städten, ein Feld des Glaubens zu errichten, eine große Ebene, wo die erwarteten drei Millionen Jugendlichen campen und mit dem Papst den Gottesdienst feiern konnten. Doch der für Rio vollkommen ungewöhnlich starke Regen im Juli machte den Planern einen Strich durch die Rechnung.

Das Feld des Glaubens, das vom Stadtzentrum über 30 Kilometer entfernt lag, stand unter Wasser. Das Treffen mit dem Papst wurde an den einzigen Ort in Rio verlegt, der so viele Menschen aufnehmen kann: an den Strand der Copacabana. Baut eine bessere Welt auf, beschwor der Papst dort die jungen Menschen am Strand, und diese Menschen kauften ihm seine Botschaft ab. Ich habe das gespürt, als der Papst darum bat, dass ein stilles Gebet gesprochen werden sollte, und es war unfassbar, dass es unter diesen drei Millionen jungen Menschen am Strand, die allerbester Laune waren, plötzlich tatsächlich vollkommen still sein konnte. Es war eine herrliche Atmosphäre. Nonnen bauten Sandburgen, Weltjugendtag-Fans sprangen in der Brandung herum oder spielten Volleyball. Ich habe in 35 Jahren viele Weltjugendtage erlebt, aber keiner war so schön wie der in Rio. Ich glaube, dass diese Mega-Feier am Strand der Copacabana die letzte unbeschwerte Massenparty der katholischen Kirche war. Der Missbrauchsskandal, das entsetzliche Schicksal missbrauchter Kinder und Jugendlicher, deren Seelen von Priestern und Ordensleuten zerstört worden waren, sollten in Zukunft alle Feiern eines Papstes mit jungen Menschen überschatten.

Homosexuelle

Auf dem Rückweg von Rio nach Rom ließ der Papst eine theologische Bombe platzen. Er sagte: »Wenn jemand homosexuell ist und Gott sucht – wer bin ich, über ihn zu richten? Man darf die Personen weder diskriminieren noch ausgrenzen. Das sind Brüder.«

Für Päpste hatte bis zu diesem Zeitpunkt immer das Gleiche gegolten: Sie hatten die biblische Verurteilung homosexueller Liebe immer verteidigt und von dem Thema ansonsten, wenn es irgend ging, die Finger gelassen. Denn es bestand die Gefahr, dass der Vatikan selbst und die zahlreichen homosexuellen Priester, die dort dienten, ins Schussfeld gerieten.

Wie viele homosexuelle Liebschaften im Vatikan existieren,

bekommen Beobachter wie ich immer dann ganz deutlich mit, wenn eine solche Beziehung schiefgeht. Eifersucht macht rasend, denn Priester, die normalerweise einen ungeheuren Aufwand betreiben, um ihre homosexuellen Beziehungen zu verheimlichen, vergessen jede Vorsicht, wenn es darum geht, sich in einem Beziehungskrieg zu rächen. Plötzlich geht ein hoher Geistlicher im Vatikan ohne jeden ersichtlichen Grund auf einen anderen Geistlichen los. Meistens geschieht das auf die gleiche Art und Weise. Denunziationen werden anonym in Umlauf gebracht, um irgendeinem Kirchenmann massiv zu schaden. Meistens kommt schon nach ein paar Stunden heraus, wer diese anonymen Briefe in Umlauf gebracht hat. Das betrifft alle Ebenen im Vatikan. Ich kann mich an einen Beziehungskrieg in der Chefetage um Papst Benedikt XVI. erinnern.

Der Vatikan ist eine stark hierarchisch organisierte Einrichtung. Es ist also normal, dass Männer versuchen, Karriere zu machen. Sie setzen dabei selbstverständlich auch Sympathien ein. Natürlich gibt es im Vatikan auch Männer, die sexuelle Beziehungen eingehen, weil sie sich Vorteile davon versprechen. Macht ist nun einmal sexy. Ich erinnere mich an einen jungen, sehr attraktiven Priester, der nach seiner Ankunft in Rom rasch hintereinander die Partner wechselte, die immer höhere Posten im Vatikan bekleideten. Vorgesetzte können im Vatikan junge Priester auf begehrte und sehr gut bezahlte Posten oder auf attraktive Botschafter-Jobs im Ausland schicken, oder aber aus dem Vatikan entfernen und in einer schwierigen Pfarrgemeinde versauern lassen. Weil das System so ist, gibt es natürlich immer wieder Männer, die es ausnutzen. Für die meisten Priester bedeutet die Aufnahme homosexueller Beziehungen im Vatikan keineswegs eine Neuigkeit, sondern die Fortsetzung des Lebensstils. Ich habe Freunde im Vatikan, die als Jugendliche in einem Konvikt gelebt haben, das auf den Priesterberuf vorbereiten sollte. Dort haben sie ihre Homosexualität entdeckt und ausgelebt, was nahtlos im Priesterseminar weiterging. Ein guter Bekannter von mir drückte einmal seine Verwunderung darüber aus, wie er angesprochen wurde, als er das Priesterseminar betreten hatte. Ein anderer künftiger Priester hatte ihn mit den Worten begrüßt: »Du Glücklicher, du hast es in die größte Schwulen-WG der Stadt geschafft.« Wer nach dem Priesterseminar Karriere gemacht und im Vatikan gelandet war, befand sich in einer Welt, wo es von Männern mit ähnlichen Lebensgeschichten nur so wimmelt. Ich habe daher lange geglaubt, dass ein großer Teil der katholischen Kirche schlicht und einfach schwul sei. Erst während der Besuche in mehreren Pfarrgemeinden in Afrika habe ich gemerkt, dass das so nicht stimmt. In Ländern wie Ghana, aber auch Angola oder Kamerun, leben einheimische katholische Priester ganz selbstverständlich mit ihren Frauen im Pfarrgemeindeheim zusammen. Der für diese Priester zuständige Kardinal sagte mir einmal nach mehreren Gläsern Wein: »Wir sind immer ziemlich froh, wenn unsere Priester in Afrika es bei einer Frau belassen.«

Als Papst Franziskus 2013 über Homosexualität sprach, waren die zu diesem Zeitpunkt noch zahlreichen glühenden Anhänger von Papst Johannes Paul II. allerdings über seine Aussage entsetzt. Es ging nicht um den zweiten Teil dessen, was er gesagt hatte. Dass Homosexuelle weder diskriminiert noch ausgegrenzt werden sollten, war längst Konsens in der Kirche. Es ging um den ersten Teil. »Wer bin ich, über einen Homosexuellen zu richten«, hatte der Papst gefragt, und die Antwort darauf war aus Sicht der Traditionalisten ganz einfach: Es gehört sozusagen zum Job des Papstes, Homosexuelle zu richten.

Papst Johannes Paul II. hatte immer wieder energisch auf Menschen, die homosexuelle Liebe praktizieren, eingedroschen. Das Problem bestand darin, dass ein Papst nicht sagen durfte, er wolle homosexuelle Menschen nicht richten. Paulus selber, der Gründervater der katholischen Theologie, hatte genau dazu aufgerufen.

Regeln innerhalb der katholischen Kirche zu kritisieren, die nichts mit der Bibel zu tun haben, ist kein großes Problem. Die von Papst Johannes XXIII. verlangte Regel, die das Zweite Vatikanische Konzil durchsetzte, dass der Gottesdienst weltweit in der Landessprache und nicht mehr in Latein gehalten werde, war zwar revolutionär, aber keineswegs problematisch.

Jesus Christus hatte schließlich niemals dazu aufgerufen, dass seine Anhänger in der Sprache der Besatzer beten sollten, die ihn ans Kreuz geschlagen hatten. Selbst die Diskussion um die Ehelosigkeit der Priester, den Zölibat, war im Grunde problemlos, weil die Bibel Priestern ausdrücklich die Möglichkeit einräumt, in sexuellen Beziehungen zu leben.

Aber was Homosexualität anging, sah das ganz anders aus. Im dritten Buch Mose heißt es: »Wenn jemand bei einem Mann liegt wie bei einer Frau, so ist es ein Gräuel und beide sollten des Todes sterben.«

Jesus von Nazareth sagt zwar nichts über Homosexualität, aber Paulus haut drauf. Im ersten Römerbrief, Vers 26/27 warnt Paulus vor den Heiden, denn »darum hat sie Gott auch dahingegeben in entehrenden Leidenschaften; denn ihre Frauen haben den natürlichen Verkehr vertauscht mit dem widernatürlichen, gleicherweise haben die Männer den natürlichen Verkehr mit den Frauen verlassen und sind gegeneinander entbrannt in ihrer Begierde, und so haben Mann mit Mann Schande getrieben und den verdienten Lohn ihrer Verirrung an sich selbst empfangen.«

Das Problem bestand aus der Sicht der Traditionalisten jetzt darin, dass der Papst nicht mehr von der biblischen »Verirrung« sprach. Damit hatte er aus Sicht der Ratzinger-Anhänger eine rote Linie überschritten. Natürlich, so argumentierten sie, muss ein Papst die Heilige Schrift auslegen, aber er darf sich auf gar keinen Fall gegen sie stellen. Denn dann ist die Führungsschicht im Vatikan gezwungen, diesem Papst im Namen Christi Einhalt zu gebieten, und genau dieser Kampf kündigte sich jetzt an.

Castel Gandolfo

Ich begleite manchmal Reisegruppen in Rom und Umgebung, und wenn ich mit den Gästen nach Castel Gandolfo komme, glauben sie einen der rätselhaftesten Orte der Welt zu sehen. Das liegt daran, dass man, wenn man sich der kleinen Stadt mit ihren 8700 Einwohnern nähert, an einem kolossalen Busbahnhof vorbeifährt. Das Seltsame an diesem Busterminal ist, dass es so große Dimensionen besitzt, dass es selbst für einen Großflughafen oder eine Millionenstadt geeignet wäre, aber wozu braucht eine so kleine, so verschlafene Stadt ein so riesiges Busterminal? Es wirkt so deplatziert, als würde ein Ozeanriese über einen Ententeich fahren. Es reicht vollkommen aus, in diesem beschaulichen hübschen kleinen Städtchen nur eine der Bars an der Piazza zu besuchen, um die Verwunderung der Besucher noch zu steigern. Denn in den kleinen Kaffeebars, die malerisch an diesem Platz liegen, stehen Dutzende riesengroßer Kühlschränke, die vollkommen leer sind. Wozu braucht eine so kleine Bar in einer so kleinen Stadt so ungeheuer viele, völlig leere Kühlschränke? Die Stadt erweckt den Eindruck, als habe einmal eine gewaltige Armee von Geistern sie aufgesucht, sei dann aber spurlos verschwunden.

Diese »Armee« hat es tatsächlich gegeben. Über Jahrhunderte nutzten die Päpste ihren Sommerpalast vor allem, um der Hitze der Stadt Rom zu entkommen und in der Kühle der Hügel um den Albaner See auszuruhen.

Die Stadt ist durch einen merkwürdigen Zufall mit Papst Franziskus verbunden. Der Palast von Albano ist sehr alt und hat einmal der adligen Familie Savelli gehört. Ihr soll Papst Honorius III. (Papst zwischen 1216 und 1227) entstammen, und vor diesem Papst predige Franz von Assisi, der Mann, auf den sich der Papst beruft. Franz von Assisi bat im Jahr 1216 Papst Honorius III. um eine besondere Vergebung der Sünden, die der Papst auch gewährte. Seitdem wird sie als die Vergebung von Assisi gefeiert. Papst Franziskus weihte 800 Jahre später, im Jahr 2016, das Heilige Jahr der Barmherzigkeit ein. Seine Vorgänger gingen aber nicht sehr barmherzig mit der Familie Savelli um. Als sie im Laufe der Jahrhunderte in finanzielle Schwierigkeiten geriet und ihre Schulden nicht bezahlen konnte, beschlagnahmten die Päpste im Jahr 1596 einfach ihren Familiensitz, die Burg von Castel Gandolfo.

Clemens XIV. liebte es, mit seinem Pferd wild durch die Umgebung von Castel Gandolfo zu jagen. Da er mehrfach dabei stürzte, drängten ihn die Kardinäle, sein Hobby wenigstens einzuschränken. Während der Monate, in denen die Päpste in Castel Gandolfo lebten, war der Zugang noch verschlossener als der Zugang zu den päpstlichen Wohnungen im Vatikan.

Das Appartement des Papstes in Castel Gandolfo ist relativ klein. Das Bett, in dem die Päpste schliefen, wurde dadurch weltberühmt, dass Papst Pius XII. während der deutschen Besatzung von Rom den Bewohnern von Castel Gandolfo erlaubte, sich in dem Palast vor den Bomben zu verstecken. Gebärende Frauen durften ihre Kinder im Bett des Papstes bekommen, weil auch ein komfortables Badezimmer an das Schlafzimmer angeschlossen war.

Der Palast steht auf den Grundmauern der gewaltigen Anlage, die der römische Kaiser Domitian hier bauen ließ. Noch heute ist eines der größten Bauwerke dieses Kaisers in Castel Gandolfo erhalten geblieben. Es ist ein langer Gang, der genau eine halbe römische Meile lang ist, der Kaiser pflegte, um sich in Form zu halten und daran zu erinnern, dass er sich auch als Kaiser als Soldat fühlte, jeden Tag mindestens eine römische Meile, das sind ungefähr eineinhalb Kilometer, zu gehen.

Es gibt einen Fischteich, an dem Papst Johannes Paul II. seine Gebetsbank aufstellen ließ. Er liebte es, während der Meditation den Goldfischen im Teich zuzuschauen. Wer den Hügel hinuntergeht, erreicht den großen Bauernhof der Päpste mit Kühen, Enten, Hühnern und einer großen Produktion von Wein und Olivenöl.

Sowohl Papst Johannes Paul II. als auch Benedikt XVI. nutzten den Sommerpalast regelmäßig und über viele Monate. Das bedeutete, dass Woche für Woche Zehntausende Pilger nach Castel Gandolfo kamen, um am Sonntag den Angelus mit dem Papst zu beten oder am Mittwoch die Generalaudienz zu verfolgen. Für die Bewohner von Castel Gandolfo lag der große Vorteil vor allem darin, dass die Päpste nicht im Winter, sondern im Sommer kamen. Denn die Zehntausende brauchten in der Hitze des römischen Sommers ungeheure Mengen von Getränken, vertilgten ungeheure Mengen von Eis oder erfrischten sich mit knackigen Salaten in den Bars und Restaurants.

Doch dann wurde Papst Franziskus gewählt, und er machte keinerlei Anstalten, in seinem ersten Sommer des Jahres 2013 seine Ferien im Sommerpalast zu verbringen. Die Bewohner gaben in den ersten Monaten ihre Hoffnung nicht auf, dass der Papst es sich noch anders überlegen könnte. Der Tag, der das Schicksal dieser kleinen Stadt entscheiden sollte, war der 15. August des Jahres 2013. Es gab Bewohner der Stadt, die eine Petition vorbereitet hatten, um Papst Franziskus zu bitten, seinen Sommersitz doch bitte nicht aufzugeben, und tatsächlich kam er an diesem heißen Sonntag, um den Gottesdienst vor dem päpstlichen Palast zu feiern. Allerdings stellte sich im Laufe des Tages heraus, dass dies keineswegs der Anfang eines langen Urlaubs war, sondern ein Abschied. Franziskus hatte beschlossen, diesen Ort in einen langen Dornröschenschlaf zu versetzen.

Für die Bewohner von Castel Gandolfo war das natürlich ein Schock. Sie verloren schlagartig den größten Teil ihres Jahresumsatzes. Investitionen der Stadt in die Infrastruktur, den Busparkplatz, den Ausbau des Straßennetzes erwiesen sich plötzlich als völlig nutzlos, weil die Zehntausende Besucher nicht mehr kommen würden. Um die aufgebrachten Bewohner der Stadt wenigstens ein bisschen zu beruhigen, setzte Franziskus durch, dass der Palast im Jahr 2014 in ein Museum umgewidmet wurde.

Heute können Besucher die ehemalige päpstliche Residenz besichtigen. Eines der begehrtesten Ausstellungsstücke ist der Toyota-Geländewagen, in dem Papst Johannes Paul II. am 13. Mai 1981 angeschossen wurde.

2014

Die Israel-Reise

Der Beginn des Jahres 2014 versetzte den Vatikan in helle Aufregung. Es drohte ein Ereignis, das zeigen sollte, wie tief gespalten die Positionen innerhalb der katholischen Kirche waren. Bis zu diesem Zeitpunkt hatte im Vatikan jeder verstanden, dass Papst Franziskus einen radikalen Kurswechsel gegenüber seinem Vorgänger durchsetzen würde. Aber außerhalb der Kirche hatte das noch niemand wahrgenommen. Im Gegenteil: Das Treffen der beiden Päpste in Castel Gandolfo hatte zu dem Mythos geführt, dass die beiden alten Männer wie zwei Kumpels im Vatikan leben würden. Ein Kinofilm sollte später diesen Eindruck noch verstärken. Bisher hatte sich also der Riss zwischen den Fraktionen der Traditionalisten und der Anhänger des Franziskus noch verbergen lassen, aber damit würde jetzt Schluss sein.

Papst Franziskus musste nach Israel reisen, und wie immer er sich positionieren würde, das Verhältnis zwischen der katholischen Kirche und dem Judentum war so heikel, dass auf der ganzen Welt Beachtung finden würde, was der neue Papst dachte.

Würde Franziskus aus Respekt vor dem Theologieprofessor Joseph Ratzinger an dessen theologischen Entscheidungen festhalten? Oder würde er einen neuen Weg gehen? Sollte er Letzteres tun, würde die ganze Welt mitbekommen, dass die Geschichte der beiden Päpste, die wie zwei eng Vertraute im Vatikan lebten, ein Märchen war.

Normalerweise neigen Päpste dazu, eine Reise nach Israel nicht zu Beginn ihrer Amtszeit anzutreten. Das geschieht aus Hochachtung. Für den Papst ist das Heilige Land mit der Stadt Jerusalem natürlich der heiligste Ort der Welt.

Johannes Paul II. hatte ganze 22 Jahre gewartet und 90 Auslandsreisen hinter sich gebracht, bis er im Jahr 2000 das Gefühl hatte, »reif« genug zu sein, um nach Israel reisen zu können. Franziskus hatte diese Chance nicht. Er musste schon im Jahr nach seiner Wahl eine Reise nach Israel antreten, denn das historische Treffen zwischen Papst Paul VI. und dem Oberhaupt der orthodoxen Kirche Athenagoras jährte sich zum 50. Mal und sollte mit einer Zusammenkunft von Franziskus und dem Patriarchen Bartholomaios I. in Jerusalem begangen werden. Ein Treffen zu einem solchen Anlass auszuschlagen, wäre grob unhöflich gewesen. Schließlich war die katholische Kirche maßgeblich schuld daran gewesen, dass die Kirchenteilung im Osten so lange gedauert und auf so erbitterte Weise geführt worden war.

Am 16. Juli 1054 hatte Humbert von Silva Candida auf den Altar der Hagia Sophia in Konstantinopel die Exkommunizierung des Oberhaupts der Ostkirche gelegt. Im Jahr 1204 kam es zur Katastrophe. Die Soldaten des von den Päpsten geforderten vierten Kreuzzugs plünderten Konstantinopel, setzten die Stadt in Brand, raubten, mordeten und vergewaltigten. Die Lateiner versuchten die Identität der Ostkirche auszulöschen. Denn die Kirche in Konstantinopel verehrte die Gebeine des heiligen Andreas, des Bruders von Petrus, so wie die Römer die Gebeine von Petrus. Also stahlen sie die sterblichen Überreste des Andreas und brachten sie nach Amalfi, die damalige Supermacht im Mittelmeer. Damit hatte die Kirche des Ostens ihren Bezugspunkt verloren. Bis heute verweisen die Mitglieder der orthodoxen Kirchen auf dieses Verbrechen der Kirche im Westen, und die Päpste haben sich immer wieder dafür entschuldigen müssen. Franziskus blieb also keine andere Wahl, als diese Reise anzutreten.

Immerhin gab es ein großes Problem weniger. Franziskus konnte vollkommen unbelastet im politischen Hexenkessel des Nahen Ostens auftreten. Der Mann aus Argentinien hatte jahrelang engste Beziehungen zu jüdischen Rabbinern in Buenos Aires gepflegt. Dass er äußerste Hochachtung vor dem Judentum hatte, war vollkommen unbestritten. Der Zufall oder, wenn man so will, die Vorsehung hatten dafür gesorgt, dass seine beiden Vorgänger schwierige Gespräche in Israel zu führen hatten. Papst Johannes Paul II. war zwar ein Opfer des Nationalsozialismus gewesen, hatte als Zwangsarbeiter in einem Steinbruch schuften müssen, war von einem Lkw der Wehrmacht angefahren und schwer verletzt worden und hatte sein Leben riskiert, weil er in Krakau trotz des Verbots der Nazis Theologie studierte. Aber er war ein Pole, und Israel sah die Position der polnischen Regierungen, die nichts mit dem Holocaust zu tun gehabt haben wollten, ausgesprochen kritisch. Die große Bitte um Vergebung von Papst Johannes Paul II. im Jahr 2000 an der Klagemauer hatte aber dafür gesorgt, dass die Reise als ein Triumph der Aussöhnung galt.

Aber der Fall Ratzinger lag anders. Das hatte mit seiner Rede in Auschwitz vom 28. Mai 2006 zu tun. Ratzinger hatte dort die Schuldigen des Holocaust benannt und behauptet, dass »eine Gruppe von Kriminellen« Deutschland mit Hilfe ihrer Versprechungen einer nationalen Größe in den Abgrund geführt habe. Aus jüdischer Sicht war diese Beschreibung des Nationalsozialismus absolut unakzeptabel. Der Völkermord, den Holocaust, hatten nicht einige wenige Verbrecher möglich gemacht. An der Mordmaschine der Deutschen war ein Großteil der Bevölkerung beteiligt gewesen.

Israel war über die Schilderungen Joseph Ratzingers, der gegen seinen Willen in die Hitlerjugend gezwungen worden war, enttäuscht. Aus einem einfachen Grund: Es würde sich historisch nie wieder die Situation ergeben, dass ein Papst aus Deutschland, der die Nazis noch mit eigenen Augen gesehen hatte, über das sprechen könnte, was die Christen in Deutschland den Juden angetan hatten. Die Schuld im Nachhinein einigen wenigen Verbrechern in die Schuhe schieben zu wollen, ist aus der Sicht der meisten Historiker barer Unsinn. Der Horror, den die SS und die Wehrmacht über Europa gebracht hatten, ließ sich sicher nicht darauf zurückführen, dass es einige wenige Verbrecher gegeben hatte.

Auch die Rede Joseph Ratzingers im Holocaust Memorial Yad Vashem in Jerusalem vom 11. Mai 2009 war äußerst kritisch aufgenommen worden. Joseph Ratzinger sprach an dem Ort, an dem der sechs Millionen Opfer des Holocaust gedacht wird, kein einziges Mal von der deutschen Schuld. Die Israelis schmerzte, dass Joseph Ratzinger nicht darauf eingegangen war, dass es Christen gewesen waren, die Juden in den Tod getrieben hatten, dass es Christen gewesen waren, die ihre jüdischen Nachbarn verraten hatten, und dass es Christen gewesen waren, die keinen Finger gerührt hatten, als Juden abgeführt und in den Tod getrieben wurden.

Franziskus dagegen ist am anderen Ende der Welt aufgewachsen, in der gleichen Stadt, in die sich Adolf Eichmann geflüchtet hatte. Aber ihm selbst und der Generation der italienischen Auswanderer, die sich vor dem Zweiten Weltkrieg nach Argentinien durchschlugen, ist beim besten Willen keine Verantwortung für den Holocaust anzulasten.

Franziskus hielt sich an die traditionellen Etappen, die Päpste einschlagen, wenn sie das Heilige Land besuchen. Der Besuch sollte in Amman beginnen, in Jordanien. Dort, vom Berg Nebo aus, hatte Gott Moses das Heilige Land gezeigt, ihm aber nicht mehr erlaubt, es zu betreten. Danach wollte der Papst die palästinensischen Gebiete besuchen und natürlich den Ort, an dem alles angefangen hatte: die Stadt Bethlehem. Anschließend wollte er nach Israel weiterreisen.

Der Auftakt in Jordanien verlief erwartungsgemäß reibungslos. Der Papst bat die internationale Staatengemeinschaft, Jordanien angesichts des Flüchtlingsstroms, den das Land zu bewältigen hatte, nicht alleinzulassen. Der Besuch am Jordan, an der mutmaßlichen Stelle, an der Jesus Christus getauft worden sein soll, war mit Spannung erwartet worden.

Würde Papst Franziskus wie sein Vorgänger Joseph Ratzinger den Ort links liegen lassen und damit zeigen, dass der Glaube keine wundersamen Orte brauchte? Während Johannes Paul II. sich an der Taufstelle niedergelassen hatte, hatte sich Joseph Ratzinger im Golfcart nur vorbeifahren lassen. Papst Franziskus bestand darauf, aus dem Auto zu steigen, das der jordanische König Abdullah II. selbst gelenkt hatte, um die Stelle zu berühren, an der Christus mit dem Wasser des Jordan getauft worden sein soll.

Auch die Ankunft in den palästinensischen Gebieten, also in Bethlehem, verlief reibungslos. Das hatte auch damit zu tun, dass Papst Franziskus nicht an die Traditionen Johannes Pauls II. anknüpfte und darauf verzichtete, den Boden eines Landes zu küssen, das er zum ersten Mal besuchte. Als Karol Wojtyła im Jahr 2000 nach Bethlehem kam, verlangte der Staat Israel, dass er darauf verzichten müsse, den Boden zu küssen, weil Israel einen autonomen Palästinenserstaat nicht anerkenne und es einen solchen Staat nicht gebe, daher könne der Papst auch nicht den Boden küssen.

Der damalige Papstsprecher Joaquín Navarro-Valls hatte lapidar geantwortet, dass es für einen Papst schlicht und einfach unmöglich sei, den Boden der Stadt, in der Jesus von Nazareth das Licht der Welt erblickt haben soll, nicht zu küssen. Es war ein heißer Tag, als der Papst auf den Krippenplatz vor der Geburtskirche in Bethlehem kam. Es herrschte eine ausgesprochene Festtagsstimmung. Der berühmte Hähnchengrill in einer Ecke des Platzes hatte alle Hände voll damit zu tun, die Kunden zu bedienen. Hinter dem Altar waren Bilder der Heiligen Drei Könige aufgebaut worden. Bethlehem feierte seine eigene Geschichte. An diesem Tag kam auch einer der seltsamsten Menschen der modernen Geschichte Bethlehems in Spiel. Die Geistlichen der Omar-Moschee, die direkt am Krippenplatz liegt, pflegen exakt in dem Augenblick, in dem der Papst zu sprechen beginnt, ihre Gebete in die Lautsprecher zu singen.

Das war schon beim Besuch Papst Johannes Pauls II. so und ebenso beim Besuch Papst Benedikts XVI. Das Erstaunliche daran ist, dass dieser muslimische Störgesang der päpstlichen Messe immer genau in den Momenten einsetzt, die in einer katholischen Messe als besonders feierlich gelten, zum Beispiel während des päpstlichen Segens. Irgendjemand, der in katholischer Liturgie relativ gut ausgebildet ist, gibt ganz offensichtlich den muslimischen Geistlichen in der Omar-Moschee den Tipp, wann sie beginnen sollen, lautstark über Lautsprecher zu beten und besonders wirksam den päpstlichen Gottesdienst zu stören. Da sich das Ganze schon zum dritten Mal abspielte, regte sich aber in der päpstlichen Delegation niemand ernsthaft darüber auf. Im Gegenteil, als der Papst zu sprechen begann, wartete die vatikanische Delegation schon darauf, dass der muslimische Gesang einsetzen würde. Auch der Auftakt des Besuchs in Israel gelang ohne Zwischenfälle. Die Rede in Yad Vashem nahm die israelische Bevölkerung positiv auf. Ebenso das Treffen mit dem orthodoxen Patriarchen in der Grabeskirche verlief reibungslos. Am 26. Mai kam es im Heichal Shlomo Center neben der großen Synagoge von Jerusalem zum entscheidenden Moment.

Joseph Ratzinger hatte seine Position im Streit um die Wiedereinführung der sogenannten vorkonziliaren, der Tridentinischen Messe, klargemacht. Der jüdischen Seite war dabei bitter aufgestoßen, dass diese Form der Messe überhaupt wieder erlaubt werden konnte, in der vor den »hinterhältigen Juden« gewarnt wird. Dieser Satz war zwar im Jahr 1959 von Papst Johannes XXIII. gestrichen worden, hatte aber zum alten Messbuch gehört. Joseph Ratzinger ließ jetzt an der Stelle beten, dass Gott doch »den Schleier, der die Herzen der Juden bedecke«, wegziehen solle, sodass sie »unsern Herrn Jesus Christus anerkennen«.

Auf jüdischer Seite hat es nach der Veröffentlichung dieser Entscheidung Ratzingers Proteste gehagelt. Denn dieser Satz schien an die übelsten katholischen Traditionen anzuknüpfen. Alles das, was Christen den Juden in den vergangenen Jahrtausenden angetan hatten, hing damit zusammen, dass die jüdische Religion aus christlicher Sicht falsch und unvollständig sei. Das Leid, das über die vielen Millionen Juden vor allem in Europa gekommen war, hatte immer mit dem Vorwurf der Christen zu tun gehabt, dass die Juden nicht anerkannten, dass Jesus von Nazareth, der Messias, gekommen sei, um die Menschen zu erlösen.

Millionen Juden hatten im Laufe der Geschichte schwören müssen, diesen Christus als Erlöser anzuerkennen, um ihr Leben zu retten, und jetzt, zu Beginn des dritten Jahrtausends, betonte wieder ein Papst, dass die Religion der Juden nicht vollständig sei, solange sie nicht anerkannten, dass Jesus Christus der Erlöser war.

Die Frage war, ob Franziskus diese Linie unterstützen oder eine andere einschlagen würde.

Papst Franziskus ließ die Bombe gegen Ende seiner Rede vor den beiden Großrabbinern Israels platzen. Er sagte, auf katholischer Seite bestehe natürlich die Absicht, »den Sinn der jüdischen Wurzeln des eigenen Glaubens voll in Betracht zu ziehen«.

Diese gestelzte Formulierung war eine Sensation. Papst Franziskus brach mit der Linie Joseph Ratzingers. Kein Wort mehr davon, dass die Christen den Juden beibringen mussten, Jesus Christus als Herrn anzuerkennen. Kein Wort mehr davon, dass Juden bekehrt werden mussten. Im Gegenteil, er betonte, dass die katholische Kirche ihre jüdischen Wurzeln anerkenne. Das bedeutete, die Juden waren schon bei ihrem Gott und durch ihn erlöst. Dann sagte der Papst: »Ich vertraue darauf, dass mit Ihrer Hilfe auch auf jüdischer Seite das Interesse für die Kenntnis des Christentums erhalten bleibt und wenn möglich zunimmt, speziell bei den jungen Generationen gerade in diesem gesegneten Land, in dem dieser Glaube seinen Ursprung erkennt.«

Auch hier warb der Papst lediglich darum, dass die Bewohner

Israels, die Juden, insgesamt ein Interesse am christlichen Glauben bewahren mochten, der schließlich in ihrem Land den Anfang genommen hatte. Aber der Unterschied zwischen einer Bitte darum, Interesse am christlichen Glauben zu bewahren, und der Forderung, die Juden müssten den Herrn Jesus Christus anerkennen, ist riesig. Ab diesem Tag hatte die ganze Welt verstanden, dass in Rom eine Revolution im Gange war, ein Aufbegehren gegen das Alte, gegen den Weg in die Vergangenheit, den Joseph Ratzinger eingeschlagen hatte.

Kurienkrankheiten

Ich glaube, wenn es der katholischen Kirche gelingen sollte, ihre existenzbedrohende Krise zu überstehen, wird noch in Jahrhunderten davon die Rede sein, was an diesem 22. Dezember 2014 im Vatikan geschah. Ich bekam das damals zufällig von Anfang an mit. Ich hatte einen Freund angerufen, um ihm frohe Weihnachten zu wünschen und wollte ihn fragen, ob er zumindest einen Teil des Festes mit meiner Familie verbringen wollte. Das mache ich eigentlich jedes Jahr. Er nahm auch sofort ab, und ich legte los mit meinen Weihnachtsgrüßen. Aber er schnitt mir schon nach wenigen Sekunden das Wort ab und flüsterte: »Leg bitte auf! Ich will nicht, dass mein Chef mitbekommt, dass ich, nach dem, was passiert ist, ausgerechnet mit dir rede. Du gehörst doch auch zu denen, die die Kurie immer mal schlechtmachen.« Dann legte er auf.

Ich war wie vor den Kopf gestoßen, ich hatte eine auf den Deckel bekommen. Das war im Vatikan nicht unüblich, aber nicht zu Weihnachten. Natürlich hatte ich in meinen Büchern die Kurie kritisiert, und natürlich hatte ich auch betont, dass es ganz offensichtlich Spannungen zwischen dem Papst und der Kurie gab, aber dass es so ernst war, dass mein Freund sich nicht mehr traute, mit mir Weihnachtsgrüße auszutauschen, bedeutete, dass irgendetwas sehr Schwerwiegendes vorgefallen war. Ich schaute auf den Kalender des Tages. Es war der 22. Dezember 2014. An dem Tag sollte eigentlich gar nichts passieren.

Nur die Weihnachtsansprache des Papstes vor der Kurie stand auf dem Programm. Seit meinen Anfängen im Vatikan, seit 1987, hatte ich bis zu diesem Zeitpunkt 26 Weihnachtsansprachen von Päpsten gehört. Sie alle waren von einer gähnenden Langeweile gewesen. Dabei kann der Papst nichts dafür. Was bitte soll er in einer Weihnachtsansprache auch sagen? Alle Päpste betonten, dass Christus Mensch geworden sei, dass Weihnachten ein Fest der Freude und des Friedens sei. Das war alles nett und freundlich, weil eben Weihnachten war. Aber natürlich waren diese Ansprachen nicht unbedingt interessant. Dass ein Papst etwas Ungewöhnliches während des Weihnachtstreffens mit der Kurie sagen würde, schien mir völlig unmöglich.

Wenige Augenblicke später klingelte mein Telefon, und ein Freund war am Handy, von dem ich lange nichts gehört hatte. Er war ein verheirateter orthodoxer Priester aus Rumänien. Wir hatten uns im Jahr 1999 kennengelernt, vor dem historischen Besuch von Papst Johannes Paul II. in Rumänien. Zum ersten Mal hatte damals ein Papst ein mehrheitlich orthodoxes Land betreten, was zu erheblichen Spannungen mit dem orthodoxen Patriarchat in Moskau geführt hatte. Weil ich mich mit der Orthodoxie nur sehr oberflächlich auskannte, hatte ich diesen Priester gebeten, mir zu helfen, mich in die ganze Sache einzuarbeiten. Wir hatten uns in Rom getroffen und waren Freunde geworden, und er war auch damals bei dem Besuch des Papstes in Bukarest dabei gewesen. Ich wusste, dass er jetzt in einem Büro für einen der einflussreichsten Bischöfe in der rumänisch-orthodoxen Kirche arbeitete.

Er schrie regelrecht in das Telefon: »Ciao, Andreas. Ist das ein Fake?«

Ich hatte nicht den Schimmer einer Ahnung, was er wollte.

»Der Text. Die Ansprache des Papstes, die gerade eben verbreitet worden ist, ist das gefälscht?«

»Ich verstehe nicht, was du meinst«, sagte ich.

»Ich muss das sofort wissen. Mein Chef steht vor der Tür und macht mir die Hölle heiß. Hat der Papst das wirklich gesagt?«

Ich fühlte mich jetzt mies. Ein Priester aus dem fernen Rumänien wusste offensichtlich weit mehr als ich selbst, der ich nur wenige Kilometer vom Vatikan entfernt wohne.

Ich klickte mich eilig durch meine E-Mails. Diese Rede, die der Papst heute gehalten hatte, hatte ich natürlich geschickt bekommen, aber ich hatte sie überhaupt nicht gelesen, weil ich sie für eine der üblichen Weihnachtsansprachen hielt. Ich klickte den Text an, überflog ihn, und plötzlich war mir klar, warum so eine unglaubliche Aufregung herrschte.

»Also, ist das ein Fake?«, fragte mein Anrufer.

»Nein«, sagte ich. »Das ist kein Fake. Der Papst hat wirklich von Alzheimer gesprochen.«

Die Schockwelle dieser Rede erfasste später die ganze katholische Welt, aber zunächst war der innere Kern in einem ganz kleinen Kreis explodiert und hatte eine verheerende Wirkung gehabt. Das lag an den Gepflogenheiten am päpstlichen Hofe. Die Kardinäle der Kirchenregierung, der Kurie, waren an diesem Morgen bester Laune in den eleganten Clementina-Saal im Inneren des Vatikans spaziert. Sie hatten Platz genommen und erwarteten den ganz gewöhnlichen Ablauf. Der Papst würde zu ihnen sprechen. Danach würden sie in ihre Büros gehen zu ihren Mitarbeitern, die voller Spannung auf sie warteten und sie mit Fragen bestürmen würden, weil sie wissen wollten: Was hatte der Papst gesagt? Wie hatte er sich verhalten? Was war für das nächste Jahr zu erwarten? Die Kardinäle hatten darauf Jahr für Jahr salbungsvoll und ausführlich geantwortet. Das war ein Ritual. Das bedeutete: Wir, die Mitglieder der Kurie, haben einen direkten Draht zum Papst. Er empfängt uns zu Weihnachten, und wir informieren euch, die ihr dort nicht teilnehmen dürft, darüber, was dort geschehen ist. Nach solchen Treffen mit dem Papst feierten die Kardinäle einfach das Privileg, das sie besaßen, und gewährten gönnerhaft die Teilhabe an ihrem Wissen. Das unterstrich, welch herausgehobene Position sie bekleideten.

Doch an diesem Tag war alles anders gelaufen. Statt ihren Mitarbeitern sagen zu können, wie sehr der Papst sie schätzte, mussten sie einräumen, dass der Papst sie als vollkommen unfähig beschimpft hatte. Das war noch nie passiert. Das war im Grunde auch undenkbar, aus einem einfachen Grund.

Das Kirchenrecht sieht vor, dass die Kurie den Papst in der Ausübung seiner Aufgaben unterstützt. Es ist ihr Job, dem Papst zuzuarbeiten. Deswegen ist ein Papst auf die Kurie angewiesen. Es sind seine wichtigsten Mitarbeiter in der Verwaltung einer Kirche mit mehr als 1,3 Milliarden Mitgliedern. Allein die Idee, dass ein Papst alle, aber wirklich alle Topmitarbeiter beleidigen könnte, schien vollkommen abwegig zu sein. Es wäre geradezu selbstzerstörerisch, in einer so großen Organisation wie der Kirche die entscheidenden Mitarbeiter gegen sich aufzubringen. Aber genau das war geschehen. Ich verstand jetzt auch, warum mein Freund, den ich nur zum Weihnachtsessen hatte einladen wollen, so harsch reagiert hatte. Das Thema der Spannungen zwischen Papst Franziskus und der Kurie war von Anfang an heikel gewesen, und als Journalist konnte man sich leicht die Finger daran verbrennen und seine Kontakte verlieren. Aber was da passiert war, war nicht mehr heikel, das war ein Orkan, der durch die heiligen Hallen gefegt war.

Begonnen hatte diese päpstliche Ansprache wie immer. Nichts deutete auf eine Katastrophe hin, und die Kardinäle machten es sich in ihren Sesseln gemütlich. Der Papst erinnerte freundlich daran, dass er sich mit den Brüdern »am Ende des Advents treffe«, um »die traditionellen Grüße auszutauschen«. Er fuhr vollkommen harmlos fort:

»In einigen Tagen werden wir die Freude haben, die Geburt des Herrn zu feiern; das Ereignis Gottes, der Mensch wird, um die Menschen zu retten; die Offenbarung der Liebe

Gottes, der sich nicht darauf beschränkt, uns etwas zu geben oder uns irgendeine Botschaft oder einige Boten zu senden, sondern der uns sich selber schenkt; das Geheimnis Gottes, der unsere menschliche Verfasstheit und unsere Sünden auf sich nimmt, um uns sein göttliches Leben, seine unermessliche Gnade und seine unentgeltliche Vergebung kundzutun.«

Dieser Satz war so lang, so verschachtelt und sagte etwas so Offenkundiges, dass er schon als nichtssagend gelten konnte. In jedem Fall war der Satz perfekt, um das Interesse der Kardinäle in der Sala Clementina vollkommen einzuschläfern. Auf den Bildern, die später von diesem Moment verbreitet wurden, schien es so, als müsste der eine oder andere der älteren Herren gegen ein Nickerchen ankämpfen. Ebenso ereignislos ging es weiter. Der Papst sagte:

»Zunächst möchte ich euch allen, den Mitarbeitern, Brüdern und Schwestern, päpstlichen Vertretern in aller Welt und euren Lieben ein gnadenreiches Weihnachtsfest und ein glückliches neues Jahr wünschen. Ich möchte euch herzlich danken für euren täglichen Einsatz im Dienst des Heiligen Stuhls der Katholischen Kirche der Teilkirchen und des Nachfolgers Petri.«

Das war genau der Satz, den sie hören wollten. Sie konnten nach diesem Treffen mit dem Papst ihren Mitarbeitern sagen, wie sehr der Papst ihnen gedankt hatte für den täglichen Einsatz, den unermüdlichen Dienst. Die Plackerei des vergangenen Jahres war nicht umsonst gewesen. Der Papst hatte erkannt, dass er sich auf die hart arbeitende Kurie und ihre vielen Mitarbeiter verlassen konnte. Ab diesem Zeitpunkt rauschte die Anspannung vollkommen in den Keller. Die Kardinäle erwarteten jetzt noch weitere theologische Ausführungen. Aber das Wichtigste war schon geschehen. Er hatte sich bedankt.

Das Erstaunliche an dem, was dann geschah, ist eigentlich nicht das, was geschah, sondern dass es erst im Jahr 2014 geschah. Die Bombe, die der Papst platzen ließ, sprach einen Missstand an, der im Vatikan seit Jahrhunderten bekannt war. Es hatte sich nur nie jemand getraut, das auszusprechen. Es hatte erst ein Mann vom anderen Ende der Welt den Mut aufbringen müssen, das zu sagen, was der größte Teil des Vatikans, nämlich all diejenigen, die der Spitze zuarbeiten mussten, schon seit sehr langer Zeit dachte.

Los ging es damit, dass der Papst der Kurie unterstellte, dass sie sich nicht mehr von der wichtigsten Speise nähre, einer stabilen Beziehung zu Christus. Der Papst sagte den Kurienmitgliedern: »Wer sich nicht täglich von dieser Speise ernährt, wird ein Bürokrat, ein Formalist, ein Funktionalist, ein bloßer Angestellter, eine Rebe, die austrocknet und allmählich stirbt und weggeworfen wird.«

Ab diesem Zeitpunkt wachte auch der Letzte aus seinem vormittäglichen Frieden auf. Sie glaubten, nicht richtig gehört zu haben. Sie waren was? Bürokraten, eine Rebe, die austrocknet und weggeworfen wird? Was bildete Franziskus sich eigentlich ein? Dann legte der Papst erst richtig los. Langsam wurde der Kurie klar: Da drohte keine Kritik, da drohte eine Katastrophe, denn der Papst sagte, die Kurie sei »wie jeder menschliche Leib auch Krankheiten, Funktionsstörungen und Gebrechen ausgesetzt. Und hier möchte ich einige dieser möglichen Krankheiten, ›Kurienkrankheiten‹, erwähnen.«

Wie bitte? Was hatte er gesagt? Kurienkrankheiten?

Der Papst begann jetzt, diese Krankheiten aufzulisten: »Die Krankheit, sich ›unsterblich‹, ›immun‹ oder sogar ›unentbehrlich‹ zu fühlen«, nannte der Papst als Erstes. »Eine Kurie, die keine Selbstkritik übt, die sich nicht fortbildet, die nicht versucht sich zu bessern, ist ein kranker Leib.«

Das war eine echte Unverschämtheit in den Augen der meisten Kardinäle. Um sich vorzustellen, wie das Verhältnis zwischen dem Papst und den Kardinälen bis zu diesem Zeitpunkt aussah, muss man sich nur an ein Bild erinnern.

Nach der Wahl zum Papst beginnt in der Sixtinischen Kapelle die sogenannte Huldigung. Das bedeutet schlicht und einfach, dass die Kardinäle, die den neuen Papst gewählt haben, ihm gratulieren. Dabei sitzt der soeben gewählte Papst normalerweise, und die Kardinäle müssen vor ihm auf die Knie gehen.

Johannes Paul II. hatte das abgeschafft. Um zu zeigen, wie sehr er die Kurie schätzte und wie wichtig die Versammlung der Kardinäle für ihn war, hatte er sich geweigert, sitzen zu bleiben. Während der Huldigung war er aufgestanden und hatte jeden der Kardinäle wie einen Bruder im Stehen umarmt. Und jetzt das!

Im Punkt zwei warf der Papst der Kurie Arbeitswut vor, Stress und Rastlosigkeit, sodass sie vergessen würden, sich Jesus zu Füßen zu setzen. In Punkt drei warf er ihnen eine geistige und geistliche Versteinerung vor, sie seien »Aktenbearbeitungsmaschinen« statt »Gottesmänner« und würden »die Gesinnung Jesu verlieren (…), weil ihr Herz sich im Laufe der Zeit verhärtet« habe. Im Punkt vier warf er ihnen Planungswut und Funktionalismus vor, in Punkt fünf die Krankheit der schlechten Koordination. Die Glieder seien nicht mehr »gemeinschaftlich miteinander verbunden«. Der Papst sprach von »einem Orchester, das nur Lärm hervorbringt, weil seine Glieder nicht zusammenspielen und keinen Gemeinschafts- und Teamgeist leben«.

Punkt Nummer sechs konnte man selbst beim besten Willen nicht mehr anders sehen als eine Beleidigung. Der Papst sagte:

»Es gibt auch die Krankheit des ›geistlichen Alzheimer‹: das Vergessen der eigenen ›Heilsgeschichte‹, der persönlichen Geschichte mit dem Herrn, der ›ersten Liebe‹ (…). Es handelt sich um einen fortschreitenden Verfall der spirituellen Fähigkeiten, der früher oder später zu schweren Behinderungen des Menschen führt und ihn unfähig werden lässt, autonom zu handeln, da er in einem Zustand absoluter Abhängigkeit von seinen oft unwirklichen Vorstellungen lebt. Das sehen wir bei denen, (…) die völlig von ihrer Gegenwart, von ihren Leidenschaften, Launen und Fixierungen abhängen; bei denen, die sich mit Mauern umgeben und sich in Gewohnheiten verschließen und so immer mehr zu Sklaven der Götzenbilder werden, die sie mit eigener Hand geschaffen haben.«

Das war kaum mehr zu ertragen. Sie, die Kurienkardinäle, die sich einst stolz die Fürsten der Kirche nennen durften, sollten unter »geistlichem Alzheimer« leiden? Sie sollten von Launen und Fixierungen abhängen, Sklaven von Götzenbildern werden?

Diese Sätze wirkten wie Peitschenschläge und schockierten vor allem deswegen so sehr, weil nahezu alle im Vatikan wussten, dass der Papst vollkommen recht hatte. Die Kurienkardinäle sahen sich als Chefs einer großen Behörde, natürlich waren sie Bürokraten des Heiligen geworden, und selbstverständlich spielte bei vielen von ihnen ihre persönliche Beziehung zu Christus keine große Rolle mehr.

Beispiele dafür gab es mehr als genug. So hatte zum Osterfest 2010 ausgerechnet der langjährige Kardinalstaatssekretär Angelo Sodano das Volk der Gläubigen aufgerufen, sich nicht durch das Gequatsche über sexuelle Übergriffe von Priestern verunsichern zu lassen. Wenn dieser Mann ein Kirchenmann war, der eine Beziehung zu Christus hatte, wie war es ihm dann möglich, die Leiden der Opfer sexuellen Missbrauchs derart zu verhöhnen? Wenn er eine Beziehung zu Christus hatte, musste er dann nicht demütig sein und die Sünden seiner Kirche zugeben, statt sie in Gutsherrenart wegzubügeln?

Auch Punkt sieben war noch einmal starker Tobak. Der Papst warf der Kurie die »Krankheit der Rivalität und der Eitelkeit« vor, »wenn die äußere Erscheinung, die Farbe der Talare und die Ehrenabzeichen zum vorrangigen Lebensziel werden«. Jeder im

Vatikan kannte das. Bei einem Abendessen mit etwas zu viel Wein kam immer wieder die Liste der Namen der Priester auf den Tisch, die bereit waren, alles zu tun, um auf der Karriereleiter aufzusteigen. Sie wollten es schaffen, wenigstens zum Weihbischof oder aber zum Erzbischof oder gar zum Kardinal aufzusteigen. Punkt acht war wieder besonders verletzend. Der Papst sprach von der »Krankheit der existenziellen Schizophrenie«:

»Es ist die Krankheit derer, die ein Doppelleben führen, Frucht der typischen Heuchelei des Mittelmäßigen und der fortschreitenden spirituellen Leere, die durch Diplome und akademische Titel nicht gefüllt werden kann. Eine Krankheit, die häufig diejenigen befällt, welche den pastoralen Dienst aufgeben, sich auf die bürokratischen Angelegenheiten beschränken und so den Kontakt zur Wirklichkeit, zu den konkreten Menschen verlieren. Auf diese Weise schaffen sie sich eine Parallelwelt, in der sie alles beiseiteschieben, was sie in Strenge die anderen lehren, und beginnen, ein verborgenes, oft ausschweifendes Leben zu führen. Für diese äußerst schwere Krankheit ist die Umkehr ziemlich dringend und unumgänglich (…).«

Dieser Punkt Nummer acht war nicht die Attacke des Papstes Franziskus, das war die Attacke des Jorge Mario Bergoglio, des Jesuitenpaters aus Buenos Aires. Dieser Pater hatte jahrzehntelang unter der Bürokratenmaschine des Vatikans gelitten. Er hatte immer wieder beklagt, dass die Kardinäle, die sich nicht mehr die Hände schmutzig machen, die nicht mehr den Stallgeruch haben, die nicht mehr nach ihren Gläubigen riechen und schmecken, aufhören, echte Pastoren der Kirche zu sein. Aber viele der eleganten Kardinäle wollen mit den schlecht gekleideten, nicht sonderlich vorteilhaft wirkenden Gläubigen definitiv nichts zu tun haben. Sie fühlen sich im Umfeld eleganter Säle von Hochschulen oder Botschaften wohl. Das war es, was Bergoglio kritisiert hatte. Damals hatte ihm keiner zugehört, aber jetzt mussten sie ihm zuhören. Jetzt mussten sie das ertragen.

Auch Punkt neun konnte man schwerlich als etwas anderes sehen als eine Beleidigung. Der Papst sprach von der »Krankheit des Geredes des Gemunkels und des Tratschens. (…) Es ist die Krankheit der Feiglinge, die nicht den Mut besitzen, etwas unmittelbar anzusprechen und daher hinter dem Rücken reden.« Er sprach von Fällen, in denen diese Kirchenmänner der Kurie zum kaltblütigen Urheber von Rufmord der eigenen Kollegen und Mitbrüder würden.

In Punkt zehn sprach der Papst eine besondere Krankheit an. Papst Franziskus beklagte: Da gebe es die »Krankheit, die Vorgesetzten zu vergöttern: Es ist die Krankheit derer, die ihre Oberen hofieren in der Hoffnung, deren Gunst zu erlangen. Sie sind Opfer des Karrierismus und Opportunismus; sie ehren Menschen und nicht Gott (…).«

Der Papst beklagte:

»Es sind die Menschen, die ihren Dienst einzig im Gedanken daran verrichten, was sie dafür bekommen, und nicht, was sie geben müssen. Es sind kleinliche, unglückliche Menschen, die nur von ihrem fatalen Egoismus geleitet sind (…). Diese Krankheit könnte auch die Oberen befallen, wenn sie einige ihrer Mitarbeiter hofieren, um ihre Unterwerfung, Treue und psychologische Abhängigkeit zu erlangen, doch das Endergebnis ist eine wirkliche Komplizenschaft.«

Das war der Gipfel.

Jetzt herrschte eine eisige Stille in der Sala Clementina. Das konnte man kaum anders verstehen als eine vernichtende Kritik des Papstes Franziskus an seinem Vorgänger Joseph Ratzinger. Das war mehr als eine Ungeheuerlichkeit. Das war aus Sicht der Kurienkardinäle eine unfassbare Entgleisung eines Papstes. Er hatte also jetzt gerade hier in der Sala Clementina den großen

Theologen Papst Benedikt XVI. in die Pfanne gehauen. Wer anders konnte gemeint sein als Joseph Ratzinger, wenn er davon sprach, dass diese Krankheit auch die »Oberen« befallen konnte, die einige »ihrer Mitarbeiter hofierten«?

Joseph Ratzinger hatte zweifellos einen Mitarbeiter hofiert. Er hatte sogar eine Kardinalernennung durchgepaukt, um seinen Privatsekretär Georg Gänswein zum Erzbischof und Präfekten des päpstlichen Hauses machen zu können. Den Amtsinhaber James Michael Harvey hatte er zuvor wegloben müssen in einem für den Vatikan äußerst ungewöhnlichen Manöver. Jeder im Vatikan wusste zudem, dass Papst Franziskus zutiefst empört gewesen war über die Bilder des Vatikan-Fernsehens, das den Moment festgehalten hatte, als Benedikt XVI. mit seinem Sekretär Erzbischof Georg Gänswein die päpstliche Wohnung für immer verlassen hatte. Gänswein hatte geweint, und Franziskus hatte beklagt, dass diese Tränen die Trauer über den Machtverlust ausdrückten.

Meinte er also das, wenn er von »Opfern des Karrieremissbrauchs« sprach, von den Männern, die ihren Oberen verehren statt Gott? Das konnte man kaum anders verstehen. Er sprach von denen, die von einer Karriere träumten, und von den Oberen, die sie durch Gunstbeweise sie an sich banden. Das traf zu 100 Prozent auf Erzbischof Georg Gänswein und Joseph Ratzinger zu, und das bedeutete einen regelrechten Skandal.

In Punkt elf kritisierte der Papst die »Krankheit der Gleichgültigkeit gegenüber den anderen« und in Punkt zwölf die »Krankheit der Totengräbermiene«. Er sagte:

»Es ist die Krankheit der Mürrischen und Griesgrämigen, die meinen, um seriös zu sein, müsse man ein trübsinniges, strenges Gesicht aufsetzen und die anderen – vor allem die, welche man niedriger einstuft – mit Strenge, Härte und Arroganz behandeln. In Wirklichkeit sind *theatralische Strenge* und *steriler Pessimismus* oft Symptome von Angst und mangelndem Selbstvertrauen. (…) Ein von Gott erfülltes Herz ist ein glückliches Herz, das Freude ausstrahlt und alle in seiner Umgebung damit ansteckt: Das sieht man sofort!«

Dieser Punkt zwölf war sehr seltsam, denn er betraf den Papst persönlich. Hier haute er nicht die Kurie, sondern sich selbst in die Pfanne. Er war es gewesen, der mit einer ausgesprochenen, mürrischen Miene jahrelang die Diözese Buenos Aires geleitet hatte. Seine Priester hatten sogar gegen ihn aufbegehrt, als er zum Papst gewählt worden war und in einem Brief geschrieben hatte: »Warum hast du uns jahrelang dein Lächeln verwehrt?«
Jorge Mario Bergoglio hatte keineswegs Freude ausgestrahlt. Wenn der Papst jetzt von einem Menschen sprach, der eine mürrische und griesgrämige Miene aufsetzte, dann meinte er auch sich selbst. Er hatte eine mürrische und griesgrämige Miene aufgesetzt, er hatte eine theatralische Strenge und einen sterilen Pessimismus verbreitet, und vielleicht sprach er deswegen auch davon, dass es Symptome seien von Angst und mangelndem Selbstvertrauen. Er hatte sich einer psychiatrischen Behandlung unterziehen müssen, und er hatte sicher an mangelndem Selbstvertrauen gelitten, weil die Affäre um die Patres, die er angeblich an die Militärjunta verraten hatte, ihm schwer zugesetzt hatte. Von all den Punkten, die der Papst der Kurie vorwarf, war dieser Punkt zwölf ein Punkt, in dem er zweifellos zugab, dass er selbst diesen schweren Fehler begangen hatte.
In den Punkten 13 und 14 warf der Papst der Kurie die »Krankheit des Hortens« vor, das Anhäufen materieller Güter und schließlich die Krankheit, geschlossene Zirkel zu bilden, »wo die Zugehörigkeit zu Grüppchen stärker wird als die zum Leib und – in einigen Fällen – zu Christus selbst«.
Die letzte Krankheit, Nummer 15, hatte es wirklich in sich, weil sie einen ganz konkreten Fall betraf:

»Und die letzte Krankheit, die des weltlichen Profits, der Zurschaustellung, wenn der Apostel seinen Dienst in Macht und seine Macht in Ware verwandelt, um weltlichen Nutzen oder mehr Einfluss zu gewinnen. Es ist die Krankheit der Menschen, die unersättlich danach streben, Machtbefugnisse zu vervielfältigen, und die fähig sind, zu diesem Zweck die anderen zu verleumden, zu diffamieren und zu diskreditieren sogar in Zeitungen und Zeitschriften.«

Dann sagte der Papst:

»Und hier erinnere ich mich an einen Priester, der die Journalisten kommen ließ, um ihnen private und vertrauliche Angelegenheiten seiner Mitbrüder und Gemeindemitglieder zu erzählen – und zu erfinden. Ihm ging es nur darum, sich auf den Titelseiten zu sehen, denn auf diese Weise fühlte er sich mächtig und interessant – und richtete so viel Unheil an für die anderen und für die Kirche. Der Arme!«

Auch dieser Punkt schockierte die hohen Herren der Kurie, weil er stimmte. Sie alle kannten Beispiele von Kollegen, die bereitwillig Interviews gaben, um ihren Einfluss und ihre Macht zur Schau zu stellen, vor allem, wenn sie im Fernsehen auftraten, um öffentlich ihre Kompetenz zu beweisen. Diese Krankheit, die der Papst da anprangerte, lag aber auch im System Vatikan begründet. Der Staat des Papstes produziert vor allem Papier. Kardinäle schreiben vor allem Predigten und Reden, bereiten sich auf Gottesdienste, Diskussionen und Symposien vor. Sie sammeln ein enormes Fachwissen an, das nur selten abgefragt wird. Häufig arbeiten sie wochenlang an Texten, die von der Öffentlichkeit so gut wie gar nicht wahrgenommen werden. Dadurch entsteht natürlich das Verlangen, endlich einmal zeigen zu können, wie gebildet sie sind.

Zum Schluss versuchte der Papst, durch einen Witz die Heftigkeit dieser Attacken abzumildern:

»Liebe Brüder. Ich habe einmal gelesen, dass Priester wie Flugzeuge sind. Schlagzeilen machen sie nur, wenn sie abstürzen – doch sehr viele gibt es unter ihnen, die fliegen. (…) Es ist ein recht amüsanter, aber auch sehr wahrer Satz, denn er beschreibt die Bedeutung und die Zerbrechlichkeit unseres priesterlichen Dienstes und welchen Schaden ein einziger Priester, der ›fällt‹, für den ganzen Leib der Kirche verursachen kann.«

Vielen Kardinälen schienen die abschließenden Glückwünsche wie blanker Hohn. »Euch allen, euren Familien und euren Mitarbeitern meine Glückwünsche für ein gesegnetes Weihnachtsfest«, sagte der Papst.

Aber dieses Weihnachtsfest 2014 wurde kein gesegnetes Weihnachtsfest. Diese Generalattacke gegen die Kurie schlug sehr tiefe Wunden, zerriss viele Verbindungen und machte diesen Papst sehr einsam. Die Auswirkungen dieser Rede spürte er während seines gesamten weiteren Pontifikates.

Eines aber war ab diesem Tag glasklar. Dieser Papst würde sich auf keinen Fall von der Kurie entmachten lassen. Er hatte derart auf den Tisch gehauen, dass auch der Letzte verstehen musste, wer hier der Chef war. Die Übermacht der Kurie existierte nicht mehr. Jetzt musste sie um alles fürchten, sogar um ihre schwarzen Kassen.

2015

Heilige Jahre

Die Arbeit im Vatikan ähnelt der Arbeit an einem Königshof. Ich meine damit nicht etwa den Königshof einer parlamentarischen Monarchie wie England. Der Papst ist ein absoluter Monarch, heute noch. Er entscheidet alles und verfügt über eine prinzipiell uneingeschränkte Macht. Es gibt aber trotzdem einen ganz entscheidenden Unterschied zwischen einem Papst und einem Monarchen, und der liegt darin, dass einige Päpste an sichtbare Eingriffe Gottes auf Erden, an spektakuläre Wunder, glauben. Ich arbeite seit 35 Jahren im Vatikan, und nichts hat mich je so fasziniert wie dieser Aspekt. Päpste feiern spektakuläre Eingriffe Gottes und jedes Mal wieder stellt sich die gleiche Frage: Ist das alles eine Verkettung von Zufällen, die dazu führen, dass ein Papst angenommen hat, ein Wunder sei geschehen, oder gibt es tatsächlich die Chance, im Vatikan mit dem Übersinnlichen in Kontakt zu treten? Wir werden in eine Welt geboren, die wir nicht einmal im Ansatz verstehen. Die unendliche Weite des Weltraums, die unendliche Zahl der Galaxien ist uns genauso unbegreiflich wie der unendliche Verlauf der Zeit. Uns ist nur ein kurzer Augenblick, die Dauer unseres Lebens gegönnt, auf dieses Mysterium zu schauen, ohne ihm näher zu kommen oder es zu verstehen. Aber wir verdrängen meistens das Rätselhafte aus unserem Leben. Probleme, wie man seine Familie ernährt oder einen Parkplatz findet, lassen uns im Alltag vergessen, dass wir von einem prinzipiell rätselhaften Universum umgeben sind. Der Vatikan ist ein Ort, an dem jeder immer wieder an dieses Rätselhafte in unserem Leben erinnert wird. Genau das, der Umgang mit dem Unerklärlichen und der Glaube daran, dass man es spüren, sehen, empfinden kann, wenn Gott eingreift, macht den Vatikan so einzigartig.

Wenn ich an die Ereignisse das Jahres 2015 zurückdenke, die überraschende Ankündigung des Heiligen Jahres der Barmherzigkeit am 13. März 2015, genau zwei Jahre nach der Wahl von Franziskus zum Papst, dann gehe ich gerne an eine ganz bestimmte Stelle in der Peterskirche. Dort, in der Nähe der Taufkapelle, ließ ein gerade schon verzweifelt frommer Papst Johannes Paul II. sein Wappen in den Boden einfügen, zur Erinnerung an das Heilige Jahr 1983. Nach dem Attentat vom 13. Mai 1981 war Johannes Paul II. sich sehr unsicher, dass die Prophezeiung des Erzbischofs von Warschau sich erfüllen könnte. Kardinal Stefan Wyszyński hatte ihm nach seiner Wahl zum Papst gesagt: »Du wirst die Kirche in das dritte Jahrtausend führen.« Aber die Verletzung, die Blutvergiftung, die schwierige Genesung nach dem Attentat, ließen den Papst ganz offensichtlich daran zweifeln, dass er das Heilige Jahr 2000 erleben würde. Er beschloss deswegen, ein außerordentliches Heiliges Jahr einzurichten, das Heilige Jahr der Erlösung im Jahr 1983. Das größte Mysterium von Papst Franziskus und seinem Heiligen Jahr der Barmherzigkeit, das am 29. November 2015 beginnen sollte, wird mit diesem Papst und den seltsamen Ereignissen im Krakau des Karol Wojtyła zu tun haben.

Die Idee des Heiligen Jahres oder des Jubeljahres stammt aus dem Buch Levitikus des Alten Testaments. Nach sieben mal sieben Sabbatjahren, also im 50. Jahr, sollten die Juden ihren Untergebenen vollständigen Schuldenerlass gewähren und eine Bodenreform durchsetzen. Im Grunde war dieses Jahr ein feierlicher Schuldenerlass. Papst Bonifatius VIII. kam im 13. Jahrhundert auf die Idee, dieses Jahr des Schuldenerlasses in der katholischen Kirche einzuführen. Die Vorstellung des Fegefeuers und seiner Qualen, die Papst Gregor der Große eingebracht hatte, obwohl

154

in der Bibel kein Wort vom Fegefeuer steht, hatte dafür gesorgt, dass die Menschen in Europa eine gewaltige Angst vor ewigen Qualen empfanden, die sie aufgrund ihrer Sünden erwarten würden. Papst Bonifatius VIII. machte sich das zunutze und setzte die Idee durch, dass alle 100 Jahre durch eine Pilgerfahrt nach Rom und entsprechende Gebete alle Sünden vergeben würden. Der Papst selbst kann kaum ein besonders frommer Mann gewesen sein. Er zettelte einen unerbittlichen Krieg gegen die Familie Colonna an, den er wie einen Heiligen Krieg führte. Zweifellos war er ziemlich skrupellos. Dennoch hielten seine Nachfolger an der Idee des Heiligen Jahres fest. Da dieses Heilige Jahr gewaltige Einnahmen nach Rom brachte, beschlossen sie, die Zeit zu verkürzen auf zunächst auf alle 50, dann auf alle 33 und schließlich auf alle 25 Jahre. Das erste Heilige Jahr, in dem die Heilige Pforte in Rom geöffnet wurde, fiel auf das Jahr 1500. Der an einem intimen Familienleben und viel Sex interessierte Papst Alexander VI. ließ im Heiligen Jahr Opferstöcke aufstellen, die große Summen in seine Kassen spülten. In der Moderne setzten die Päpste durch, dass sie außerhalb dieses Rhythmus von 25 Jahren auch außergewöhnliche Heilige Jahre feiern konnten. Aus irgendeinem mystischen Grund muss Johannes Paul II. geglaubt haben, dass es seine Pflicht sei, ein Heiliges Jahr zu feiern. Der Anlass war ausgesprochen fragwürdig. Nach dem Glauben der katholischen Kirche starb Jesus von Nazareth mit 33 Jahren und wurde nach drei Tagen wieder vom Tode auferweckt. Damit gilt er der Kirche als der Retter der Menschheit vor dem Tod. Da sich Tod und Auferstehung im Jahr 33 zutrugen, ließ sich das Jahr 1983 als ein Jubeljahr auffassen, weil 1950 Jahre seit dem Jahr der Auferstehung Jesu von Nazareth vergangen waren. Besonders rund war dieser Geburtstag nicht, aber dennoch beschloss Johannes Paul II., dieses außerordentliche Heilige Jahr der Erlösung zu feiern.

Er glaubte, dass 1983 sein einziges Heiliges Jahr sein würde, nahm aber dann im Laufe des Jahres 1999 zur Kenntnis, dass er sehr wahrscheinlich doch ein zweites Heiliges Jahr feiern würde, nämlich das ordentliche Heilige Jahr, das Jubiläum zum 2000. Jahr seit der Geburt Jesu. Johannes Paul II. hatte vor, Gott für seine Rettung beim Attentat vom 13. Mai 1981 auf eine ganz besondere Art und Weise zu danken. Er wollte sich gegen seine eigene Kirche stellen und eines der seltsamsten Wunder anerkennen, obwohl dieses von der katholischen Kirche über Jahrzehnte heftig bekämpft worden war.

Maria Faustyna Kowalska

Am 25. August 1905 wurde in Polen die Ordensfrau Maria Faustyna Kowalska geboren. Sie lebte unter anderem in einem Kloster in Krakau, das Johannes Paul II. schon als Kind besucht hatte. Als Priester und später als Bischof kam er immer wieder in dieses Kloster, um zu beten. Maria Faustyna Kowalska behauptete in ihrem berühmten Tagebuch, mehrfach Christus-Erscheinungen gehabt zu haben. Das Besondere an dieser Frau liegt darin, dass es eigentlich keine langweilige Variante ihres Lebens gibt. Die eine Möglichkeit ist, dass sie sich alles das, was sie in dem Tagebuch niederschreibt, einfach ausgedacht hat. Dann dürfte diese Frau eine der berühmtesten und geschicktesten Lügnerinnen des ganzen 20. Jahrhunderts gewesen sein, weil sie nicht nur einen Papst dazu brachte, ihr zu glauben, sondern dass sie so überzeugend war, dass die katholische Kirche sie selig- und heiligsprach. Heute werden ihre sterblichen Überreste in einer gewaltigen Kathedrale in Krakau verehrt, einem Komplex mit einer eigenwilligen Architektur. Die zweite Möglichkeit ist, dass sie nicht gelogen hat. Diese Variante ist natürlich noch weit interessanter. Hat sich dann tatsächlich der Jude Jesus von Nazareth in einem weißen Gewand, aus dem mehrere Lichtstrahlen traten, dieser Küchenangestellten, Pförtnerin und einfachen Schwester mehrfach gezeigt? Der springende Punkt für zwei Päpste, nämlich sowohl für Johannes Paul II. als auch später für Franziskus, wird der Eintrag unter der Nummer 699 in ihrem Tagebuch sein. Sie schreibt darin:

»Einmal hörte ich die Worte: ›Meine Tochter, künde der ganzen Welt von meiner unbegreiflichen Barmherzigkeit. Ich wünsche, dass das Fest der Barmherzigkeit Zuflucht und Unterschlupf für alle Seelen wird, besonders für die armen Sünder. An diesem Tag ist das Innere meiner Barmherzigkeit geöffnet. Ich ergieße ein ganzes Meer von Gnaden über jene Seelen, die sich der Quelle meiner Barmherzigkeit nähern. Jene Seele, die beichtet und die Kommunion empfängt, erhält vollkommenen Nachlass der Schuld und der Strafen; an diesem Tag stehen alle Schleusen Gottes offen, durch die Gnade fließen. Keine Seele soll Angst haben, sich mir zu nähern, auch wenn ihre Sünden rot wie Scharlach wären. Meine Barmherzigkeit ist so groß, dass sie in der ganzen Ewigkeit durch keinen Verstand weder von Menschen noch von Engel ergründet werden kann. Alles, was besteht, kam aus dem Inneren meiner Barmherzigkeit. Jede Seele wird sich ganz Ewigkeit über meine Liebe und über meine Barmherzigkeit nachsinnen. Das Fest der Barmherzigkeit geht aus meinem Inneren hervor. Ich wünsche, dass es am ersten Sonntag nach Ostern feierlich begangen wird. Die Menschheit wird keinen Frieden finden, solange sie sich nicht zur Quelle meiner Barmherzigkeit hinwendet.‹«

Das Sanctum Officium, die Vorgängerorganisation der heutigen Kongregation für die Glaubenslehre, kam zu dem Schluss, dass die gute Maria Faustyna Kowalska schlicht eine Betrügerin war. Mehrere Einzelheiten stießen dem Heiligen Offizium damals auf. Da ging es zum einen um das Bild. Der Jesus, der Maria Faustyna Kowalska erschienen war, hatte sie gebeten, dafür zu sorgen, dass ein Bild gemalt werde, auf dem genau abgebildet sei, wie sie ihn während der Erscheinung in der Kapelle des Nonnenklosters gesehen habe. Die Ordensfrau hielt sich daran und beauftragte einen Maler damit, nach ihren Angaben dieses Christusbild anzufertigen. Nach den gewöhnlichen Vorstellungen des Menschen ist dieses Bild an Kitsch kaum zu übertreffen. Hat das Gottessohn tatsächlich gewollt, in einem weißen Umhang abgebildet zu werden, aus dem mehrfarbige Strahlen hervorgehen, mit einem Bart, wie er auf dem Leichentuch von Turin zu sehen ist?

Das Nächste, was die Glaubenshüter sehr stutzig machte, war Gottes Interesse für die irdischen Wochentage. Er hatte ja angeblich darauf gedrungen, dass sein Fest der Barmherzigkeit ausgerechnet am sogenannten Weißen Sonntag, dem Sonntag nach Ostern, gefeiert werde. Aber war das, was Maria Faustyna Kowalska da behauptete, tatsächlich ein Ereignis aus dem Jenseits, oder entsprach es vielmehr den Fantasien einer jungen Nonne, die sich immer wieder darüber beschwerte, wie schlecht sie von der Schwester Oberin behandelt werde und wie sehr sie in ihrem Kloster missverstanden werde? Hatte sich diese junge Ordensfrau einfach eine Parallelwelt geschaffen, ein Tagebuch, das sie trösten sollte, indem sie frei über die Erscheinungen Gottes fantasierte? Genau das schien dem Heiligen Offizium in Rom plausibel. Deswegen erließ Hugh O'Flaherty, Notar des Heiligen Offiziums, folgende Anweisung:

»Es möge öffentlich gemacht werden, dass die oberste Heilige Kongregation des Heiligen Offiziums nach Prüfung der angeblichen Visionen und Offenbarungen der Schwester Faustyna Kowalska aus dem Orden ›Unsere Liebe Frau der göttlichen Barmherzigkeit‹, welche im Januar 1938 in Krakau verstarb, das Nachfolgende beschlossen hat: Das Verbreiten von Bildern und Schriften, welche die Frömmigkeit an die göttliche Barmherzigkeit nach dem Vorschlag der besagten Schwester Faustyna zum Ausdruck bringen, muss verboten werden, die Bischöfe sind zur Achtsamkeit aufgerufen, damit sie sicherstellen können, dass die beschriebenen Bilder beseitigt werden, welche bereits zur Verehrung benutzt wurden.«

Unterzeichnet im Heiligen Offizium am 6. März 1959 von Kardinal Alfredo Ottaviani.

Damit war die Sache klar. Für den Vatikan war die Nonne nichts weiter als eine fromme Spinnerin. Natürlich konnte im Jahr 1959 niemand ahnen, dass im Jahr 1978 ein Pole als Nachfolger des heiligen Petrus gewählt werden würde, der ein großer Bewunderer dieser Maria Faustyna Kowalska und ihrer Visionen war und keine Zweifel daran hegte, dass sie echt gewesen waren. Er setzte alles daran, sie zu rehabilitieren, setzte ihre Seligsprechung durch und im Heiligen Jahr 2000, seinem besonderen Jubeljahr, schließlich ihre Heiligsprechung. Er sah das als eine Wiedergutmachung gegenüber Gott. Dieser hatte sich in der Kapelle dieser kleinen Schwester gezeigt, und seine Mitbrüder im Vatikan hatten das jahrelang für Scharlatanerie gehalten. Gottes eigene Kirche hatte also ein Zeichen des Herrn nicht erkannt. Weil dieser Karol Wojtyła von den Erscheinungen der Schwester Kowalska restlos überzeugt war, setzte er auch durch, dass dieser Passus des Tagebuchs Nummer 699 in die Tat umgesetzt wurde. In seinem ganze 26 Jahre lang währenden Pontifikat führte er nur einen einzigen kirchlichen Feiertag ein, und zwar den angeblich von Gott von Schwester Kowalska geforderten Tag der göttlichen Barmherzigkeit am Sonntag nach Ostern.

Was dann geschah, ist aus der Sicht eines Statistikers relativ unwahrscheinlich, weil es einer Chance von 1 zu 364 entspricht, aber keineswegs unmöglich. Karol Wojtyła starb am 2. April des Jahres 2005, und zwar zu dem Zeitpunkt am Samstagabend, an dem die katholische Kirche begann, dieses von ihm durchgepaukte Fest der göttlichen Barmherzigkeit zu feiern. Papst Franziskus sah darin keinen Zufall, sondern ein Zeichen Gottes, dem es gefallen hatte, vor der ganzen Welt seinen Einfluss auf diese Erde zu zeigen. Gott hatte seinen Sohn in das Kloster der Maria Faustyna Kowalska geschickt, Gott hatte verlangt, dass der Feiertag der Barmherzigkeit am Sonntag nach Ostern gefeiert werde, und Gott hatte gefügt, dass der Geist des frommen Papstes, der sich für dieses göttliche Anliegen der Barmherzigkeit so sehr eingesetzt hatte, diese Erde ausgerechnet in dem Augenblick verließ, an dem dieses Fest begann. Für Papst Franziskus spannte sich damit ein Bogen. Sein innerstes Anliegen war die Vorstellung göttlicher Barmherzigkeit. Das hatte schlicht und einfach damit zu tun, dass in den Slums Lateinamerikas, in denen er geprägt worden war, Menschen leben, die der göttlichen Barmherzigkeit dringend bedürfen. Denn diese Menschen lebten nicht so, wie die katholische Kirche sich das vorstellte. Sie gingen Beziehungen ein, ohne zu heiraten, besuchten höchst unregelmäßig Gottesdienste, gingen möglicherweise nie in ihrem Leben zur Beichte, befolgten äußerst ungenau das, was die katholische Kirche verlangte. Das Leben in diesen Slums hatte mit dem geordneten katholischen Leben, das sich Papst Benedikt XVI. in seiner bayerischen Heimat vorstellte, nichts zu tun. Der Papst aus den Slums, Franziskus, wollte betonen, dass die Kirche vor allem für diese Menschen da ist, für die Sünder, die Armen, die in die Irre gegangen sind. Er wollte sagen, dass Gott für diese Menschen auf die Welt gekommen war, und deswegen war dieser Begriff der Barmherzigkeit so wichtig für ihn. Das passte natürlich perfekt zusammen, um an seinen Vorgänger Johannes Paul II. anzuknüpfen. Auch für diesen war Barmherzigkeit ein ganz zentraler Begriff gewesen, und in seinem Leben und vor allem in seinem Sterben hatte Gott aus der Sicht des Franziskus gezeigt, dass es diesen Gott und seine Barmherzigkeit tatsächlich gibt.

Am 11. April 2015 veröffentlicht der Papst die Bulle *Misericordiae Vultus* und knüpft dabei an Karol Wojtyła an. In der Bulle heißt es:

»Wir können die große Lehre nicht vergessen, die der heilige Johannes Paul II. in seiner zweiten Enzyklika *Dives in misericordia* dargelegt hat. Sie wurde damals unerwartet veröffentlicht und überraschte viele wegen des gewählten

Papst Franziskus entwickelt sich trotz aller Krisen der katholischen Kirche zu einem Publikumsmagneten im Vatikan. Seine Bescheidenheit begeistert die Gläubigen.

2 Die Papstwahl am 13. März 2013 endet mit einer Überraschung: Der erste Jesuitenpater und erste Geistliche vom amerikanischen Kontinent gelangt auf den Thron Petri

3 Franziskus spendet am Ostersonntag 2013 zum ersten Mal den Segen *Urbi et Orbi*. Die Revolution des Jorge Mario Bergoglio hat begonnen, er zelebriert ohne die traditionellen prächtigen Papstgewänder.

Zum ersten Mal in der zwei Jahrtausende alten Kirchengeschichte leben zwei Päpste im Vatikan. Auch wenn das Miteinander mit Benedikt XVI. nach außen harmonisch wirkt, ist es überaus konfliktgeladen.

Die erste Priesterweihe von Papst Franziskus im April 2013 in der Peterskirche: er wird die Priester vor allem zu den Armen schicken.

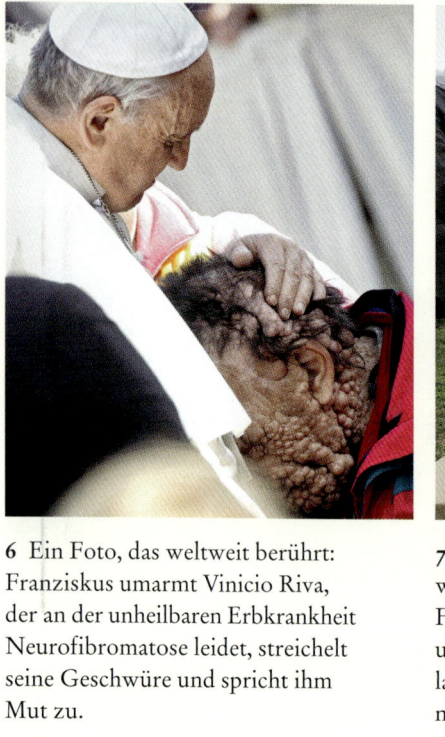

6 Ein Foto, das weltweit berührt: Franziskus umarmt Vinicio Riva, der an der unheilbaren Erbkrankheit Neurofibromatose leidet, streichelt seine Geschwüre und spricht ihm Mut zu.

7 Am Gründonnerstag des Jahres 2016 wäscht Papst Franziskus in einem Flüchtlingszentrum Muslimen, Hindus und Katholiken die Füße. Jahrhundertelang war die Fußwaschung der Päpste nur den Priestern von Rom vorbehalten.

8 Geburtstagsparty mit dem Pontifex: Zu seinem Festtag bringt der im Jahr 2018 zum Kardinal geweihte Konrad Krajewski (links vom Papst) Obdachlose in das Wohnheim von Franziskus.

Im April 2016 besucht Franziskus das Flüchtlingslager von Lesbos. Schon damals warnt er davor, was im Jahr 2020 eintreten wird: ein Aufstand und ein Großbrand, der 12 600 Flüchtlinge betreffen wird.

Dass die erste Reise des Papstes nach seiner Wahl nach Lampedusa führt, wo Franziskus der ertrunkenen Flüchtlingen gedenkt, zeigt der ganzen Welt, was er will: eine Kirche für die Armen.

11 Hans Zollner, Chef des vatikanischen Zentrums für Kinderschutz (CCP), gehört zu den Schlüsselfiguren des Pontifikates von Franziskus, das vom Missbrauchsskandal erschüttert wird.

12 Der Papst macht aus seiner Scham keinen Hehl, als im Februar 2019 diverse Fälle sexualisierter Gewalt während eines Gipfeltreffens im Vatikan auf den Tisch kommen.

3 Dass Franziskus so lange Zeit Kardinal Rainer Maria Woelki den Rücken stärkt, stellt für die deutsche Öffentlichkeit einen ständigen Stein des Anstoßes dar.

4 Der Ad-limina-Besuch der Deutschen Bischofskonferenz im November 2022 entwickelt sich zu einem derartigen Krach mit dem Vatikan, dass er weltweite Beachtung findet.

15 Ein Gespräch in der Papstmaschine mit dem Autor dieses Buchs auf dem Weg nach Abu Dhabi zum »Human Fraternity«-Treffen.

16 Andreas Englisch ist auf das herzliche Verhältnis zu Papst Franziskus stolz. Hier unterhalten sie sich auf dem Flug nach Mosambik.

7 Franziskus öffnet die Heilige Pforte am 8. Dezember 2015 in der Peterskirche.
r wollte um jeden Preis dieses außerordentliche Jahr der Barmherzigkeit.

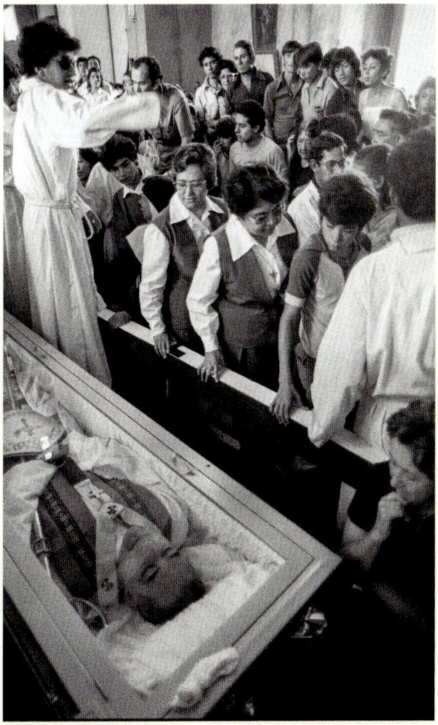

8 Die Beerdigung von Óscar Romero
n 30. März 1980 entwickelt sich zu
nem Massaker. Soldaten schießen in
e Menge, die um den ermordeten
rzbischof von San Salvador trauert.

19 Der Papst zu Besuch in Istanbuls Blauer Moschee im November 2014: Es ist der Auftakt langer, aber sensationell erfolgreicher Verhandlungen mit dem Islam.

20 Franziskus betet an der Klagemauer in Jerusalem im Mai 2014. Seine enge Freundschaft zum Rabbiner von Buenos Aires, mit dem er Weihnachten feierte, bringt den Dialog von zwei Weltreligionen voran.

21 Papst Franziskus trifft im November 2017 die Friedensnobelpreisträgerin und damalige Regierungschefin Myanmars Aung San Suu Kyi. Mit Bitterkeit nimmt er zur Kenntnis, dass auch sie nichts gegen den Völkermord in ihrem Land unternimmt.

Einer der eindrucksvollsten Momente des Pontifikates von Franziskus: um ersten Mal spendet im März 2020 ein Papst den Segen *Urbi et Orbi* ganz ein während einer Pandemie.

Religiöses Gipfeltreffen in Corona-Zeiten: Am 20. Oktober betet der Papst t dem Oberhaupt der orthodoxen Kirche Bartholomaios I., dem Erzbischof von nstantinopel, auf dem Kapitol in Rom.

24 Pater Pedro Opeka auf einer der Müllhalden in Antananarivo, der Hauptstadt vo Madagaskar, einem der ärmsten Länder der Welt. Opeka studierte bei Franziskus, der im Jahr 2019 zu ihm reiste, um sein Hilfswerk zu segnen.

25 Franziskus in Mosambik: Der Besuch im September 2019 ist für ihn ein »Heimspiel«, denn der Vatikan hat sich erfolgreich für Frieden in dem Land eingesetzt.

26 Dramatisches Treffen im Vatikan: Die indigenen Völker der First Nations, der Métis und der Inuit verlangen im März 2022 Gerechtigkeit für das, was ihren Kindern in katholischen Internaten zugefügt wurde.

27 Kopfschmuck für den Papst: eine unfassbare Ehrung, wo doch die katholische Kirche Kanadas den indigenen Völkern über ein Jahrhundert hinweg entsetzliches Leid angetan hat.

28 Vielleicht der schwerste Moment in zehn Jahren Pontifikat: Franziskus betet im August 2022 auf dem Maskwacis-Friedhof in Kanada, wo Kinder verscharrt wurden, die in katholischen Internaten ums Leben kamen.

29 Der Papst wählt das römische Kolosseum aus, um im Oktober 2022 gemeinsam mit Vertretern zahlreicher Weltreligionen seinen »Schrei nach Frieden« für die Ukraine zu zelebrieren.

30 Franziskus wird auch als erster Handy-Papst in die Geschichte eingehen. Nie zuvor wurde ein Papst so häufig von so vielen Menschen fotografiert, sogar beim Mittagessen in seinem Gästehaus.

1 Frost im Vatikan: Franziskus steht im Juli 2019 ein Treffen mit Wladimir Putin durch. Schon damals ging es um den Krieg: Der Papst sorgte sich um den Konflikt in Syrien, an dem Russland beteiligt ist.

32 Eine Königin, die eine Epoche prägt, und ein Papst, der eine uralte Kirche revolutioniert: Elizabeth II. besucht gemeinsam mit Prinz Philip im April 2014 Franziskus in Rom.

Ein historischer Händedruck: Auf der Konferenz der Weltreligionen im September 2022 in Kasachstan besiegeln Repräsentanten seit alters verbundeter Religionen, das Oberhaupt des sunnitischen Islam und der Papst, ihre besondere Freundschaft.

34 Eine weiße Taube auf dem Petersplatz: Franziskus sendet ein eindringliches Signal des Friedens angesichts einer Vielzahl von Kriegen, die unsere Gegenwart verdüstern.

Themas. Dieser heilige Papst hob hervor, wie sehr die Kultur unserer Zeit das Thema der Barmherzigkeit vergessen hat: ›Die Mentalität von heute scheint sich vielleicht mehr als die der Vergangenheit gegen einen Gott des Erbarmens zu sträuben und neigt dazu, schon die Idee des Erbarmens aus dem Leben und aus den Herzen zu verdrängen. Das Wort und der Begriff *Erbarmen* scheinen den Menschen zu befremden, der dank eines in der Geschichte vorher nie gekannten wissenschaftlichen und technologischen Fortschritts Herrscher geworden ist und sich die Erde untertan gemacht und unterjocht hat (…)‹«

Das gehörte auch zur Idee des Franziskus, die ihn mit Johannes Paul II. verband: die rücksichtslose Ausbeutung der Erde zu verhindern.

Óscar Romero

Die katholische Kirche stand in ihrer Geschichte häufig auf der falschen Seite, auf der Seite der Macht, auf der Seite der Ausbeuter und der Gewalt. Es gab Zeiten, da war die Kirche selbst eine militärische Supermacht, führte Kriege und eroberte Landstriche. Aber manchmal, wenn auch selten, stellte die Kirche sich gegen die Macht und die Gewalt, und dann konnte sie ihre Flügel entfalten und die Unterdrücker das Fürchten lehren. Wann immer das geschah, gerieten die Priester, die einen solchen Aufstand wagten, in Lebensgefahr. Viele überlebten den Versuch, sich gegen Ausbeuter zu stellen, nicht. Es gehört zu dem schlimmsten Vergehen dieser Kirche, dass sie alles getan hat, um diese Helden vergessen zu machen, um die Erinnerung auszulöschen an die Frauen und Männer, die dafür kämpften, dass die Kirche sich mit aller Macht für die Armen und gegen die Mächtigen einsetzte. Fast wäre das auch im dritten Jahrtausend gelungen, aber dann wurde dieser Papst Franziskus gewählt, und damit kam auch die Rache. Ich weiß nicht, ob es stimmt, dass Jesus von Nazareth selbst diese Kirche gegründet hat, ich weiß nicht, ob Gott diese Kirche wollte, ich weiß nicht einmal, ob es Gott überhaupt gibt, aber sollte es ihn geben, würde ich ihn gerne einmal fragen, was er mit diesem seltsamen Jahr 1980 eigentlich gemeint hat. Denn in dieser Zeit focht die Kirche gleichzeitig an zwei verschiedenen Enden der Welt, in Polen und in El Salvador, einen Kampf gegen Unterdrücker aus, gegen die linke Diktatur in Polen und gegen die rechte Diktatur in San Salvador. Auf beiden Seiten kämpften Priester, die ihren Einsatz mit dem Leben bezahlten. Aber während sich der Kampf in Polen zu einem Heldenmythos innerhalb der katholischen Kirche entwickelte, wollte sie das, was in Salvador geschehen war, um jeden Preis vergessen. Dabei war diese Schlacht die vielleicht mutigste, die die Kirche je geschlagen hat.

Die Geschichte dieses Kampfes lässt sich mit einem Satz erklären. Zu Beginn des 20. Jahrhunderts besaßen etwa 0,01 Prozent der Bevölkerung San Salvadors circa 90 Prozent des Reichtums dieses kleinen Landes. Es gibt kaum ein anderes Land auf der Welt, in dem der Unterschied zwischen den 14 superreichen Gründungsfamilien und der bitteren Armut der Bauern so gewaltig war. Die massenhafte Enteignung der indigenen Bevölkerung sorgte dafür, dass einige reiche Großgrundbesitzerfamilien gewaltige Kaffeeplantagen aufbauen konnten und mit den begehrten Bohnen, die in Europa und den USA zu guten Preisen abgenommen wurden, sehr reich wurden.

Die Brutalität, mit der gegen die indigene Urbevölkerung vorgegangen wurde, löschte deren Kultur vollständig aus. Weil es in einigen Perioden in der Geschichte des Landes lebensgefährlich sein konnte, als indigen erkannt zu werden, starben die auf die Maya zurückgehenden Sprachen vollständig aus. Heute kennen die Bewohner El Salvadors, die zur indigenen Bevölkerung gehören, ihre eigenen Sprachen nicht mehr und können sie auch nicht mehr an ihre Kinder weitergeben.

Die Ungleichheit zwischen dem Reichtum einiger weißer Clans und der bitteren Armut der Ureinwohner führt bis heute zu einer nahezu katastrophalen Lage in dem kleinen Land mit seinen 6,5 Millionen Einwohnern. Etwa die Hälfte der Einwohner der Hauptstadt El Salvador lebt unter der Armutsgrenze. Banden, die sich vor allem durch den Drogenhandel finanzieren sowie durch Erpressung und Prostitution, beherrschen weite Teile des Landes und der Hauptstadt. Das führt unter anderem dazu, dass die Mordrate zeitweilig zu den höchsten der Welt zählte. Im Jahr 2015 kamen 105 von 100 000 Menschen durch Tötungsdelikte ums Leben. Zum Vergleich: Weltweit waren es damals 6,2 pro 100 000. Das bedeutet, dass in San Salvador etwa 18-mal mehr Menschen durch einen Mord ums Leben kamen als durchschnittlich weltweit.

In dieses Pulverfass wird am 15. August 1917 Óscar Romero geboren. Er wächst in einer armen Familie im Grenzgebiet zu Honduras auf. Was für die Kirche in San Salvador zu diesem Zeitpunkt spricht, ist, dass der Junge aus ärmsten Verhältnissen überhaupt eine Chance bekommt. Er schafft es mit 13 in ein Internat. Seine Lehrer werden auf ihn aufmerksam. Er ist blitzgescheit, diszipliniert und gehorsam und lernt schnell. Mit 20 Jahren schafft er den Sprung in die katholische Elite seines Landes. Er wird in das jesuitische Priesterseminar aufgenommen. Romero gilt als derartig brillant, dass ein Bischof beschließt, ihn an die Päpstliche Universität Gregoriana zu schicken, die sogenannte Bischofsschmiede. Mitten im Zweiten Weltkrieg, 1941, legt er das Lizenziat der Theologie ab, im Jahr darauf wird er zum Priester geweiht. Im Jahr 1943 bricht er jedoch sein Doktoratsstudium in Rom ab. Er beschließt also, das Gleiche zu tun, was später Papst Franziskus tun wird: Er beendet vorzeitig seine akademische Karriere, um sich praktischen Dingen zuzuwenden. Er kehrt in sein Heimatland zurück und arbeitet als Pfarrer und Journalist. Im Jahr 1963 beeinflusst ein Mann, der in dem Dorf Concesio bei Brescia geboren worden ist, sein Leben. Es ist Giovanni Battista

Montini, der zum Nachfolger des heiligen Petrus gewählt wird und den Namen Papst Paul VI. annehmen wird.

Der durch das Zweite Vatikanische Konzil geprägte Papst will die Politik der Kirche auf der ganzen Welt ändern. Einer seiner wichtigsten Schritte ist, der Praxis ein Ende zu bereiten, dass die Führungsetagen der Kirche weltweit aus Europa nach Asien, Amerika und Afrika geschickt werden. Er will, dass eine Generation von Priestern die Karriereleiter in ihren eigenen Ländern hochklettern kann. Der Bischof von El Salvador soll auch aus El Salvador kommen. Jahrhundertelang entsandte der Vatikan europäische Bischöfe in die ganze Welt, um die Chefsessel der wichtigsten Städte zu besetzen. Das bedeutete auch, dass in vielen Ländern, in denen mehrheitlich People of Color lebten, Weiße Bischöfe und Kardinäle waren, die vor allem aus Italien, Frankreich oder Spanien stammten.

Óscar Romero ist der richtige Mann zur richtigen Zeit am richtigen Platz. Er passt perfekt in die Pläne Pauls VI. Im Jahr 1970 erhält er die Bischofsweihe, am 3. Februar 1977 wird er von Paul VI. zum Erzbischof von San Salvador ernannt und damit zum mächtigsten Kirchenmann seines Landes.

Die Großgrundbesitzer fürchten diesen Mann. Denn die Indigenen, die Armen, die Mischlinge, die Besitzlosen, die nahezu 80 Prozent der Bevölkerung ausmachen, haben jetzt zum ersten Mal einen mächtigen Verbündeten: die katholische Kirche. In einem Land, das sich nach dem Erlöser Jesus Christus El Salvador nennt, bedeutet das eine Revolution. Etwa die Hälfte der Bewohner des Landes bekennen sich zum katholischen Glauben.

Óscar Romero hatte in zahlreichen Ansprachen immer wieder seine Position erklärt. Die Kirche dürfe nicht zusehen, wie eine zutiefst ungerechte Gesellschaft die Armen immer weiter ausbeutet. Die Vordenker der Theologie der Befreiung arbeiteten mit der Formulierung, dass die Menschen in Ländern wie El Salvador nicht arm geboren werden, sondern arm gemacht, durch ein System, das dafür sorgt, dass nur die wenigen reichen Privilegierten die Schätze des Landes allein ausbeuten und vor allem die Indigenen und die Bauern ohne eigenes Land in Armut leben.

Romero gehört zu der Fraktion der Priester, die Verständnis für die sogenannte Thomas-von-Aquin-Doktrin haben. Der mittelalterliche Theologe hatte argumentiert, dass auch ein bewaffneter Aufstand gerechtfertigt ist, wenn er dafür sorgt, dass ein Zustand abgeschafft wird, der immer neue Sünden hervorbringt. Der katastrophale Unterschied zwischen Arm und Reich bedeutet aber in Ländern wie El Salvador, dass die Armen sozusagen täglich und ununterbrochen beraubt werden. Ihr Anteil an dem, was das Land hergibt, wird ihnen ständig vorenthalten, und sie werden in bittere Armut gezwungen. Damit wäre laut Romero erfüllt, was Thomas von Aquin sagen wollte. Die ständige Ausbeutung ist ein ständiger Zustand der Sünde, der sich jeden Tag aufs Neue wiederholt, und das rechtfertigt auch, diesen Zustand mit Gewalt zu beenden.

Die Großgrundbesitzer sind deswegen in Panik. Zum ersten Mal vereinigen nicht nur kommunistische Organisationen die Landarbeiter. Plötzlich stellt sich die katholische Kirche an die Seite derer, die bisher ihrer Rechte beraubt wurden. Für die Superreichen in El Salvador entwickelt sich die Situation vor allem deswegen so bedrohlich, weil sie abhängig sind von den Militärhilfen aus den USA. Sogenannte »Berater« trainieren die Todesschwadronen der Reichen und rüsten sie mit Waffen aus. Wenn aber eine breit angelegte, von der katholischen Kirche organisierte Opposition in dem Land auftritt, wird es immer schwieriger werden, diese einfach zu unterdrücken.

Die reichen Machthaber in El Salvador beschließen, jede Hemmung fallen zu lassen, und verordnen ihren Killerkommandos den Krieg gegen die Kirche. Nur wenige Wochen nach seiner Ernennung zum Erzbischof von El Salvador erlebt Óscar Romero seinen persönlichen Albtraum. Sein guter Freund, der Jesuitenpater Rutilio Grande, wird am 12. März 1977 zusammen mit seinem Küster und einem Ministranten von einer Maschinengewehrsalve hingerichtet. Romero reist an den Ort des Geschehens, betet mit den Bauern, versammelt die Armen um die Leiche. Er erlebt eine persönliche Tragödie und beschließt zurückzuschlagen. Der Bischof ordnet an, alle Messen in allen Regionen auszusetzen. Es wird nur eine Messe geben, die Totenmesse in der Kathedrale von El Salvador, während derer der Bischof Óscar Romero den Mord an seinem Freund anklagen wird.

An diesem Tag geschieht etwas, was in der Geschichte der katholischen Kirche nur sehr selten geschehen ist. Statt Kaiser zu krönen oder Kirchenfürsten zu schaffen, steht die katholische Kirche eines Landes mit Óscar Romero an der Seite der verarmten Massen eines Landes gegen die 14 Großgrundbesitzer, die sich hemmungslos bereichert haben und bereit sind, mit Todesschwadronen die Armen zu bekämpfen. Selten erlebte die katholische Kirche eine Zeit, in der sie glasklar auf der Seite des Guten gegen das Böse stand. Es gibt keinen Zweifel, dass die Armen in El Salvador Anspruch auf wenigstens so viel Land haben, dass sie nicht hungern müssen, gleichzeitig ist klar, dass die reiche Oberschicht des Landes bereit ist, einen Krieg gegen die Kirche zu führen, weil sie auf keinen Fall einen Teil ihres Reichtums abgeben will.

Ein Ereignis außerhalb von El Salvador heizt die Verhältnisse jetzt auf dramatische Art und Weise an. Der Diktator des Nachbarlandes Nicaragua, Anastasio Somoza Debayle, wird am 17. Juli 1979 gestürzt, nach einem Bürgerkrieg, der über 30000 Menschen das Leben gekostet hat. Somoza flieht nach Miami in Florida mit einem Vermögen von etwa einer Milliarde US-Dollar. Damit hatte die Familie knapp ein Viertel des Gesamtvermögens des bitterarmen Landes mitgenommen. Nur ein Jahr später, am 17. September 1980, wird Anastasio Somoza Debayle in der Hauptstadt Paraguays in Asunción von einem Killerkommando erschossen. Hinter dem Anschlag soll der kubanische Diktator Fidel Castro gestanden haben, der in Somoza den Verbündeten der USA sah.

Die Vertreibung der Familie des Diktators Somoza aus Nicaragua stellt in dieser Situation einen Brandbeschleuniger dar. Denn jetzt ist der Beweis erbracht, dass ein Diktator, der mit Hilfe der Waffen aus den USA ein ganzes Land unterdrückt, gestürzt werden kann. Die Sandinisten in Nicaragua, die Armee der Rebellen, haben ein Exempel statuiert. An ihrer Seite sind auch zwei Trappistenpater, die Brüder Fernando und Ernesto Cardenal. Ernesto Cardenal wird Kultusminister der Regierung der Sandinisten und später für den Literaturnobelpreis vorgeschlagen.

Jetzt wissen die Machthaber in El Salvador, dass ein Bündnis zwischen Kirche und verzweifelten Armen so schlagkräftig sein kann, dass es in der Lage ist, eine Diktatur wegzufegen. In diesem Klima geben die regierenden Clans den Befehl, den wichtigsten Mann dieses Bündnisses zu ermorden: Bischof Óscar Romero. Er wird am 24. März 1980 in einer Krankenhauskapelle in San Salvador von einem Killerkommando der Militärjunta erschossen. Seine Beisetzung am Palmsonntag des Jahres 1980 ging in die Geschichte der katholischen Kirche ein.

Sechs Tage nach seiner Ermordung, am 30. März 1980, versammelten sich mehrere Hunderttausend Menschen vor der Kathedrale von San Salvador. Sie wollten Abschied nehmen von ihrem Bischof, der in einem offenen Sarg unter einer Glasscheibe aufgebahrt wurde. Diese Trauerfeier sahen die herrschenden Machthaber in San Salvador als eine Anklage gegen den Terror, den sie verbreiteten und dem jetzt der berühmteste Mann zum Opfer gefallen war. Während des Begräbnisses schossen Killerkommandos auf die Trauernden. Die Zahl der Toten ist bis heute unklar. Als glaubwürdig gelten Zahlen zwischen 30 und 50. Das Massaker bringt das Fass zum Überlaufen.

In El Salvador beginnt im Sommer 1980 ein Bürgerkrieg, der in den kommenden zwölf Jahren etwa 70 000 Menschen das Leben kostet.

In dem gleichen Sommer erlebte die katholische Kirche auf der anderen Seite der Welt, in Polen, eine ähnliche Revolte. Auch in Danzig stemmten sich »die da unten« mit Hilfe der Kirche gegen »die da oben«. Zum ersten Mal kam es in einem sozialistischen

Land zu einem Streik. Schon an sich ist ein Streik in einem sozialistischen Land ein absoluter Widersinn. Wieso sollten sich in einem »Arbeiter- und Bauernstaat« die Arbeiter gegen sich selbst wenden?

Das Regime rief im Jahr darauf das Kriegsrecht aus, um den drohenden Aufstand zu ersticken. Auch in diesem Konflikt gab es tote Priester. Am 19. Oktober 1984 ermordete die polnische Staatsmacht den Unterstützer des Streiks, den katholischen Priester Jerzy Popiełuszko.

Jerzy Popiełuszko wurde im Jahr 2010 seliggesprochen. Óscar Romero geriet in Vergessenheit.

Aber dann wird der Albtraum der Oligarchen Mittelamerikas und der Bischöfe und Kardinäle, die Óscar Romero bekämpft haben, plötzlich Wirklichkeit. Papst Franziskus wird gewählt.

Der Krieg, den die reichen Familien in El Salvador auf den Plätzen ihrer Hauptstadt geführt haben, ist mitten im Vatikan angekommen. Da ist ein Mann zum Oberhaupt von 1,3 Milliarden Katholiken gewählt worden, der die Massaker nicht vergessen hat und auch nicht die geistlichen Massaker, die die Priester und Bischöfe angerichtet haben. Nach seiner Wahl will er wissen, wie es um die Seligsprechung von Óscar Romero steht. In Rom wissen alle, dass der kolumbianische Kardinal Alfonso López Trujillo diese Seligsprechung mit aller Macht verhindert hat.

Dieser Kardinal aus einer Familie der kolumbianischen Oberschicht, die Regierungsmitglieder stellte, will auf keinen Fall, dass die Theologie der Befreiung endlich ihren aus seiner Sicht marxistischen Helden ehren darf. Kurienkardinal José Saraiva Martins, Chef der Kongregation für die Selig- und Heiligsprechungsprozesse, bleibt auf dieser Linie und legt das Verfahren im Jahr 2008 wieder einmal auf Eis.

Es sei nicht klar, ob Óscar Romero aus Hass auf die Religion (odium fidei) oder aus politischen Gründen umgebracht worden sei. Es sei also gar nicht klar, ob der Mann ein Märtyrer sei. Als der Papst das erfährt, tobt er. Er fegt mit Macht alle Bedenken weg. Es ist ihm egal, dass die Kongregation für die Selig- und Heiligsprechungsprozesse die Seligsprechung aus bürokratischen Gründen zumindest noch hinauszögern will.

Am 23. Mai 2015 sprach der Papst Óscar Romero selig, am 14. Oktober 2018 heilig. In diesem Zusammenhang sagte Papst Franziskus etwas, das vielen im Vatikan Angst machte.

Er sagte, dass ihn dieses Beispiel von Óscar Romero, der von seiner eigenen Kirche fertiggemacht wurde, nicht abschrecke, sondern ihm Kraft gebe. Der Konflikt im Vatikan ist längst ausgebrochen, und er sagt ganz unumwunden, dass ein Mann, den die Bischöfe und Priester in die Pfanne gehauen haben, ihm jetzt Mut mache.

Es ist der 30. Oktober 2015. Die Redenschreiber haben alles getan, um einen möglichst ausgeglichenen Text für den Papst vorzubereiten, der an diesem Tag Pilger aus San Salvador empfängt. Ganz brav liest der Papst zunächst den vorbereiteten Teil der Rede ab, aber dann platzt ihm der Kragen, und er fügt etwas hinzu, was nicht geplant war, nicht in der Rede steht, und das es in sich hat:

»Ich möchte etwas hinzufügen, das wir vielleicht übersehen haben. Das Martyrium von Erzbischof Romero geschah nicht nur im Augenblick seines Todes. Es war ein Martyrium und Zeugnis vorherigen Leids, vorheriger Verfolgung bis zu seinem Tod. Aber auch danach, denn nachdem er gestorben war – ich war ein junger Priester und war Zeuge davon –, wurde er angeschwärzt, verleumdet, in den Schmutz gezogen, das heißt, sein Martyrium setzte sich sogar durch seine Mitbrüder im priesterlichen und bischöflichen Dienst fort. Ich weiß das nicht vom Hörensagen, ich habe diese Dinge mit eigenen Ohren gehört. Das heißt, es ist schön, ihn auch so zu sehen: als einen Mann, der ein weiterer Märtyrer ist. Und doch glaube ich, dass jetzt kaum einer dies mehr zu tun wagt. Nachdem er sein Leben hingegeben hatte, gab er sich weiter hin, indem er sich von all diesen Missverständnissen und Verleumdungen treffen ließ. Das gibt mir Kraft, nur Gott weiß es. Nur Gott kennt die Geschichte der Menschen, und wie oft werden Menschen, die bereits ihr Leben hingegeben haben und gestorben sind, weiter gesteinigt mit dem härtesten Stein, den es auf der Welt gibt: mit der Zunge.«

Der Kampf des Óscar Romero, des begabten Jungen aus dem Grenzgebiet zu Honduras, war doch nicht vergebens gewesen. Denn an den Schalthebeln der Macht sitzt jetzt ein Mann, der die Opfer der Kriege der Armen in Lateinamerika niemals vergessen wird.

Der Fall Óscar Romero beendete mit einem Paukenschlag die komplette Außenpolitik von Papst Benedikt XVI. Die geradezu devote Haltung des Vatikans gegenüber George W. Bush während der Regentschaft Joseph Ratzingers wurde komplett pulverisiert.

Denn für Jorge Mario Bergoglio ging es auch um ein persönliches Anliegen. Die in den USA ausgebildete militärische Spezialeinheit Atlácatl hatte am 16. November 1989 bei einem Anschlag auf die Universität José Simeón Cañas in El Salvador sechs wehrlose Jesuitenpater, den Kanzler der Universität sowie seine Mitarbeiter, aber auch die Köchin und deren 16-jährige Tochter bei einem Anschlag umgebracht. Bergoglio hatte persönlichen Kontakt zu diesen Mitbrüdern gehabt. Es war dieselbe Einheit, die in der amerikanischen Militärakademie School of the Americas von US-Colonel John David Waghelstein ausgebildet worden war und die auch das schlimmste Kriegsverbrechen in der Geschichte Mittelamerikas beging: Am 10. Dezember 1981 kamen Einheiten dieses Bataillons in den abgelegenen Teil der Region von El Mozote in San Salvador. Sie trennten die Frauen und Männer, vergewaltigten die Frauen, darunter zwölfjährige Mädchen, weil sie angeblich Kontakte zu den Guerillas gehabt hatten. Dann trieben sie die Kinder in eine Kirche, erschossen sie dort und brachten danach deren Väter und Mütter um. Insgesamt kamen über 900 völlig wehrlose Menschen bei diesem Massenmord ums Leben. Mit Franziskus ist eine lustige Geburtstagsfeier im Weißen Haus, wie sie Benedikt XVI. mit George W. Buch genossen hatte, nicht zu machen.

Das Heilige Jahr 2015 – Eröffnung

Das Heilige Jahr hatte seit seiner Erfindung durch Papst Bonifatius VIII. im Jahr 1300 immer mit zwei Elementen zu tun: mit einem Papst, der beschloss, in einem besonderen Jahr alle Sünden zu vergeben und mit einem besonders heiligen Ort, der Stadt Rom, wo das Grab des heiligen Petrus liegt.

Wenn eines dieser beiden Elemente nicht vorhanden war, konnte kein Heiliges Jahr gefeiert werden. Dieser Fall war im Lauf der Geschichte nur ganz wenige Male eingetreten: Da im Jahr 1350 der Papst in Avignon in Frankreich residierte, konnte er kein Heiliges Jahr feiern, denn Avignon war einfach nicht herausragend genug als Ort für ein Heiliges Jahr. Im Jahr 1799 war Papst Pius VI. von Napoleon gefangen genommen worden, sodass er das Heilige Jahr 1800 nicht eröffnen konnte, und sein Nachfolger wurde erst im März 1800 gewählt. Weil nur die Kombination eines Papstes mit der Stadt Rom ein Heiliges Jahr ermöglichte, entstanden in Europa zahlreiche Pilgerwege dorthin. Nie zuvor war ein Papst auf die Idee gekommen, das ändern zu können.

Im Laufe des Jahres 2015 jedoch erklärte Papst Franziskus, wie er sich die Eröffnung des Heiligen Jahres vorstellte. Er wollte zu Beginn des neuen Kirchenjahres am ersten Adventssonntag, dem 29. November 2015, das Heilige Jahr eröffnen und zwar in der Zentralafrikanischen Republik in der Kathedrale der Hauptstadt in Bangui. Auf der ganzen Welt sollte es mehr als 20000 Heilige Pforten geben, die allesamt in den alten römischen Ritus eingebunden sein würden. Das bedeutete, dass jeder Gläubige, der eine dieser zahllosen Kirchentüren auf der Welt durchschritt, einen vollkommenen Ablass der Sünden erhielt. Diese Idee des Papstes sprengte natürlich das traditionelle Konzept eines Heiligen Jahres. Denn die Kathedrale von Bangui, die in den 1930er Jahren während der französischen Besatzung errichtet worden war, besaß nichts besonders Heiliges. Nach der Logik der Geschichte des Heiligen Jahres hätte man ein Heiliges Jahr durchaus nach Jerusalem verlegen können: an den heiligsten Ort der Christenheit. Papst Bonifatius VII. hatte das Heilige Jahr schließlich nur deswegen in Rom ausrufen lassen, weil nach der Eroberung von Jerusalem den Pilgern das Erreichen der heiligen Stätten in Jerusalem nicht möglich war. Alle Päpste hatten sich aus Respekt vor der Heiligkeit des Grabes Petri in Rom stets geweigert, in einer anderen Stadt ein Heiliges Jahr zu feiern. Doch jetzt wollte der Papst aus Argentinien an einem Ort das Heilige Jahr eröffnen, von dem der Großteil der Bewohner des Vatikans noch nicht einmal wusste, wo er überhaupt lag. Die Verstimmung unter den Traditionalisten im Vatikan war enorm.

Der Papst betonte jedoch, dass das Heilige Jahr der Barmherzigkeit an der Peripherie gefeiert werden sollte, nicht im Zentrum der Christenheit, und mehr Peripherie als Bangui in der Zentralafrikanische Republik ging wirklich nicht. Die Stadt gilt als einer der gefährlichsten Orte der Welt: Gewaltsame Aufstände, der Putsch des Militärs, bewaffnete Banden und ein nicht abreißender Religionskrieg zwischen Muslimen und Christen sorgten in der jüngsten Vergangenheit für regelrechte Massenmorde. Dabei gingen Christen mit ähnlicher Rücksichtslosigkeit vor wie der Islamische Staat im Irak. Auch Christen drohten Muslimen mit dem Tod, wenn diese nicht bis in einer bestimmten Frist ihre christliche Stadt verlassen hatten, was zu Massenpaniken führte. Muslimische Killerkommandos wiederum töteten in Bangui gezielt christliche Familien. Es gab Bombenangriffe auf Kirchen.

Als letzte Etappe seiner Afrika-Reise in diesem Jahr eröffnete der Papst das Heilige Jahr in dieser Kathedrale. Franziskus sagte bei der Öffnung der Pforte:

»Heute wird Bangui die geistliche Hauptstadt der Welt. Das Heilige Jahr der Barmherzigkeit kommt im Voraus in dieses Land. Ein Land, das seit vielen Jahren unter Krieg und Hass, unter Unverständnis und Mangel an Frieden leidet. Aber in diesem leidenden Land sind auch all die Länder mit einbegriffen, die das Kreuz des Krieges tragen. Bangui wird die geistliche Hauptstadt des Gebetes um die Barmherzigkeit des Vaters. Wir alle bitten um Frieden, Barmherzigkeit, Versöhnung, Vergebung, Liebe.«

Homosexualität

Der 3. Oktober des Jahres 2015 bescherte Papst Franziskus ein Problem, mit dem er offensichtlich nicht gerechnet hatte, obwohl er nicht unbeteiligt daran gewesen war, dass es überhaupt sichtbar wurde: der Umgang mit homosexuellen Priestern im Vatikan.

Der Vatikan hatte in dieser Frage keine Erfahrungen. Sowohl Papst Paul VI. als auch Johannes Paul I. und Johannes Paul II. hatten das Thema einfach ignoriert. Johannes Paul II. hatte sich auf eine gewisse Art und Weise sogar selbst eine Falle gestellt. Während seines Pontifikates hatte er immer wieder im Namen seiner Kirche moralisch korrektes Verhalten unter der Bettdecke eingefordert. Nach dem schlichten Prinzip, dass eine Kirche nicht Wein trinken darf, wenn sie Wasser predigt, konnte Johannes Paul II. keine Diskussion darüber zulassen, wie es um die Sexualität seiner eigenen Leute bestellt war. Aus seiner Sicht gab es die einfach nicht.

Die Priester hatten alle das Geschenk des zölibatären Lebens erhalten und damit basta. Der polnische Papst griff aggressiv immer wieder Menschen an, die ihre homosexuelle Orientierung auslebten, und verurteilte sie. Deswegen fand im Pontifikat von Johannes Paul II. auch keinerlei Diskussion über Sexualität unter Priestern statt. Das hatte eine schwerwiegende Konsequenz: Das Thema Sexualität von Priestern kam immer nur dann auf den Tisch, wenn es um Missbrauch ging und sich das Problem beim besten Willen nicht mehr ignorieren ließ. Im Frühjahr des Jahres 1995 erhoben ehemalige Schüler des Knabenseminars Hollabrunn in Österreich und später erwachsene Seminaristen schwere Vorwürfe wegen sexueller Belästigungen durch den Wiener Erzbischof und Kardinal Hans Hermann Groër. Im Grunde wäre Papst Johannes Paul II. jetzt endlich gezwungen gewesen, über sexuellen Missbrauch und die sexuelle Orientierung seiner Priester zu sprechen. Doch gar nichts geschah.

Zwar trat Hans Hermann Groër im Sommer des Jahres 1995 zurück. Es wurde aber nie ein Verfahren gegen ihn eingeleitet. Zu Beginn des Jahres 1998 tauchten neue Vorwürfe sexueller Übergriffe von Hans Hermann Groër gegenüber volljährigen Mönchen auf, die er in seinem Stammkloster, dem Stift Göttweig, begangen haben soll. Wieder hätte der Papst die Gelegenheit gehabt, das Thema anzusprechen. Wieder geschah nichts.

Dagegen sprach Papst Franziskus, bereits auf dem Rückweg von seiner Brasilien-Reise im Juli 2013, kein halbes Jahr im Amt, das Thema an: »Man schreibt viel über eine Schwulenlobby im Vatikan, doch ich habe keine Liste mit den Namen derjenigen, die daran beteiligt wären. Wenn jemand schwul ist und den Herrn sucht, wer bin ich, um ihn zu verurteilen? Man darf diese Personen nicht diskriminieren oder ausgrenzen. Die Kirche schaut nicht auf die Tendenz einer Person. Alle sind Brüder. Wenn sich jemand verliert, muss ihm geholfen werden. Man muss unterscheiden, ob er eine anständige Person ist.«

Diese Aussage hatte im Vatikan eingeschlagen wie eine Bombe. Zum ersten Mal bestätigte ein Papst, dass im Vatikan über eine Schwulenlobby gesprochen wurde, und gleichzeitig relativierte er die seit fast 2000 Jahren geltende Verurteilung der Christen von Menschen, die ihre Homosexualität ausleben. Aber was würde der Papst tun, sobald es den ersten konkreten Fall gab?

Die Herausforderung kam an diesem 2. Oktober 2015. Das Datum war nicht zufällig gewählt, weil genau an diesem Tag die mit Spannung erwartete Familiensynode im Vatikan beginnen sollte. Am Morgen meldete sich ein theologischer Star zu Wort, der leitende Mitarbeiter der Glaubenskongregation Krzysztof Charamsa, und erklärte vor der Presse, dass er ein homosexueller

Priester sei und dass er beschlossen habe, die Wahrheit zu sagen, »um das Gewissen der Kirche wachzurütteln«.

Krzysztof Charamsa war nicht irgendein Priester. Er gehörte der Glaubenskongregation an, die sich als Speerspitze der Bewahrung des wahren Glaubens sah. Er hatte mit Joseph Ratzinger eng zusammengearbeitet und galt als ein Experte in allem, was mit der Verehrung für Maria zu tun hatte. Ausgerechnet dieser Mann, der darüber gewacht hatte, dass niemand in der katholischen Kirche etwas behauptete, was nicht mit der offiziellen Lehre übereinstimmte, erklärte jetzt, dass er ein Doppelleben geführt hatte, und präsentierte auch gleich seinen Lebensgefährten.

Der Schock im Vatikan war so groß, dass die Glaubenskongregation Krzysztof Charamsa auf der Stelle aus der hochrangigen Internationalen Theologischen Kommission warf, weil seine Haltung nicht mit der Doktrin der katholischen Kirche vereinbar sei. Ohne jeden Zweifel war die Erklärung von Krzysztof Charamsa unmittelbar vor dem Beginn der Familiensynode eine Provokation gewesen. Seine Kritiker warfen ihm vor, den Zeitpunkt bewusst gewählt zu haben, um Werbung für das Buch über sein Leben zu machen.

Ich habe Krzysztof Charamsa persönlich kennengelernt, und ich halte diesen Vorwurf gegen ihn für nicht gerechtfertigt. Ich glaube, dass der tiefgläubige Krzysztof Charamsa sich die Entscheidung für ein öffentliches »Coming-out« nicht leicht gemacht hat. Ich weiß, dass er tatsächlich an der Doppelzüngigkeit der Kirche in dieser Frage lange gelitten hat und dass er die Arroganz, aber auch die Ignoranz der katholischen Kirche in dieser Sache sichtbar machen wollte.

Nach der sensationellen Erklärung stellte sich die Frage, was der Papst tun würde. Wollte er Regeln brechen und die Maschine, die jetzt automatisch anlief, um den Rauswurf des rebellischen Krzysztof Charamsa vorzubereiten, stoppen? Der Papst erwirkte immerhin eine Bedenkzeit. Statt ihn gleich zu feuern, forderte die Diözese Pelplin, zu der Charamsa gehört, ihn auf, sein Verhalten zu erklären und sich dazu zu äußern, wie er sich seine Zukunft vorstelle. Da Krzysztof Charamsa schwieg, suspendierte ihn die Diözese von seinem Amt. In Polen gab es eine breite Mehrheit in der Bischofskonferenz, die auf gar keinen Fall bereit war, die Provokation von Krzysztof Charamsa zu tolerieren. Dem Papst blieb jetzt nur die Wahl, entweder den Fall Charamsa neu aufzurollen und damit die komplette polnische Bischofskonferenz vollständig gegen sich aufzubringen, die ihn ohnehin schon bekämpfte, oder den Rauswurf hinzunehmen. Da aber Charamsa offensichtlich gar kein Interesse mehr daran hatte, in seinem Amt in der katholischen Kirche zu bleiben, schwieg der Papst. Allerdings war Franziskus vollkommen klar, dass mit dem Rauswurf Charamsas das eigentliche Problem nicht gelöst wurde. Der Fall Charamsa hätte eine Chance sein können, endlich über Homosexualität und Kirche ernsthaft zu sprechen. Doch der Papst ließ diese Chance verstreichen. Dass sich das Thema nicht mehr verschweigen ließ, sollte am 24. Januar 2022 die sensationelle Dokumentation der ARD *Wie Gott uns schuf* zeigen, in der sich 125 homosexuelle Mitarbeiter der katholischen Kirche in Deutschland outeten.

Diese Dokumentation und Krzysztof Charamsa machten auf eine eklatante Weise klar, dass die Vorstellung von Papst Johannes Paul II., dass alle Priester zufrieden das Geschenk der Ehelosigkeit lebten, eine fatale Fehleinschätzung gewesen war. In Wirklichkeit gingen offensichtlich auch die Frömmsten mit Sexualität vollkommen anders um.

2016

Das Jahr 2016 zwang den Papst, sich mit einem Thema auseinanderzusetzen, das überhaupt nicht in seine Planung passt, den Massenmorden islamistisch motivierter Attentäter, die im Namen des Islamischen Staates IS oder von al-Qaida agieren. Seit Beginn seines Pontifikates versuchte er die Linie durchzusetzen, dass die Flüchtlinge der Kriege, die vor allem in Syrien und Afghanistan toben, in Europa bedingungslos aufgenommen werden sollen. Dabei spielt für ihn keine Rolle, welche Religion die Flüchtlinge haben. Er sagt immer wieder: »Für mich sind das alles Kinder Gottes, ganz egal, zu welchem Gott sie beten.«

Durch den sich verschärfenden Krieg in Syrien stieg die Zahl der Flüchtlinge, die über die Türkei versuchten, nach Europa zu gelangen, deutlich an. Die Situation in den Flüchtlingslagern, vor allem in Griechenland, galt mittlerweile als katastrophal.

Der Papst entschloss sich deshalb, eine spektakuläre Reise zu unternehmen. Er wollte am 16. April 2016 zusammen mit den anderen beiden religiösen Führern der Region auf Lesbos ein Zeichen setzen, um die Menschen in Europa auf dieses Problem aufmerksam zu machen und ihnen das Massensterben im Mittelmeer vor Augen zu führen. Der Papst hatte es gleich mit zwei religiösen Oberhäuptern zu tun, denn grundsätzlich sieht sich der Chef der griechisch-orthodoxen Kirche, der Erzbischof von Athen, Hieronymus II. als das Oberhaupt der griechischen

Christen. Gleichzeitig beansprucht das Oberhaupt aller orthodoxen Teilkirchen, der Patriarch von Konstantinopel, der sich als Nachfolger des Apostels Andreas sieht, Bartholomaios I. Einfluss in Griechenland. Denn das Kloster Athos und die Kirche von Kreta erkennen zwar Bartholomaios I. in Konstantinopel, aber nicht den Erzbischof von Athen als ihr Oberhaupt an. Der Papst wiederum ist das Oberhaupt der winzigen katholischen Minderheit in Griechenland, die nicht einmal 1 Prozent ausmacht.

Seit dem Amtsantritt von Papst Franziskus im Jahr 2013 hatte sich das Klima in der Frage der Aufnahme von Immigranten grundsätzlich geändert. Am 7. Januar 2015 hatten Terroristen einen blutigen Anschlag auf die Redaktion der Satire-Zeitschrift *Charlie Hebdo* in Paris verübt. Zwei Täter, die al-Qaida zuzurechnen waren, ermordeten 17 Menschen, darunter zwei Polizisten. Am 8. Januar erschoss ein Mitglied der Terrorgruppe in Montrouge eine völlig unbeteiligte Stadtpolizistin. Am 9. Januar beging ein anderes Mitglied einen Anschlag auf einen jüdischen Supermarkt in Paris, bei dem vier Menschen ums Leben kamen.

Der Vatikan reagierte ausgesprochen zurückhaltend auf diese Anschlagswelle. Der Papst betonte, dass es sich bei den Attentätern um in Frankreich geborene Söhne algerischer Einwanderer handle. Das Problem liege vor allem darin, dass es Europa nicht gelinge, Einwanderer aus muslimischen Ländern angemessen zu integrieren. Außerdem verwies der Papst darauf, dass es in allen religiösen Gruppen immer wieder Fanatiker gebe. Er erinnerte daran, dass in Nordirland irregeleitete Katholiken jahrelang Anschläge auf ihre protestantischen Mitbürger verübt hätten. Als in den europäischen Medien die Frage aufgeworfen wurde, ob eine Art Religionskrieg drohe, lehnte der Vatikan diese Aussage ab.

Zunächst kann der Papst den Druck noch abfangen. Die Täter waren zweifellos religiös motiviert gewesen. Eine satirische Zeichnung hatten sie als Beleidigung des Religionsstifters Mohammed interpretiert. Die Anschläge galten also nicht nur Franzosen, sondern vor allem Christen. Die Attentäter sprachen zwar davon, dass die Auslandseinsätze der französischen Armee in muslimischen Ländern einer der Gründe für die Attentate gewesen seien. Sie riefen während der Anschläge aber auch immer wieder »Allahu Akbar« und dass Mohammed nun gerächt worden sei.

Von einer sich zuspitzenden Auseinandersetzung zwischen der muslimischen Welt und den Christen wollte der Vatikan zu dem Zeitpunkt aber noch nichts wissen. Das änderte sich am 13. November 2015. Bei dieser Angriffsserie in Paris wurden 130 Menschen getötet und 683 verletzt, 97 von ihnen schwer. Die Attentatsserie dieser Nacht ist der schwerste Angriff auf Frankreich seit dem Zweiten Weltkrieg. Die Staatsanwaltschaft wird diese Nacht später wie folgt rekonstruieren:

21.20 Uhr: Vor dem im Norden von Paris gelegenen Fußballstadion Stade de France explodiert eine Bombe während eines Freundschaftsspiels zwischen der deutschen und der französischen Nationalmannschaft.

21.25 Uhr: 15 Menschen sterben im Kugelhagel eines Attentats in der Bar Le Carillon und im Restaurant Le Petit Cambodge im Zentrum von Paris.

21.32 Uhr: In der Pizzeria La Casa Nostra und im Café Bonne Bière sterben fünf Menschen durch Salven aus automatischen Waffen.

21.36 Uhr: In der Bar La Belle Époque wird minutenlang gefeuert, bis 19 Menschen tot am Boden liegen.

21.40 Uhr: Ein Terrorist sprengt sich auf der Place de la République in die Luft.

21.40 Uhr: In der Konzerthalle Bataclan tötet ein Killerkommando 89 Menschen und verschanzt sich.

Der Islamische Staat veröffentlichte am 14. November ein Bekennerschreiben, in dem die Anschläge religiös motiviert werden. Paris sei »die Hauptstadt des Lasters«, die Attentäter »Gläubige der Armee des Kalifats«.

Jetzt hat der Papst ein richtiges Problem. Das Ausmaß des

Terroranschlags in dieser Nacht beurteilen Fachleute als regelrechten Kriegseinsatz. Er galt gezielt den »Ungläubigen«, also den Christen. Das hat nichts mehr mit einer wie auch immer gearteten Rache an französischer Politik zu tun, sondern mit dem, was der Papst am meisten fürchtet, einem drohenden Krieg der Religionen. Der scheint jetzt Wirklichkeit geworden zu sein.

Gleichzeitig bedrückt den Papst die zunehmende Not der Flüchtlinge, die versuchen, die rettende Insel Europa zu erreichen. Ganz besonders dramatisch entwickelt sich die Lage im Flüchtlingslager Moria auf Lesbos in Griechenland. Weil die Insel nur etwa 10 Kilometer von der Küste der Türkei entfernt liegt, kommen fast täglich Flüchtlinge auf der Insel an. Das Lager, das für wenige Hundert Flüchtlinge ausgelegt war, platzt aus allen Nähten. Bis zu 2500 Menschen leben im Frühjahr 2016 in dem Lager, in Zelten, ohne heißes Wasser und ohne Heizung. Mehrere Hundert Menschen müssen sich jeweils einen Wasserhahn und eine Toilette teilen.

Papst Franziskus plant eine religiöse Großoffensive. Er will die drei religiösen Führer einbeziehen, die in der Region etwas zu sagen haben: sich selbst, den Patriarchen der griechisch-orthodoxen Kirche und den Patriarchen der orthodoxen Kirche in Konstantinopel: drei christliche Oberhäupter, die sich historisch alle spinnefeind sind. Hieronymos II., Erzbischof von Athen, das Oberhaupt der orthodoxen Kirche, will nicht, dass der Papst für einen spektakulären Besuch auf sein Territorium, das Land Griechenland, kommt. Die griechisch-orthodoxe Kirche erkennt den Papst als Oberhaupt aller Christen überhaupt nicht an. Bartholomaios I. aus Konstantinopel sieht sich als Oberhaupt aller orthodoxer Kirchen, auch der griechischen, was die wiederum nicht anerkennen. Dem Papst gelingt es dennoch, beide im Interesse der Flüchtlinge zu einem Treffen auf Lesbos zu bewegen.

Aus orthodoxer Sicht hat der Papst in Griechenland einfach nichts zu suchen. Aber die Teilnahme an einem solchen Treffen abzulehnen, geht eigentlich auch nicht. Die griechische Regierung befürwortet das Treffen der religiösen Anführer auf Lesbos. Der Vatikan hatte Griechenland zugesichert, dass der Papst besonders darauf dringen werde, dass die EU Griechenland nicht allein lassen dürfe mit diesem Problem. Die Europäische Union müsse sich in Griechenland solidarisch zeigen und dem Staat unter die Arme greifen.

Griechenland hofft, dass zumindest die Länder der Europäischen Union, in denen die Katholiken eine große Gruppe stellen, auf den Ruf des Papstes hören werden. Eigentlich müssten die Spannungen zwischen dem Papst und den beiden Patriarchen ein Treffen unmöglich machen, aber weder Bartholomaios noch Hieronymos II. können sich leisten, dem Treffen fernzubleiben. Hieronymos II. stimmt notgedrungen zu. Seine Bedingung ist: In der Reihenfolge der Redner, die auf der Insel sprechen werden, muss er der erste sein. Bartholomaios II. wird in seiner Rede an die Warnung von Papst Franziskus erinnern. Der sagte schon am 25. November 2014 vor dem Europäischen Parlament in Straßburg, dass das Mittelmeer kein Massengrab werden dürfe. »Das Mittelmeer darf kein Grab sein, sondern es soll ein Ort des Lebens und des Dialoges sein.«

Der Papst sicherte den Flüchtlingen zu, dass sie nicht allein seien. Er versprach ihnen, dass der Vatikan alles tun werde, um die Situation im Lager Moria zu bessern. Ein Bild beherrscht diesen Tag: Ein Mann wirft sich vor dem Papst auf die Knie und beginnt hemmungslos zu weinen.

Der Papst schilderte später das Schicksal des Mannes: »Er war ein junger Mann, keine 40 Jahre alt, er hat zwei Kinder. Er ist Muslim, aber er sagte mir, dass er mit einer Christin verheiratet war, die er sehr liebte. Der jungen Frau hatten Terroristen die Kehle durchgeschnitten, weil sie ihren Glauben nicht verleugnen wollte.«

Der Papst hat zu diesem Zeitpunkt noch keine Ahnung, dass dieses Lager auf eine Katastrophe zusteuert, es wird einer der größten Schandflecken Europas werden. Um ein deutliches Zeichen zu setzen, nimmt Franziskus zur Überraschung aller auf dem Rückweg in der päpstlichen Maschine zwölf Flüchtlinge des Lagers mit auf die Rückreise nach Rom. Es sind zwei Familien mit mehreren Kindern. Sie werden der Obhut der Gemeinschaft des heiligen Ägidius in Rom übergeben. Aber der Papst muss sich auch schon auf dem Rückflug fragen lassen, warum er ausschließlich muslimische Familien mitnimmt. Kein einziger Christ ist unter den wenigen Geretteten, die der Vatikan aus dem Lager holte. Der Papst antwortete so, wie er es seit Monaten tut: Was die Flüchtlinge angehe, sehe er sie alle als Kinder Gottes.

Weltweit wird diese Geste des Zusammenschlusses der über Jahrtausende verfeindeten religiösen Führer äußerst positiv aufgenommen. Religionen scheinen seit Langem endlich mal wieder ein nobles gemeinsames Ziel zu verfolgen, statt sich gegenseitig zu bekämpfen. Doch in diesem Sommer wird der Druck auf den Papst, der so viel für muslimische Flüchtlinge unternimmt, immer größer, denn der Terror hat gerade erst begonnen.

Am 14. Juli 2016 rast der Tunesier Mohamed Lahouaiej-Bouhlel mit einem Lkw in Nizza in die Menge, die an der eleganten Strandstraße Promenade des Anglais das Fest zur Erinnerung an die Erstürmung der Bastille feiert: 86 Menschen sterben, 458 werden zum Teil schwer verletzt. Wieder ist es Frankreich. Nur zwei Wochen später, am 26. Juli 2016, überfallen zwei Terroristen in der Normandie die Kirche Saint-Étienne-du-Rouvray. Sie zerren den 85-jährigen Priester Jacques Hamel zum Altar und schneiden ihm die Kehle durch. Den 87-jährigen Gottesdienstbesucher Guy Copenot zwingen sie, die Tat zu filmen, und verletzen ihn dann mit Messern so schwer, dass sie glauben, er sei tot, als sie die Kirche verlassen. Die Täter geben an, im Sinne des Islamischen Staates gehandelt zu haben. Schon wieder Frankreich. Diesmal ist ein religiöser Zusammenhang mit der Tat nicht mehr zu leugnen: Ein Priester wird vor dem Altar regelrecht hingerichtet.

Warum sagte der Papst nicht endlich das Offensichtliche? Muslimische Mörder bringen Christen um. Die Täter sind religiös motivierte Extremisten, die Opfer haben keine andere Schuld, als dass sie Christen sind. So sehen das viele Gläubige in der katholischen Kirche.

Der Erzbischof von Nizza setzt immerhin durch, dass der Papst die Angehörigen der Opfer empfängt. Am 24. September 2016 ist es so weit. Jetzt werden vom Papst endlich klare Worte erwartet. Der Papst soll vor allem erst einmal nur eines tun, zugeben, was geschieht. Aus Sicht des französischen Innenministeriums ist die Antwort auf die Frage, was da geschieht, ganz einfach. Der Islamische Staat ruft systematisch gewaltbereite religiös motivierte Attentäter dazu auf, Morde in Frankreich zu begehen. In den Jahren 2015/16 sterben in Frankreich mehr Menschen bei Attentaten denn je zuvor seit dem Zweiten Weltkrieg. Doch der Papst schweigt selbst zu dem Offensichtlichen. Er verliert in seiner Ansprache vor den Opfern kein Wort über den Islamischen Staat, der ganz offensichtlich Frankreich angegriffen hat. Der Papst versucht alles, um vergessen zu machen, dass es sich um einen regelrechten Religionskrieg handelt:

»Mit aufrichtiger Anteilnahme begegne ich euch, die ihr an eurem Leib oder an eurer Seele leidet, weil an einem festlichen Abend die Gewalt euch blind getroffen hat, euch oder einen eurer Angehörigen ohne Rücksicht auf Herkunft oder Religion.«

Wie bitte? Ohne Rücksicht auf Herkunft oder Religion? Der Islamische Staat lässt in seinen Bekennerschreiben keinen Zweifel daran, was die Kämpfer in Frankreich tun sollen, nämlich Ungläubige töten. Den Attentätern ist es keineswegs egal, welche Herkunft oder Religion die Opfer haben. Sie ermorden nicht die Einkäufer in einem Halal-Supermarkt in Paris, sondern töten Unschuldige in einem koscheren jüdischen Supermarkt, und sie richten auch nicht einen Imam in einer Moschee, sondern einen Priester in einer Kirche hin. Mit einem Lkw in ein Fest in Nizza zu rasen, gilt sicher nicht der muslimischen Gemeinde, die das Ende des Ramadan feiert. Warum sagt der Papst nicht, was auf der Hand liegt? In seiner Rede erwähnt er den Islam nicht ein einziges Mal, geschweige denn den Islamischen Staat. Er sagt lediglich: »Auf die Angriffe des Teufels kann man nur mit den Werken Gottes antworten: mit Vergebung, Liebe und Achtung des Nächsten, auch wenn er anders ist.«

Aber dem Papst muss im Laufe dieses Jahres klar geworden sein, dass die Bedrohung religiös motivierter Konflikte auf der ganzen Welt gewaltig angestiegen ist, dass er jetzt etwas tun muss. An diesem Nachmittag vor den Verwandten der Verstorbenen des Attentats und den Verletzten formuliert er, was er Jahre später in die Tat umsetzen wird:

»(…) die Aufnahme eines aufrichtigen Dialogs und brüderlicher Beziehungen unter allen Menschen, insbesondere unter jenen, die einen einzigen und barmherzigen Gott bekennen, ist eine dringende Priorität, die die Verantwortlichen auf politischer und religiöser Ebene versuchen müssen zu fördern und die ein jeder aufgerufen ist, in seinem eigenen Umfeld zu verwirklichen.«

Prophezeiung

Es gehört zu meinem Beruf, dass ich mich mit Themen beschäftigen muss, die auf manche Menschen seltsam wirken. Eine solche Frage ist: Gibt es Prophezeiungen? Sagt Gott Menschen die Zukunft voraus? Den größten Teil meines Lebens hätte ich geantwortet, dass es vollkommen verrückt ist, an Prophezeiungen zu glauben, wie an den Mann im Mond oder an grüne Männchen.

Ich sehe das heute anders, und den Unterschied machte für mich das Land Aserbaidschan. Wenn mich heute jemand fragt, ob ich vollkommen sicher bin, dass es keine Prophezeiungen gibt, dann würde ich sagen: Nein, ich bin mir nicht mehr hundertprozentig sicher. Es gibt Tage, an denen ich mich frage, ob ich ausgerechnet in diesem Land an der Grenze zwischen Europa und Asien eine Prophezeiung erlebt habe.

Papst Johannes Paul II. hatte im Jahr 2002 die Planung einer ausgesprochen seltsamen Auslandsreise durchgesetzt. Er wollte am 22. Mai des Jahres 2002 nach Aserbaidschan fliegen, in die Hauptstadt Baku. Zum ersten Mal in der Geschichte sollte ein Papst dieses Land betreten. Auf den ersten Blick schien der Plan verrückt zu sein, denn es gab nach optimistischen Schätzungen etwa 200 praktizierende Katholiken in Aserbaidschan. Dort existiert eine einzige Pfarrei. Das Land ist in seiner großen Mehrheit muslimisch. Wenn der Papst diesen 200 Katholiken den Rücken stärken wollte, wäre es unendlich viel einfacher und sehr viel kostengünstiger gewesen, wenn er alle 200 Katholiken Aserbaidschans einfach nach Italien eingeladen hätte, um ihnen im Vatikan eine besondere Audienz zu gewähren. Aber nach Aserbaidschan zu fliegen mit der kompletten Delegation, schien vollkommen abwegig zu sein. Was wollte der Papst dort? Das Land litt seit Jahren an dem Konflikt um die Region Bergkarabach. Aber dieser Streit zwischen den muslimischen Bewohnern Aserbaidschans und den armenischen Christen verlangte nicht nach einer Vermittlung durch einen Papst. Warum also wollte er trotz seiner Parkinson-Krankheit, die ihn immer mehr einschränkte, eine so weite Reise antreten, um so wenige Menschen zu treffen? Wenn man eine normale Papstreise als Vorbild nahm, dann kam beim Besuch eines Papstes maximal etwa ein Drittel der besuchten Katholiken des besuchten Landes tatsächlich zu den Gottesdiensten und Ansprachen des Papstes. Das hätte also bedeutet, dass der ganze Aufwand durchgezogen wurde, um etwa 70 Katholiken zu treffen, darin eingeschlossen waren alle Babys und alle Greise. Es gab noch einen praktischen Grund, eine solche Reise nicht zu unternehmen, denn der Vatikan besaß zu diesem Zeitpunkt in Baku noch keine Nuntiatur, also keine Botschaft.

Wo, bitte, sollte der Papst schlafen? Die Tradition des Vatikans verlangt, dass ein Papst, wenn er sich zurückzieht, also wenn er schlafen geht oder wenn er krank wird, immer auf vatikanischem Territorium bleibt. Da die Vatikanischen Nuntiaturen, wie alle Botschaften der Welt, einen Sonderstatus haben, kann sich der Papst in jedem Land der Welt, in dem es eine Nuntiatur gibt, einfach dorthin zurückziehen.

Aber selbst vor diesem naheliegendsten aller Probleme ließ sich Johannes Paul II. nicht abschrecken. Er ordnete an, dass er einfach ein Hotelzimmer bekäme, und hielt an dieser seltsamen Reise fest.

Dieser Besuch ist in die Geschichte des Vatikans eingegangen, weil es kein anderes Land gibt, das sich in den vergangenen 30 Jahren durch einen Planungsfehler so der Lächerlichkeit preisgegeben hat. Der Flug von Rom nach Baku verlief planmäßig. Aus Angst vor Attentaten war allerdings die Straße, die vom Flughafen in die Hauptstadt Baku führt, für den Papst und die Busse der Delegation abgeriegelt worden. Ich weiß noch, dass wir alle damals ziemlich gespannt waren, wie es wäre, eine Papstreise zu erleben, in der, wenn es extrem gut lief, 70 Menschen dem Oberhaupt der katholischen Kirche zujubeln würden. Mit einer solchen Schar ließ sich nicht einmal eine mittelgroße Kirche füllen.

Wir stiegen also in den Delegationsbus, der aus Angst vor Katjuscha-Raketen mit Vollgas in Richtung des Stadtzentrums raste. Plötzlich hörten wir einen lauten Knall. Seitdem die Delegation des Vatikans im Jahr 1994 in Sarajevo über 24 Panzerminen gefahren war, die Gott sei Dank nicht explodierten, spielt der Gedanke an ein mögliches Attentat im Hinterkopf immer eine Rolle. In diesem Augenblick damals auf der Autobahn in Richtung Baku hatte ich keinen Zweifel daran, dass ich in einem Bus saß, der beschossen worden war. Das Dach des Busses war zerfetzt, wir waren von Glassplittern getroffen worden, und der Bus trudelte über die Autobahn. Wir duckten uns und sahen zu, wie der Busfahrer sein Gefährt mit Mühe zum Stehen brachte. Dann wankten wir aus dem Fahrzeug. In Windeseile tauchten Militärfahrzeuge rund um uns auf, Polizisten liefen herbei, Hubschrauber waren am Himmel. Einige Kollegen begannen schon zu diktieren, dass es einen Zwischenfall gegeben habe, in Baku seien Mitglieder der päpstlichen Delegation leicht verletzt worden.

Plötzlich tauchten zwei ranghohe Offizier auf, und wir versammelten uns um sie und bedrängten sie, uns zu sagen, was geschehen sei. Was war passiert? War das ein Attentat? Plötzlich sahen wir, wie die beiden Militärs herumdrucksten. Schließlich schien es, als steige ihnen die Schamesröte ins Gesicht. Sie sagten: »Es tut uns unendlich leid. Das war kein Attentat. Wir haben für den Papstbesuch neue Busse angeschafft, und wir haben vorher nicht überprüft, ob die auch unter die Autobahnbrücke passen. Sie passten nicht, weil moderne Klimaanlagen auf die Busse montiert worden waren.« Der Bus war mit Vollgas gegen die Brücke geprallt, die Klimaanlage war abgerissen und ein Teil des Daches abgedeckt worden.

In Baku erlebten wir eine weitere Überraschung. Im Sportpalast von Baku kamen statt der erwarteten winzigen Schar von wenigen Dutzend Katholiken Hunderte Gläubige in den Sportpalast. Viele Christen waren aus dem ganzen Großraum gekommen, um den Papst zu sehen. Er verurteilte ein weiteres Mal die Sowjetdiktatur.

Papst Johannes Paul II. sagte: »Ich wende mich hier besonders an die einheimischen Bewohner dieses Landes, die das Drama der marxistischen Verfolgung durchlebt haben, als sie die Konsequenzen ihrer treuen Zugehörigkeit zu Christus auf sich nahmen. Ihr, liebe Brüder und Schwestern, habt erlebt, dass eure Religion als bloßer Aberglaube belächelt wurde (…). Aus diesem Grund wurdet ihr als Bürger zweiter Klasse betrachtet und in vielfacher Weise gedemütigt und ausgegrenzt.«

Es gab damals donnernden Applaus, die Reise galt später als ein Erfolg, der nicht zu erwarten gewesen war.

Als wir nun 14 Jahre später mit Papst Franziskus aufbrachen zur zweiten Reise eines Papstes nach Aserbaidschan, erwarteten wir die Ankunft an diesem Nachmittag mit einer gewissen Belustigung. Hatten die Organisatoren in Aserbaidschan diesmal nachgemessen, ob der Bus unter die Brücke passen würde? Als wir ankamen, stellte sich mir ein älterer Offizier vor. Er gab mir die Hand, schlug mir auf den Rücken und sagte: »Sie waren doch damals dabei? Richtig? Ich habe auf den Namenslisten nachgeschaut. Da stand, dass Sie in dem Bus saßen, der gegen die Brücke prallte. Ich verspreche Ihnen, diesmal machen wir alles besser.« Er gab mir noch am Flughafen einen Kaffee aus.

An diesem Nachmittag besuchte Papst Franziskus das Denkmal der Opfer des Überfalls der sowjetischen Armee auf Aserbaidschan im Jahr 1990. Ich habe mir später diesen Tag immer wieder ins Gedächtnis gerufen, weil er mir klarmachte, wie blind ich gewesen war, für wie vollkommen ausgeschlossen ich einen Angriff Russlands auf ein Land der ehemaligen Sowjetunion wie die Ukraine gehalten hatte.

Ich kann mich ganz genau daran erinnern, dass wir uns an diesem Tag im Gefolge des Papstes wieder und wieder versicherten, wie sehr sich die Welt doch zum Besseren verändert habe, weil ein Überfall der russischen Armee auf ein Nachbarland Gott sei Dank vollkommen ausgeschlossen sei. Das, was in Aserbaidschan geschehen war, der Angriff der russischen Truppen auf ein Brudervolk, könne sich nie wiederholen. Wie naiv waren wir damals doch! Wir waren mit der Delegation schon fast eine Stunde vor der Zeremonie zu dem Denkmal gebracht worden, und es war beeindruckend, die lange Wand zu sehen, auf der der Opfer gedacht wird. Ich erinnere mich genau daran, dass wir alle vor dieser Wand standen und dachten, dass wir einen Blick weit zurück in die Geschichte werfen würden. Dass wir in Wirklichkeit vor einer Warnung standen vor dem, was in Zukunft geschehen sollte, ahnten wir nicht.

Auslöser des Konfliktes in Aserbaidschan war die seit Jahrhunderten schwelende Rivalität zwischen dem christlichen Armenien und dem angrenzenden muslimischen Aserbaidschan gewesen. Im Grenzgebiet der beiden Länder, der sogenannten Bergkarabach-Region, lebten sowohl Christen als auch Muslime, und zwischen ihnen war es immer wieder zu Konflikten gekommen.

Ein Fehler des obersten Sowjets unter Michail Gorbatschow löste dann am 9. Januar 1990 eine Katastrophe in der Region aus. Den Bewohnern Bergkarabachs wurde von Moskau die Teilnahme an den Wahlen in Armenien erlaubt. Aus der Sicht Aserbaidschans fiel damit die umstrittene Region an Armenien, was unter anderem bedeuten würde, die dort lebenden muslimischen Bewohner der Willkür der Christen auszusetzen. Offensichtlich hatte Michail Gorbatschow nicht geahnt, was er auslösen würde. Aus Rache für vermeintliche Gewaltakte, die christliche Armenier gegen muslimische Bewohner in der Bergkarabach-Region verübt haben sollten, kam es am 13. Januar in Baku, der Hauptstadt Aserbaidschans, zu einer regelrechten Jagd auf christliche Armenier. 90 Menschen kamen ums Leben, Tausende verließen fluchtartig die Stadt. Um die Lage unter Kontrolle zu bringen, schickte Michael Gorbatschow sowjetische Spezialeinheiten nach Aserbaidschan, die zunächst den Auftrag bekamen, die Fernsehstation des Landes sowie die Radio- und Telefonverbindungen zu kapern. Am 19. Januar ließ Gorbatschow 26 000 Soldaten der »Garnison Baku« gegen die Demonstranten vorgehen. Die sowjetischen Soldaten durchbrachen die Barrikaden und eröffneten in Straßenkämpfen das Feuer. Nach übereinstimmenden Berichten sollen an jenem 19. Januar 1990 insgesamt 93 Bewohner Aserbaidschans und 21 sowjetische Soldaten ums Leben gekommen sein. Bis heute ließ sich nie klären, weshalb die sowjetischen Soldaten starben. Vieles spricht dafür, dass sie durch den Beschuss der eigenen Truppen getötet wurden.

Während wir im Oktober 2016 auf Papst Franziskus warteten, erklärte mir mein Offizier-Begleiter diese lange Wand mit den Fotos der Gefallenen und beschrieb mir, was ihn damals so bewegt hatte: »Als die Russen in Baku einmarschierten, verstand ich das überhaupt nicht. Ich empfand mich als Sowjetbürger. Wieso sowjetische Panzer jetzt auf uns schossen, war mir und den meisten der Bewohner in Baku überhaupt nicht klar. Bis zu diesem Zeitpunkt hatte es nicht wirklich eine antisowjetische Stimmung in Aserbaidschan gegeben. Das änderte sich natürlich radikal, als Gorbatschow die Truppen in unser Land schickte.«

Wir plauderten noch eine Weile, dann sahen wir zu, wie Papst Franziskus auf der Rolltreppe hochkam, die zu der Gedenkstätte führt. Franziskus ließ sich ausführlich die Gedenkstätte erklären, er fragte nach, und wir konnten hören, dass Franziskus seine Freude darüber zum Ausdruck brachte, dass dieses blutige Kapitel der Geschichte Aserbaidschans für immer vorbei sei. Ich erinnere mich, dass ich in diesem Augenblick mit meinem Offiziersfreund darüber sprach, wie vollkommen falsch Johannes Paul II. diese ganze Situation eingeschätzt hatte. Er war seltsamerweise überzeugt davon gewesen, dass die Teilrepubliken der Sowjetunion die himmlischen Kräfte und vor allem die Muttergottes dringend brauchten, um sich vor Russland zu schützen. Wir sahen Papst Franziskus zu, der einen Kranz niederlegte und der Toten gedachte, und der Offizier und ich waren uns vollkommen einig, dass es nie wieder russische Überfälle auf die ehemaligen Satellitenstaaten geben werde. Ich gebe zu, dass wir uns sogar ein wenig lustig machten über die seltsame Vorahnung Johannes Pauls II. Er hatte darauf bestanden, so viele ehemalige Satellitenstaaten des Sowjetimperiums wie möglich zu bereisen. Er war selbstverständlich in Polen, der Tschechoslowakei und Ungarn gewesen, aber auch als erster Papst in die von der orthodoxen Kirche geprägten Länder wie die Ukraine, Rumänien, Georgien und Bulgarien gereist. Jetzt reiste er in Länder des ehemaligen Sowjetimperiums, in denen es so gut wie keine Katholiken gab, nach Aserbaidschan und Kasachstan.

Alle diese Besuche hatten damit zu tun, dass er eine Gefahr

fürchtete, die von Russland ausging und die Freiheit dieser Länder in Zukunft bedrohen könnte. Es war sein zentrales Anliegen, die Freiheit zu verteidigen. Bei seiner Ankunft am Flughafen in Baku am 22. Mai 2002 hatte er noch gesagt: »Die nach langer Fremdherrschaft wiedererlangte Unabhängigkeit war in den vergangenen Jahren mit vielen Schwierigkeiten und Leiden verbunden, aber nie wurde die Hoffnung aufgegeben, in Freiheit eine bessere Zukunft aufbauen zu können.«

Als wir mit Papst Franziskus an diesem Denkmal in Baku standen, waren wir uns absolut sicher, dass all diese Länder – Aserbaidschan, Georgien, die Ukraine, Polen, die baltischen Staaten – nicht mehr den geringsten Grund hatten, einen aggressiven russischen Staat zu fürchten. Der Besuch von Franziskus in Baku wurde zelebriert wie der endgültige Abschluss einer düsteren Epoche. Papst Johannes Paul II. hatte offenbar nicht recht behalten. All seine Reisen, die Befürchtungen um die Freiheit in den ehemaligen sowjetischen Satellitenstaaten schienen völlig unbegründet. Er hätte gar nicht die Muttergottes um den Schutz dieser Länder bitten müssen. Ich muss oft an diesen Tag in Baku mit Papst Franziskus denken, weil er mich daran erinnert, dass wir in dieser Atmosphäre damals es für vollkommen ausgeschlossen hielten, dass es einen Krieg Russlands gegen die Ukraine geben könnte. Als am 24. Februar 2022 der Krieg ausbrach, traf mich das, wie so viele, wie ein Schlag.

Ich musste an diesen Besuch an der Wand der Opfer der sowjetischen Invasion in Aserbaidschan denken und an Wojtyłas Überzeugung einer drohenden Gefahr aus Moskau. War das einfach die Erfahrung des polnischen Papstes aus seiner Zeit hinter dem Eisernen Vorgang gewesen oder sein politisches Gespür, das ihn ahnen ließ, was passieren würde? Mein Problem dabei ist, dass ich ganz genau weiß, dass Papst Johannes Paul II. ein Wort wie »politisches Gespür« niemals in den Mund genommen hätte. Er hätte gesagt: Gott hat mich möglicherweise ahnen lassen, was geschehen würde. Und hatte Gott das wirklich?

An diesem 2. Oktober 2016 erwartete Papst Franziskus noch ein ganz anderer Konflikt, und ein Großteil der Welt hielt an diesem Abend den Atem an.

Ich erinnere mich gut an diese magische Atmosphäre vor der Heydar-Aliyev-Moschee in Baku. Der strahlend weiße Bau, die gläubigen Muslime, die uns neugierig beobachteten, diese Atmosphäre aus Tausendundeiner Nacht und der seltsame Gegensatz zu dem hoch technisierten Zentrum rund um die Moschee, alles das machte großen Eindruck auf mich. An diesem Abend ging es um eine der spannendsten Entscheidungen im ganzen Pontifikat von Franziskus. Zum ersten Mal seit der Anschlagsserie der vergangenen Monate betete ein Papst in einer Moschee. Er musste sich jetzt entscheiden, und die Welt schaute zu. Sollte er bei seiner Linie bleiben, dass Religionen mit den Terroranschlägen der vergangenen Monate nichts zu tun hatten, dann würde das eine heftige Reaktion in der katholischen Welt geben. Die Franzosen, schockiert durch die Hunderte von Toten und Verletzten der vergangenen Monate, hatten Unterstützung bekommen im Vatikan. Auch die belgischen Bischöfe drangen jetzt darauf, dass der Papst seine Linie änderte. Der Anschlag vom 22. März 2016 in Brüssel hatte die Atmosphäre in Belgien vollkommen verändert. 32 Menschen waren am Flughafen von Brüssel und der U Bahnstation Maalbeek ums Leben gekommen. Wieder steckte der Islamische Staat dahinter. Die Terroristen hatten Nagelbomben eingesetzt, was klarmachte, dass es ihnen nicht darum ging, jemand Bestimmtes zu treffen, sondern möglichst viele Menschen zu töten. Vor allem in Frankreich und Belgien fiel es der Kirche jetzt immer schwerer, die Linie des Papstes durchzusetzen, bedingungslos alle Kriegsflüchtlinge aufzunehmen. Die Gesellschaften fragten sich, warum sie Menschen in ihrer Mitte aufnehmen sollten, die sich, vom Islamischen Staat angestiftet, dazu bringen ließen, Menschen wie in einer Kriegsaktion umzubringen. Die Forderung an den Papst bestand darin, dass er schlicht und einfach sagen sollte, was geschah. Er sollte endlich die Linie aufgeben, dass der Islam mit dieser Reihe von Attentaten nichts zu tun habe. Jetzt ließ sich überhaupt nicht mehr leugnen, dass die Religion des Islam etwas damit zu tun hatte. Die Christen wurden in Europa angegriffen, den Terroristen ging es darum, so viele wie möglich vom ihnen zu töten. Das sollte der Papst endlich sagen. Das Offensichtliche zu verschweigen, würde ganz sicher nicht dazu beitragen, die Menschen in den so schwer getroffenen Ländern dazu zu bringen, bedingungslos auch gut ausgebildete Soldaten, die aus Syrien geflohen waren, in ihren Ländern aufzunehmen. Der Papst hatte sich bisher aus einem guten Grund geweigert, einen Zusammenhang zwischen den Attentaten und der Religion zuzugeben. Er fürchtete eine Eskalation, einen religiös motivierten Weltkrieg. Er wollte sich nicht als der angegriffene Kriegsherr präsentieren, der jetzt zurückschlagen wollte. Er wollte auf keinen Fall, dass dieser Konflikt sich weiter zuspitzte. Zudem wollte der Papst nicht, dass die Bischofskonferenzen, die ohnehin nicht mit seiner Linie in Fragen der Einwanderung einverstanden waren, noch Unterstützung in ihrem Hass auf Fremde bekämen. Die polnischen und ungarischen Bischöfe hatten signalisiert, dass sie keineswegs bedingungslos die Aufnahme muslimischer Einwanderer unterstützen würden, die sich schließlich in Terroristen verwandeln könnten. Der Papst wollte deswegen auf keinen Fall einen Zusammenhang zwischen dem Islam und den Attentaten herstellen. Er wollte verhindern, dass die Länder, die Kriegsflüchtlinge aufnehmen sollten, Muslime als potenzielle Terroristen sahen. Auf der anderen Seite wurde dem Papst in diesem Herbst klar, dass der Preis dafür, seine Linie beizubehalten, sehr hoch sein würde, weil immer mehr der Bischofskonferenzen vor allem der betroffenen Länder sich von ihm abwandten. Deswegen war dieses Treffen in der Moschee so unglaublich spannend. Vor allem die Medien in den USA, aber auch in Frankreich, hatten sich darauf vorbereitet, die Rede des Papstes in der Moschee auf der Stelle zu verbreiten. Die konservative Gruppe hoffte, dass der Papst jetzt endlich

Klartext reden und von einem Weltkrieg gegen die Christen reden würde. Die gemäßigten Kardinäle warteten mit Spannung darauf, ob der Papst weiterhin das klar Sichtbare leugnen würde.

Ich erinnere mich an diese weichen Teppiche im Inneren der Moschee, die Stille und dieses seltsame Gefühl, diesen weiß gekleideten Papst neben den Scheichs zu sehen. Ich erinnere mich an ein geflüstertes Vieraugengespräch zwischen dem Papst und dem Oberhaupt der Muslime Aserbaidschans. Wir hatten keine Ahnung, worüber sie so lange sprachen. Dann begann der Papst mit seiner Ansprache und sie klang zunächst vollkommen harmlos. Er bedankte sich beim Ratspräsidenten der kaukasischen Muslime und den Mitgliedern der jüdischen Gemeinde. Damals wartete noch eine besondere Delegation in der Moschee auf den Papst. Jahre später wäre ihre Anwesenheit eine Sensation gewesen: Es waren Delegierte der russisch-orthodoxen Kirche Moskaus. Der Papst betonte im Laufe der Rede zunächst vor allem die Dankbarkeit der Katholiken gegenüber der großen Mehrheit der Muslime in Aserbaidschan. Er sprach über den Sinn der Religion, und als fast alle schon überzeugt waren, dass der Papst eben doch bei seiner Linie bleiben würde, sprach der Papst es dann tatsächlich doch noch aus. Er sagte: »Andererseits treten immer mehr die starren und fundamentalistischen Reaktionen derer zutage, die mit verbaler und tätlicher Gewalt extreme und radikalisierte Haltungen durchsetzen wollen, die denkbar weit entfernt sind vom lebendigen Gott. (...) Noch einmal erhebt sich von diesem so bedeutungsvollen Ort aus der herzzerreißende Ruf: Niemals mehr Gewalt im Namen Gottes! Sein heiliger Name werde angebetet, nicht geschändet und verschachert vor Hass und menschlichen Gegensätzen.«

Das war extrem starker Tobak, weil er sich direkt gegen eine Kernforderung des Koran wandte. In der berühmten Sure 4, Vers 89, heißt es: »Sie möchten gern, dass ihr ungläubig werdet wie sie, sodass ihr gleich seid. Nehmt euch daher von ihnen keine Vertrauten, bevor sie nicht auf Allahs Weg wandern. Kehren sie sich jedoch ab, dann ergreift sie, tötet sie, wo immer ihr sie findet, und nehmt euch keinen von ihnen weder zum Schutzherren noch zum Helfer.«

Dass es im Koran Aufrufe zur Gewalt und zur Tötung der Ungläubigen gibt, ist unumstritten. Der Papst traute sich also, den Kern des Problems anzusprechen. Der Religionsstifter der Christen Jesus von Nazareth hatte in der Frage der Gewalt erklärt, dass seine Anhänger einem Angreifer auch die andere Wange hinhalten sollten. Aber der Islam verlangte Morde. Der Papst beließ es nicht dabei, sondern erklärte auf einmal, dass er die alte Linie jetzt verlassen hatte: »Die Religionen dürfen niemals instrumentalisiert werden und dürfen nicht dafür herhalten, Konflikte und Gegensätze zu begünstigen.«

Er sagte das Offensichtliche: Religion war für die Attentate in Frankreich und Belgien als Vorwand genutzt worden, um diffuse politische Ziele zu rechtfertigen.

Dann fügte der Papst hinzu: »Allzu viel Blut schreit vom Boden der Erde, unseres gemeinsamen Hauses, zu Gott (…). Jetzt sind wir aufgefordert, eine Antwort zu geben, die nicht mehr hinausgezögert werden kann und gemeinsam eine Zukunft des Friedens aufzubauen. Es ist nicht der Moment gewaltsamer und schroffer Lösungen, sondern die drängende Stunde, geduldige Prozesse der Versöhnung einzuleiten.«

Es war das zweite Mal seit der Rede vor den Opfern des Anschlags von Nizza, dass der Papst seinen Plan verriet. Er wünscht sich einen internationalen Friedensvertrag der Religionen.

Amoris Laetitia

Ich kann mich genau an den Moment erinnern, als ich in diesem Jahr 2016 begriff, dass ich einen Riesenfehler gemacht hatte. Ich trank einen Kaffee bei einem älteren ehemaligen Nuntius des Vatikans, und er sah mich mitten im Gespräch plötzlich grimmig und mit weit aufgerissenen Augen an. Dann sagte er: »Ratzinger, ja, aber Bergoglio?«

In diesem Augenblick begriff ich, dass ich die Situation völlig falsch eingeschätzt hatte und nicht eine Auseinandersetzung, sondern eine theologische Schlacht bevorstand, die Jahre dauern würde.

Am 8. April 2016 war das postsynodale Schreiben *Amoris Laetitia* (Freuden der Liebe) vorgestellt worden. Ich hatte den Text gelesen und mir überhaupt nichts dabei gedacht. Jetzt in dem Gespräch begriff ich, dass das ein Fehler gewesen war. Zu meiner Verteidigung muss ich vielleicht sagen, dass ich schon spannendere Texte gelesen habe als postsynodale Schreiben. Es sind Texte, die üblicherweise ein Papst nach einer Synode schreibt, um den Stand der Diskussion zusammenzufassen und seine Meinung dazu zu Papier zu bringen. Ich hatte den Text aufmerksam gelesen, aber ganz offensichtlich nicht erkannt, welchen Sprengsatz er enthielt. Mein Gegenüber wiederholte jetzt noch mal: »Ratzinger könnte so ein Thema bearbeiten, ein Mann von seinem Format. Aber Bergoglio? Ich habe alles, was er geschrieben hat, gelesen, und ich habe nicht lange dafür gebraucht. Der hat doch keine Ahnung von Theologie. Was der da machen will, ist nicht mehr hinnehmbar. Dagegen müssen wir jetzt aufbegehren, alle zusammen.«

Jetzt war es also passiert. Jorge Mario Bergoglio, der erste Papst ohne akademischen Titel seit über 100 Jahren, hatte es gewagt, ein heikles theologisches Thema anzugehen. Für viele im Vatikan war das unverzeihlich. Bergoglio, der im Vatikan als Schmalspurtheologe verunglimpft wurde, hatte es gewagt, der heiligen Mutter Kirche in einer entscheidenden Frage einen neuen Kurs zu verpassen.

Ich hätte eigentlich ahnen müssen, dass *Amoris Laetitia* theologischen Sprengstoff enthielt. Denn der Papst hatte einen ungewöhnlichen Mann ausgesucht, um den Text vorzustellen: Kardinal Christoph Schönborn, den Erzbischof von Wien. Der

Österreicher ist aus einem bestimmten Grund ein besonderer Kirchenmann: Er hat Erfahrung mit Ärger in der alleerobersten Etage. Christoph Schönborn hatte es gewagt, einen der mächtigsten Männer im Vatikan, den langjährigen Kardinalstaatssekretär Angelo Sodano, frontal anzugreifen. Schönborn hatte erklärt, dass Sodano die Ermittlungen gegen den Sexualstraftäter und Wiener Erzbischof Kardinal Hans Hermann Groër behindert habe. Außerdem hatte Schönborn Unübersehbares gesagt, nämlich dass der Satz von Angelo Sodano während des Ostergottesdienstes des Jahres 2010, es handele sich bei den Informationen über den Missbrauch nur um »Gequatsche«, eine Beleidigung und Missachtung der Opfer darstelle. Schönborn hatte natürlich völlig recht, wurde aber von Papst Benedikt XVI. im Sommer 2010 in den Vatikan zitiert, um sich persönlich zu entschuldigen. Das Gespräch muss ausgesprochen unangenehm gewesen sein. Wenn der Papst also ausgerechnet Christoph Schönborn diese Schrift vorstellen ließ, hatte er offensichtlich damit gerechnet, dass es in den allerhöchsten Kreisen der Kirche heftigen Streit geben könnte. Einen Streit, für den er einen Frontmann wie Christoph Schönborn brauchte.

Genau so kam es auch: In den kommenden Monaten sollte etwas eintreten, was im Vatikan nur äußerst selten eintritt, eine gut organisierte Revolte gegen den Papst. Es gab natürlich immer wieder einmal den einen oder anderen Kardinal oder Bischof, der gegen den Papst aufbegehrte. Aber es kam in der Geschichte so gut wie nie vor, dass dieses Aufbegehren wirklich organisiert war. Es ging um das 8. Kapitel der *Freuden der Liebe* und noch genauer um den Absatz 301. Darin heißt es, es ist »nicht mehr möglich (...) zu behaupten, dass alle, die in irgendeiner sogenannten ›irregulären‹ Situationen leben, sich in einem Zustand der Todsünde befinden und die heilig machende Gnade verloren haben.«

Dieser Satz war nach Ansicht meines Gastgebers ein »Angriff auf die Sakramente« und damit ein Angriff auf Gott durch einen

Papst. Denn die sogenannten »irregulären Situationen« bedeuteten nichts anderes als Menschen, die sich scheiden ließen und anschließend wieder heirateten. Damit hatten sie nach Meinung der konservativen Kreise ein Sakrament verletzt und sich damit aus der Kirche und von den Sakramenten ausgeschlossen.

Nach den Vorstellungen der katholischen Kirche bedeuten die Sakramente eine direkte Begegnung mit Christus. Einige von ihnen sind unauslöschlich. Insgesamt gibt es in der katholischen Kirche sieben Sakramente:

- die Taufe
- die Firmung
- die Eucharistie
- das Bußsakrament
- die Krankensalbung
- das Weihesakrament
- und die Ehe.

Drei der Sakramente, die Taufe, die Firmung und die Weihe, sind unauslöschlich. Das bedeutet, jemand der einmal getauft ist oder gefirmt wurde oder zum Diakon, Priester oder Bischof geweiht wurde, bleibt das für immer. Die katholische Kirche kann also auch eine Priesterweihe nicht zurücknehmen. Wenn sie einen Priester feuern will, kann sie ihn suspendieren oder im schlimmsten Fall in den Laienstand zurückversetzen, aber die Weihe bleibt trotzdem erhalten. Das Sakrament der Ehe ist ein ganz besonderes Sakrament, weil es sich die Eheleute gegenseitig spenden, in Anwesenheit eines Priesters. Sollte der aus irgendeinem Grund nicht verfügbar sein, kann in Ausnahmesituationen eine Eheschließung auch dann gültig sein, wenn zwei Zeugen anwesend sind.

Wie wichtig die Sakramente für die katholische Kirche sind, zeigt schon die simple Tatsache, dass in der Geschichte um sie über Jahrhunderte heftig gestritten wurde. Dabei ist der Fall von drei Sakramenten noch relativ einfach. Es handelt sich um die Taufe, die Kommunion beziehungsweise das Abendmahl und die Beichte.

Taufe: Das Evangelium lässt keinen Zweifel daran, dass Jesus von Nazareth im Jordan getauft wurde. Gott hat während dieser Taufe Jesus sozusagen den Menschen vorgestellt.

Im Matthäus-Evangelium heißt es im Kapitel 3, Vers 16 und 17: »Kaum war Jesus getauft und aus dem Wasser gestiegen, da öffnete sich der Himmel, und er sah den Geist Gottes wie eine Taube auf sich herabkommen und eine Stimme aus dem Himmel sprach: Das ist mein geliebter Sohn, an dem ich Gefallen gefunden habe.«

Auch das zweite Sakrament, die Beichte, ist innerhalb der christlichen Kirchen relativ unumstritten. Es geht zurück auf den 18. Vers im 18. Kapitel des Matthäusevangeliums. Dort heißt es: »Alles, was ihr auf Erden binden werdet, das wird auch im Himmel gebunden sein, und alles, was ihr auf Erden lösen werdet, das wird auch im Himmel gelöst sein.«

Stolz prangt dieser Satz auch im Petersdom. Wenn Christus diesen Satz tatsächlich gesagt haben sollte, verleiht er den Priestern eine geradezu unheimliche Macht, weil ihr Handeln nicht nur auf der Erde, sondern auch im Himmel gültig ist.

Das dritte relativ unumstrittene Sakrament betrifft das Abendmahl beziehungsweise die Eucharistie. Es geht zum Beispiel zurück auf den 19. Vers des 22. Kapitels im Lukasevangelium. Da heißt es:

»Und er nahm Brot, sprach das Dankgebet, brach das Brot und reichte es ihnen mit den Worten: Das ist mein Leib, der für euch hingegeben wird. Tut dies zu meinem Gedächtnis.«

Das Besondere an diesen Sakramenten ist also, dass die Kirchen sich relativ einig darüber sind, dass diese Zeichen und Handlungen direkt göttlichem Willen entsprechen. Das bedeutet vor allem für die Kirchen, dass sie über diese drei Punkte, die Taufe, die Beichte oder Buße und das Abendmahl beziehungsweise die Eucharistie, nicht diskutieren können, weil sie direkt von Gott kommen.

Sakramente bedeuteten für die katholische Kirche aber über mehr als tausend Jahre auch eine unglaubliche Macht. Die Kirche konnte durch die Taufe auf eine feierliche Art und Weise Menschen in die christliche Gemeinschaft aufnehmen. Sie konnte durch die Verabreichung der Hostien die Hoffnung auf ein ewiges Leben weitergeben und durch die Beichte die Angst vor der Verdammnis in der Hölle nehmen. Diese Instrumente der Macht erlaubten dem Kirchenstaat, ab dem 9. Jahrhundert zu einer Weltmacht aufzusteigen. Durch den Ausschluss aus der Kirche, die Exkommunikation, die ein Papst aussprechen konnte, die Vergebung der Sünden, die er erreichen konnte, waren Päpste viele Jahrhunderte die mächtigsten Menschen der Welt.

Drei der Sakramente, die Firmung, die Krankensalbung und die Weihe von Diakonen, Priestern und Bischöfen, sind deswegen umstritten, weil es nicht wirklich eine direkte Weisung der Bibel für diese Sakramente gibt. Es gibt keinen Zweifel, dass Gott wollte, dass sein Sohn getauft wird, aber wollte er einen ähnlichen göttlichen Segen für die Weihe von Bischöfen? Wollte er überhaupt Bischöfe? Im Mittelalter spielt aber genau diese Macht der Päpste, dass nur sie Bischöfe weihen lassen können, eine entscheidende Rolle.

Das Sakrament der Ehe ist ein Sonderfall. Im Matthäusevangelium, Kapitel 19, Vers 6, heißt es über die Ehe:

»Die Eheleute sind also nicht mehr zwei, sondern eins, was aber Gott verbunden hat, das darf der Mensch nicht trennen.«

Kurz darauf heißt es im Vers 9:

»Ich sage euch, wer seine Frau entlässt, obwohl kein Fall von Unzucht vorliegt, und eine andere heiratet, der begeht Ehebruch.«

Nach der Vorstellung der katholischen Kirche bedeutet dies, dass eine Ehe nach einer Scheidung hoch problematisch sein kann.

Die katholische Kirche sieht das so: Wer katholisch geheiratet hat und sich danach trennt, muss mit einer gescheiterten Ehe leben. Das ist an sich noch nicht problematisch. Wenn nach der Scheidung einer der beiden Partner wieder heiratet, also – aus Sicht der Kirche – beschließt, den Partner, den er verlassen hat, regelmäßig und immer wieder zu betrügen, der stellt sich nach Meinung des Vatikans gegen Gottes Gebote.

Nach der Doktrin der Kirche ist das eine Todsünde, was den Ausschluss von den Sakramenten nach sich zieht, und genau diesen Punkt sieht Jorge Mario Bergoglio nun anders. Laut seiner Schrift *Amoris Laetitia* ist es keineswegs eine Todsünde, wenn zwei Menschen, die in einer Kirche geheiratet haben, sich scheiden lassen und danach erneut heiraten. Damit stellt sich aus Sicht der Traditionalisten der Papst direkt gegen das, was Jesus von Nazareth gesagt hatte. Das war für viele im Vatikan so unverzeihlich, dass der Papst im Grunde nicht mehr der Papst war, weil er nicht mehr die Lehrmeinung der katholischen Kirche vertrat. So sah das zum Beispiel Weihbischof Athanasius Schneider. An diesem Nachmittag beim Kaffeetrinken wurde mir klar, dass es jetzt gewaltigen Ärger geben würde.

2017

»Dubia«

Das Jahr 2017 wird in die Kirchengeschichte eingehen, weil der Streit zwischen zwei Päpsten eskalierte. Bis zu diesem Zeitpunkt war keineswegs klar, dass es überhaupt zwei Päpste gab. Joseph Ratzinger hatte nach seiner Wahl versichert, sich nicht in die Geschäfte seines Nachfolgers einmischen zu wollen. Wenn dem so gewesen wäre, hätte es keiner Klärung bedurft. Die Sache wäre klar gewesen: Es gab einen Papst, der hieß Franziskus und damit basta. Aber so war es nicht. Das Jahr 2017 zeigte deutlich, dass Joseph Ratzinger sich in die Regentschaft seines Nachfolgers einmischen wollte, und das auch mit aller Macht tat.

Der Ursprung des Streits lag drei Jahre zurück. Joseph Ratzinger hatte im Jahr 2014 eine überarbeitete Version des vierten Bandes seiner gesammelten Schriften herausgegeben. Er erklärte darin, dass es für wiederverheiratete Geschiedene unmöglich sei, die Kommunion zu empfangen. Der springende Punkt war nicht, dass der zurückgetretene Joseph Ratzinger seine Meinung kundtun wollte. Der springende Punkt war, dass er seine Meinung geändert hatte und sich damit gegen die Meinung des regierenden Papstes stellte. Warum?

Als Theologieprofessor hatte Joseph Ratzinger darauf gepocht, dass auch nach Scheidung und erneuter Heirat es dem jeweiligen Ortspfarrer möglich sei zu entscheiden, ob die oder der Betreffende zu den Sakramenten zugelassen werden könnte.

Ausnahmen waren also durchaus möglich. Diese Meinung deckte sich mit der des regierenden Papstes Franziskus. Als Papst Benedikt XVI. zurücktrat, gab es also in dieser Frage der wiederverheirateten Geschiedenen überhaupt kein Potenzial für einen Krach mit dem neuen Papst. Doch im Herbst des Jahres 2014 änderte Benedikt seine Meinung. Der zurückgetretene Papst beschloss plötzlich seinen Aufsatz »Zur Frage nach der Unauflöslichkeit der Ehe«, den er in den 1970er Jahren geschrieben hatte, neu zu bearbeiten und in einem zentralen, alles entscheidenden Punkt zu ändern. Joseph Ratzinger war jetzt plötzlich der Meinung, dass es sich für wiederverheiratete Geschiedene um eine »Unmöglichkeit« handle, die Kommunion zu empfangen. Der Aufsatz aus den 1970er Jahren hatte hingegen unterstrichen, dass die Zulassung zur Kommunion von in zweiter Ehe lebenden Katholiken von der »Tradition gedeckt sei«. Der »jeweilige Ortspfarrer könne die Betroffenen wieder zu den Sakramenten zulassen«. Diese drastische Kehrtwende ließ der Papst in seinen *Gesammelten Schriften* im Herder Verlag erscheinen.

Wenn er für sich behalten hätte, dass er auf einmal anders dachte, wäre ja nichts geschehen. Aber da er sich entschloss, diese Meinungsänderung öffentlich zu machen, war der Krach da. Das bedeutete nämlich, dass der zurückgetretene Papst in einem ganz entscheidenden Punkt jetzt plötzlich ganz anderer Meinung war als der regierende Papst.

Joseph Ratzinger hatte sich zur Eskalation des Streits entschlossen. Denn diese Änderung in seinen Schriften hatte selbstverständlich zur Folge, dass die Kirche sich fragen musste, wer denn nun entschied. Wenn ein ehemaliger Papst und wichtiger Theologieprofessor öffentlich machte, dass er in einem ganz zentralen Punkt völlig anderer Meinung war als der regierende Papst, bedeutete dies, dass es zu einem offenen Konflikt kommen musste.

Ich halte die Beteuerung Joseph Ratzingers, sich nicht in das Amt seines Nachfolgers einmischen zu wollen, für unglaubwürdig. Ich kann mir nicht vorstellen, dass er tatsächlich glaubte, dass diese offene Meinungsverschiedenheit in der Bewertung einer so wichtigen Frage zwischen zwei Päpsten ohne Folgen bleiben würde. Es war theoretisch denkbar, dass die entscheidenden Herren im Vatikan nicht reagierten. Es war möglich, dass die Kardinäle sich darauf einigten, dass die Meinung eines zurückgetretenen Papstes keinen Einfluss auf die Geschäfte eines regierenden Papstes haben kann. Aber das war reine Theorie. In Wirklichkeit sorgte Joseph Ratzinger dafür, dass sich jetzt ein wohlorganisierter Widerstand gegen Papst Franziskus in dieser Frage bildete.

Das Besondere an dieser Situation war, dass die Opposition gegen den Papst jetzt sichtbar wurde. Im Grunde war nun die Grundlage gegeben für ein Schisma, eine Kirchenteilung.

Zum letzten Mal war im Jahr 1378 der Streit zwischen zwei Päpsten eskaliert. Das Konklave wählte am 8. April 1378 Papst Urban VI., der sich entschloss, die Vorherrschaft der französischen Kardinäle zu brechen. In den Jahren zuvor, zwischen 1309 und 1376, hatten die Päpste im französischen Avignon residiert und waren zu einer Art Vasallenbischöfe des französischen Königs abgesunken. Papst Urban VI. wollte diese Abhängigkeit von Frankreich beenden und ernannte 29 neue Kardinäle, von denen nur drei Franzosen waren. Damit hatte sich ein völlig neues Machtgefüge ergeben. Aus Protest wählten die französischen Kardinäle, unterstützt von ihrem König Karl V., am 28. September 1378 einen Gegenpapst, Clemens VII. Damit war die Kirchenteilung da.

Das Schisma vertiefte sich weiter. Schließlich gab es sogar drei Päpste, einen in Rom, einen in Avignon und einen in Pisa. Erst die Wahl von Martin V. in Konstanz am Bodensee im Jahr 1417 beendete diesen Streit der Päpste.

Genau 600 Jahre nach dem Ende des Schismas drohte jetzt im Jahr 2017 erneut ein ernster Streit darum, wer eigentlich der legitime Papst war. Die Anhänger von Benedikt XVI. glaubten, dass

Amoris Laetitia gegen den Willen Gottes verstieß. Bereits am 19. September 2016 hatten vier Kardinäle eine Schrift mit dem Titel »Zweifel«, auf Lateinisch »Dubia«, an den Papst und die Glaubenskongregation weitergeleitet. Darin hieß es, was die Veröffentlichung von Franziskus' Apostolischer Esortazione *Amoris Laetitia* betreffe, würden »von Theologen und Wissenschaften Interpretationen vorgeschlagen, die nicht nur unterschiedlich, sondern sogar widersprüchlich sind, ganz besonders in Bezug auf das achte Kapitel. Die Medien haben diese Unterscheidung noch hervorgehoben und dadurch Unsicherheit, Konfusion und Verwirrung unter den Gläubigen gestiftet, deswegen haben wir Unterzeichner, aber auch viele Bischöfe und Priester zahlreiche Anfragen erhalten von Seiten der Gläubigen verschiedener sozialer Gruppen über die korrekte Interpretation des Kapitels acht. Deswegen bitten wir darum, dass Sie Klarheit schaffen und Antwort geben auf die Fragen, die wir in dem Dubia-Schreiben, das wir unten anfügen, Ihnen zusenden.«

In dem angehängten Schreiben ging es um einen zentralen Punkt. Änderte *Amoris Laetitia* nun die Disziplin der katholischen Kirche? Ja oder nein? Würden also wiederverheiratete Geschiedene zu den Sakramenten zugelassen oder nicht? Auf den ersten Blick erschien es eher harmlos und verständlich zu sein, dass die Kardinäle nur eine Klärung wollten. Aber darin lag auch das Perfide der Anfrage. Genau das, eine eindeutige Klärung, hatte der Papst vermeiden wollen, und das war den vier Kardinälen natürlich völlig klar. Er hatte einen Freiraum schaffen wollen für die Einzelfälle. Franziskus hatte absichtlich eine sehr weit gefasste Formulierung gewählt, sodass Priester sie so auslegen konnten, dass sie wiederverheiratete Geschiedene zur Kommunion zulassen konnten. Er hatte verhindern wollen, eine klare Vorgabe zu geben, sodass die Konservativen sich nicht angegriffen fühlten.

Die Namen der vier unterzeichnenden Kardinäle zeigten, dass es in diesem Streit keineswegs nur um theologische Inhalte, sondern schlicht und einfach auch um persönliche Freundschaften ging: Zwei enge Freunde von Joseph Ratzinger, die beiden deutschen Kardinäle Joachim Meisner und Walter Brandmüller, gehörten zu den Unterzeichnern des Papiers.

Meisner gehörte auf eine gewisse Art und Weise zu den Geburtshelfern des kompletten Pontifikates von Benedikt XVI. Er erklärte kurz vor seinem Tod, dass es eine der schwersten Aufgaben seines ganzen Lebens gewesen sei, Joseph Ratzinger davon zu überzeugen, die Wahl zum Papst überhaupt anzunehmen. In den Entscheidungen von Papst Franziskus sah Joachim Meisner offensichtlich einen Verrat an dem Pontifikat seines Freundes Joseph Ratzinger.

Der andere Unterzeichner, der deutsche Historiker Walter Brandmüller, gehörte seit Langem zu dem Kreis der Traditionalisten um Joseph Ratzinger.

Nummer drei der Liste war der US-amerikanische Kardinal Raymond Burke. Um Raymond Burke hatte eine Art Stellvertreterstreit zwischen Papst Franziskus und Benedikt XVI. getobt. Während Joseph Ratzinger und Papst Franziskus vor den Kameras immer eine innige Freundschaft demonstrierten, lieferten sie sich auf dem Nebenschauplatz »Raymond Burke« eine heftige Auseinandersetzung. Der Frontmann der Traditionalisten zeigte ganz offen, dass er sich eine rückwärtsgewandte Kirche wünschte. Er war der Einzige, der noch die gewaltige, zwölf Meter lange »Cappa Magna« trug.

Diese Cappa ist eine rote Schärpe, die an den Schultern der Kardinäle befestigt wird. Ein Diener muss die Cappa tragen, damit sie nicht über den Boden schleift. Sie geriet in den 1970er Jahren nach und nach in Vergessenheit. Mit Ausnahme von Burke lehnen alle Kardinäle der Amtszeit von Papst Franziskus den Gebrauch dieses uralten Zeichens der Macht ab.

In der Amtszeit von Benedikt XVI. hatte Raymond Burke eine geradezu atemberaubende Karriere hingelegt. Am 27. Juni 2008 hatte Joseph Ratzinger Burke zum Präfekten der Apostolischen Signatur ernannt und damit zum obersten Richter im Vatikanstaat. Er war der erste Nichteuropäer, der es in dieses einflussreiche Amt schaffte. Am 20. November 2010 hatte Papst Benedikt XVI. ihn dann zum Kardinal gemacht. Nach der Wahl von Papst Franziskus hatte Burke mehrfach die Amtsführung von Papst Franziskus heftig kritisiert. Am 8. November 2014 wurde Burke zum Kardinalpatron des Malteserordens ernannt. Das bedeutete, dass Franziskus ihn abschob auf einen vollkommen unwichtigen Posten. Das hat ihm Burke selbstverständlich nie verziehen und Joseph Ratzinger seine ewige Treue geschworen. Es war also kein Wunder, dass er zu der Gruppe der rebellischen Kardinäle gehörte.

Der Vierte im Bunde, Kardinal Carlo Caffarra, hatte im Jahr 2009 seine enge Verbundenheit zu Joseph Ratzinger und seine Haltung als extrem konservativer Traditionalist dokumentiert. Er hatte der Pfarrgemeinde San Bartolomeo della Beverara in Bologna verboten, einem Chor mit klassischem Repertoire Gastfreundschaft zu gewähren, weil seine Mitglieder erklärte Homosexuelle waren. Er hatte sich dabei ausdrücklich auf die im Jahr 1986 von Joseph Ratzinger verfasste Schrift über den Umgang der Pastorale mit homosexuellen Menschen bezogen.

Joseph Ratzingers öffentliche Erklärung in dem entscheidenden Punkt der Zulassung zur Kommunion von wiederverheirateten Geschiedenen hatte also eine Gruppe geschaffen von zwei deutschen Hardlinern, die eng mit Joseph Ratzinger befreundet waren, einem amerikanischen Ultratraditionalisten und einem offenkundig homophoben italienischen Bischof.

Was die vier Kardinäle erhofft hatten, trat jetzt tatsächlich ein. Ihre »Dubia«-Schrift spaltete die Kirche. Prominente Kirchenmänner unterstützten sie. Besonders aufsehenerregend war, dass der Chef der Glaubenskongregation, Gerhard Ludwig Müller, ein Bewunderer Ratzingers, sich ebenfalls als Unterstützer der »Dubia«-Schrift outete. Das war deswegen so wichtig, weil Müller im Auftrag des Papstes als oberster Glaubenshüter arbeitete.

Seine Solidarität zu den Unterzeichnern der »Dubia« zeigte, dass Franziskus' eigener Mann, der an seiner Seite stehen sollte, Zweifel an den theologischen Entscheidungen seines Chefs hatte. Ein weiterer deutscher Kardinal und enger Freund Joseph Ratzingers, Kardinal Paul Josef Cordes, schlug sich ebenfalls auf die Seite der Unterstützer der »Dubia«-Schrift. Auch der ehemalige Bischof von Hongkong, Kardinal Joseph Zen Ze-kiun, der australische Kardinal George Pell sowie die Kardinäle Renato Raffaele Martino, Jānis Pujats und Antonio Cañizares Llovera unterstützten die Protestschrift gegen den Papst.

Die Liste der Kirchenmänner, die in der »Dubia«-Schrift einen ungerechtfertigten Angriff auf den Papst, wenn nicht eine Unverschämtheit sahen, liest sich hingegen wie das Verzeichnis aller progressiven Kräfte im Vatikan. Die Liste dieser Männer zeigt auch, dass dieser Streit ein ausgesprochen deutscher Streit war. Auf der Unterstützer-Seite der »Dubia«-Schrift standen die konservativen deutschen Kardinäle Walter Brandmüller, Joachim Meisner, Paul Josef Cordes und Gerhard Ludwig Müller. Auf der Seite der Papstbefürworter hingegen die beiden deutschen Kardinäle Walter Kasper und Reinhard Marx. Unterstützt wurden sie von den berühmtesten progressiven Theologen der katholischen Kirche, unter anderem von dem brasilianischen Kardinal Cláudio Hummes und dem Erzbischof von Wien, Christoph Schönborn.

Das Besondere an diesem Streit war die Heftigkeit, mit der er geführt wurde. Auch Papst Johannes Paul II. war kritisiert worden, allerdings niemals offen. Auf den Fluren des Vatikans hatten die Mitarbeiter Karol Wojtyłas getuschelt, die vielen Auslandsreisen würden zeigen, dass der Papst nicht verstanden habe, dass er der Nachfolger des heiligen Petrus sei. Paulus sei zu den Völkern der Erde gereist, aber doch nicht Petrus, der sei bei seiner Gemeinde geblieben.

Papst Franziskus musste sich dagegen noch Jahre nach der Veröffentlichung von *Amoris Laetitia* anhören, dass er ein theologischer Versager sei. Der österreichische Philosoph Josef Seifert beklagte, dass die Schrift *Amoris Laetitia* als logische Konsequenz die totale Zerstörung der Morallehre der katholischen Kirche nach sich ziehe. Insgesamt 216 Theologen auf der ganzen Welt wandten sich in einem offenen Brief an den Papst. Ihre Forderung war klar: Der Papst solle die Schrift in Teilen zurückziehen, weil er den Kern der Lehre der katholischen Kirche nicht verstanden habe. Die Weigerung des Papstes, die Kardinäle zu empfangen, die die »Dubia«-Schrift verfasst hatten, wurde ihm als Feigheit ausgelegt. Offen erklärten Priester, vor allem in Polen, auf keinen Fall wiederverheiratete Geschiedene zu den Sakramenten zuzulassen. Selten hatte ein Papst aus den eigenen Reihen so heftigen Widerstand ertragen müssen.

Der Streit um *Amoris Laetitia* zeigte deutlich, wie unglaublich schwierig es ist, in der Kirche irgendetwas zu verändern. In vielen Ländern schien der Streit um *Amoris Laetitia* vollkommen irrsinnig zu sein. Wenn, wie aktuell in Deutschland, nicht einmal 2,5 Prozent der gesamten Bevölkerung jeden Sonntag in eine katholische Kirche gehen, ist ein erbitterter Streit darum, wer eine geweihte Hostie bekommen darf und wer nicht, relativ unbedeutend. In der Realität ist es einfach keineswegs so, dass Massen von Menschen sich in Deutschland sonntags weinend auf den Boden werfen, weil ihnen eine geweihte Hostie verwehrt wird. Dem Großteil der Gesellschaft ist die komplette Frage schlicht und einfach völlig egal.

Aber eine aus weltlicher Sicht so geringfügige Änderung in dem Regelwerk der Kirche lässt sich offensichtlich heute noch nicht durchsetzen, nicht einmal vom Papst. Nach dem Streit schien Franziskus in der Frage zu resignieren. Wiederverheirateten Geschiedenen, die sich beklagten, dass sie von ihrem Pfarrer die Sakramente nicht empfangen hätten, empfahl er, sich einfach einen anderen Pfarrer zu suchen.

Myanmar

Zu Beginn des Jahres 2017 hatte sich der Vatikan daran gewöhnt, dass Papst Franziskus die katholische Kirche völlig anders sah als sein Vorgänger. Der Vatikan des Papstes Franziskus war nicht mehr in erster Linie eine wichtige Schnittstelle zwischen Himmel und Erde, sondern eine Art weltweite Hilfsorganisation, die sich in der Nachfolge des Jesus von Nazareth um die Probleme dieses Planeten kümmert. Und zwar um alle. Selbst die Kritiker, die der Meinung waren, dass der Papst sich viel zu wenig um den lieben Gott schert, viel zu wenig Bücher schreibt, viel zu selten über Details der heiligen Messe nachgrübelt, hatten zumindest ein gewisses Verständnis dafür, dass Franziskus sich der naheliegenden Probleme vor der Haustür des Vatikans annahm. Trotz aller Skepsis konnten die meisten begreifen, dass das Massensterben der Emigranten im Mittelmeer für den Papst ein drängendes Problem darstellt. Sie konnten auch verstehen, dass dem Papst das Schicksal vieler Katholiken aus Mittelamerika, die unter Lebensgefahr versuchen, die USA zu erreichen, nicht gleichgültig ist.

Doch das Jahr 2017 brachte eine entscheidende Zäsur. Denn nach der Meinung fast aller Geistlichen im Vatikan begann der Papst, sich um ein Problem zu kümmern, das die katholische Kirche beim allerbesten Willen nichts anging. Es betraf Myanmar, das alte Burma. Der Papst plante eine Reise in dieses krisengeschüttelte Land, und das schien vollkommen unverständlich zu sein.

Das größte von einer ganzen Reihe von Problemen bestand darin, dass die Bischofskonferenz von Myanmar dem Papst unmissverständlich klargemacht hatte, dass er sich im Fall eines Besuchs an die Vorgaben ihres Heimatlandes halten müsse. Diese Vorgabe betraf vor allem die Rohingya.

Nach Einschätzung der Vereinten Nationen ist das die am meisten verfolgte Volksgruppe der Welt. Der Staat Myanmar erkennt sie nicht als Bewohner ihres eigenen Landes an. Sie sind staatenlos, keiner schützt sie, sie können keinen Pass bekommen und halten sich in ihrem eigenen Land nach Meinung der Regierung illegal auf. Eine so absurde Situation gibt es in keinem anderen Staat der Welt. Die Rohingya sind keineswegs vor Kurzem zugereiste Migranten, sondern leben seit mindestens hundert Jahren in ihrem Land. Der Konflikt basiert vor allem darauf, dass die Rohingya muslimischen Glaubens sind, während der größte Teil Myanmars durch den Buddhismus geprägt ist. Die Bedingung der Bischöfe war, dass der Papst bei einem Besuch in ihrem Heimatland auf diese schreckliche Situation des Leidens und Sterbens der Rohingya nicht hinweisen dürfe. Die Regierung in Myanmar ließ den Papst wissen, dass er während eines eventuellen Besuchs nicht einmal den Namen der Rohingya in einer seiner Ansprachen nennen dürfe. Damit schien die Reise von vornherein vollkommen unmöglich zu sein. Was sollte der Papst in einem Land, in dem Hunderttausende furchtbares Leid erdulden müssen, wenn er auf Druck der Regierung dazu zu schweigen hat? Das würde doch bedeuten, dass der Papstbesuch allein durch seine Präsenz das Unrechtsregime noch legitimieren würde. Denn wenn nicht einmal der Papst es wagt, über dieses zum Himmel schreiende Unrecht zu sprechen, wie soll sich dann die ohnehin schon drangsalierte Opposition trauen, diese menschliche Katastrophe publik zu machen?

Würde ein Papst, der sich von einer Regierung feiern lässt und deren schlimmste Verbrechen nicht einmal benennt, nicht unglaubwürdig erscheinen? Würde es nicht so aussehen, als würde er durch sein Schweigen das Morden und Unterdrücken der Rohingya gutheißen oder zumindest in Kauf nehmen? Wollte der Papst wirklich in ein Land reisen, um ein Regime zu unterstützen, das durch sein Militär ein ganzes Volk auszulöschen versucht?

Und warum sollte sich der Papst überhaupt in die Belange dieses Landes einmischen, die einen Konflikt zwischen buddhistischen Machthabern und einer muslimischen Minderheit betreffen?

Ein weiteres Problem bestand darin, dass diese Reise das ohnehin schwierige Verhältnis zwischen dem Vatikan und China weiter belasten würde. China hatte die Militärs in Myanmar über Jahre immer wieder unterstützt. Die Reise des Papstes würde sicherlich als Einmischung in die Interessen Chinas gesehen werden.

Außerdem war die Lage in dem Land schwer abzuschätzen. Die Friedensnobelpreisträgerin Aung San Suu Kyi regierte seit dem Jahr 2016 als Ministerpräsidentin, hatte aber offensichtlich eine Art Stillhalte-Pakt mit den Militärs geschlossen. Obwohl sie als Hoffnungsträgerin gegolten hatte, unternahm sie nichts, um die Massaker an den Rohingya zu stoppen oder wenigstens einzudämmen.

Eine Reise des Papstes in dieses Land würde weltweit zweifellos als eine Art Segen für die Friedensnobelpreisträgerin angesehen werden, obwohl sie die Militärs in ihrem Land nicht stoppen konnte. Der internationale Strafgerichtshof sollte Monate nach dem Papstbesuch Ermittlungen wegen Völkermordes an den Rohingya gegen Aung San Suu Kyi aufnehmen.

Dass der Papst nach Myanmar reiste, um dort eine große katholische Gruppe zu unterstützen, war auch völlig abwegig, weil weniger als ein Prozent der Bewohner Myanmars überhaupt katholisch ist. Hinzu kam noch ein theologisches Problem. In Myanmar ist der Glaube an Geister und Astrologie auch in den Eliten des Landes weit verbreitet und spielt selbst in Entscheidungen des Militärs hinein. Wie sollte da ein Papst, der im Namen Jesu von Nazareth kam, mit Machthabern verhandeln können, die den Glauben an einen Gott ablehnen und vielmehr vom Einfluss zahlreicher guter und böser Geister überzeugt waren? Es ist also kein Wunder, dass zu Beginn des Jahres 2017 der Widerstand innerhalb des Vatikans gegen eine solche geplante Reise enorm war. Denn es ging auch um eine Angst, die sich im Vatikan immer rascher verbreitete. Teile der Katholiken vor allem in Europa und den USA hatten mittlerweile ihren Unmut über die Haltung des Papstes kundgetan, das betraf vor allem die für die Finanzierung der Kirche wichtige Mittelschicht. Sie fragten sich immer drängender, warum der Papst sich nicht um »ganz normale, hart arbeitende, an Gott und die katholische Kirche glaubende Familien« kümmerte. Aus ihrer Sicht hatte der Papst kein Interesse an der großen Mehrheit der Katholiken, die in »geordneten Verhältnissen« leben, Abtreibungen ablehnen, Kirchensteuer zahlen und am Sonntag regelmäßig in die Messe gehen. Warum, so fragten sich katholische Aktivisten im wohlhabenden Westen, kümmert er sich nicht um die Arbeitslosen in Frankreich, die Glaubenskrise in Deutschland, die prekäre Lage katholischer Jugendlicher in Spanien oder die Dauerkrise der Ehe in Portugal?

Die Reise von Papst Franziskus nach Myanmar gehört zu den seltsamsten Ereignissen in meinen 35 Jahren als Berichterstatter aus dem Vatikan. Denn es ging im Grunde um ein einziges Wort, um den Namen der am heftigsten verfolgten Volksgruppe der Welt, der Rohingya. Würde der Papst trotz der klaren Forderung der Regierungen von Myanmar und Bangladesch kein Wort dazu sagen? Würde er also die Bitten der Bischofskonferenzen der beiden Länder respektieren und die Verbrechen, die an diesem Volk begangen wurden, einfach verschweigen? Ich habe es oft erlebt, dass Päpste während Auslandsreisen Fehler machten. Manche waren simple Planungsfehler, die leicht zu vermeiden gewesen wären. Beispielsweise machten die Planer im Jahr 2000 beim historischen Besuch von Papst Johannes Paul II. in Jerusalem einen ganz besonders dummen Fehler: Der Papstbesuch fand auch an einem Samstag statt. Die ultraorthodoxen Juden beschwerten sich selbstverständlich, dass der Papst jüdische Polizisten zwang, das Sabbatgebot zu verletzen, weil sie ihn beschützen mussten.

Dass es Fallstricke während Papstreisen gibt, ist ganz normal, aber dass sich alles auf ein einziges Wort konzentrierte, war etwas völlig Neues für mich.

Nach der Landung in Yangon, dem alten Rangun, am 27. November 2017, war es schwer, nicht der Faszination dieses Landes zu erliegen. Natürlich wusste ich, dass die Menschen in Myanmar über viele Jahre einer rücksichtslosen und grausamen Militärdiktatur ausgeliefert gewesen waren. Ich wusste auch, dass sich das nicht so einfach abschütteln ließ, dass die schlichte Tatsache, dass die Regierungschefin Aung San Suu Kyi jetzt eine Friedensnobelpreisträgerin war, nicht wirklich das Land verändert hatte, zumindest nicht, was die Schwachen und Verfolgten anging. Die neue Regierung hatte darauf hingewiesen, dass größere Summen für die Schulen und Studenten ausgegeben würden. Aber was die wirklichen großen Probleme des Landes anging, wie die rücksichtslose Gewalt gegen einige Volksgruppen und vor allem die Rohingya, so war überhaupt nichts geschehen.

Wenige Monate vor dem Eintreffen des Papstes war es im August erneut zu schweren Ausschreitungen gekommen. Augenzeugen hatten Szenen grenzenloser Gewalt beschrieben. Im Rakhaing-Staat, der ärmsten Region Myanmars, wo viele Rohingya leben, hatten buddhistische Mönche zusammen mit der Polizei und der Armee Menschen dieser muslimischen Minderheit angegriffen. Augenzeugen berichteten davon, dass die Männer erschossen und die Kinder in das Feuer der brennenden Häuser geworfen worden waren. Menschenrechtsorganisationen sprachen von Völkermord und »ethnischer Säuberung«.

Aber die Gastgeber machten es uns schwer, im Kopf zu behalten, welche Grausamkeiten in Myanmar vor sich gingen. Sie luden uns ein, die goldene Pagode von Rangun anzusehen, und ich muss ganz ehrlich sagen, dass diese zwei Stunden auf dem Berg rund um das buddhistische Heiligtum zu den faszinierendsten Besuchen meines Lebens gehören. Es war fesselnd zu sehen, wie unterschiedlich und gleichzeitig ähnlich Religionen sein können.

Aus Sicht der katholischen Kirche ist der Buddhismus eher eine Philosophie als eine Religion. Es gibt keine Offenbarung, kein heiliges Buch. Es gibt auch keine Vorstellung von einem wie auch immer gearteten Gott. Man kann also zu Recht sagen, dass Buddhismus und die katholische Kirche sehr weit auseinanderliegen. Auf der anderen Seite fand ich es ungeheuer faszinierend, dass auch im Buddhismus Reliquien und heilige Räume ganz ähnlich wie in der katholischen Kirche und im Judentum eine sehr große Rolle spielen.

Im Inneren der goldenen Pagode von Rangun sollen acht Barthaare Buddhas aufbewahrt werden. Im Jahr 588 vor Christus seien Kaufleute aus Indien nach Myanmar zurückgekommen, die persönlich den Buddha Siddhartha Gautama, den Gründer der Religionsgemeinschaft, getroffen haben sollen. Er soll ihnen die Haare geschenkt haben. Diese Reliquien werden im Inneren des Haupttempels, dem sogenannten Stupa, aufbewahrt. Für normale Gläubige ist das Innere nicht zugänglich. Diese gleiche Vorstellung gibt es im Judentum: Das Innere des Tempels in Jerusalem war für normale Gläubige nicht erreichbar. Den Raum, in dem die Bundeslade stand, durfte nur der Hohepriester betreten.

In Myanmar wird in einem weiteren Tempel die Reliquie eines Zahns des Buddha Gautama verehrt. Mich faszinierte das. Denn auch für die katholische Kirche hatten die sterblichen Überreste eines Heiligen eine gewaltige Bedeutung, vor allem wenn er wie Petrus den Tod und die Auferstehung von Jesus von Nazareth erlebt haben sollte. Ich sah von der goldenen Kuppel der Pagode hinunter auf den Hafen und fragte mich, was für einen Eindruck das auf die europäischen Kaufleute gemacht haben musste.

Das Stadtbild von Yangon war fesselnd. Ich wusste, dass schon die ersten Missionare, die in das alte Burma gekommen waren, von der Anwesenheit der Bettelmönche fasziniert gewesen waren. Ich sah sie nun mit eigenen Augen und wusste nicht so recht, was ich davon halten sollte, dass Kinder-Mönche mit ihren Bettelschalen überall durch den dichten Verkehr liefen. Mussten die nicht einfach in eine Schule, oder hatte ich diese uralte Tradition zu respektieren?

Ich habe schon viele Reisen mit Päpsten und seltsame Orte erlebt, aber dieser Flug am 28. November 2017 nach Nay Pyi Taw, der neuen Hauptstadt von Myanmar, gehört definitiv zu den eigenartigsten. Der Papst war in Yangon gelandet, weil ein Direktflug nach Nay Pyi Taw nicht möglich war, sollte aber erst in der Hauptstadt auf die Regierungschefin und den Rest der Staatsführung treffen.

Ich war am Abend zuvor durch die Basare des quirligen Yangon flaniert und muss ganz ehrlich sagen, dass diese Stadt ein ungeheures Flair besaß. Ich war deswegen gespannt auf den Kontrast mit der neuen Hauptstadt, die aus dem Nichts in die Mitte des Landes gebaut und im Jahr 2005 eingeweiht worden war. Der junge Pilot der Regierungsmaschine meinte, uns mit dem in Asien weit verbreiteten Scherz aufmuntern zu müssen: Er sagte vor dem Landeanflug scherzhaft: »Ready for Rambo?«

Die Landung war unspektakulär, aber was uns dann erwartete, war wie ein Gespensterfilm. Der Flughafen war riesig und wirkte so, als hätten die Menschen beschlossen, diese Erde zu verlassen. Die langen Flure waren genauso leer wie die großen Hallen, die Geschäfte und kleinen Cafés. In diesem kolossalen Gebäude waren wir vom Vatikan-Pressecorps fast allein. Der Weg zum Präsidentenpalast und zum Convention Center, wo der Papst seine Rede halten sollte, hatte etwas ausgesprochen Gruseliges. Ich konnte die Panzersperren erkennen, die Zäune, die versenkbaren Betonblöcke. Diese ganze Stadt war so gebaut worden, dass sie sich innerhalb kürzester Zeit auch gegen einen entschlossenen und bestens bewaffneten Gegner würde verteidigen und einigeln können. Die Frage war: Gegen wen? Hatten die Machthaber dieses Landes eine so kolossale Angst vor ihren eigenen Leuten, dass sie eine Hauptstadt gebaut hatten, die ihren Familien und ihren Sympathisanten Schutz bieten sollte, selbst wenn die Millionen in Myanmar gegen sie aufstehen würden? Auf diesen langen Boulevards in der neuen Hauptstadt gab es keinen einzigen Fußgänger, und ich habe noch nie eine Stadt gesehen, die so groß war, so große Straßen zu bieten hatte und auf der so wenige Autos fuhren. Es war, als hätte eine rätselhafte Krankheit die Menschheit ausgerottet, und nur ganz wenige hätten sich hinter den Beton von Nay Pyi Taw retten können. Wir waren alle sehr gespannt auf das Treffen zwischen dem Papst und der Friedensnobelpreisträgerin Aung San Suu Kyi. Würde der Papst sich in der ersten wichtigen Rede an das Versprechen halten, das er den Bischöfen gegeben hatte, die Rohingya nicht zu erwähnen, oder würde er seine Gastgeber und die Militärs vor den Kopf stoßen? Er entschied sich für einen Mittelweg:

>Die Zukunft Myanmars muss der Friede sein – ein Friede, der sich auf die Achtung der Würde und der Rechte eines jeden Mitglieds der Gesellschaft gründet, auf die Achtung jeder ethnischen Gruppe und ihrer Identität, auf die Achtung des Rechtsstaates und einer demokratischen Ordnung, die es dem Einzelnen und jeder Gruppe – niemand ausgeschlossen – erlaubt, seinen legitimen Beitrag zum Gemeinwohl zu leisten.«

Ich kann mich genau an den Moment der Stille erinnern, der nach diesem Satz eintrat. Die Priester und Bischöfe Myanmars schauten nervös zu den Militärs im Saal. Aus ihrer Sicht war das, was der Papst da gerade gesagt hatte, ziemlich starker Tobak. Statt die Verteidigung des Vaterlandes durch die Militärs und ihre Sicherung der Ordnung zu loben, hatte er sie gewarnt, je wieder Hand an den demokratischen Staat zu legen. Zudem hatte der Papst in einem Satz gleich zweimal die Achtung jeder ethnischen Gruppe angemahnt und extra betont, dass niemand davon ausgeschlossen werden dürfe. Auf der anderen Seite hatte er sich an die Forderung gehalten und das Wort »Rohingya« nicht ausgesprochen.

Ich erinnere mich daran, dass ich ziemlich froh war, als wir nach der Rede des Papstes zu dem vollkommen leeren Flughafen zurückkehrten und diese Geisterstadt verließen.

Auf den folgenden Tag, den 29. November 2017, hatte ich mich richtig gefreut. Der Papst sollte an einem Sangha teilnehmen, einer Art heiligen Versammlung der buddhistischen Mönche. Das Treffen sollte neben dem Tempel in Kaba Aye Center in Yangon stattfinden.

Wir kamen etwa eine Stunde vor dem Papst in dem buddhistischen Zentrum an. Einige geschäftige Mönche flitzten hin und her. Ich fragte einige von ihnen, ob ich ihnen ein paar Fragen stellen könnte. Einer der Mönche erwies sich als sehr freundlich, antwortete: »Ja, gerne« und stellte sich vor. Er heiße Shi. Ich fragte ihn, was seiner Ansicht nach ein heiliger Mann sei oder ob er den Papst für einen heiligen Mann halte. Er dachte eine Weile nach, dann stellte er eine Gegenfrage.

»Hat der Papst das Leid dieser Welt überwunden?«

Ich sagte ihm, dass der Papst genau das Gegenteil wolle, nämlich so viel wie irgend möglich über das Leid dieser Welt erfahren, um zu versuchen, es zu lindern.

»Er interessiert sich also nur für die Probleme dieser Welt?«, fragte mich der Mönch.

Um ehrlich zu sein, wusste ich nicht genau, was ich antworten sollte. Natürlich hat ein Papst auch immer mit der unsichtbaren Welt zu tun, mit den Verheißungen, mit dem Paradies. Aber dieser Papst schien mir doch sehr in dieser Welt zu sein.

»Er glaubt, dass er diese Welt zum Besseren verändern muss«, sagte ich.

»Aber sucht er nicht nach Erleuchtung?«, fragte Shi.

»Er hat sie schon gefunden«, sagte ich.

Jetzt sah mich der Mönch mit großen Augen an.

»Er hat die Erleuchtung gefunden?«, fragte er. »Wirklich?«

»Ja. Er glaubt, dass ein Mann, der Jesus von Nazareth hieß und Gottes Sohn war, diese Erleuchtung gebracht hat.«

Die Antwort schien ihn zu enttäuschen. »Fastet er auch?«, fragte der Mönch.

»Ja«, sagte ich. »Er fastet zumindest einmal im Jahr.«

»Um zu mehr Erleuchtung zu gelangen?«, fragte der Mönch.

Ich hatte keine Ahnung, was ich darauf antworten sollte. »Vielleicht«, sagte ich.

»Hat er eine Frau?«

»Nein«, sagte ich, »er hat keine Frau.«

»Also ist er ein Mönch? Wir dürfen in der Phase unseres Lebens im Kloster auch keine Frauen haben, vielleicht will er danach eine Frau haben.«

»Nein«, sagte ich, »ich glaube nicht, dass er eine Frau haben will, und er ist auch kein Mönch, aber so etwas wie der Chef aller Mönche.«

Ich musste unser Gespräch abbrechen, weil der Papst näher kam. Jahrhundertelang war in solchen Situationen immer das Gleiche geschehen. Wenn eine große katholische Delegation, Kardinäle, Bischöfe oder sogar ein Papst, mit Buddhisten zusammentraf, versuchten sie, sie zum Christentum zu bekehren. Sie glaubten, dass Gott ihnen diesen Auftrag gegeben hatte. Im Markus-Evangelium heißt es im 16. Kapitel, Vers 15 und 16:

»Dann sagte er zu ihnen: Geht hinaus in die ganze Welt, und verkündet das Evangelium allen Geschöpfen! Wer glaubt und sich taufen lässt, wird gerettet; wer aber nicht glaubt, wird verdammt werden.«

Joseph Ratzinger hatte noch während seiner Brasilienreise im Jahr 2009 erklärt, dass andere Kulturen nur auf Christus gewartet hätten. Ich war gespannt, was Papst Franziskus jetzt den Buddhisten sagen würde. Waren diese Menschen Gläubige einer anderen Religion, die der Bekehrung bedurften, damit sie nicht verdammt wurden?

Der Papst gab eine klare Antwort. Die Zeiten, als die katholische Kirche versucht hatte, Menschen von ihrem Glauben abzubringen, um ihnen den christlichen Glauben aufzuzwingen, waren seiner Ansicht nach vorbei. Er sprach nicht vom Bekehren, sondern von einer Partnerschaft:

»Liebe Freunde, mögen Buddhisten und Katholiken gemeinsam auf diesem Weg der Heilung voranschreiten und Seite an Seite für das Wohlergehen eines jeden Einwohners dieses Landes arbeiten.«

Ein weiteres Mal sprach er das Wort Rohingya nicht aus. Ich fragte mich, was da geschah. War der Papst einfach ein verlässlicher Hirte, der den Bitten seiner Bischöfe entsprach und das Wort »Rohingya« nicht benutzte, weil sie ihn darum gebeten hatten, es zu verschweigen? Oder war das einfach feige?

Dhaka – Bangladesch

Ich war mir an diesem Donnerstag, dem 30. November 2017, nach dem Abflug aus Yangon in Richtung Dhaka nach Bangladesch vollkommen sicher, dass dieser Tag eine der größten Niederlagen im Pontifikat Papst Franziskus' sein würde. Er hatte es auf seiner Reise nach Myanmar und Bangladesch bisher nicht gewagt, den Namen der verfolgten Volksgruppe der Rohingya auszusprechen. Es wäre eine Sache gewesen, vor einer Friedensnobelpreisträgerin in Myanmar anzuklagen, dass sie in ihrem Land eine »ethnische Säuberung«, einen Völkermord zuließ. Das hätte naheliegend und relativ einfach geschienen, aber es würde unendlich viel schwerer sein, in Bangladesch diese Tragödie anzusprechen. Welches Recht hatte ein Papst, das Oberhaupt der Katholiken, in einem muslimischen Land wie Bangladesch Solidarität für die muslimischen Rohingya einzufordern? Hätte Bangladesch nicht allen Grund gehabt, dem Papst zu sagen, er möge sich bitte aus diesem inneren Problem, das Muslime betreffe, heraushalten?

Zwischen Bangladesch und Myanmar gab es einen heftigen Streit, über die eventuelle Rücknahme von Rohingya-Flüchtlingen, die versucht hatten, ihr Leben zu retten, indem sie nach Bangladesch flohen. Nach Angaben des Landes lebten mittlerweile 1,1 Millionen Rohingya in Bangladesch. Die Vereinten Nationen versuchten täglich mit Millionenbeträgen dem bitterarmen Land unter die Arme zu greifen, um dieser humanitären Katastrophe Herr zu werden. Doch Bangladesch strebte einen radikalen Einreisestopp an, um zu verhindern, dass weitere Flüchtlinge in ihr Land strömten. In der Hauptstadt Dhaka würde der Papst es also nicht mehr mit einer Friedensnobelpreisträgerin zu tun haben, sondern mit einer Regierung, die der mehr als einer Million Flüchtlinge einfach nicht mehr Herr wurde. Sie hatten so viele Menschen aufgenommen, dass man Bangladesch kaum mehr vorwerfen konnte, es habe keine Solidarität gezeigt. Aber ganz offensichtlich war das Land an die Grenzen seiner Kapazitäten gestoßen. Myanmar hingegen gestaltete die Bestimmungen für die Rücknahme der Rohingya so schwierig, dass die Regierung des Landes nur der Rückreise weniger Hundert Rohingya zustimmte. Da die Friedensnobelpreisträgerin Aung San Suu Kyi nach dem Militärputsch im Frühjahr 2021 erneut zu zwei Jahren Haft verurteilt wurde, besteht wenig Hoffnung, dass irgendeine politische Kraft stark genug sein könnte, um es mit den Militärs aufzunehmen und die Situation der Rohingya zu verbessern.

Gespannt wartete ich auf die Rede des Papstes im Präsidentenpalast in Dhaka nach unserer Landung. Würde er es wagen, endlich das Wort »Rohingya« auszusprechen, obwohl die Bischöfe dringend darum gebeten hatten, dies auf keinen Fall zu tun? Wieder wählte der Papst einen Mittelweg, indem er sagte:

»In den vergangenen Monaten konnten die Großzügigkeit und Solidarität, zwei charakteristische Merkmale für die Gesellschaft Bangladeschs, ganz konkret beobachtet werden, als es in seinem humanitären Engagement dem großen Strom von Flüchtlingen aus dem Rakhaing-Staat vorläufige Unterkunft gegeben und sie mit den lebensnotwendigsten Dingen versorgt hat. Dieses Ergebnis wurde mit nicht geringen Opfern erreicht und vor den Augen der ganzen Welt vollbracht. Keiner von uns kann umhin, sich bewusst zu machen, wie ernst die Situation ist, wie groß die erforderlichen Kosten menschlicher Leiden sind und wie prekär die Lebensbedingungen so vieler unserer Brüder und Schwestern, hauptsächlich Frauen und Kinder, sind, die sich in den Flüchtlingslagern drängen. Es ist notwendig, dass die internationale Gemeinschaft entscheidende Maßnahmen im Hinblick auf diese ernste Krise durchführt. Es muss nicht nur daran gearbeitet werden, die politischen Fragen zu lösen, die zur Verschiebung von Menschenmassen geführt haben, sondern es muss Bangladesch sofortige materielle Unterstützung geboten werden bei seinen Anstrengungen, den dringendsten Bedürfnissen der Menschen wirksam zu begegnen.«

Der Papst sagte »den Menschen wirksam zu begegnen«, aber wieder nicht das Wort »Rohingya«. Wieder hatte er sich nicht getraut.

Ich kann mich an diesen Nachmittag des 1. Dezember 2017 sehr genau erinnern. Der Weg durch die Innenstadt von Dhaka zum Palast des Bischofs war überwältigend. Eine vollkommen andere Welt tat sich da vor meinen Augen auf. Händler balancierten auf ihren Fahrrädern große Körbe, in die Gemüse und Obst gestopft waren. Die Körbe bildeten einen so hohen Turm, dass er bis zum dritten Stock reichte. Drei Männer liefen neben ihm her und stützten den Turm. Mir war völlig schleierhaft, wieso das Rad nicht umfiel. Sie kämpften sich durch den dichtesten Verkehr, den ich je in meinem Leben gesehen hatte. Gleichzeitig lieferten Boten, die von weit her zu kommen schienen, Männern, die auf den Baustellen arbeiteten, Blechnäpfe mit Essen und lieferten zum geringstmöglichen Preis warme Mahlzeiten. Das Ganze schien ein kolossales System zu sein. Das, was eine normale europäische Stadt ausmachte, McDonalds-Niederlassungen, Imbissbuden, Pizzerien, Kebabläden, also die westliche Art des Street Food, existierte nicht.

Das Zelt an der Niederlassung des Bischofs von Dhaka, in dem das interreligiöse Treffen um 17.00 Uhr stattfinden sollte, war brechend voll. Es gab keinen für Journalisten reservierten Teil. Wir mischten uns einfach unter das Volk, das festlich gekleidet war. Die Menschen waren freudiger Stimmung, konnten kaum erwarten, dass der Papst kommen würde. Die übliche Mischung aus religiösen Würdenträgern des Islam, des Buddhismus, des Judentums und anderer christlicher Kirchen war zusammengekommen. Ich versuchte, mir mit ein paar Kollegen einen Platz in der Nähe der Bühne frei zu kämpfen, auf der Papst Franziskus sprechen würde. Es war so eng, dass ich es nicht schaffte, den Laptop aus dem Rucksack zu ziehen. Ich gab es auf und ließ einfach den Blick durch das Zelt schweifen. Inmitten der aufgebrezelten Gäste der Feierstunde stand ein kleines Grüppchen von Menschen, die abgerissen, niedergeschlagen und vor allem auch vollkommen unterernährt aussahen. Ihre Augen wirkten wie tot, als hätten sie etwas gesehen, das kein Mensch sehen sollte. Sie machten sich ganz klein, schienen sich verstecken zu wollen in der Menge. Aber der Unterschied zwischen ihrer Haltung und der übrigen Menschen, die in festlicher Vorfreude ein Vogelgezwitscher guter Laune in dem Zelt verbreiteten, war so groß, dass die kleine Schar einfach auffallen musste.

Sie waren nur sehr wenige, ich meine mich an höchstens zehn oder 15 Menschen in der Gruppe zu erinnern. Ich wies einen Kollegen aus Bangladesch auf die kleine Gruppe hin und fragte ihn: Wer ist das? Er sah mich irritiert an und antwortete dann, ich solle warten. Er kämpfte sich dann durch die Menge zu dem Grüppchen, und als er wiederkam, sagte er: »Es sind Rohingya.«

Eine winzige Gruppe dieses gepeinigten Volkes, das so viel

Leid erdulden musste, dass der Internationale Gerichtshof gegen Myanmar wegen Völkermordes ermittelte, hatte es hierher, in dieses Zelt geschafft. Die Frage war, ob sie bis zum Papst vordringen würden.

»Würdest du mir helfen?«, fragte ich den Kollegen.

Jetzt sah er mich verständnislos an.

»Ich meine, würdest du mir helfen und übersetzen? Ich glaube nicht, dass sie Englisch sprechen oder Französisch.«

Er drückste einen Augenblick herum. Dann sagte er: »Ich arbeite auch für die Bischofskonferenz. Ich möchte eigentlich nicht, dass man sieht, dass ich mich mit den Rohingya unterhalte. Aber warte mal!«

Nach wenigen Augenblicken kam er mit einer jungen Frau im Schlepptau zurück, die mir stolz auf Englisch erklärte, dass sie eine internationale katholische Schule besuche und froh darüber sei, ihr Englisch ausprobieren zu können.

Ich deutete auf diese kleine Gruppe, sagte ihr, dass das Rohingya seien, und fragte sie, ob sie deren Sprache verstehe.

Sie nickte eifrig und sagte, im Süden von Bangladesch könnten die Menschen die Sprache der Rohingya sehr gut verstehen, zumal sie eine Mischung aus mehreren anderen Sprachen sei, die in der Region gesprochen würden, wie Urdu und Hindi.

Ich erklärte ihr, wie dankbar ich ihr sei, und wir kämpften uns durch die Menge zu der kleinen Gruppe. Ich erinnere mich an die traurigen Augen eines viel zu dünnen, etwa 30-jährigen Mannes, der zunächst überhaupt nicht darauf reagierte, als ich ihn ansprach. Neben ihm saß ein Mann, der seine Hände vors Gesicht presste.

Der dünne Mann mit den schwarzen Haaren war in Lumpen gekleidet, und nach ein paar Augenblicken antwortete er. Er erklärte, dass er und seine Familie aus ihrem Dorf geflohen waren, nachdem die Armee gekommen war und ihre Häuser angezündet hatte. Sie waren in eine nahe Stadt geflohen und hatten sich dann bis nach Bangladesch durchgeschlagen.

Ich fragte ihn, ob der Mann neben ihm Hilfe brauche. Der dünne Mann schaute mich an und sagte, dass der kleine Sohn dieses Freundes erschossen worden war, ein wenige Monate alter Junge, der von einer Salve eines Soldaten getroffen worden war. Obwohl er wusste, dass er tot war, hatte er ihn während der ganzen Flucht im Arm getragen. Sie hatten ihm mehrfach gesagt, er solle ihn endlich begraben, aber er wollte das nicht. Er wollte ihn nicht in Myanmar zurücklassen.

In diesem Augenblick tauchten Ordner auf und zerrten uns von der kleinen Gruppe weg. Ich versuchte zu protestieren, aber es gelang mir nicht. Sie schubsten uns zurück an die Stelle in der Nähe der Bühne, wo der Papst sprechen sollte.

Ich erzählte meinen Kollegen, dass ich mit den Rohingya gesprochen hatte und dass Ordner das kleine Grüppchen von abgerissenen Menschen im Zelt immer weiter nach hinten gedrängt hatten, als dürfte es diese Menschen einfach nicht geben und ihr Leid schon gar nicht.

Als die Zeremonie begann, war ich tief enttäuscht, denn das Programm wurde ganz normal abgespult. Die Bischöfe umringten den Papst, Franziskus hielt seine Ansprache, bedankte sich bei den anderen Religionen, redete wie bei solchen Anlässen üblich über die Zusammenarbeit zwischen Religion und die Verantwortung der Christen. Er erwähnte die Dankbarkeit, dass Christen die Gastfreundschaft in einem muslimischen Land gewährt wurde, er dankte für die Unterstützung. Als er seine Rede beendet hatte, kamen die Würdenträger der verschiedenen Religionen, um ihm die Hand zu geben. Zwei Bischöfe wollten Franziskus aus dem Zelt begleiten, doch dann geschah etwas absolut Einzigartiges.

Der Papst riss sich regelrecht los, obwohl beide Bischöfe ihn am Arm hielten. In einer öffentlichen Veranstaltung ist so etwas äußerst ungewöhnlich. Die Bischöfe konnten ihre Überraschung und auch ihren Unmut kaum verbergen. Sie versuchten, den Papst erneut an die Hand zu nehmen und aus dem Zelt zu geleiten, aber er schüttelte sie noch mal ab und ging auf das Mikrofon zu. Im Zelt kam es jetzt zu einem Tumult. Weil die Veranstaltung beendet war, strömten die Gäste aus dem Zelt, aber als sie sahen, dass der Papst zurückgekommen war und jetzt am Mikrofon stand, strömten sie zurück. Ein Mitarbeiter des Vatikans kämpfte sich plötzlich zu der kleinen Gruppe der Rohingya durch und brachte sie nach vorn zur Plattform, an der der Papst stand.

Jetzt waren der Unmut und der Protest der Bischöfe und der anwesenden Polizisten nicht mehr zu übersehen. Aber das war dem Papst egal. Er unterhielt sich mit den Rohingya, mit einem nach dem anderen. Er ließ sich Zeit. Im Zelt herrschte ungläubiges Schweigen, und in der seltsamen Stille stellten sich die Menschen auf die Stühle, um besser sehen zu könne, was da vorne geschah.

Dann sagte der Papst ins Mikrofon: »Verschließen wir nicht unsere Herzen. Schauen wir nicht weg. Heute heißt die Gegenwart Gottes auch …« Das Wort, das er danach sagte, war nicht klar verständlich. Männer hatten losgebrüllt, als der Papst plötzlich zu sprechen begonnen hatte. Hatte er gesagt: »Heute heißt die Gegenwart Gottes auch Rohingya«?

Uns Journalisten war sofort klar, dass es eine kleine Sensation war, wenn er sich tatsächlich gegen die einheimischen Bischöfe durchgesetzt und »Rohingya« gesagt hatte. Wir schrien uns an, um zu verhindern, dass jetzt alle gleichzeitig versuchten, den Papstsprecher Greg Burke anzurufen. Denn niemand hatte etwas davon, wenn wir durch zahllose Handyanrufe sein Telefon lahmlegten. Wir einigten uns darauf, wer für uns alle ihn anrufen sollte. Wir hatten nur eine Frage: Hatte der Papst das Wort »Rohingya« gesagt oder nicht? Greg nahm sofort ab. Der hochgewachsene Amerikaner Burke mit einem drahtigen Körper wie ein Baseballspieler zögerte einen Augenblick, offensichtlich musste er sich rückversichern, aber dann sagte er: »Ja, er hat ›Rohingya‹ gesagt.«

Ich war dankbar. Der Papst hatte es gewagt, er hatte sich gegen seine eigenen Bischöfe gestellt, er hatte sich den Mund nicht verbieten lassen. Natürlich würde auch nach diesem Abend das Volk weiter drangsaliert werden. Natürlich würde es nicht wirklich helfen. Aber ab jetzt konnten die Herrscher, die mit allen Mitteln verschweigen wollten, was mit diesem Volk passierte, nicht mehr sicher sein, dass sich alle Besucher an ihr Diktat hielten, statt der Welt zu sagen, dass ein entsetzlicher Völkermord unter aller Augen geschah. Was der Papst gewagt hatte, war keine Rettung, aber immerhin ein erster Schritt.

Donald Trump

Bis zum Amtsantritt von Papst Franziskus galt die Vorstellung, dass der Vatikan je eine antiamerikanische Haltung annehmen könnte, als absurd. In seiner Geschichte hatte der Vatikan in Bezug auf die USA meistens auf der falschen Seite gestanden. Als im Jahr 1791 in den USA die Verfassung, die sogenannte Bill of Rights, mit ihren zehn Zusatzartikeln rechtskräftig wurde, war das für den Vatikan ein Schock. Das bedeutete nämlich, dass in der Neuen Welt eine strikte Teilung zwischen Kirche und Staat eingeführt werden sollte. Der Zusatzartikel der Bill of Rights verbietet den Präsidenten der Vereinigten Staaten und dem Kongress, eine Staatsreligion einzuführen. De facto bedeutete dies, dass die Religionsausübung jedem Einzelnen überlassen blieb. Für den Vatikan war diese Vorstellung der blanke Horror. Zu diesem Zeitpunkt existierte der Kirchenstaat noch, und dort galt selbstverständlich, dass Kirche und Staat eng miteinander verflochten waren. Wer zu Ostern nicht in den Gottesdienst ging, wurde von der Polizei gesucht und eingesperrt.

Papst Pius IX. ließ sich schließlich dazu hinreißen, eine strenge Verurteilung aller Länder durchzusetzen, die es wagten, Staat und Religion zu trennen. In der Enzyklika *Quanta cura* vom 8. Dezember 1864 erklärte Pius IX., dass die liberalen Bestrebungen in Demokratien zu verurteilen sein. Nach der Vorstellung dieses Papstes musste ein Staat unter anderem darauf achten, dass seine Bürger sich nicht über die Wunder, die in der Bibel beschrieben werden, lustig machten oder an ihnen zweifelten. Schon die ersten Worte der Verfassung der Vereinigten Staaten störten den Papst enorm. Dort heißt es: »We, the People of the United States, …« Das war eine klare Attacke auf die nach Ansicht des Papstes von Gott gewollte Form des Staates, nämlich die Monarchie. In Frankreich wurde im Jahr 1905 die Trennung zwischen Staat und Kirche eingeführt, was Papst Pius X. dazu veranlasste, im Jahr 1906 die Enzyklika *Vehementer nos* zu verfassen. Dort legte der Papst fest, dass die Gläubigen zu gehorchen haben:

»Die Kirche ist ihrem Wesen nach eine ungleiche Gesellschaft, sie wird aus zwei Klassen gebildet: den Hirten und der Herde. (…) Und diese Kategorien sind untereinander dermaßen verschieden, dass nur bei der Hierarchie das Recht und die Autorität liegt, alle Glieder zum verheißenden Ziel der Gemeinschaft zu führen und zu leiten. Was die Mehrheit angeht, so hat sie kein anderes Amt als hinzunehmen, sich führen zu lassen und der Führung der Leiter gehorsam zu folgen.«

Noch im 20. Jahrhundert war es in einigen Ländern Europas nicht möglich, ein Jobangebot in bestimmten Firmen anzunehmen, die sich der Kirche verbunden fühlten, wenn man kein Führungszeugnis seines katholischen Priesters vorweisen konnte. Dazu gehörte in Deutschland unter anderem der Modariese C & A.

Heute gibt es nur noch neun Staaten mit einer christlich geprägten Staatsreligion. Da ist natürlich England mit der Königin oder dem König als Oberhaupt der Kirche von England, das Gleiche gilt für Dänemark, wo das Königshaus und das Parlament der dänischen Volkskirche vorstehen. Auch in Griechenland ist die griechisch-orthodoxe Kirche eine Staatsreligion. In

Monaco, in Liechtenstein sowie auf der Insel Malta ist der Katholizismus Staatsreligion. In Armenien ist die Heilige Apostolische Kirche der Armenier und in Georgien die orthodoxe christliche Kirche Staatsreligion. Und selbstverständlich gibt es auch im Vatikan eine Staatsreligion, den Katholizismus.

Dass die USA als Erste die Bindung zwischen Kirche und Staat in der demokratischen Welt zerrissen, belastete das Verhältnis lange Zeit schwer. Die Annäherung Papst Pauls VI. an die USA stellte eine Zeitenwende dar, vor allem, nachdem er zugestimmt hatte, dass die letzte Krone der Päpste, die Tiara, im National Shrine of Immaculate Conception in Washington aufbewahrt wurde, aus Dankbarkeit für die Spenden aus den USA für Afrika. Das Verhältnis zwischen den USA und dem Vatikan wurde von da an immer enger. US-Präsidenten Ronald Reagan sah in Papst Johannes Paul II. einen regelrechten Verbündeten und übernahm sogar die Doktrin des Papstes, der vom »Reich des Bösen« sprach und damit die Sowjetunion meinte. Doch die Wahl von Papst Franziskus änderte alles.

Die Einmischung der USA in Mittelamerika hatte die Theologie der Befreiung stark geprägt. Vor allem die Unterstützung der Contras in Nicaragua durch die CIA, um die Diktatur von Anastasio Somoza Debayle gegen die Sandinisten und die sie unterstützenden armen Bauern zu verteidigen, hatte Priester in Lateinamerika wie Jorge Mario Bergoglio geprägt. Endgültig hatten die in den USA trainierten Killer, die Óscar Romero in El Salvador töteten, für eine stark ablehnende Haltung gegen die USA, wenn nicht für regelrechten Hass auf Nordamerika unter allen Anhängern der Theologie der Befreiung gesorgt. Jetzt war einer dieser Priester Papst und das ausgerechnet in einer Zeit, in der ein Donald Trump um das Amt des Präsidenten kämpfte. Zum ersten großen Krach kam es im Februar 2016. Papst Franziskus war gerade unterwegs auf einer pastoralen Reise in Mexiko, als Donald Trump ihn einen »Politiker« und eine »Schachfigur der mexikanischen Regierung« nannte. Franziskus hatte geantwortet: »Gott sei Dank bin ich ein Politiker. Aristoteles hat den Menschen als ein politisches Tier beschrieben, also bin ich auch ein menschliches Wesen. Schachfigur, ja, vielleicht, ich weiß es nicht, das Urteil überlasse ich den Menschen.«

Da Donald Trump beschloss, seinen Wahlkampf unter anderem darauf aufzubauen, dass er eine Abschottungspolitik der USA wollte und verlangte, dass eine Mauer gebaut werde, um dem Zufluss der Immigranten aus dem Süden Einhalt zu gebieten, war der Streit mit dem Papst vorprogrammiert. Franziskus griff frontal an. Im Februar 2016 sagte er: »Eine Person, die nur daran denkt, Mauern zu bauen, egal, wo es ist, und nicht Brücken, ist kein Christ.« Die Anhänger von Donald Trump schäumten. Sie sahen darin einen direkten Eingriff in den US-Wahlkampf.

Trump schlug damals sofort zurück. Während eines Wahlkampfauftritts in South Carolina sagte er: »Wenn der Islamische Staat den Vatikan angreifen würde und alle wissen, dass das die Trophäe ist, die ebenjene Terroristen am liebsten wollen, dann garantiere ich euch, dass der Papst auf die Knie gehen würde und beten, dass Donald Trump Präsident wird.«

In Bezug auf Mexiko sagte Donald Trump an die Adresse des Papstes: »Der Papst hat die Verbrechen nicht gesehen, den Drogenhandel hat er nicht gesehen und wie sich die mexikanische Regierung mit Schlauheit uns gegenüber verhält. Papst Franziskus sagt, dass Donald Trump kein guter Mensch sei, aber ich bin ein guter Mensch, ich bin wirklich ein guter Mensch, ich bin ein guter Christ, und ich bin stolz darauf, es zu sein.«

Als Donald Trump am 20. Januar 2017 sein Amt antrat, erklärte Papst Franziskus kurz darauf, er werde ihn nach dem beurteilen, was er tue.

Am 24. Mai 2017 traf Präsident Donald Trump gegen 8.20 Uhr im Vatikan ein. Die Anspannung unter den Beratern des Papstes war deutlich zu spüren. Wegen der Vorbereitung der Mittwochsaudienz konnte der Präsident mit seiner Autokolonne nicht den gewohnten Weg nehmen, sondern musste durch den schmalen

»Perugino«-Eingang fahren. Der Papst versuchte, die Anspannung zu lösen, als er Donald Trump die Hand gab. Angesichts der stattlichen Größe des Präsidenten sagte er zu dessen Frau Melanie: »Was geben Sie ihm denn zu essen, dass er so groß wird?«

Das Treffen dauerte exakt 29 Minuten. Damit lag es ganz genau im zeitlich geplanten Rahmen. Mit Barack Obama hatte der Papst länger, knapp über 40 Minuten lang, gesprochen. Ein Desaster war das Gespräch mit Donald Trump aber auch nicht. Wenn Gespräche richtig schiefgehen, bricht Franziskus nach zehn Minuten ab. Es gab an diesem Tag auch einen Sieger. Donald Trump wollte ganz offensichtlich nicht den Vatikan verlassen und dann als ein Gegner des Papstes gelten. Er sagte hörbar vor den Journalisten, als er sich von Papst Franziskus verabschiedete: »Ich werde die Worte, die Sie mir gesagt haben, nicht vergessen.«

2018

Franziskus und die Mafia

Die lange Geschichte der Päpste zeigt, dass ihr Herrschaftssystem, die Wahlmonarchie, einen entscheidenden Nachteil hat. Während der Wahl eines Papstes kommt es regelmäßig zu Sperrminoritäten. Das bedeutet, eine Gruppe kann ihren eigenen Kandidaten zwar nicht auf den Thron Petri heben, aber sie kann einen anderen Kandidaten verhindern. Dadurch kam es häufig zu der Situation, dass die beiden stärksten Gruppen sich gegenseitig blockierten und ein Kompromisskandidat gefunden werden musste. Häufig einigt sich das Konklave auf einen möglichst schwachen Kandidaten, der auch schon sehr alt ist, um ein langes Pontifikat zu verhindern und in einer neuen Wahl den eigenen Kandidaten durchzusetzen. Das System hat aber auch einen großen Vorteil: Es ist in der Lage, vollkommen unverbrauchte Kandidaten an die Spitze zu katapultieren.

Leider dauerte es in der Geschichte der Kirche manchmal Jahrhunderte, bis dieser Vorteil ausgespielt werden konnte. In der modernen Geschichte des Vatikans passierte das im Jahr 1978 mit der Wahl von Karol Wojtyła. Der Erzbischof von Krakau kam vollkommen unbelastet und ohne italienische Verbindungen als Chef in den Vatikan. Er beschloss daher, auch Probleme anzugehen, die seine italienischen Vorgänger niemals angerührt hatten. Eines davon betrifft die Mafia.

Innerhalb der italienischen Kirche galt das Thema Mafia als

absolutes Tabu. Das hatte damit zu tun, dass der Spitze der italienischen Kirche vollkommen klar war, dass es Verflechtungen zwischen der Mafia und der Kirche gab. Das war keineswegs geheim und wurde teilweise regelrecht zelebriert. In zahlreichen Städten Süditaliens war es jahrzehntelang üblich, dass während der Prozessionen am kirchlichen Festtag der Priester einen Stopp vor dem Haus des lokalen Mafia-Bosses einlegte, um ihm zu huldigen. Das Ganze funktionierte so: In den Städten Süditaliens werden während der Patronatsfeste Heiligenfiguren durch die Straßen getragen. Häufig ist es einfach nur eine Figur Marias. Die Prozession begleitet der Priester mit der Gemeinde, und natürlich darf die Blaskapelle des Orts nicht fehlen. Wenn sie dann am Haus der einflussreichsten Mafia-Familie vorbeikommen, stoppt die Prozession, und die Träger der Figur gehen in die Knie, verneigen sozusagen also die Muttergottes vor dem Haus des Mafia-Bosses. Diese Praxis kannte in Italien jeder.

Der Vatikan sah sich schließlich gezwungen, Onlinekurse anzubieten, an denen bis zu 350 Priester teilnahmen, um zu erklären, dass eine Verbindung der Kirche mit dem organisierten Verbrechen nicht gewünscht sei und dass endlich Schluss sein müsse mit den Verneigungen der Heiligen vor den Häusern der Paten.

Alle vier wichtigen Mafia-Organisationen Italiens, die sizilianische Cosa Nostra, die Camorra in Neapel, die 'Ndrangheta in Kalabrien und die Sacra Corona Unita in Apulien, suchten enge Verbindungen mit der katholischen Kirche. Der Superpate der Cosa Nostra und Chef des Corleone-Clans Bernardo Provenzano sah sich selbst als einen tiefgläubigen Mann. Seine Mordbefehle unterzeichnete er gern mit dem Satz: »Der Wille Gottes geschehe.«

In seinem Versteck fanden sich nach 43 Jahren auf der Flucht über 170 Heiligenfiguren und eine Bibel, die er offenbar Wort für Wort durchgearbeitet hatte. Provenzano gehörte zu den maßgeblichen Drahtziehern des Mafia-Kriegs zwischen 1981 und 1983, in dem über 1000 Menschen ihr Leben verloren. Er soll auch verantwortlich sein für die Hinrichtungsstätte der Mafia, der alten Nagelfabrik in Bagheria bei Palermo, in der über 100 Menschen getötet worden sein sollen.

Auch der langjährige Chef der neapolitanischen Camorra, Carmine Alfieri, sah sich selbst als einen tieffrommen Mann. In seinem Versteck sollen Priester ihn regelmäßig besucht haben. Nach seiner Festnahme berichtete er ausführlich über sein neues Leben als gläubiger Christ. Alfieri soll persönlich über 150 Morde in Auftrag gegeben haben.

Einen besonderen Fall stellt die kalabrischen 'Ndrangheta dar. Ermittlungsrichter Nicola Gratteri sagte mir einmal, dass die 'Ndrangheta zu den am engsten mit der Religion verflochtenen kriminellen Organisationen gehört. Am Tag des Festes der Muttergottes von Polsi in den Bergen Kalabriens, das am 2. September gefeiert wird, trifft sich jedes Jahr die Spitze der weltweit operierenden 'Ndrangheta. Dort finden dann Prozesse statt gegen einzelne Mitglieder, dort wird auch entschieden über die Verteilung der Mengen von Kokain.

Nicola Gratteri erklärte mir, dass es eine ganz besonders große Rolle spielt, dass Bilder der zwölf Heiligen, mit denen sich die 'Ndrangheta verbunden fühlt, an diesem Ort aufbewahrt werden. Der zuständige Bischof von Locri hat mehrfach dagegen protestiert, dass sich in diesem Heiligtum immer wieder die schwersten Verbrecher unter dem Schutz der Religion treffen und ein vollkommen verqueres Bild der katholischen Kirche zeigen.

Die apulische Mafia Sacra Corona Unita hingegen soll in der Weihnachtsnacht des Jahres 1983 gegründet worden sein, um ihre enge Verbindung mit der katholischen Kirche zu unterstreichen. Alle vier Mafia-Organisationen nennen den Aufnahmeritus eines Verbrechers »die Taufe«.

Kein italienischer Papst hatte je dieses Thema angerührt. Es war einfach zu heikel gewesen, bis der polnische Papst am 9. Mai 1993 beschloss, der Mafia den Krieg zu erklären. Er schlug alle Warnungen in den Wind, und als erster Papst der Geschichte griff er die Mafia in dem wunderschönen Tal von Agrigent auf

Sizilien, das als eine der Hochburgen der Cosa Nostra gilt, frontal an. Er rief dort aus: »Die Verantwortlichen der Mafia müssen verstehen, dass es nicht erlaubt ist zu töten. Die Mafia kann dieses heilige Gebot Gottes nicht verletzen. Sizilien kann nicht mehr mit einer Zivilisation des Todes leben.«

Dann hob er zu einer regelrechten Drohung an: »Im Namen des auferstandenen Christus, der Leben ist und Wahrheit, sag ich euch: Kehrt um, denn das Gericht Gottes wird kommen.«

Die Reaktion der Mafia war ein Krieg gegen die Kirche. Zwei Monate später, am 26. Juli des Jahres 1993, zündete die Mafia zwei Autobomben. Die eine zerstörte die Kirche San Giorgio in Velabro mitten in der römischen Innenstadt in Nähe des Forum Romanum, die zweite explodierte an der Lateranbasilika, der Mutter aller Kirchen, der einzigen Kirche, die einen Feiertag im Jahreskalender der katholischen Kirche besitzt. Insgesamt wurden 22 Menschen verletzt.

Am Abend zuvor hatte die Mafia in Mailand eine Autobombe gezündet, bei der fünf Menschen ums Leben gekommen waren, am 27. Mai eine Bombe im Stadtzentrum von Florenz neben dem Museum der Uffizien, die ebenfalls fünf Menschen das Leben gekostet hatte. Der schwerste Schlag für die Kirche kam kurz darauf: Am 15. September 1993 richtete die Mafia in Palermo den Priester Don Giuseppe Puglisi mit einem Genickschuss hin. Er wurde als erstes Opfer der Mafia von der katholischen Kirche seliggesprochen.

Am 15. September 2018 kam Papst Franziskus nach Palermo, um dieses Kriegs zu gedenken. Er zeigte, dass auch er ein unbelasteter Papst ist und keine Rücksichten nehmen muss auf italienische Verbindungen. Er sprach das Problem klar an:

»Ich bitte euch daher, aufmerksam darüber zu wachen, dass die Volksfrömmigkeit nicht von der Gegenwart der Mafia instrumentalisiert wird. Denn dann ist sie kein Mittel liebevoller Anbetung, sondern wird zu einem Werkzeug verdorbener Zurschaustellung. Wir haben das in den Zeitungen gesehen, wenn die Gottesmutter vor dem Haus des Mafiabosses haltmacht und sich verneigt; nein, das geht nicht, das geht absolut nicht! Tragt Sorge für die Volksfrömmigkeit, helft, seid anwesend!«

Papst Franziskus hatte bereits am 26. Mai 2013 gesagt:

»Ich denke an das große Leid von Männern und Frauen, auch von Kindern, die von den vielen Mafias ausgebeutet werden, die sie ausbeuten, indem sie sie eine Arbeit tun lassen, die sie zu Sklaven macht, mit Prostitution, mit verschiedenen sozialen Druckmitteln. Hinter dieser Ausbeutung, dieser Sklaverei, steht die Mafia. Bitten wir den Herrn, dass er die Herzen dieser Menschen bekehre. Sie dürfen das nicht tun! Sie dürfen aus uns, die wir Brüder sind, keine Sklaven machen! Wir müssen zum Herrn beten! Beten wir, dass diese Männer und Frauen der Mafia sich zu Gott bekehren, und preisen wir Gott für das leuchtende Zeugnis von Don Giuseppe Puglisi, und beherzigen wir sein Beispiel!«

Im Mai des Jahres 2021 beschloss Papst Franziskus, den letzten und entscheidenden Angriff zu führen, um alle Verbindungen zwischen Kirche und Mafia zu kappen. Franziskus richtete mit Unterstützung der italienischen Antimafia-Kommission und der Staatsanwaltschaft eine Kommission ein, die den Katechismus der katholischen Kirche und das Kirchenrecht umschreiben wird. Darin soll ausdrücklich die Exkommunizierung aller Frauen und Männer aufgenommen werden, die Beziehungen zu gleich welcher Mafia-Organisation unterhalten.

Dem Papst war es besonders wichtig, dass diese Verurteilung nicht auf die italienischen Mafia-Organisationen beschränkt blieb, sondern Organisationen des organisierten Verbrechens der ganzen Welt aufgenommen wurden.

2019

Im Dialog mit dem Islam

Die Terroranschläge der Jahre 2015 und 2016 hatten Papst Franziskus in der Ansicht bestärkt, dass die katholische Kirche alles unternehmen musste, um einen drohenden Religionskrieg zu vermeiden. Ich habe den Papst selbst einmal danach gefragt, wie er den drohenden weltweiten Konflikt mit islamistischen Terroristen bewerte. Er sagte mir: »Zu Verhandlungen mit dem Islam gibt es nur eine Alternative, und das ist Krieg.«

Der Vatikan hatte schon im Jahr 2016 Verhandlungen mit verschiedenen muslimischen Geistlichen aufgenommen, allerdings waren diese Verhandlungen nicht so ganz einfach. Das lag vor allem daran, dass nicht wirklich klar war, mit wem der Vatikan überhaupt verhandeln sollte. Das Papsttum hat in seiner langen Geschichte gezeigt, wie viele Schwachstellen es hat, aber gegenüber vielen anderen Religionen hat das auch einen großen Vorteil: Es gibt einen klar erkennbaren Chef. In den Verhandlungen mit dem Islam ist das erheblich schwieriger, zunächst einmal, weil sich der Islam ohnehin schon in zwei Strömungen teilt, die Sunniten und die Schiiten. Diese beiden größten Glaubensrichtungen im Islam hatten sich nach einem Streit über die Nachfolge Mohammeds getrennt. Die Schiiten, etwa 15 Prozent aller Muslime in der Welt, erkennen Ali, den Schwiegersohn des Propheten, und dessen Nachkommen, als rechtmäßige Stellvertreter Mohammeds an. Die Schiiten ähneln der Idee der katholischen

Kirche, so wie sie bis zum Amtsantritt von Papst Franziskus galt, mehr als die Sunniten. Denn sie sehen in ihren geistlichen Oberhäuptern, den Imamen, nicht nur einfach Abgesandte des Propheten, sondern so etwas wie göttliche Stellvertreter auf Erden. Im schiitischen Iran hat diese Ausprägung politische Konsequenzen, weil die religiösen Oberhäupter eine Art Gottesstaat leiten. Für Sunniten sind die geistlichen Oberhäupter nichts weiter als einflussreiche Theologen. Da die beiden Glaubensrichtungen zutiefst verfeindet sind, schien von Anfang an eine Verhandlung mit beiden Glaubensrichtungen aussichtslos. Die Muslime der Welt sind von Mohammeds Idee einer »Umma«, einer Gemeinschaft aller Muslime, heute weit entfernt. Der Vatikan beschloss, Verhandlungen mit der weit größeren Glaubensrichtung, den Sunniten, aufzunehmen, zu denen etwa 1,4 Milliarden Gläubige auf der Welt zählen. Sie haben kein wirkliches Oberhaupt. Als die wichtigsten Theologen des sunnitischen Islam zählen die Rektoren der ältesten Bildungseinrichtung der Welt, der im Jahr 737 gegründeten Ez-Zitouna-Universität in Tunis, der im Jahr 859 gegründeten Al-Qarawīyīn-Hochschule in Fès in Marokko und das Oberhaupt der im Jahr 970 gegründeten Al-Azhar-Hochschule in Kairo. Bereits im Jahr 2000 hatte Papst Johannes Paul II. die Al-Azhar-Hochschule besucht, und daraus gingen intensive Gespräche zur Vorbereitung einer Friedensverhandlung mit dem Vatikan hervor. Ende des Jahres 2018 war es schließlich so weit. Der Großimam der Hochschule Al-Azhar, Ahmad Mohammad al-Tayyib, und der Papst beschlossen, eine Art Abkommen der Brüderlichkeit zu unterzeichnen, und zwar in Abu Dhabi in den Vereinigten Arabischen Emiraten.

Von Anfang an war klar, dass der Papst für diesen Besuch einen sehr hohen Preis würde zahlen müssen. Das lag zum einen schon an dem Ort. Die muslimische Seite wollte das Abkommen in Abu Dhabi unterzeichnen. Abu Dhabi gehört zu den Vereinigten Arabischen Emiraten, und hier herrscht eine Diktatur. Der regierende Prinz, Scheich Muhammad bin Zayid Al Nahyan, erlaubt keine freien Wahlen. Es existieren zahlreiche Verstöße gegen die Menschenrechte in den Emiraten. Grundlegende Rechte werden missachtet. Immer wieder verschwinden unbequeme Gegner der regierenden Kaste. Auf Homosexualität stehen schwere Strafen, ebenso auf Abtreibung. Die Pressefreiheit wird nicht garantiert. Sich in der Öffentlichkeit zu küssen, kann mit Gefängnis bestraft werden. Muslimischen Frauen ist es nicht erlaubt, Männer zu heiraten, die keine Muslime sind. Öffentlich zu erklären, nicht an den Islam zu glauben, kann mit Gefängnis bestraft werden. Das Gesetzbuch das kleinen Staates ist beeinflusst von der Scharia, also den aus dem Koran abgeleiteten Regeln.

Es gab noch einen zweiten Grund für einen Papst, einen großen Bogen um ein Land wie Abu Dhabi zu machen: Der schwerreiche Ölstaat führt zusammen mit Saudi-Arabien einen Krieg im Jemen. In diesem Stellvertreterkrieg geht es in Wirklichkeit um eine Auseinandersetzung zwischen den Vereinigten Arabischen Emiraten und Saudi-Arabien gegen die vom Iran unterstützten Kämpfer im Jemen. Der Papst lief also Gefahr, mit seinem Besuch einen brutalen Diktator, der einen grausamen Krieg führt, zu stärken. Aber dem großen Ziel, einen drohenden Religionskrieg zu verhindern, ordnete er alles unter, und am 3. Februar 2019 flogen wir zu einem dreitägigen Besuch.

Der Vatikan hatte erhofft, dass der Machthaber diesen Besuch des Papstes anlässlich eines friedlichen Abkommens mit einer gewissen Diskretion gestalten würde. Daran hielt sich der Prinz aber nicht, sondern ließ zur Begrüßung erst einmal die Kampfbomber Abu Dhabis über den Palast fliegen, sobald der Papst angekommen war.

Franziskus war das sichtlich peinlich und auf die Frage, wie er das empfand, dass Kampfflugzeuge zu seinen Ehren aufgestiegen waren, sagte er, dass er dies nur als eine Geste der Ehrerbietung verstanden habe und den Gastgebern kaum vorschreiben könne, wie sie einen feierlichen Empfang gestalten wollten.

Ich hatte im Pressezentrum Kontakt bekommen mit einer

Kollegin vom Fernsehen in Abu Dhabi und ihr erklärt, dass ich auf der Suche nach Christen in Abu Dhabi sei. Sie versprach, mir zu helfen, und gab mir einen Tipp, wo ich Christen treffen konnte. Ich lief eine Weile am Strand lang zu der Adresse, die sie mir genannt hatte. Die zwei Frauen und zwei Männer, die in der Nähe einer Bar am Strand auf mich warteten, waren syrische Christen, die zum Papstbesuch hierher in die Arabischen Emirate gekommen waren. Sie waren voller Freude, dass tatsächlich ein Papst auf die Arabische Halbinsel gekommen war. Dass ein Papst hier einen Gottesdienst feiern wollte, wollten sie erst glauben, wenn sie es mit eigenen Augen gesehen hätten, sagten sie mir.

Ich fragte sie, was sie von dem Plan des Papstes hielten, ein Abkommen zur Geschwisterlichkeit mit der muslimischen Seite zu unterzeichnen. Eine junge Frau, die mir erzählte, dass sie aus einer Familie langer christlicher Tradition aus Damaskus stammte, aber hier in Abu Dhabi arbeite, sagte mir. »Die Scheichs brauchen den Papst doch viel dringender als umgekehrt. Es sieht so aus, als würde der Papst ein Abkommen schließen, um die Terrorwellen islamistischer Extremisten in der westlichen Welt zu verhindern. Es sieht so aus, als sollte der Papst die muslimischen Geistlichen davon überzeugen, dass sie Druck auf ihre eigenen Leute machen müssten, auf die Extremisten, um denen klarzumachen, dass Gott nichts mit Bomben zu tun haben kann. Aber so ist das alles gar nicht. In Wirklichkeit haben diese Scheichs in den Emiraten viel mehr Angst vor den Extremisten als die Menschen in Europa oder den USA. Die Scheichs wissen ganz genau, dass die Emirate, aber auch Saudi-Arabien und andere Länder der arabischen Welt, sich modernisieren müssen, weil die Zeit des Ölreichtums irgendwann vorbei sein wird. Dann können sie es sich schlicht und einfach nicht mehr leisten, die Hälfte der Bevölkerung, also uns Frauen, einfach zu Hause einzusperren. Sie wissen, dass sie uns brauchen werden als Ärztinnen, Professorinnen, Lehrerinnen, und sie wissen, dass sie uns Freiheiten einräumen müssen, dass wir nicht mehr akzeptieren werden, dass wir unsere Männer um Erlaubnis fragen müssen, wenn wir arbeiten gehen oder ein Auto fahren wollen. Sie wissen, dass sie sich modernisieren müssen, sonst gehen sie unter, und sie wissen, dass die fundamentalistischen Islamisten genau das verhindern wollen. Die wollen, dass alles bleibt wie jetzt, Frauen unterdrückt werden, dass die Wirtschaft sich nicht entwickeln kann, weil die Religion sie überall behindert. Es kommt den Herrschern hier am Golf absolut entgegen, was der Papst will. Sie wollen genau das Gleiche: dass die extremistischen, militanten Islamisten isoliert werden. Sie wollen, dass die religiösen Oberhäupter sagen, dass Gewalt nichts mit Gott zu tun haben kann. Aber sie wollen das aus einem anderen Grund als der Papst. Der Papst möchte, dass nicht weiter Unschuldige in die Luft gesprengt werden. Die Leute hier wollen ihre Macht erhalten, sie wollen nicht, dass es eine Revolution gibt von extremistischen Islamisten in der Phase, in der sie ihr Land umbauen müssen für ein Morgen ohne Öl. Deswegen passt das wunderbar zusammen. Du wirst sehen, es wird morgen eine feierliche Unterzeichnung geben.«

Die junge Frau sollte recht behalten. Das war sicherlich einer der magischsten Momente in meinen drei Jahrzehnten als Vatikan-Berichterstatter, in dieser warmen Nacht an diesem unglaublichen Denkmal des Gründers der Vereinigten Arabischen Emirate, das in der Nacht glitzerte, zu sehen, wie der Groß-Imam der Al-Azhar-Hochschule Ahmad Mohammad al-Tayyib und der Papst dieses Abkommen unterzeichneten. Dem Papst gelang es, den Absatz in das Abkommen schreiben zu lassen, der ihm der wichtigste war:

»Deshalb bitten wir alle aufzuhören, die Religionen zu instrumentalisieren, um Hass, Gewalt, Extremismus und blinden Fanatismus zu entfachen. Wir bitten, es zu unterlassen, den Namen Gottes zu benutzen, um Mord, Exil, Terrorismus und Unterdrückung zu rechtfertigen.«

Weiter heißt es:

»Der verdammenswerte Terrorismus, der die Sicherheit der Personen im Osten als auch im Westen, im Norden als auch im Süden bedroht und Panik, Angst und Schrecken sowie Pessimismus verbreitet, ist nicht der Religion geschuldet – auch wenn die Terroristen sie instrumentalisieren –, sondern den angehäuften falschen Interpretationen der religiösen Texte, den politischen Handlungsweisen des Hungers, der Armut, der Ungerechtigkeit, der Unterdrückung, der Anmaßung; deswegen ist es notwendig, die Unterstützung für die terroristischen Bewegungen durch die Bereitstellung von Geldern, Waffen, Plänen oder Rechtfertigungen und auch durch die medizinische Versorgung einzustellen und all dies als internationale Verbrechen anzusehen, die die weltweite Sicherheit und Frieden bedrohen. Man muss einen derartigen Terrorismus in all seinen Formen und Erscheinungen verurteilen.«

Das war exakt das, wovon der Papst vier Jahre lang geträumt hatte. Denn der einflussreichste Imam der sunnitischen Welt verurteilte jeden Zusammenhang zwischen Gewalt und Gott, und damit war den islamistischen Terroristen, die sich als Gotteskämpfer sahen, theologisch der Boden entzogen.

Aber der Preis, den der Papst zahlen musste, war hoch. In einem Absatz des Abkommens heißt es: »Der Pluralismus und die Verschiedenheit in Bezug auf Religion, Hautfarbe, Geschlecht, Ethnie und Sprache entsprechen einem weisen göttlichen Willen, mit dem Gott die Menschheit erschaffen hat.«

Dieser Satz führte dazu, das weltweit viele Priester, Bischöfe und Theologen aufhören würden, Papst Franziskus als Papst anzusehen, denn ihrer Ansicht nach hatte er mit diesem Satz des Dokuments, den er unterzeichnet hatte, den Kern des Christentums verraten. Die Lehre des Christentums behauptet, dass Gott keineswegs den Pluralismus der Religion wollte, sondern dass er seinen Sohn Jesus von Nazareth zu den Menschen geschickt hatte und er mit dieser Entscheidung mitteilen wollte, was er zu sagen hatte. Es gab keinen Pluralismus aus der Sicht der Tradition des Christentums. Es gab keine nebeneinander existierenden Religionen. Es gab eine echte Kirche Gottes, und in allen anderen Religionen waren, wie der Chef der Glaubenskongregation Joseph Ratzinger betont hatte, höchstens »Samenkörner des göttlichen Willens« zu finden. Die Konservativen sagten, dass dieser Pluralismus, der im Dokument steht, Unsinn sei. Denn Gott könne sich ja schlecht selbst widersprechen. Der Islam sieht aber Jesus von Nazareth keineswegs als Gottessohn, sondern nur als einen Propheten. Die Traditionalisten argumentierten, Gott könne nicht gewollt haben, dass es einen Widerspruch in seiner Verkündigung gebe, also dass er eine Religion, den Islam, gestiftet habe, um zu erklären, dass Jesus ein Prophet sei und eine weitere Religion, das Christentum, die behauptete, er sei der Sohn Gottes. Da Gott keinen Widerspruch gewollt haben könne, könne er auch keinen Pluralismus gewollt haben.

Dieses Abkommen von Abu Dhabi riss einen tiefen Graben innerhalb der Kirche.

Missbrauch

Als ich am 21. Februar 2019 in der sogenannten neuen Synodenaula, in der Nähe der Glaubenskongregation, Platz nahm zum Auftakt des großen Gipfeltreffens im Vatikan zum Thema Missbrauch, nahm ich mir vor, während der Wartezeit darüber nachzudenken, ob es in meinem Leben Anzeichen für sexuellen Missbrauch innerhalb der Kirche gegeben hatte. Immerhin habe ich seit meiner Kindheit fast mein ganzes Leben in einem kirchlich geprägten Umfeld verbracht.

Meine Großmutter war eine sehr fromme Frau. Nachdem sie

durch die Folgen des Zweiten Weltkriegs ihre Heimat in Schlesien hatte verlassen müssen, war ihr dringendster Wunsch nicht etwa gewesen, genug zu essen zu bekommen oder eine einigermaßen angemessene Wohnung, sie wollte vor allem auf keinen Fall in einem evangelisch geprägten Teil Deutschlands leben. Sie wehrte sich mit Händen und Füßen gegen die Einweisung in ein Lager in Norddeutschland und kämpfte mit der Hilfe eines Priesters aus Schlesien wochenlang und schließlich mit Erfolg darum, in das katholische Werl in Westfalen gebracht zu werden, wo sie mit ihren fünf Kindern zehn Jahre lang in einem einzigen Raum in einer Holzbaracke lebte.

Auch meine Mutter war eine fromme Frau. Sie engagierte sich ihr Leben lang in der Kirche, half bei der Caritas oder in der Kleiderkammer aus. Kirchliche Feste zu feiern, war für uns vollkommen selbstverständlich, auch meinem Vater wäre nie eingefallen, an einem Sonn- oder Feiertag nicht in den Gottesdienst zu gehen. Ich erinnere mich gut daran, dass ich als Kind die seltenen Male, in denen es mir gelang, den Sonntagsgottesdienst zu schwänzen, mit mir haderte, weil ich den Zorn Gottes fürchtete, da ich ein Gebot gebrochen hatte.

Ich war, wie so viele Jungs meiner Generation, ein eifriger Messdiener. Es gab viele Sonntage, an denen ich zweimal am Tag in der Kirche war. Ich war selbstverständlich in einer Messdiener-Gruppe und später auch Gruppenleiter. Die katholische Kirche und alles, was mit ihr zu tun hatte, gehörten ganz selbstverständlich zu meinem Leben. Vor dem Papst, der irgendwo ganz weit entfernt lebte, hatte ich eine enorme Hochachtung: Meine Oma hatte neben ihrem Bett ein Bild von Papst Pius XII. aufgehängt, vor dem Tag und Nacht eine Kerze brannte. Ich glaube nicht, dass sie wirklich etwas über diesen Papst wusste, doch sie hielt ihn für einen heiligen Mann, und dieses düstere Bild und die Kerze verbreiteten gleichzeitig etwas Unheimliches, aber auch unglaublich Anziehendes und Mächtiges in ihrem Zimmer.

Ich wuchs also in einem Umfeld auf, in dem niemand auch nur die geringste Kritik an der katholischen Kirche hätte durchgehen lassen. Die Priester, mit denen ich zu tun hatte, strahlten etwas ungeheuer Abgehobenes aus. Da war zunächst einmal der Propst, der gemessen an unserer Arbeiterwohnung in einem regelrechten Anwesen wohnte und ein extrem frommer Mann zu sein schien. Die seltenen Male, die wir als Messdiener bei ihm im Garten aushelfen mussten, bekamen wir seltsame Getränke zu trinken, die ich noch nie gesehen hatte, weil es sie in dem Geschäft, in dem meine Mutter einkaufte, gar nicht gab.

Diese Männer der Kirche hatten aus meiner Kindersicht etwas höchst Feierliches. Ihre Körper schienen gemessen an meinem eine Art Palast zu sein. Während ich mich damit herumschlagen musste, dreckige Fingernägel zu reinigen, staubig vom Fußballspielen nach Hause zurückzukommen, waren diese Männer eine Fleisch gewordene Autorität, etwas, das so hoch über mir stand, dass ich nicht einmal gewagt hätte, darüber nachzudenken, dass diese Männer auch einen Fehler haben könnten.

Deswegen erschreckte mich auch eine Begebenheit in einem Beichtstuhl so sehr, dass ich sie bis heute nicht vergessen habe. Ich muss damals neun oder zehn Jahre alt gewesen sein, und die Beichte stellte für mich eine gewaltige Hürde und eine mysteriöse Begebenheit da. Ich erinnere mich an das Büchlein, das wir bekamen, um uns auf die Beichte vorzubereiten und unser Gewissen zu prüfen, und ich erinnere mich an die Angst, die ich davor hatte, in diesen Beichtstuhl eintreten zu müssen. Der Priester, der mir die Beichte abnahm, kannte mich natürlich, und ich versuchte, meine Sünden so gut wie möglich, aber auch so schnell wie möglich herunterzuhaspeln, aber er wollte seltsamerweise von all den kleinen Sünden gar nichts wissen. Er bekräftigte immer wieder, was für ein toller Junge ich sei und dass an mir, seiner Ansicht nach, nichts auszusetzen sei und ich ihn doch mal besuchen kommen sollte. Das war das letzte Mal, dass ich zum Beichten ging. Es war ein Gefühl gewesen, dass dieser Priester eine Grenze überschritten hatte, von der ich gar nicht genau wusste, was sie bedeutete.

Abgesehen von dieser einen Episode kann ich persönlich mich an nichts erinnern, was in meiner Kirchengemeinde mit sexualisierter Gewalt zu tun hatte. Anders sah das schon bei meinen Mitschülern im sogenannten »Kasten« aus, dem Konvikt, das es in meiner Heimatstadt Werl gab.

Ich besuchte ein katholisches Jungengymnasium und hatte viele Mitschüler, die in dem angeschlossenen Knabeninternat lebten, und die meisten von ihnen taten mir furchtbar leid. Wir waren schließlich erst in der fünften Klasse und zehn oder elf Jahre alt, und ich selbst fand die Vorstellung, weit weg von zu Hause leben zu müssen, in einem Konvikt, einfach beängstigend. Diese Jungs umgab ein seltsamer Nimbus, und heute habe ich das Gefühl, dass wir irgendwie ahnten, was dort geschah. Wir wussten nichts darüber, was Homosexualität anging, nicht einmal, dass sie existierte. Aber während wir in unserer Unkenntnis gefangen waren, machten unsere Mitschüler im Konvikt, wie ich sehr viel später von ihnen erfuhr, sehr früh homosexuelle Erfahrungen. Im Laufe der Jahre häuften sich die Andeutungen, Gerüchte, geflüsterten Geständnisse, sodass sich in vielen von uns Schülern der Eindruck verfestigte, dass dort im Jungeninternat Seltsames geschah.

Der damalige Chef des Konvikts, Präses Karl Tilke, gehörte zu den faszinierendsten Menschen, die mich damals umgaben. Ich kann mich selbst heute, so viele Jahre danach, immer noch an den einen Moment erinnern, als ich als Schüler vor Bewunderung vor diesem Mann nahezu erstarrte. Er berichtete im Religionsunterricht von seinen Erfahrungen in einem buddhistischen Kloster in Asien.

Das haute mich um. Weil wir in meiner Familie kein Auto besaßen und ich mir Entfernungen nur mit dem Fahrrad wirklich gut vorstellen konnte, sprengte eine Reise nach Asien meine Vorstellungsmöglichkeiten. Dass ein katholischer Priester in einem buddhistischen Kloster Erfahrungen sammeln könnte, erschien mir als geradezu sensationell, ein Beispiel unglaublicher Offenheit und Toleranz. Wie langweilig waren dagegen meine Eltern oder meine Verwandten, die es höchstens in das 20 Kilometer entfernte Naherholungsgebiet an den Möhnesee gebracht hatten, während Präses Tilke in eine vollkommen andere Welt eingetaucht war.

Er konnte das sehr gut erzählen, sehr anschaulich, und ich erinnere mich daran, wie sehr ich mich freute, wenn Tilke, was relativ selten geschah, eine Predigt in der Kirche meiner Heimatgemeinde Sankt Walburga hielt. Er sprach so viel weltgewandter, anschaulicher und interessanter, also ganz anders als jeder andere Priester, den ich kannte.

Ich hätte mir beim besten Willen nicht vorstellen können, dass Präses Tilke sexuelle Interessen haben könnte, oder auch nur das Verlangen nach Nähe oder Zärtlichkeit wie alle Menschen. Die Tatsache, dass er ein Priester war, beförderte ihn aus meiner kindlichen Sicht in eine andere Kategorie. Sein Körper war demnach auch nicht der eines normalen Menschen, sondern ein Palast, in dem sich Gott niedergelassen hatte. Als ich Jahrzehnte später erfuhr, dass die Staatsanwaltschaft gegen Präses Tilke wegen des Verdachts des sexuellen Missbrauchs in unserem Konvikt ermittle und Tilke einen Fall zugegeben habe, wurde mir schlagartig klar, wie maßlos naiv ich gewesen war.

All diese vielen furchtbaren Geschichten der Opfer, die ich in den Tagen während des Gipfels über sexualisierte Gewalt erfuhr, besaßen immer ein klein wenig von dem, was ich erlebt hatte. In vielen Fällen war der Missbrauch möglich gewesen, weil die Opfer es mit einem Menschen zu tun gehabt hatten, der, weil er Priester war, sie unfähig machte, sich zu verteidigen, weil er als Priester in Gottes Namen ja gar nicht fehlen konnte.

Ich erinnere mich an den Augenblick, als der Papst die Synodenaula betrat. Eine gewisse gespannte Nervosität unter den Organisatoren machte sich breit. Das hatte nichts damit zu tun, dass der Papst ein Grußwort sprechen sollte, und auch nicht damit, dass er die künftigen Leitlinien verlesen wollte, wie die katholische Kirche mit sexualisierter Gewalt umzugehen hatte. Es hatte damit zu tun, dass der Papst darauf bestanden hatte, in der Synodenaula zu bleiben, wenn die Opfer sprechen würden.

Diese Geschichten hatten es in sich. Eine Frau sollte zu Wort kommen, die das Opfer eines katholischen Priesters wurde, der immer wieder mit ihr Sex haben wollte und sie zur Abtreibung zwang, als sie schwanger wurde. Noch häufiger als Berichte sexueller Gewalt gegen Frauen waren Aussagen von Männern, die als Kinder Opfer von Priestern geworden waren. Es war unübersehbar, wie die Priester auf dem Podium zusammenzuckten. Der Papst hörte hier in aller Öffentlichkeit, dass nicht wenige seiner Priester Sexualstraftäter und sogar Kinderschänder waren. Es gab eine ganze Reihe von Kirchenmännern, die der Meinung waren, dass man die Ohren eines Papstes nicht damit belästigen durfte, die Einzelheiten sexueller Grausamkeiten anzuhören, die von Priestern begangen worden waren. Aber Franziskus bestand darauf, zu bleiben, und sagte anschließend in seiner Ansprache auch, warum:

»Angesichts des Übels des sexuellen Missbrauchs von Minderjährigen durch Männer der Kirche war es mein Wunsch, euch Patriarchen, Kardinäle, Erzbischöfe, Bischöfe, Ordensobere und Verantwortungsträger hinzuzuziehen, auf dass wir alle gemeinsam auf den Heiligen Geist hören und uns folgsam von ihm leiten lassen, um dem Schrei der Kleinen Gehör zu schenken, die Gerechtigkeit verlangen. (…) Das heilige Volk Gottes schaut auf uns und erwartet von uns nicht einfache selbstverständliche Verurteilungen, sondern konkrete und wirksame Maßnahmen, die zu erstellen sind. Es braucht Konkretheit.«

Anschließend ließ der Papst die sogenannten »Denkanstöße« verteilen. Der alles entscheidende Punkt war die Nummer 5. Es sollte nicht mehr möglich sein, Fälle von sexuellem Missbrauch

»intern« zum Schutz der Kirche zu behandeln, sondern weltweit musste die Staatsanwaltschaft hinzugezogen werden. Damit war Schluss mit der schlimmsten Praxis, derer sich die Kirche schuldig gemacht hatte, nämlich einfach jahrzehntelang zu bemänteln und zu vertuschen, was tatsächlich vorgefallen war.

Während des Gipfeltreffens war die ganze Zeit zu spüren gewesen, dass der Papst wirklich Ernst machen wollte mit einem radikalen Kurswechsel. Der Spitze der katholischen Kirche schien endlich klar zu werden, was sie über Jahrhunderte angerichtet hatte. Aber mir brannte eine Frage auf der Seele, und ich wusste, wenn ich sie stellen würde, würde der Jesuitenpater Hans Zollner, Mitglied der Päpstlichen Kommission für den Schutz von Minderjährigen im Vatikan, der die Gespräche moderierte, sehr ungehalten reagieren, und nicht er allein. Es machte auch mir keinen Spaß, den Finger auf die Wunde zu legen, aber da es offenbar auch kein anderer der anwesenden Journalisten tun wollte, holte ich tief Luft und fragte: »Ist es nicht an der Zeit, zu erkennen, dass die Kirche das Problem sexuellen Missbrauchs niemals in den Griff bekommen wird, solange Priester zu lebenslanger Keuschheit durch den Zölibat gezwungen werden?«

Wie zu erwarten gewesen war, senkte sich eine Eisesstille über den Saal. Sehr viele Anwesende empfanden die Frage als eine persönliche Beleidigung. Denn sie lautet in Wirklichkeit so: »Wollt ihr katholischen Priester, die ihr hier versammelt seid, nicht auch in Wirklichkeit liebend gern Sex mit einer Frau oder einem Mann haben und traut euch einfach nicht, zuzugeben, wie schwer das ist, diesen Wunsch zu unterdrücken, obwohl ihr wisst, dass gerade der Zwang, das Begehren zu unterdrücken, bei einigen von euch zu schweren Straftaten geführt hat?

Zollner reagierte genauso verärgert, wie es zu erwarten gewesen war, und betonte, dass es keinerlei Zusammenhang zwischen sexualisierter Gewalt und dem Zölibat gebe.

Ich wusste, dass er es besser wusste. Zollner ist ein renommierter Wissenschaftler und kennt mit Sicherheit die Studien, die belegen, dass verheiratete Diakone in der katholischen Kirche weniger Sexualdelikte begehen als die unverheirateten Priester. Aber wenn selbst hier, während des Gipfeltreffens zum Thema sexualisierter Gewalt, dieser Punkt nicht angetastet werden durfte, beschlich mich das Gefühl, dass meine Vermutung richtig sein könnte: Die Kirche wird das Problem nie in den Griff bekommen, wenn sie sich nicht öffentlich mit dem naheliegenden Zusammenhang zwischen lebenslangem Zwang zu totaler sexueller Enthaltsamkeit und sexuellem Missbrauch auseinandersetzt.

Mosambik

Ich glaube, dass ich die Ereignisse im September 2019 ganz anders erlebt hätte, wenn ich nicht von Anfang an von völlig falschen Vorstellungen ausgegangen wäre. Das hing damit zusammen, dass bei mir zu Hause in Rom die Unterlagen für die Reise mit dem Papst nach Mosambik, Madagaskar und Mauritius eintrafen. Mein Sohn und meine Frau machten sich sofort über mich lustig und spotteten: »Oh, du Armer, du musst an den Indischen Ozean!« Wir hatten viele Jahre zuvor zur Feier eines runden Geburtstags meiner Frau einen wundervollen Urlaub auf Mauritius erlebt und waren von der Insel restlos begeistert gewesen. Das hatte vor allem damit zu tun gehabt, dass wir auf Mauritius nichts von der Abschottung zwischen Reich und Arm mitbekommen hatten. Mich hatten diese hohen, mit elektrischem Strom geladenen Zäune und Wachdienste, die reiche Menschen in vielen Ländern Afrikas und Lateinamerikas vor den Armen schützen sollen, immer zutiefst deprimiert, aber auf Mauritius hatte ich nichts dergleichen gesehen. Im Gegenteil: Während wir uns auf der Insel bewegten, lernten wir eine gut gelaunte junge Mittelschicht kennen, die, meiner Ansicht nach vollkommen zu Recht, ausgesprochen stolz auf dieses Paradies im Indischen Ozean war und ausgesprochen positiv in die eigene Zukunft blickte. Wir hatten herrliche Tage verbracht, mit den Einheimischen am Strand gegrillt, die wundervollen Riffs erkundet, und es war eine großartige Zeit gewesen.

Ich war hingegen noch nie auf Madagaskar gewesen, aber allein der Name des Landes sorgte bei mir zu Hause für gute Laune. Mein Sohn war als Kind ein glühender Fan der *Madagascar*-Filme gewesen. Wir hatten sie während so mancher Regentage mit der Familie gesehen und Spaß gehabt mit den Lemuren und den Pinguinen Skipper, Private, Kowalski und Rico und über das Zebra Marty und die Giraffe Melman gelacht. Natürlich war mir klar, dass der Zeichentrickfilm nichts mit der Wahrheit zu tun haben würde, aber ich konnte auch nicht verhindern, dass alle in meiner Familie mich auf eine seltsame Weise angrinsten, sobald ich meinen Koffer für Madagaskar packen musste. Sie hatten alle den Lemurenkönig Julien im Kopf, wenn sie das Wort »Madagaskar« hörten.

Die erste Station der Reise, Mosambik, würde zweifellos ein Heimspiel für den Papst bedeuten. Es gibt nur wenige andere Länder auf der Welt, in denen ein Papst auf einen so konkreten Erfolg in den vergangenen Jahrzehnten verweisen konnte. Ab dem Jahr 1977 hatte ein furchtbarer, 16 Jahre andauernder Bürgerkrieg zwischen den Truppen der FRELIMO (auf Deutsch: Mosambikanische Befreiungsfront) und der RENAMO (auf Deutsch: Nationaler Widerstand Mosambiks) das Land verwüstet. Die Gemeinschaft des heiligen Ägidius, eine Bewegung katholisch orientierter junger Erwachsener, die im römischen Stadtteil Trastevere ihr Hauptquartier haben, hatten es durch Vermittlung von Priestern geschafft, die beiden verfeindeten Armeen an einen Tisch zu bekommen. Im Jahr 1992 war dann tatsächlich mit der Hilfe des Vatikans in Rom das Friedensabkommen unterzeichnet worden, das den Bürgerkrieg in Mosambik beendete. Dieses Grundsatz-Abkommen wurde im August 2019 durch eine endgültige Friedenslösung zwischen der FRELIMO und RENAMO abgelöst. Allerdings leidet Mosambik am immer stärkeren Einfluss der Kämpfer des extremistischen Islamischen Staates IS, der dort unter dem Namen Al-Shabaab auftritt. Es gilt als ein erschreckendes Zeichen, dass es dem IS gelang, sogar eine ganze Stadt einzunehmen, den Ort Palma an der Grenze zu Tansania, eine Stadt am Indischen Ozean, die vor allem vom Fischfang lebt. Bei dem Angriff auf die Stadt, den die Terroristen vom Meer aus führten, sollen nach internationalen Schätzungen etwa 60 Menschen ums Leben gekommen sein, Tausende wurden evakuiert, erst nach einer Woche gelang es der Armee, die Stadt zurückzuerobern.

In dieser angespannten Situation hatte der Vatikan das Land aber nie allein gelassen. Vor allem die Gemeinschaft des Heiligen Ägidius hatte in Krankenhäuser, in denen AIDS-Kranke behandelt wurden, stark investiert. Die Immunschwäche betrifft in Mosambik über 1,6 Millionen Menschen, das sind etwa 12 Prozent der Bevölkerung. Damit gehört Mosambik zu den zehn am schwersten von AIDS betroffenen Ländern der Welt. In Deutschland ist etwa 0,1 Prozent der Bevölkerung mit AIDS infiziert, das bedeutet, die Rate der an Aids Erkrankten ist in Mosambik einhundertzwanzigmal höher als in Deutschland.

Nach der Landung in der Hauptstadt Mosambik, in Maputo, und dem Transfer in das Hotel, in dem auch das Pressezentrum der Vatikan-Delegation lag, war ich in der Wirklichkeit Afrikas angekommen. Das Hotel gehörte offensichtlich einem chinesischen Konzern. Die Mehrheit der Gäste waren Chinesen, die Ausstattung war chinesisch. In der Eingangshalle grüßten Symbole des chinesischen Taoismus die Gäste.

Ich hatte bereits während der Reise von Papst Benedikt XVI. im März 2009 nach Angola und in dessen Hauptstadt Luanda mitbekommen, dass sich der chinesische Einfluss in Afrika in rasendem Tempo und mit unglaublichem Nachdruck ausbreitet. Ganze Wirtschaftssektoren, Häfen, Infrastrukturen und wertvolle Minen geraten unter chinesische Kontrolle. Es ist längst unübersehbar, welche entscheidende Rolle China im alltäglichen Leben vieler Länder Afrikas spielt. Dennoch empfand ich es als seltsam, dass ausgerechnet die Vatikan-Delegation im Hotel eines chinesischen Konzerns abstieg. Ich las im Frühstückssaal eines afrikanischen Hotels päpstliche Reden, während neben mir Dutzende chinesische Gäste damit beschäftigt waren, in Afrikas Zukunft einzugreifen.

Auf den Straßen Maputos war nicht zu übersehen, wie viele Kinder durch die Immunschwäche-Krankheit AIDS ihre Eltern verloren hatte. Zwischen den Gebäuden, die in einem afrikanisch-sozialistischen Stil errichtet worden waren, versuchten Kinder mit allen möglichen Arbeiten offensichtlich ihren Lebensunterhalt zu verdienen, weil sie niemanden mehr hatten, der sich um sie kümmerte. Ein Begleiter erklärte mir, dass Schätzungen von landesweit einer halben Millionen AIDS-Waisen ausgehen.

Die Spuren des Einflusses der Sowjetunion waren noch in weiten Teilen Maputos zu erkennen. Der Stellvertreterkonflikt, den die beiden großen Blöcke sich hier im Kalten Krieg geliefert hatten, war dem Land offensichtlich nicht gut bekommen. Es gab eine Menge zu tun in Mosambik, aber das war gleichzeitig auch die Chance dieses Landes. Die Bevölkerung Mosambiks ist selbst für Afrika ungewöhnlich jung. Das Durchschnittsalter beträgt dort 16,8 Jahre, in Deutschland 44,7 Jahre.

Deswegen hatte der Papst seinen Besuch so angelegt, dass er sich viel Zeit nahm für junge Menschen. Das Hauptereignis sollte am Vormittag des 5. September im Pavillon von Maxaquene, dem legendären Fußballclub, in Maputo stattfinden.

Es herrschte eine Art Megapartystimmung in der großen Halle, als der Papst kam. Franziskus war anzumerken, wie sehr ihm dieses Treffen am Herzen lag. Die Zukunft des Landes würde in den Händen dieser jungen Menschen liegen. Auf sie wird es ankommen, ob die großen Herausforderungen gemeistert werden können. Die Terroristen des Islamischen Staates besitzen durchaus das Potenzial, das gebrechliche Gebilde des

Staates Mosambiks empfindlich zu stören oder sogar zu zerschlagen. Die jungen Menschen würden über Krieg und Frieden entscheiden und darüber, ob es gelingen würde, die Extremisten zurückzudrängen.

Den Papst erwartete in der Halle ein beeindruckendes Spektakel. Die jungen Menschen inszenierten die Geschichte ihres Landes mit einem Pantomimentheater, verzichteten also auf Texte, denn in dem Land werden 43 Sprachen gesprochen, und nur eine Minderheit beherrscht fließend die offizielle Landessprache Portugiesisch.

Die jungen Frauen und Männer spielten den Bürgerkrieg, das Sterben, aber auch die Naturkatastrophen. Immer wieder schwenkten sie Fahnen mit dem portugiesischen Wort für Aussöhnung. Dieses Gefühl war in der Halle damals deutlich zu spüren. Dieses Land würde nur dann eine Chance haben, wenn die, die sich so lange bekriegt hatten, bereit waren, sich gegenseitig zu vergeben. Sie mussten gemeinsam gegen die vorgehen, die das Land in einen neuen, durch religiösen Fanatismus geprägten Krieg stürzen wollten. Der Papst hatte ausdrücklich gewollt, dass das Treffen mit den jungen Menschen ein interreligiöses war. Die sozialistischen Einflüsse in Mosambik hatten unter anderem dazu geführt, dass so gut wie jeder Fünfte gar keiner Religion angehört. Dagegen fühlt sich etwa jeder Vierte derjenigen, die sich als religiös bezeichnen, zur katholischen Kirche zugehörig. Papst Franziskus wollte betonen, dass er keineswegs nur zu den katholischen Jugendlichen gekommen war und dass das Land nur dann eine Chance haben würde, wenn alle, egal welcher Religion, sich verbunden fühlten und mit anpacken würden für den Frieden. Franziskus sagte:

»Ich danke allen Angehörigen der verschiedenen Religionsbekenntnisse, die hier sind. Danke, dass ihr einander ermuntert, die Aufgaben, die der Friede darstellt, anzugehen und sie heute als Familie zu feiern einschließlich aller, die teilnehmen, auch wenn sie keiner religiösen Traditionen angehören … So erfahrt ihr, dass wir alle gebraucht werden: mit unseren Unterschieden.«

An diesem Vormittag in Maputo legte der Papst Wert darauf, verstanden zu werden, statt komplizierte theologische Konzepte selbst vor Jugendlichen auszubreiten, wie sein Vorgänger Benedikt XVI. es stets tat. Franziskus fuhr fort:

»Ich weiß, dass den meisten von euch Fußball sehr gefällt. Stimmt es? Ich denke an einen großen Spieler aus diesem Land, der gelernt hat, nicht zu resignieren: Eusébio da Silva, der »schwarze Panther«. Er begann seine sportliche Laufbahn in der Mannschaft dieser Stadt. Die großen finanziellen Nöte seiner Familie und der frühe Tod seines Vaters hielten ihn nicht von seinen Träumen ab; seine Leidenschaft für den Fußball ließ ihn durchhalten, träumen und weitergehen … bis er 77 Tore für den Klub von Maxaquene schoss. Es fehlte ihm nicht an Gründen, zu resignieren … und er hat nicht resigniert.«

Der Besuch in Mosambik erwies sich als das, was zu erwarten gewesen war: Die katholische Kirche hatte es zweifellos geschafft, diesem Land auf dem Weg zu Frieden und Wohlstand zu helfen. Aber vor allem die Besuche in den AIDS-Kliniken und die Bilder der Verwüstungen durch die Überschwemmungen zeigten, wie lange das Land noch Hilfe brauchen würde. Dennoch gehörte der Besuch in Mosambik zu den leider nicht allzu zahlreichen Erfolgserlebnissen der Kirche, die der Papst in seiner Amtszeit verzeichnen durfte.

Madagaskar

Nach der Landung in Antananarivo, der Hauptstadt Madagaskars, und während des Weges in die Stadt verflogen blitzartig die Vorstellungen der lustigen Tierchen aus dem *Madagascar*-Film. König Julien und die lustigen Pinguine pulverisierten sich in meinem Kopf angesichts des Elends, das mir entgegenschlug. Ich hatte mir nicht vorstellen können, dass ein Inselstaat, dem die Natur so ähnliche Schätze geschenkt hatte wie dem nahen Mauritius, eine so vollkommen andere Welt sein konnte.

Beide Inseln besitzen eine wundervolle Unterwasserwelt und liegen in einem günstigen Klima, sodass die Landwirtschaft gute Bedingungen vorfindet. Ich hatte daher gedacht, dass Madagaskar unmöglich komplett anders sein könnte als Mauritius. Dass es sich um einen Unterschied handeln könnte wie Tag und Nacht, darauf war ich nicht vorbereitet gewesen. Ich war sauer auf mich selbst, denn ich hätte die Statistiken aufmerksamer lesen müssen. Sie gaben auf den ersten Blick Aufschluss darüber, wie unterschiedlich diese beiden Inselstaaten sind. Das Jahreseinkommen pro Kopf auf Madagaskar erreicht knapp 500 Dollar, das bedeutet, dass die meisten Menschen auf Madagaskar versuchen müssen, mit etwa 40 Dollar im Monat dem Hungertod zu entkommen. Auf Mauritius ist das Durchschnittseinkommen der Menschen etwa 20-mal so hoch. Die sozialistische Planwirtschaft, die lange Zeit auf Madagaskar vorgeherrscht hatte, die Verstaatlichung des Bodens, ein Wirtschaftssystem wie in der Sowjetunion, hatte die Insel über lange Zeit in bittere Armut gestürzt, sodass Hunger auf Madagaskar über Jahrzehnte an der Tagesordnung gewesen war. Der Einfluss der Sowjetunion war zwar schon lange Geschichte, aber von dem verkorksten Wirtschaftssystem hatte sich die Insel ganz offensichtlich nicht erholt. Verstehen konnte ich das nicht. Die Landschaft und das Klima ähnelten zu sehr dem von Mauritius. Was war hier also passiert, und wer war daran schuld?

Es war ein seltsames Gefühl, nach der Landung Papst Franziskus zu sehen, der dem jungen Präsidenten Madagaskars Andry Rajoelina freundschaftlich die Hand drückte. Der Mann war schließlich durch eine Art Putsch in das Amt des Präsidenten gelangt. Nur seine Nähe zum Militär hatte ihm erlaubt, den Posten einzunehmen, obwohl sein niedriges Alter das nach der Verfassung Madagaskars eigentlich gar nicht zuließ. Eine Verfassungsänderung war nötig geworden, damit er das von ihm eroberte Amt auch behalten konnte. Der Papst versuchte gute Miene zum bösen Spiel zu machen, aber es war damals deutlich spürbar, wie unsicher die politische Lage war. Im Juli des Jahres 2021 sollte die Generalstaatsanwältin von Madagaskar, Berthine Razafiarivony, bekannt geben, dass ein Attentat auf den Präsidenten und die Riege seiner Macht vereitelt worden war. Eine solche Stimmung war bereits während des Papstbesuchs 2019 durchaus spürbar gewesen. Denn es war offensichtlich, dass ein Mann, der ein Teil der winzigen Schicht der Superreichen Madagaskars war, ein Land kontrollierte, das zu den ärmsten der Welt gehörte.

Der Papstbesuch hatte das Regime dieses Mannes, der ohne jeden Zweifel keineswegs demokratisch an die Macht gekommen war, auch noch legitimiert. Ganz offensichtlich hatte er sich im internationalen Prestige des Papstes gesonnt. Auf eine gewisse Art und Weise also war der Papstbesuch missbraucht worden. Ich hatte mit Papst Franziskus schon mehrfach während der Auslandsreisen über diesen Punkt gesprochen. Er sagte dazu immer das Gleiche: Natürlich wurden Papstreisen instrumentalisiert, auch wenn der Vatikan darauf achtete, niemals vor anstehenden Parlamentswahlen in ein Land zu reisen. Aber der Papst sagte auch, dass die einzige Möglichkeit, um die Instrumentalisierung der Reise eines Papstes zu verhindern, die sei, einfach nicht zu reisen. Aber war das wirklich besser? Eine Papstreise zwang die Medien der Welt, dem Papst zu folgen und über das zu berichten, was er in den Ländern vorfand. Da Franziskus ausschließlich an die Peripherie reiste, zu den Ärmsten dieser Welt, hatten diese dank der Berichte über die Reise immerhin eine Chance, dass die Gleichgültigkeit der wohlhabenden Menschen auf dieser Welt wenigstens für einen Augenblick unterbrochen werden könnte, um ihnen in ihrem Elend zu helfen.

Nach der Begegnung mit dem Präsidenten im sogenannten Ceremony Building in Antananarivo, und nachdem uns die Polizei zurück ins vatikanische Pressezentrum gefahren hatte, nahm ich mir Zeit, durch die Hauptstadt zu schlendern. Der Eindruck eines der ärmsten Länder der Welt war wirklich zutiefst erschütternd. Ganz in der Nähe unseres Luxushotels gab es eine Art Kinderwechselstation. Statt Pferden wurden dort Kinder als Lasttiere ausgetauscht. Auf der Insel gab es offensichtlich keine oder nur sehr wenige Zugtiere. Ich konnte nirgends Esel, Pferde oder auch nur Rinder sehen. Daher wurden Kinder vor große Wagen gespannt, auf denen Baumaterial gestapelt worden war, vor allem in der Sonne getrocknete Lehmziegel. Die Kinder hatten keine Schuhe an, sondern sie hatten sich aus Autoreifen eine Art Sandalen gebastelt. Sie zogen diese unglaublich schweren Karren über die Straßen, schafften das aber immer nur einige Hundert Meter, dann tauschten die Anführer die Kinder aus, und eine andere Kindergruppe wurde vor den Wagen gespannt. Ich sah zufällig an diesem Tag einen Unfall, weil auf einem der Hügel Antananarivos einer dieser Wagen offenbar außer Kontrolle geraten war. Er hatte etwa ein Dutzend Kinder, die vorgespannt gewesen waren, überrollt. Etwa die Hälfte hatte leicht verletzt entkommen können, aber eines der Kinder war ganz offensichtlich schwer verletzt worden und lag blutend und offensichtlich auch mit gebrochenen Knochen auf dem Boden. Das war also das wirkliche Madagaskar, und das hatte wirklich nichts mehr mit lustigen bunten Tieren zu tun.

Ich schrieb meine Berichte und Reportagen an diesem Tag im Pressezentrum, und als ich fertig war, ging ich hinunter in die Hotellobby, um zu schauen, was es zu essen gab. Es gab Pizza. Ich dachte: Du bist doch nicht über den kompletten afrikanischen

Kontinent geflogen von Rom aus, um dann Pizza zu essen. Ich verließ also das Hotel und wollte mich umschauen, ob es irgendwo in der Nähe irgendetwas zu essen gab, das a) so aussah, als ob ich es ganz gut verdauen könnte und b) irgendetwas mit diesem Land zu tun hatte. Ich stolperte ein bisschen durch das Viertel, aber um das Hotel herum fand ich nichts, was mich sehr wunderte. In den Straßen vieler Staaten, die an den Indischen Ozean angrenzen, sind Garküchen typisch. Dort wird auf improvisierten Grills Fleisch oder Fisch oder Gemüse angeboten, aber ich entdeckte auf den Straßen Antananarivos nur Armut, aber nichts zu essen. Ich fand ein Restaurant, das ganz offensichtlich der reichen Oberschicht vorbehalten war, hat aber keine Lust, dort hineinzugehen. Schließlich entdeckte ich auf der Straße einen Hinweis auf einen Supermarkt. Ich beschloss, mir mal anzuschauen, was dieser Supermarkt zu bieten hatte. Vielleicht gab es ja irgendetwas, was typisch war für Madagaskar, um mir ein einsames Abendessen in meinem Hotelzimmer zusammenzustellen. Als ich auf den Supermarkt zuging, erschrak ich, denn vor dem Eingang drängte sich eine größere Zahl von Soldaten, die mit Sturmgewehren bewaffnet waren und einen ziemlich grimmigen Eindruck machten. Von Weitem sah es so aus, als hätte es ein Attentat gegeben oder einen Überfall, sogar einen sehr schweren Überfall, der rechtfertigte, dass so viele so schwer bewaffnete Soldaten vor dem Supermarkt patrouillierten. Ich war neugierig und ging näher und sah, dass sich auf dem Vorplatz des Supermarktes eine große Zahl von Kindern und Jugendlichen drängte. Es müssen so zwischen fünfzig und hundert gewesen sein. Sie sahen entsetzlich aus, unterernährt, verletzt, vollkommen verdreckt. Sie standen in Grüppchen zusammen. Ich ging näher und sah vor mir in der Gruppe der Kinder ein Mädchen, das um die 16 Jahre alt sein musste. Sie hielt ein kleineres Mädchen und einen Jungen, der wohl etwa zehn Jahre alt sein musste, an der Hand. Ich sprach sie an, und sie verstand und sprach rudimentär Französisch. Ich konnte nur so viel verstehen, dass sie Sophie heiße und der Junge ihr Bruder war und das kleine Mädchen ihre Schwester und dass ihre Eltern sie auf die Straße gesetzt hatten, weil sie sie nicht ernähren konnten. Sie seien schon lange auf der Straße. Sie blieben in einem Sicherheitsabstand von ein paar Metern von den Soldaten entfernt, und jetzt erst begriff ich die ganze Szene, weil einer der Soldaten mir zuwinkte und mir klarmachte, dass ich näher kommen dürfe. Er drängte die Kinder zur Seite, machte mir ein Zeichen, dass mein Weg jetzt frei sei und dass ich jetzt in den Supermarkt gehen könne. Er und seine Kollegen würden dafür sorgen, dass diese Kinder vom Eingang ferngehalten wurden.

Diese Kinder hatten einfach alle Hunger, deswegen saßen, hockten und standen sie auf diesem großen Platz vor dem Supermarkt herum mit ihren verschorften Wunden, ohne Schuhe, in Lumpen gekleidet, die blutbefleckt waren, mit vollkommen verfilzten Haaren. Diese Kinder brauchten medizinische Versorgung, sie brauchten etwas zu essen, sie brauchten ein ordentliches Badezimmer und ein sehr langes Bad, jemand musste sich um ihre Haare kümmern, und dann mussten sie irgendwann in die Schule gehen. Das war es, was ich dachte. Jemand musste diesen Kindern doch helfen: Ärzte, Sozialarbeiter, Lehrer, irgendjemand. Einen Augenblick dachte ich darüber nach, ob ich diese Sophie und die beiden Geschwister mitnehmen sollte, um dafür zu sorgen, dass sie sich im Hotel waschen und dort etwas essen könnten, aber ich ließ den Gedanken sofort wieder fallen. Es wäre in jedem Fall höchst verdächtig gewesen, wenn ein Mitglied der Delegation des Vatikans eine Jugendliche und zwei kleine Kinder mit in sein Hotelzimmer nahm. Das ging auf gar keinen Fall. Ich beobachtete die Leute, die den Supermarkt verließen und hineingingen. Die Soldaten schubsten mit einer gewissen Brutalität alle Kinder weg, die versuchten, sich an die Einkäufer heranzumachen. Die Frauen und Männer schleppten die vollen Plastiktüten über den Platz, verschwanden in ihren Autos und fuhren ab. Einige hatten Kennzeichen der Vereinten

Nationen. Ich dachte: Was machst du jetzt? Wenn du da reingehst und einkaufst und wieder rauskommst, was willst du dann tun? Willst du zusehen, dass die Soldaten die Kinder wegschubsen, damit du mit deiner Plastiktüte in dein Hotelzimmer gehen kannst? Ich wusste nicht mehr, was ich tun sollte, ob ich nicht einfach zurückgehen und die Pizza unten im Hotel essen sollte. Oder sollte ich den Supermarkt leer kaufen für all diese Kinder? Wie sollte ich die Lebensmittel verteilen? Würden sie sich darum schlagen? Wahrscheinlich würden sie das. Ich wusste mir beim besten Willen keinen Rat und ging einfach in den Supermarkt. Ich kaufte Grundnahrungsmittel ein, die man nicht kochen musste, jede Menge Toastbrot, Käse, Obst. Es gab alles, was es auch in einem französischen Supermarkt gab. Es war ein absurdes Gefühl, an diesen voll gestopften Auslagen vorbeizugehen, die teure französische Weine anboten und gefrorenen Fisch aus dem Atlantik, obwohl die Küste vor Madagaskar zu den fischreichsten der Welt gehört.

Als ich den Supermarkt mit meinen Tüten verließ, spürte ich die Blicke der Kinder. Es waren viele Dutzende Blicke, sie starrten auf meine voll gepackten Taschen. Die Soldaten waren routiniert, sie gingen neben mir her bis zum Parkplatz. Aber ich hatte natürlich kein Auto, mein Hotel war keine hundert Meter von dem abgesperrten Parkplatz entfernt. Die Soldaten ließen mich einfach weitergehen, aber die Kinder wagten es nicht, näher zu kommen. Nur Sophie mit den beiden Geschwistern, die ich angesprochen hatte, stand plötzlich neben mir. Ich gab den Kindern zu verstehen, dass sie sich hinter eine Mauer stellen sollten, dann gab ich ihnen meine ganzen Plastiktüten und alles Geld, das ich noch hatte. Ich versuchte, ihnen zu erklären, dass sie die Lebensmittel doch teilen könnten. Sophie schaute mich glücklich an, nahm alles und verschwand blitzschnell mit ihren kleinen Geschwistern. Sie hatten offensichtlich Angst, von den anderen Kindern ausgeplündert zu werden. Ich ging zurück in mein Hotelzimmer und setzte mich an das Fenster. Ein fertiges

Käsesandwich hatte ich für mich aufgehoben. Ich schaffte es nicht, es zu essen. Mir war schlecht bei dem Gedanken, dass ich dieses Käsebrot mitgenommen hatte, weil diese Kinder es viel nötiger gebraucht hätten als ich. Ich wusste nicht, was ich tun sollte. Sollte ich jetzt zurückgehen und versuchen, so viel wie möglich einzukaufen und so vielen Kindern wie irgend möglich etwas zu essen zu geben? Aber würde ich so nicht einen Tumult auslösen? Würden die Soldaten eingreifen? Ich sah aus dem Fenster auf die Straße und auf die Armut und tat gar nichts, und das bereue ich bis heute.

Am nächsten Tag, Sonntag, dem 8. September, fuhren wir mit der Delegation in die sogenannte »Stadt der Freundschaft« am Rand von Antananarivo. Wir fuhren durch den sogenannten »Tunnel der Schande«. Ein Priester hatte mir davon erzählt, dass dieser Tunnel in der Innenstadt von Antananarivo existierte. Aber es war eine Sache, diese Schilderung zu hören, und eine andere, diesen Tunnel selber zu sehen. Es war ein langer, relativ schmaler, schlichter Autotunnel durch einen Berg in der Innenstadt, der links und rechts von breiten Gehwegen gesäumt war. Auf diesem Gehweg kauerten Dutzende, vielleicht sogar Hunderte verletzte und unterernährte Kinder und Jugendliche, die sich vor dem Hunger, der Armut, der Schande, der Gewalt in die Dunkelheit dieses Tunnels geflüchtet hatten. Sie wirkten wie die geschändeten Wesen einer Unterwelt, blass, hoffnungslos, verletzt, viel zu schmal und zu klein für ihr Alter. Ich habe selten in meinem Leben einen solchen Albtraum gesehen. Die Fahrt durch diesen Tunnel war auch deswegen so schwer zu verdauen, weil wir auf dem Weg waren zu der einzigen Insel in dem Meer von Hoffnungslosigkeit und bitterster Armut. Bereits in den 1960er Jahren hatten katholische Patres am Stadtrand von Antananarivo eine Art Dorf der Hoffnung gebaut, eine Auffangstation für Kinder und Jugendliche, die sie von den Straßen geholt hatten. Es war ein sehr seltsames Gefühl, in diese Stadt »Akamasoa« mit diesen vielen gut gelaunten, spielenden, wohlgenährten Kinder zu kommen, die ein Wahnsinnsspektakel veranstalteten, sobald der Papst in die Nähe kam. Sie sind gesund, besuchen eine Schule und wohnen mit ihren Eltern in dieser Insel der Glückseligkeit, und das machte es irgendwie noch so viel bitterer, dass da draußen so viele Tausend andere Kinder waren, die es niemals auf diese Insel schaffen würden. Gleichzeitig war dieser Gedanke ungerecht. Die katholischen Patres hatten, unterstützt vom Vatikan, etwas Wundervolles geschaffen. Einen Ort der Hoffnung für sehr viele, aber eben nicht für alle. Die katholische Kirche konnte nicht alle retten. Natürlich war es unfair, dass einige gerettet wurden und andere nicht. Aber wenn man die Hände in den Schoß legt und gar nichts tut, weil man zu dem Ergebnis kommt, dass ohnehin niemand dieses Meer aus Verzweiflung und Armut trockenlegen kann, dann würde gar nichts geschehen.

Der Besuch des Papstes war auch deswegen so emotional, weil ausgerechnet einer seiner ehemaligen Studenten, ein gewisser Pater Pedro, Mitgründer dieses unglaublichen Dorfes war. Er hatte die Studien bei seinem Professor Jorge Mario Bergoglio alias Papst Franziskus einfach hingeworfen und angefangen zu arbeiten, und er hatte mitgeholfen, diesen Platz aufzubauen. Es war das erste Mal, dass ich während der Tage in Antananarivo auf Madagaskar fröhliche Menschen sah, glückliche Eltern und unglaublich laute, fröhliche Kinder. In diesem Chaos aus Musik und Tanz in der Versammlungshalle des Dorfes dankte der Papst den Patern, die diesen Traum möglich gemacht hatten:

»Wenn ich eure strahlenden Gesichter sehe, danke ich dem Herrn, der den Schrei der Armen gehört hat und seine Liebe durch konkrete Zeichen wie die Schaffung dieses Dorfes sichtbar gemacht hat. Eure Schreie, die daher rührten, dass ihr nicht mehr ohne ein Dach über dem Kopf leben konntet, dass ihr eure Kinder nicht mehr unterernährt aufwachsen sehen wolltet, dass ihr keine Arbeit hattet und den gleichgültigen, um nicht zu sagen verächtlichen, Blick nicht mehr ertragen wolltet, haben sich in Hoffnungslieder verwandelt, für euch und alle, die euch sehen. Jede Ecke in diesem Wohnviertel, jede Schule oder Krankenstation ist ein Gesang der Hoffnung, der jedem Fatalismus entgegentritt und ihn zum Schweigen bringt. Sagen wir es mit Nachdruck: Armut ist kein unabänderliches Schicksal.«

2020

Im Schatten der Pandemie

Am 18. März das Jahr 2020 sorgten die Ereignisse in einer Stadt auf der ganzen Welt für blankes Entsetzen, von der die meisten Menschen nicht einmal wussten, wo sie genau lag. Durch Bergamo in Norditalien rollten Lkws der Armee, in die Särge gestapelt worden waren. Das Krematorium der Stadt war auf eine Maximalleistung von 25 Leichen pro Tag ausgelegt. Doch in den Krankenhäusern der Stadt starben die Menschen so schnell, dass die Krematorien mit der Verbrennung der Leichen nicht mehr hinterherkamen und auch alle Plätze in der Leichenhalle voll belegt waren. Deswegen bat die Stadt um die Hilfe der Armee, um die Leichen abtransportieren zu lassen. Die Bilder der düsteren Lkw-Kolonne, die aufgestapelte Särge transportierte, gingen um die ganze Welt und versetzte den Menschen einen Schock.

Viele, die bis dahin noch gedacht hatten, dass Covid-19 nichts weiter als eine leichte Erkältung sei, bekamen es jetzt mit der Angst zu tun. Der Albtraum einer katastrophalen Pandemie, wie sie das Mittelalter erlebt hatte und die zwei Drittel der Einwohner Europas das Leben gekostet hatte, schien wieder Wirklichkeit zu werden.

Die Stadt Bergamo hatte einen schrecklichen Fehler begangen. Nach dem massenhaften Ausbruch der Krankheit war die Stadt abgeriegelt worden, um zu verhindern, dass infizierte

Menschen Bergamo erreichen konnten. Die Behörden verstanden nicht, dass das Virus bereits in Bergamo war, dort mutierte und sich innerhalb Bergamos rasend schnell ausbreitete.

Die Virologen fürchteten jetzt ein Desaster. Sollte das Covid-19-Virus sich ähnlich rasch verändern können wie das AIDS-Virus, wäre die Herstellung eines Impfstoffs unmöglich. Ein massenhaftes Sterben wäre dann kaum mehr abzuwehren. Die Welt schloss sich nach den Bildern aus Bergamo ein.

Aber für einige Institutionen war das nicht möglich. Seit ihrer Gründung, seit knapp 2000 Jahren besteht das Wesen der katholischen Kirche darin, dass Menschen zusammenkommen. Die Kommunion heißt nicht umsonst Kommunion, sondern meint auch einen Ritus, der die Menschen miteinander verbindet. Etwas gemeinsam zu tun, gemeinsam zu beten, gemeinsam die Hostien einzunehmen, auch gemeinsam zu schweigen, gehört zum Kern der katholischen Kirche. Aber genau das, etwas Gemeinsames zu tun, war jetzt auf einmal nicht mehr möglich. Deswegen trieb die Pandemie einen Keil in die Spitze der katholischen Kirche im Vatikan.

Die Christen auf der ganzen Welt waren während der Pandemie abhängig von den jeweiligen Landesgesetzen, was Versammlungen betraf. Häufig wurden Gottesdienste einfach verboten. Die Tücke lag in den Eigenschaften des Virus. Vor allem zu singen, was nun einmal zu Gottesdiensten gehört, galt als ganz besonders gefährlich, was die Verbreitung des Virus betraf. Eng beieinanderzusitzen, ließ sich in Kirchen gar nicht vermeiden und galt als ebenso gefährlich. Die meisten Bischofskonferenzen der Welt versuchten ein Konzept zu erarbeiten, um Gottesdienste in einer möglichst sicheren Umgebung abhalten zu können. In den meisten Ländern der Welt beschränkten die Behörden die Zahl der Teilnehmer auf lange Zeit oder blieben beim generellen Gottesdienstverbot.

Für den Vatikan galt das alles natürlich nicht. Der Papst ist auch das Staatsoberhaupt von Vatikanstadt. In dem gigantischen, über zwei Hektar großen Petersdom hätte er so viele Gottesdienste mit so vielen Menschen, wie er wollte, zelebrieren können. Aber Franziskus entschied sich dagegen.

Die katholische Kirche sollte nicht eine Extrawurst für sich beanspruchen. Die Regel, dass Gottesdienste, wie alle anderen Versammlungen auch, vorerst zu unterbleiben hätten, sollte auch für die katholische Kirche gelten – und auch im Vatikan. Viele Traditionalisten, Priester und Bischöfe aus konservativen Kreisen, sahen darin nichts weniger als einen echten Verrat durch den Papst. Aus ihrer Sicht musste gerade im Zeichen der Pandemie der Papst Menschen im Petersdom versammeln, um Gott zu bitten, diese Prüfung zu beenden. In der Geschichte der Kirche gibt es zahllose Beispiele dafür. Vor allem während der Pestepidemien, die über die Hälfte der Bewohner der Stadt Rom wegrafften, zelebrierten Päpste große Gottesdienste und Prozessionen, um die Stärke des Glaubens zu zeigen und dadurch Gott zum Einlenken zu bewegen.

Aber der Papst war dagegen, an dieser Tradition festzuhalten. Die Gefahr, dass die Gläubigen sich bei einer Messe mit vielen Menschen anstecken könnte, war seiner Meinung nach zu hoch, um einen solchen Gottesdienst zu riskieren. Aber genau das nahmen ihm seine Gegner so übel. Seine Vorsicht, was alles anging, das mit dem Virus zu tun hatte, deutete ihrer Ansicht nach darauf hin, dass er gar nicht wirklich an Gott glaubte und Gott auch nicht zutraute, Gläubige, die sich in seinem Namen in großer Zahl versammeln sollten, zu schützen. Der Papst blieb aber bei seiner Meinung und entschied sich zu einem drastischen Schritt. Zum ersten Mal in der Geschichte sollte der Gottesdienst zu Ostern unter Beteiligung der Gläubigen im Petersdom ausfallen. Diese Entscheidung machte vielen Menschen zum ersten Mal deutlich, in was für einem unglaublichen historischen Moment sie lebten.

Die katholische Kirche hatte über 1600 Jahre Kriege und Erdbeben, Pandemien und Völkerwanderung erlebt, aber nie hatte ein Papst darauf verzichtet, mit den Gläubigen in Rom das Osterfest zu feiern.

Dass ein Papst die Versammlung der Christen am Tag des Gedenkens an die Auferstehung in Rom am Grab des heiligen Petrus verbieten könnte, schien vollkommen ausgeschlossen zu sein. Seit der Fertigstellung der alten Peterskirche, also seit dem Jahr 326, hatten in Rom jedes Jahr die Christen Ostern gefeiert. Das Jahr 2020 sollte in das dicke Buch der Geschichte der katholischen Kirche eingehen, in dem zum ersten Mal ein Papst ohne Gläubige des Todes und der Auferstehung Christi in der Peterskirche gedenken würde.

Papst Franziskus entschloss sich zu einer spektakulären Geste. Er wollte zum ersten Mal in der Geschichte einer Welt, die vor einer Pandemie zitterte, den Segen *Urbi et Orbi* spenden, ganz allein, vor dem Petersplatz. Diesen besonderen Segen spenden Päpste ansonsten immer nur zu Ostern und Weihnachten. Franziskus entschied sich, wie ein Papst des Mittelalters zu handeln. Er ließ das Kruzifix, vor dem die Römer während der großen Pestepidemie im Jahr 1500 Gott anflehten, sie vor der Krankheit zu verschonen, auf den Petersplatz bringen. Das als wundersam verehrte Kreuz wird normalerweise in der Kirche San Marcello al Corso aufbewahrt. Papst Franziskus hielt eine der vielleicht dramatischsten Reden seines ganzen Pontifikates:

»Seit Wochen scheint es, als sei es Abend geworden. Tiefe Finsternis hat sich auf unsere Plätze, Straßen und Städte gelegt; sie hat sich unseres Lebens bemächtigt und alles mit einer ohrenbetäubenden Stille und einer trostlosen Leere erfüllt, die alles im Vorbeigehen lähmt: Es liegt in der Luft, man bemerkt es an den Gesten, die Blicke sagen es. Wir sind verängstigt und fühlen uns verloren.«

Fratelli tutti

Die erste Enzyklika, die Papst Franziskus veröffentlichte, stammte nicht von ihm, sondern von seinem Vorgänger. Joseph Ratzinger hatte das Schreiben *Lumen fidei* (Licht des Glaubens) verfasst, das erst nach seinem Rücktritt erschien. Der Glaube war das zentrale Thema Benedikts XVI. Es dauerte einige Jahre, bis Franziskus ausführlich über sein wirkliches Thema schrieb: Am 3. Oktober des Jahres 2020 veröffentlichte er seine erste eigene Enzyklika *Fratelli tutti* (Alle Geschwister).

Das Besondere an diesem Lehrschreiben war, dass sich der Titel als irreführend erwies.

In den vergangenen Jahrhunderten hatten schon mehrere Päpste Solidarität unter den Christen angemahnt. Das war nichts Neues. Mit der Forderung nach einer allgemeinen Geschwisterlichkeit schien der Papst in genau dieses Horn zu stoßen. Aber der Titel verdeckte, dass Papst Franziskus etwas vollkommen Neues geschrieben hatte, das echten Sprengstoff enthielt.

Zwei Aspekte sorgten für einen ungeheuren Wirbel.

Der erste war, dass der Papst sich in dem Schreiben ausdrücklich, ausführlich und mehrfach darauf bezog, dass er sich bei der Abfassung hatte inspirieren lassen, und zwar ausgerechnet von dem sunnitischen Großimam der Al-Azhar-Hochschule in Kairo, mit dem er im Jahr zuvor das Abkommen der Geschwisterlichkeit in Abu Dhabi unterzeichnet hatte. Es hatte durchaus Lehrschreiben gegeben, in denen die Päpste die Geschwisterlichkeit unter allen Christen anmahnten, aber eine Geschwisterlichkeit zwischen Christen und Gläubigen des Islam – das war vollkommen neu.

Der zweite Punkt sorgte für noch mehr Aufregung, vor allem in den USA. Dass ein Papst Solidarität einfordert, gehört zu seinem Job. Jesus von Nazareth hat immer wieder genau das getan, die Liebe für den Nächsten eingefordert. Aber der Papst schrieb darüber, warum es überhaupt nötig ist, anderen Menschen zu helfen. Damit begab er sich auf Glatteis. Das Revolutionäre an der *Fratelli*-Enzyklika war, dass Franziskus über die Ursachen von Armut schrieb, über deren Entstehung und die Frage der Gerechtigkeit der Wirtschaftssysteme. Aber wenn ein Papst das tut, dann hat er keine andere Wahl, als über politische Systeme und politische Entscheidungen zu sprechen. Doch genau das ist in der Kirche hoch umstritten. Johannes Paul II. hatte Ernesto Cardenal, einen für den Nobelpreis für Literatur vorgeschlagenen Pater, aus der Kirche geworfen, weil dieser sich politisch engagiert hatte. Es gibt eine ganze Menge Schreiben des Vatikans zu dem Thema, dass Priester sich aus der Politik herauszuhalten haben, dass sie keine politischen Ämter bekleiden sollen, dass sie von der Kanzel aus nicht Wahlkampf für die eine oder andere Partei machen dürfen.

Deswegen ist es heikel, wenn der Papst in einem Lehrschreiben zur Politik Stellung nimmt. Weil Franziskus das in *Fratelli tutti* so eindeutig tat und damit, wie selten ein Papst zuvor, polarisierte, schlug die Enzyklika ein wie eine Bombe. Die Unterstützer von Franziskus hielten *Fratelli tutti* für eines der wichtigsten Schriftstücke der Geschichte der katholischen Kirche. Endlich hatte ein Papst Tacheles gesprochen. Seine Kritiker brachten ihren Vorwurf gegen den Papst auf eine simple Formel: Er ist ein Kommunist.

Franziskus ärgerte diese Bezeichnung, und er wehrte sich immer auf die gleiche Art und Weise. Auch im September 2019, auf dem Rückflug von seiner Afrikareise, hatte er im Flugzeug mit uns Journalisten darüber gesprochen. »Ich weiß, dass sie über mich sagen, ich sei ein Kommunist«, sagte er. »Dabei vertrete ich nur die gleichen Ansichten wie Papst Johannes Paul II.«

Das war eine äußerst wirkungsvolle Art der Verteidigung. Es gab in der Geschichte der Kirche keinen anderen Mann, der sich so wirkungsvoll und plakativ gegen den Kommunismus gestellt hatte wie Papst Johannes Paul II. Karol Wojtyła hatte den Totalitarismus der Nazis erlebt und dann unter dem Kommunismus gelitten. Er wusste, wovon er sprach. Er kritisierte die wirtschaftlichen Ideen, die der Kommunismus und der Sozialismus hatten umsetzen wollen, offen und immer wieder. Gleichzeitig aber hatte Papst Johannes Paul II. eine starke Abneigung gegen Konsum und persönliche Bereicherung. In diesem Punkt ähnelte er Papst Franziskus tatsächlich sehr. Papst Johannes Paul II. hatte jede Art von Luxus verabscheut. Er weigerte sich jahrelang, für den Sommersitz in Castel Gandolfo eine Waschmaschine anschaffen zu lassen. Die Ordensfrauen wuschen die Wäsche immer mit der Hand. Er weigerte sich auch, die vollkommen veraltete Küche im päpstlichen Appartement im Vatikan renovieren zu lassen, obwohl die Gasherde über 30 Jahre alt und mittlerweile gefährlich waren. Die Mitarbeiter von Johannes Paul II. hatten immer betont, wie sehr er darauf bedacht gewesen war, persönliche Bescheidenheit an den Tag zu legen. So bestimmte er zum Beispiel nie, was die Ordensfrauen für ihn selbst und seine Mitarbeiter kochen sollten. Er aß immer mit, was die anderen sich gewünscht hatten. Aber obwohl er wie Franziskus jeglichen Luxus verabscheute, hatte er für diese Haltung einen völlig anderen Grund.

Für Papst Johannes Paul II. bedeutete alles das, was das irdische Leben angenehm und schön machen konnte, eine Gefahr. Denn Genuss auf Erden konnte von der eigentlichen Tatsache, sein Leben auf Gott auszurichten, ablenken. Und das sah der Papst als eine immense Gefahr an. Er hatte nichts gegen die Wirtschaftsform des Kapitalismus. Er war nur der Meinung, dass Konsum den Menschen von Gott entferne. Franziskus dagegen lehnt Luxus ab, weil er ihn als ein Zeichen einer ungerechten Wirtschaftsform empfindet. Dass Papst Franziskus eine radikale Haltung hat, schreibt er in der Enzyklika *Fratelli tutti* unumwunden. Er betont, dass die heutige Wirtschaftsform »Menschen wie Müll wegwirft«. Ihm geht es keineswegs darum, die angenehmen Seiten dieser Welt zu bekämpfen, weil sie von Gott ablenken. Ihm geht es um Gerechtigkeit: Er ist dagegen, dass Reiche ihren Luxus auf Kosten der Armen anhäufen.

Der Vorwurf, der Papst sei ein Kommunist, bezieht sich vor allem auf den Absatz 168 das Lehrschreibens. Darin geht er frontal den Kapitalismus und zwei seiner Kerntheorien an. Er nennt beide beim Namen, eine davon ist die sogenannte »Trickle down«-Theorie. Dieses Konzept der modernen Wirtschaftswissenschaften geht davon aus, dass die Verteilung des Reichtums von oben nach unten nicht nur gut funktioniert, sondern notwendig ist.

Das Ganze kann man sich vorstellen, wie wenn bei einem Geburtstagsfest viele Champagnergläser zu einer großen Pyramide aufeinandergetürmt werden und der Gastgeber dann von oben beginnt den Champagner auszuschenken. Zunächst wird sich das erste Glas füllen und dann die darunter und dann die weiter darunter und so weiter. In der »Trickle down«-Theorie geht man davon aus, dass Reichtum für eine begrenzte obere Schicht notwendig ist, weil sie durch ihre Ausgaben zunächst die unter ihr liegende Mittelschicht und dann die darunter liegende Unterschicht mit Arbeit und jeweiligem Einkommen versorgt. Diese kapitalistische Theorie bekämpft der Papst in seinem Schreiben ausdrücklich. Die zweite Theorie des Kapitalismus, die er bekämpft, ist der sogenannte »Spillover«. Das bedeutet nichts weiter, als dass eine Marke, ein Produkt oder ein Unternehmen durch bestimmte Strategien eine Übertragung erleben kann. So kann schlicht und einfach ein Name eines Unternehmens, das angesagt ist, dafür sorgen, dass die Produkte dieser Marke, obwohl sie nicht besonders wertvoll sind, eine starke Wertsteigerung erfahren.

In diesem Absatz schreibt der Papst:

»Der Markt allein löst nicht alle Probleme, auch wenn man uns zuweilen dieses Dogma des neoliberalen Credos glaubhaft machen will. Es handelt sich um eine schlichte, gebetsmühlenartig wiederholte Idee, die vor jeder aufkeimenden Herausforderung immer die gleichen Rezepte herauszieht. Der Neoliberalismus regeneriert sich immer wieder neu auf identische Weise, indem er – ohne sie beim Namen zu nennen – auf die magische Vorstellung des *Spillover* oder die

Trickle-down-Theorie als einzige Wege zur Lösung der gesellschaftlichen Probleme zurückgreift. Man ignoriert, dass der vermeintliche ›trickle down‹ die soziale Ungerechtigkeit nicht aufhebt, die ihrerseits neue Formen von Gewalt hervorruft und das gesellschaftliche Gefüge bedroht.«

Später heißt es:

»Eine Finanzspekulation mit billigem Gewinn als grundlegendem Ziel richtet weiter Unheil an. (…) Die Zerbrechlichkeit der weltweiten Systeme angesichts der Pandemie hat gezeigt, dass nicht alles durch den freien Markt gelöst werden kann und dass – über die Rehabilitierung einer gesunden Politik hinaus, die nicht dem Diktat der Finanzwelt unterworfen ist – wir ›die Menschenwürde wieder in den Mittelpunkt stellen müssen. Auf diesem Grundpfeiler müssen die sozialen Alternativen erbaut sein, die wir brauchen.‹«

Zwei Gruppen von Gegnern gingen gegen die Enzyklika auf die Barrikaden. Da waren zunächst die Ratzinger-Anhänger, die entsetzt kritisierten, dass ein Papst sich aus politischen und Wirtschaftsfragen herauszuhalten habe. Ihm müsse es um den Glauben und den Himmel gehen, und um sonst nichts.

Die zweite Gruppe sah in der Kapitalismuskritik ein rückwärts gerichtetes Denken des Papstes. Vor allem in den USA sorgte die Enzyklika für einen Aufschrei des Entsetzens. Konservative Kreise sahen in der Enzyklika eine Kritik am »American way of life«. Jeder sei nun mal seines Glückes Schmied und der Kommunismus habe ja gezeigt, in welche Katastrophe eine staatliche oder gar überstaatliche Regulierung führe. Zahlreiche Wirtschaftswissenschaftler sprachen dem Papst schlicht und einfach die Kompetenz ab. Er verkenne, dass die Marktwirtschaften, dort, wo sie sich weltweit entfalten konnten, für Wohlstand und Sicherheit sorgen würden, während eine Behinderung des

Marktes, wie der Papst sie verlange, zu Armut und Konflikten geführt habe.

In den USA wurde vor allem um einen Passus heftig gestritten.

»In einigen kleinkarierten und monochromatischen Wirtschaftstheorien scheinen zum Beispiel die Volksbewegungen keinen Platz zu finden, welche Arbeitslose, Arbeitnehmer in prekären Arbeitsverhältnissen und viele andere, die nicht einfach in die vorgegebenen Kanäle passen, versammeln. In Wirklichkeit initiieren sie verschiedene Formen von Volkswirtschaft und gemeinschaftlicher Produktion. Es ist notwendig, die gesellschaftliche, politische und wirtschaftliche Partizipation in einer Weise zu konzipieren, ›die die Volksbewegungen miteinschließen und die lokalen, nationalen und internationalen Regierungsstrukturen mit jenem Strom moralischer Energie beleben, der der Miteinbeziehung der Ausgeschlossenen in den Aufbau unseres gemeinsamen Schicksals entspringt‹.«

Damit meinte der Papst Volksbewegungen wie die amerikanische »Black Lives Matter«-Bewegung. Aus Sicht der konservativen Gruppen in den USA unternahm der Papst nichts anderes, als Länder wie ihres zu spalten. Offensichtlich wollte der Papst Bewegungen »von unten« wie Black Lives Matter stärken, die von den rechtsgerichteten Parteien als eine »revolutionäre Gefahr« eingeschätzt wurden. Auf der anderen Seite kritisierte der Papst offensichtlich das wohlhabende Amerika, das sich auf ein kapitalistisches System stützt, aber mit ihren Spenden die katholische Kirche maßgeblich finanziert. Das empfanden Millionen Katholiken in den USA als zutiefst ungerecht. Die Enzyklika besaß zweifellos gewaltigen Sprengstoff und wurde über Monate heftiger diskutiert als jedes anderes päpstliche Schreiben seit der Enzyklika *Humanae Vitae* aus dem Jahr 1968, die, als »Pillen-Enzyklika« bezeichnet, alle Mittel zur Empfängnisverhütung verbot.

2021

Die Reise in den Irak

Im Frühjahr des Jahres 2021 teilte mir der Vatikan mit, dass der Papst trotz aller Widerstände an der Reise in den Irak festhalten wolle und ich mich jetzt vorbereiten könne. Mir war von Anfang an klar, dass das die umstrittenste Reise des kompletten Pontifikates sein würde. Eine ganze Reihe schwerwiegender Gründe sprachen dagegen, dass der Papst diese Reise antrat. Mittlerweile gab es keinen Zweifel mehr daran, dass die Ausbreitung des Virus Covid-19 sehr viel schwerer einzudämmen war als zunächst geglaubt.

Wenn der Papst in den Irak reisen würde, um dort eine heilige Messe mit Zehntausenden Gläubigen zu feiern, würde er sich dem Vorwurf aussetzen, die Pandemie noch verschärft zu haben, und das in einem Land mit nur unzulänglicher medizinischer Versorgung. Vor allem die Menschen mit geringem Einkommen besaßen im Irak kaum Zugang zu einer guten medizinischen Versorgung. Sollte eine Messfeier des Papstes die Pandemie verschärfen, stünden weder ausreichend Betten in Intensivstationen noch Beatmungsgeräte zur Verfügung. Rechtzeitig alle möglichen Teilnehmer an Messfeiern zu impfen, war dem Irak nicht möglich. Spielte der Papst also mit dem Feuer?

Außerdem war diese Reise selbstverständlich auch aus Sicherheitsgründen enorm gefährlich. Nach wie vor gab es eine starke Präsenz der Kämpfer des Islamischen Staates im Irak. Diese

Fanatiker sahen den Irak als Anteil eines Kalifats, als heiligen Boden, auf dem der Erzfeind, der Papst, der für die Massenmorde der Kreuzzüge verantwortlich gemacht wurde, nichts zu suchen habe.

Extremistische islamistische Gruppen hatten immer wieder betont, dass die größte Trophäe, die sie sich vorstellen könnten, der Kopf des Papstes sei. Deswegen galt in Rom auch schon seit Jahren die allerhöchste Alarmstufe, was mögliche Terrorangriffe anging. Wenn der Papst jetzt in die Höhle des Löwen reiste, musste das in den Augen der Extremisten nicht wie eine Provokation aussehen? Der Irak wurde seit Jahren durch ganze Serien schwerster Bombenattentate erschüttert. Sowohl Teile der ehemaligen irakischen Armee als auch Kämpfer des Islamischen Staates und vom Iran finanzierte Terrorgruppen führten einen brutalen Krieg gegeneinander und gegen Christen. Es konnte nicht den geringsten Zweifel daran geben, dass es im Irak reichlich Know-how, reichlich Sprengstoff und mehr als genug motivierte potenzielle Täter gab, die auf die Idee kommen könnten, die Präsenz des Papstes zu nutzen und ihn mit seiner Delegation in die Luft zu sprengen. Die Gendarmen des Vatikans und die Soldaten der Schweizergarde waren für eine solche Bedrohung weder ausgebildet noch ausgerüstet. Wenn es den irakischen Sicherheitskräften nicht gelang, die Attentatsserie in den Griff zu bekommen, wie sollten sie dann für die Sicherheit des Papstes garantieren können? Für die Delegation des Papstes gab es noch ein weiteres Hindernis. Im Flugzeug von Papst Franziskus würden sie dicht nebeneinandersitzen, ideale Voraussetzung, um sich mit dem Virus zu infizieren. Die Reise konnte eigentlich nur dann stattfinden, wenn in kurzer Zeit ausreichend Impfstoff für die komplette päpstliche Delegation beschafft und verabreicht werden konnte.

Papst Franziskus kannte selbstverständlich all diese Bedenken und wusste auch, dass er dabei war, mit dieser Reise ein erhebliches Risiko einzugehen. In Gesprächen verteidigte sich der

Papst. Er wollte auf jeden Fall reisen, da er angesichts seiner Schmerzen in den Beinen möglicherweise im kommenden Jahr nicht mehr in der Lage sein würde, überhaupt irgendwohin zu fliegen. Und wann würde dann je wieder ein Papst den Irak betreten? Die geschundenen Christen dort, so sah es Franziskus, sollten nicht länger warten. Die Weltpresse sollte endlich durch eine spektakuläre Aktion wie einen Papstbesuch dazu gezwungen werden, über deren Schicksal zu berichten. Die Christen des Irak gehören zu den am stärksten verfolgten Gläubigen auf der ganzen Welt und hatten jahrelang vor allem in Mosul die Hölle auf Erden erlebt.

Ich hatte über eine Gruppe, die zum Neokatechumenalen Weg gehörte, einen losen Kontakt in den Irak und dadurch eine vage Vorstellung davon, unter welch katastrophalen Bedingungen die Christen dort leben mussten. Natürlich erschien mir persönlich die Gelegenheit, mir endlich ein eigenes Bild von den Christen im Irak machen zu können, ausgesprochen reizvoll. Ich hatte immer wieder über ihre Lage geschrieben, ohne sie je gesehen zu haben. Um ehrlich zu sein, überwog bei mir aber Angst.

Der Vatikan hielt an dem Plan der Reise trotz aller Bedenken ganz offensichtlich fest. Alle mitreisenden Journalisten bekamen – lange vor den ersten Bürgern unseres Alters in Italien – im Pressesaal des Heiligen Stuhls die erste Dosis des Impfstoffes, den uns Krankenschwestern des vatikanischen Kinderkrankenhauses verabreichten. Anschließend erhielten wir einen Termin in der irakischen Botschaft, um unsere Visa beantragen zu können.

Ich kannte die irakische Botschaft in Rom seit dem Besuch des irakischen Außenministers des Regimes unter Saddam Hussein, Tariq Aziz, in Italien. Dieser Außenminister des Irak, ein Christ, hatte in letzter Minute versucht, den Papst einzuschalten, um eine amerikanische Invasion seines Landes zu verhindern. Während der Pressekonferenz in der Botschaft hatte sich Tariq Aziz geweigert, meinem israelischen Freund und Kollegen Menachem Gantz eine Frage zu beantworten, weil er mit Juden grundsätzlich nicht sprechen wollte. Daraufhin hatte ich mit vielen Kollegen aus Protest die Pressekonferenz verlassen.

Jetzt kam ich wieder in diese Botschaft. Alle Bilder von Saddam Hussein waren abgehängt worden. Ich erhielt das Visum, musste mir aber eine eindringliche Warnung anhören. Deutsche Staatsbürger seien im Irak unerwünscht angesichts der starken Ausbreitung von Covid-19 in der Bundesrepublik Deutschland.

Als die Einzelheiten der Reise des Papstes in den Irak vorgestellt wurden, war ich bitter enttäuscht. Das dicht gedrängte Programm, die zahlreichen Treffen mit Politikern, den religiösen Führern, der kurze Aufenthalt und die weiten Entfernungen im Land sorgten dafür, dass der Papst gar keine Chance haben würde, tatsächlich mit den bitterarmen und verfolgten Christen zusammenzutreffen. Es gab nur eine Chance. Entweder ich reiste parallel mit Unterstützung des Vatikans in den Irak, zumindest zeitweise außerhalb des päpstlichen Trosses, oder ich würde ebenfalls keine Chance haben, Christen zu treffen. Zufälligerweise ging bei uns zu Hause ein junger irakischer Kurde ein und aus, der mit meinem Sohn befreundet ist. Er teilte mir eher beiläufig mit, dass sein Onkel ein General im Norden des Irak sei. Ich bat ihn, mir zu helfen, und es kam zu einem Telefongespräch mit diesem hohen Militär. Ich wollte einfach wissen, wie gefährlich es sein würde, wenn ich allein, ohne den Schutz durch den Vatikan, durch den Irak in das Gebiet der aus Mosul geflohenen Christen nach Erbil reisen würde. Ich würde dann nur an einigen offiziellen Terminen des Papstes wie zum Beispiel der Messe im Stadion von Erbil teilnehmen.

Das Gespräch mit dem General war nicht unbedingt beruhigend. Er erklärte mir unumwunden, dass ich auf den Straßen des Irak eine Art wandelndes dickes Geldbündel sei. Immer noch seien zahlreiche Mitglieder der Geheimpolizei, aber natürlich auch Kämpfer des Islamischen Staates, darauf trainiert, Ausländer einfach von der Straße abzugreifen, sie in Autos zu zerren und gefangen zu halten, um dann Lösegeld in Millionenhöhe zu erpressen. Er sagte zu mir wörtlich: »Wenn Sie ganz sichergehen wollen, nicht entführt zu werden, wenn Sie sichergehen wollen, dass man Ihrer Frau nicht Ihr abgeschnittenes Ohr schickt und die Nummer eines Kontos, auf das sie eine Millionen überweisen soll, wenn Sie also sichergehen wollen, dass Ihnen all das nicht passiert, dann kommen Sie bitte nicht in den Irak. Sollten Sie es doch tun«, fügte er hinzu, »sollten Sie fairerweise an Ihre Familie denken und ein Testament machen.«

Im Februar informierte uns der Vatikan darüber, dass wir rechtzeitig die zweite Dosis Impfstoff bekommen würden. Auf der Reise in den Irak konnten wir also davon ausgehen, soweit es menschenmöglich war, vor einer Infektion geschützt zu sein. Allerdings mussten wir zustimmen, dass im Falle einer Infektion, wenn es dem Vatikan nicht möglich sein würde, eine infizierte Person in der päpstlichen Maschine wieder mit zurückzunehmen, wir selber dafür verantwortlich sein würden, wie wir aus dem Irak zurück nach Italien kommen würden.

Dann kam der 15. Februar, und gegen Abend um 21.30 Uhr Ortszeit feuerte eine Gruppe Terroristen 14 Raketen auf den Flughafen von Erbil und die angrenzende US-Luftwaffenbasis. Dabei kam ein Angestellter der US-Luftwaffe ums Leben, und weitere acht Mitglieder der US-Streitkräfte wurden zum Teil schwer verletzt. Die USA kündigten sofort an, dass es zu einem Gegenschlag kommen werde. Mit Kampfflugzeugen sollten Ziele der Gruppe angegriffen werden, die für den Anschlag verantwortlich war. Damit war klar, dass rund um den Flughafen, auf dem der Papst in nur zwei Wochen landen sollte, derzeit Krieg herrschte. Das war eine schreckliche Nachricht, aber auf der anderen Seite war ich irgendwie erleichtert: Unter diesen Umständen würde die ganze Reise sicher abgesagt werden. Der Papst würde ja wohl kaum in ein regelrechtes Kriegsgebiet reisen.

Doch zwei Wochen später kam die endgültige Bestätigung. Der Papst wollte unbedingt vom 5. bis zum 8. März den Irak bereisen. Ich versuchte, die Frage für mich zu beantworten: Sollte ich mir die Gelegenheit entgehen lassen, endlich die Menschen in Fleisch und Blut zu treffen, über die ich schon oft geschrieben hatte, oder war es einfach nur dumm, eine Reise zu wagen, von der ich von vornherein wusste, dass sie gefährlich sein würde? Ich hatte noch mehrere Male mit dem General im Irak gesprochen, und er hatte mir angeboten, mir bewaffnete Leibwächter zu besorgen, sobald ich in Erbil gelandet sein würde. Aber gleichzeitig riet er mir davon ab, weil ich mit einem Leibwächter auffallen würde wie ein bunter Hund. Er riet mir: »Kleide dich einfach so, dass du ein Iraker sein könntest.« Ich unterhielt mich mit den Kollegen im Pressesaal des Vatikans, und sie versprachen mir, mich zu unterstützen. Ich sollte alle nötigen Passierscheine in meinem Hotel vorfinden. Also besorgte ich mir einen Flug über Istanbul nach Erbil und aktivierte den Kontakt über die Bekannten des Neokatechumenalen Weges. Sie standen in Kontakt mit dem Bischof von Erbil und versprachen mir, mich in den Tagen im Irak zu begleiten.

Ich packte alte Jeans und mehr oder weniger zerschlissene Hemden ein, besorgte mir ein Bündel mit kleinen Dollarnoten, weil ich wusste, dass ich jede Menge Trinkgeld brauchen würde, verabschiedete mich von meiner Familie und schrieb, weil ich so verunsichert war, tatsächlich ein kurzes Testament. Ich sollte in Istanbul gegen Mitternacht die Maschine nach Erbil im Irak besteigen, aber schon am Gate war Schluss. Die türkische Airline teilte mit, dass sie mich nicht mitnehmen könne. Die irakische Seite hätte sich geweigert, einen Passagier mit einem deutschen Pass in den Irak einreisen zu lassen. Angesichts der Covid-Welle in der Bundesrepublik seien Deutsche im Irak nicht willkommen. Ich stritt und schimpfte und konnte schließlich eine mittlerweile schon ziemlich müde gequatschte Angestellte der Turkish Airlines davon überzeugen, dass ich schließlich in Rom lebte und schon sehr lange nicht mehr in Deutschland gewesen war und deswegen auch keine Bedrohung für die irakische Bevölkerung darstellen würde. Sie winkte mich schließlich durch, und ich landete gegen 4.00 Uhr morgens auf dem Flughafen von Erbil. Die Schäden des Raketenangriffs waren unübersehbar. Die Amerikaner hatten die Luftwaffenbasis in eine Festung verwandelt. Überall standen Panzer herum. Auf dem Flughafen selbst konnte man noch sehen, wo die Raketen eingeschlagen hatten. Ich war froh, als ich im Hotel ankam.

Als ich am nächsten Morgen in die Hotelhalle hinunterkam, saßen dort die junge Frau und der junge Mann, die ich von Rom aus kontaktiert hatte, neben zwei Männern, die Kalaschnikows trugen und den Hoteleingang im Auge behielten. Alles das, was ich in den kommenden Tagen erlebt habe, hätte ich aus eigener Kraft niemals organisieren können. Ich habe lange darüber nachgedacht, ob ich allein schon aus Korrektheit die Namen der beiden hier in diesem Buch aufführen soll, weil sie so hervorragende Arbeit geleistet haben und ich ihnen wirklich zutiefst dankbar bin. Aber ich bin mir nicht hundertprozentig sicher, ob ich sie damit nicht in Gefahr bringen könnte. Deswegen habe ich mich schweren Herzens dazu entschlossen, ihre Namen nicht zu nennen. Ich werde diese Tage mit ihnen, ihre Gastfreundschaft, ihre profunde Kenntnis und die Abende mit den sagenhaften Fleischspießen auf dem Platz in Erbil nie vergessen. Es rührte mich zutiefst, dass es beiden darum ging, dass ich wirklich verstand, was in ihrem Land mit Christen passierte.

Sie wollten mich nicht überzeugen. Sie wollten mich nicht auf ihre Seite ziehen, sie wollten, dass ich verstand, dass ich selber sah und begriff, was passiert war. Wir fingen auf eine sehr ungewöhnliche Art und Weise an. Mir war eine Adresse in Erbil zugespielt worden, ein Ort, an dem ich die verfolgten Christen würde treffen können. Aber die beiden lehnten zunächst ab, dorthin zu fahren. Sie sagten mir, dass es wichtig war, dass ich verstand, was geschehen war, bevor ich mich mit den Christen traf.

Der Weg zum Verständnis war nicht weit. Wir gingen vom Hotel aus nur einige Hundert Meter die Straße hinunter bis zu einem kleinen Kiosk. Ein junger Mann verkaufte dort Spielzeug,

Süßigkeiten und Ersatzteile für Computer. Ich hatte keine Ahnung, was wir da wollten, aber die beiden kannten den jungen Mann zweifellos gut und baten mich, mich hinzusetzen und zuzuhören.

Er stellte sich kurz vor und erzählte dann: »Ich bin aus Mosul, meine Familie hatte ein kleines Geschäft in der Stadt, als im Juni 2014 die Kämpfer des Islamischen Staates, des Daesh, kamen. Wir haben uns nicht vorstellen können, dass so etwas passieren könnte. Wir haben uns nicht vorstellen können, dass eine so große Stadt wie Mosul mit über 600 000 Einwohnern, mit so vielen Polizeistationen und Kasernen der Armee von einer extremistischen Terrororganisation wirklich überrannt und eingenommen werden könnte. Wir haben uns nicht vorstellen können, dass die irakische Armee fliehen würde beim Kampf um Mosul. Wir haben uns nicht vorstellen können, dass wir von einem Tag auf den anderen in einer völlig anderen Welt aufwachen würden, einer Welt, in der wie im Mittelalter Frauen verkauft wurden, Christen geköpft, weil sie sich weigerten, zum Islam überzutreten, einer Welt, in der es im Kampf um Mosul über 40 000 Tote gab. Aber was uns Christen am meisten schockierte, das war, dass unsere Nachbarn zufrieden waren. Sie begrüßten den Daesh, feierten sie, sie gaben ihnen zu essen und zu trinken, luden sie in ihre Häuser ein. Die Kämpfer begannen, die Kasernen zu plündern, auch schwere Waffen, Panzer, Granatwerfer, sie raubten die Banken aus, es war ein unglaubliches Chaos, und dann bekamen wir das hier.«

Er zog die Schublade auf unter seiner Kasse und nahm einen Brief heraus. »Hier steht: Deine Familie und du steht bereits seit 13 Tagen unter Beobachtung. Jeder deiner Schritte wird genauestens beobachtet. Falls du versuchen solltest, uns zu hintergehen, werden wir uns auf die Scharia berufen und uns rächen. Wir werden dich bestrafen. Gott will, dass wir niemals unseren Kampf beenden. Die Ungläubigen werden kein gutes Ende nehmen.«

Er zeigte mir den Brief. Darunter stand sogar eine Handynummer, die die Christen anrufen sollten.

»Sie riefen uns auch über die Lautsprecher der Moscheen auf, uns zu melden, wenn wir Christen seien, um freiwillig zum Islam überzutreten. Wer sich weigerte, dem sollte der Kopf abgeschlagen werden. Wir sollten alle unsere Frauen ›abgeben‹, Mütter, Schwestern, Töchter. Sie sollten verkauft werden. Die Kämpfer konnten sich vom Imam segnen lassen für eine Heirat auf Zeit. Das bedeutete, dass sie diese Frauen kauften, um sie vergewaltigen zu können. Da begriffen wir, dass es um Leben und Tod ging. Alle, die konnten, die Christen, die in der Polizei oder der Armee gedient hatten, verschafften sich Waffen, und es kam zu Feuergefechten. Viele versuchen, sich den Weg frei zu schießen, und viele wurden dabei getötet, andere schwer verletzt. Ich weiß nicht, wie viele es waren. Wir alle versuchten, lebendig aus Mosul herauszukommen und über den Tigris zu flüchten. Meine Familie und ich haben es geschafft, aber viele unserer christlichen Freunde nicht, und wir haben erst später erkannt, was für einen Horror die erwartete, die es nicht geschafft haben. Die Frauen der Christen vom Sklavenmarkt nahmen sich oft selbst das Leben. Wir haben Schilderungen von diesem Sklavenmarkt der Frauen gehört. Die Frauen, die entkommen konnten, versuchten, sich Plastiktüten über den Kopf zu ziehen und sich zu ersticken. Es war ein unglaublicher Horror. Wir sind nach Erbil geflüchtet, hatten aber Angst, dass der Daesh auch hierherkommen würde. Dann warteten wir darauf, dass die Armee zurückschlagen würde, dass das alles nach einigen Tagen vorbei wäre. Aber es dauerte nicht Tage, nicht Wochen oder Monate, es waren zwei lange Jahre. Erst im Oktober 2016 schlug die Armee den Daesh zurück. Die Amerikaner haben uns geholfen, und die Peschmerga, die kurdischen Truppen, aber erst im Sommer 2017 war der Daesh wirklich besiegt. Als wir nach Mosul zurückkamen, haben wir einen Albtraum gesehen, die Massengräber, die große Moschee des Propheten Jona gesprengt, die jahrtausendealten Mauern von Ninive zerstört. Wir hatten mit unseren muslimischen Nachbarn bis zu dem Zeitpunkt der Ankunft des Daesh gut zusammengelebt, zumindest haben wird das geglaubt. Aber wie haben sie diese Monster feiern und gemeinsame Sache machen können? Sie haben doch gemerkt, dass sie Christen abschlachteten, Frauen vergewaltigten. Uns Christen und den Jesiden, vor allem den jesidischen Frauen, drohte die schlimmste aller Höllen.«

Nach dem Gespräch verließen wir den kleinen Kiosk, und als meine Begleiter mir klarmachten, dass der Mann, mit dem wir gesprochen hatten, zu den glücklichsten Flüchtlingen zählte, schwante mir, welche Zeugenaussagen mich erwarteten.

Wenn ich an diese Tage zurückdenke, in diesem riesigen Gebäude am Basar von Erbil, dann schäme ich mich. Ich weiß, dass die meisten Menschen, die ich dort kennenlernte, mich in guter Erinnerung behalten haben. Einige haben mir E-Mails geschrieben, dem Mann, der aus dem fernen Rom gekommen war, um sich ihr Elend anzusehen, und der jeder Familie Geldgeschenke gab. Sie wissen nicht, dass ich sehr viel mehr hätte tun können und meiner Ansicht nach sehr viel mehr hätte tun müssen, aber ich habe es nicht getan. Ich bin nach den Tagen in dem Horror dieses Gebäudes wieder abgeflogen, und wenn mich jemand danach fragen würde, ob es etwas gibt, das für das Pontifikat von Franziskus typisch ist, dann würde ich sagen, es ist genau das. Wir haben mit Papst Franziskus so viele Orte gesehen auf dieser Welt, auf denen Menschen unter einer schlimmen, akuten Not litten. Wir haben das aus allernächster Nähe gesehen, haben mit ihnen gesprochen, unser Mitleid ausgedrückt und sind immer wieder abgereist, und jedes Mal hatte ich das Gefühl, dass ich Menschen einfach so zurückließ. Wir haben viele zurückgelassen, und wir haben wohl geglaubt, dass wir dieses Elend irgendwann würden vergessen können, aber mir zumindest ist das nicht gelungen.

Als wir in Erbil in die Straße einbogen, in der das Gebäude

lag, hatte ich das beklemmende Gefühl, angekommen zu sein. Hier waren also diese Menschen, über die ich so oft geschrieben hatte. Mehr als hundert christliche Familien, die geflohen waren, lebten unter dem Existenzminimum in dem Gebäude. Mir fielen Christinnen auf, die auf dem Markt das von den Ständen heruntergefallene matschige Gemüse aufsammelten und in dem Gebäude verschwanden. Vor dem Eingang sah ich Männer, die mit Kalaschnikows bewaffnet waren und alle Zugänge bewachten. Angesichts der unglaublichen Armut in dem Haus hatten die Bewohner erstaunliche Summen für ihre Sicherheit ausgegeben. Als wir das Gebäude betraten, sahen wir, dass überall Kameras installiert worden waren, im Büro des Verwalters des Gebäudes hingen große Bildschirme, auf denen all die Bilder dieser Kameras zusammenliefen. Wer immer auch hier wohnte, hatte vor irgendetwas oder irgendwem eine panische Angst.

Der Verwalter empfing meine beiden Begleiter und mich sehr freundlich und unserer Bitte, ob wir mit den Bewohnern des Hauses sprechen könnten, stimmte er sofort zu. Ich versuchte einzuschränken, dass wir nicht einfach in die Wohnungen der Familien hineinplatzen wollten, sondern dass wir erfahren wollten, was ihnen zugestoßen war, und er nickte eifrig.

Er erklärte, dass es reichlich Familien gebe, die zu gerne darüber sprechen würden, was ihnen passiert sei. Hier seien noch nie Reporter gewesen. Überhaupt gab es kaum jemanden, der diesen Menschen je zugehört hatte, weder die Behörden noch die Polizei noch die Armee und schon gar nicht Journalisten. Der Verwalter versicherte uns aber vorher, die Familien zu fragen, ob sie mit einem Besuch einverstanden sein. Schon hinter der ersten Tür auf diesem langen Flur war der Anblick kaum zu ertragen. Ein älterer Mann lag so gut wie reglos auf einer Matratze auf dem Boden in dem einzigen Raum, den sich die ganze Familie teilte. Er hatte Kugeln einer Kalaschnikow abbekommen und war kaum in der Lage aufzustehen, geschweige denn arbeiten zu gehen. Ich habe in diesen Tagen eine Liste angelegt und eingetragen, was den Männern, die ich besuchte, zugestoßen war, und in der Liste stand zum Schluss immer das Gleiche:

- Schwer verwundet bei der Flucht aus Mosul,
- schwer verwundet bei der Flucht aus Mosul,
- schwer verwundet bei der Flucht aus Mosul.

Neben der Matratze des Mannes saß seine Frau und stellte mir die drei Kinder vor, die auf dem Boden hockten. Sie waren zwischen sechs und 14 Jahre alt, und ihre Augen waren auf eine eigenartige Weise leer. Die Frau schien zu spüren, dass ich mich wunderte, und erklärte mir gleich: »Wir haben kein Geld, um für die Schulen zu zahlen. Die Kinder können nirgendwohin gehen. Sie sind den ganzen Tag hier in dem Zimmer, sie trauen sich als Christen fast nicht auf die Straße. Wir haben nur ein Buch, und darin lesen sie zu dritt.« Das Fenster der Wohnung war verbarrikadiert. Es drang kein Außenlicht herein, eine nackte Glühbirne baumelte unter der Decke. Der schwer verletzte Mann in der Ecke erklärte mir mit gebrochener Stimme, dass sie die Fenster verhängen mussten, weil es immer wieder Brandanschläge gegen Christen gegeben habe. In einer Ecke des Zimmers stand ein kleiner Elektrokocher, daneben ein paar Plastikteller und ein paar sehr alte Gabeln und Messer. Dieser kleine Kocher war alles, was man eine Küche nennen konnte. Die Betten hatten sie auf die Seite geräumt. Es war unübersehbar, dass die Frau sich für die Behausung schämte. Offensichtlich schlief die Familie in diesem einzigen Raum, aß hier und versuchte irgendwie, den Tag zu überstehen. Ich glaube, das Schlimmste an diesen Tagen war, dass diese Menschen so vollkommen hoffnungslos waren.

Sie erzählten mir, dass die Behörden ihnen die Papiere verweigerten, dass sie keinen Pass besaßen. Alle Unterlagen, die sie für einen Antrag gebraucht hätten, waren verbrannt. Um Ersatz zu bekommen, mussten sie in ihre Geburtsstadt Mosul zurück. Aber sobald sie dort auftauchten, schlug ihnen offene Feindseligkeit entgegen. Man sagte ihnen, dass sie als Christen dort nichts verloren hätten. Die Behörden verweigerten ihnen einen Pass.

Natürlich war der Daesh immer noch dort. Die Kämpfer hatten sich einfach unter das Volk gemischt, sich als einfache Bürger ausgegeben, aber kontrollierten im Hintergrund noch immer einen Teil der Macht in der Stadt. Dass die Straßen in Mosul repariert worden waren, ausgerechnet aus Anlass eines Papstbesuchs in einer Stadt, aus der die Christen systematisch vertrieben worden waren, fanden die Vertriebenen zutiefst ungerecht. Aber selbst wenn sie einen Pass gehabt hätten, gab es auf dieser Welt kein Land, das irakische Flüchtlinge freiwillig aufnahm. Sie wussten, dass ihnen nur eine Fluchtroute blieb: über Syrien und die Türkei ins ferne Europa. Aber um das zu schaffen, waren die Männer viel zu krank und die Frauen mit ihren Kindern viel zu arm, um auch nur das erste Stück des Weges finanzieren zu können. Sie boten mir süßen Tee an und stellten mir eigentlich alle die gleiche Frage: Hat man vergessen, was mit uns passiert ist? Interessiert es in Europa und den USA niemanden, dass wir einen Krieg in Mosul erlebt hatten, dass wir vertrieben wurden, dass wir nur wenige Christen in einem riesigen Meer aus Muslimen waren? Ich wusste nicht, was ich sagen sollte. Warum hatte niemand etwas für sie getan? Ich erklärte ihnen, dass ich seit vielen Jahren Päpste auf ihren Auslandsreisen begleitet hatte und auch jetzt im Kontakt mit dem Vatikan stand. Seltsamerweise schlug die Stimmung jetzt um.

Sie waren seltsamerweise stolz darauf, dass der Papst in den Irak gekommen war. Sie würden nicht einmal zu einem der Gottesdienste gehen können, sie konnten ihre Männer nicht allein lassen und hatten auch kein Geld für das Busticket übrig, um zum Stadion von Erbil zu gelangen. Aber sie sagten immer wieder, wie froh sie darüber seien, dass er gekommen war. Es würde bedeuten, dass zumindest einer, und zwar das Oberhaupt der Katholiken, sie doch nicht vergessen habe und dass es irgendwann vielleicht doch eine Rettung für sie gebe.

Ich habe vor allem diese mutigen Frauen in Erinnerung. Angesichts der Lage, in der sie sich befanden, wäre es nur zu verständlich gewesen, wenn sie einfach zusammengebrochen wären. Aber sie hielten diese kargen Räume penibel sauber, versuchten eine Ordnung in den Tag zu bringen, so schwierig das auch war. Sie versuchten, ihre Männer zu pflegen und ihre verzweifelten Kinder irgendwie doch zu ermuntern. Einigen, ganz wenigen, war es gelungen, einen Job bei einem christlichen Arbeitgeber zu bekommen. Ich erinnere mich an den Besuch bei einem Mann in dem Gebäude, der an einem schweren Krebsleiden erkrankt war, seine Frau versuchte, mit einem Job in einer Bar genug Geld zu verdienen, um die Medikamente bezahlen zu können.

Es war schwer, sie nach ihren Geschichten zu fragen, und meistens wartete ich einfach nur, bis sie begannen zu erzählen. So unterschiedlich diese Geschichten auch waren, so furchtbar war jede einzelne von ihnen. Die meisten christlichen Familien hatten ein ganz normales Leben in Mosul geführt. Sie hatten Geschäfte betrieben, einige von ihnen sogar ansehnliche Unternehmen. Sie hatten Lebensmittel verkauft oder Bekleidung, sie hatten mit Teppichen und Haushaltswaren gehandelt. Manchmal hatten sie so etwas wie eine Bedrohung gespürt, sie aber nicht ernst genommen.

Alle diese Familien, mit denen ich sprach, erzählten mir immer wieder, dass sie mit ihren muslimischen Nachbarn in all diesen Jahren in Mosul hervorragend ausgekommen seien. Es habe keine Spannungen gegeben, und man habe sie nie daran gehindert, am Sonntag in ihre Gottesdienste zu gehen. Im Gegenteil: Christen und Muslime hätten viele Familienfeste zusammen gefeiert. Die Stadt Mosul sei ein friedlicher Ort gewesen, an dem viele Religionen ohne Konflikte nebeneinander existiert hatten. Sie hätten sich auch nicht vorstellen können, dass sich das je ändern würde. Schließlich war die Jona-Moschee in Mosul ein Symbol des Zusammenlebens. Christen hatten auf dem Grab des Propheten Jona eine Kirche errichtet, in der auch der Zahn des

Wals gezeigt wurde, der Jona verschluckt haben soll. Muslime bauten die Kirche in eine Moschee um, da Jona mit dem Namen Yunus auch im Koran vorkommt. Der Daesh sprengte die Moschee nach der Eroberung von Mosul.

Schon in den Jahren vor dem Angriff des Daesh im Jahr 2014 hatte es Anschläge auf christliche Geschäfte gegeben. Hinter einer weiteren dieser unendlich vielen Türen in dem großen Komplex wartete Suhair Nagit. Sie war eine Geschäftsfrau und hatte einen gut gehenden Laden für Damenbekleidung in Mosul betrieben. Sie hatte zu den angesehenen Familien in Mosul gehört, und es schmerzte mich zu sehen, dass sie sich jetzt ihrer Armut schämte. Auf dem Boden lagen nur ein paar alte Teppiche, es gab nur einen winzigen Kocher und völlig zerbeultes Kochgeschirr. Die Familie hatte hier in diesem kargen Raum Hunger erlebt, das war unübersehbar. Draußen war diese gefährliche Welt, in der immer noch die Monster des Daesh herumstreiften und viele, die Christen hassen, aber draußen war nicht nur Gefahr, sondern auch Essen, und deswegen musste sie hinausgehen für ihre Familie. »Sie haben Granaten auf unser Geschäft abgefeuert, schon im Jahr 2013. Ich dachte, das geht vorüber, das seien nur ein paar Verbrecher, aber dann kamen diese Tiere des Daesh.« Sie sah mich mit einem herausfordernden Blick an.

»Was werden Sie tun, wenn Sie den Irak verlassen und wieder in Italien sind?«, fragte sie mich.

»Ich werde über Sie schreiben«, sagte ich.

»Aber wieso, wieso sind Sie hier und wollen über unser schreckliches Schicksal schreiben?«

»Der Papst ist hier, und deswegen sind viele Journalisten hier, ich auch.«

Sie sagte: »Wenn der Papst nicht gekommen wäre, wenn er nicht den Mut gehabt hätte, hierher in diesen Hexenkessel zu kommen, dann wären Sie auch nicht gekommen, stimmt das?«

»Ja«, sagte ich, »das stimmt.«

»Dann bin ich froh«, sagte sie. »Wenigstens dieser Papst hat uns nicht vergessen. Sie werden schreiben. Aber werden uns die Menschen helfen, uns aufnehmen in Deutschland oder uns die Möglichkeit geben, irgendwo zu leben, wo wir leben dürfen wie alle anderen, obwohl wir Christen sind?«

»Ich weiß es nicht«, sagte ich.

»Schreiben Sie«, sagte sie. »Dann haben wir immerhin eine Chance. Wir haben in Mosul gedacht, dass man diesen Fanatikern das Feld nicht überlassen darf, und deswegen haben wir einfach unsere Geschäfte wieder aufgebaut. Aber dann kam eine ganze Armee, nicht mehr nur einige Extremisten, sondern eine Armee, die stark genug war, die irakische Armee wegzufegen, und das Bitterste, was ich erlebt habe, war, dass die Menschen, die ich für muslimische Freunde gehalten habe, eine Siegesfeier für diese Fanatiker organisierten, die verlangten, dass wir Christen geköpft wurden und wir Frauen in der Sklaverei abzuliefern seien.«

Es fiel mir schwer, mich von Suhair Nagit zu verabschieden. Du hast wieder einen Menschen zurückgelassen, dem du wahrscheinlich sehr viel mehr hättest helfen können, dachte ich.

In den kommenden Stunden fragten mich die Menschen immer das Gleiche: Warum hatte der Westen Mosul seinem Schicksal überlassen? Warum waren amerikanische Spezialkräfte erst nach über zwei Jahren gegen den Daesh vorgerückt? Warum hatte man ihnen, den Christen, nicht geholfen in diesem grauenvollen Jahr 2014? Ich wusste nicht, was ich antworten sollte, und ich schämte mich dafür, dass mir, wenn ich an das Jahr 2014 dachte, als Erstes einfiel, dass Deutschland die WM in Brasilien gewonnen hatte. Das Ausmaß der Tragödie im Irak hatte ich damals nicht begriffen.

Nahezu alle Gespräche in dem riesigen Gebäude endeten immer mit dem Satz: Nur den Jesiden, vor allem den Frauen der Jesiden, erging es noch schlechter als ihnen. Bis heute verstecken sich viele von ihnen.

Es war bereits dunkel, als wir das Gebäude verließen und uns eine Pause in einem Café im Basar von Erbil gönnten. Wir schwiegen meistens, die Erzählungen hatten uns alle mitgenommen.

Nach einer Weile traute ich mich, meine Begleiter zu fragen: »Kennt ihr Jesidinnen, Frauen, die dies Zeit in Mosul überlebt hatten?«

Sie nickten. Es gab eine Wohngemeinschaft junger jesidischer Frauen, die den Terror erlebt hatten. Aber es war bereits dunkel, und meine Begleiter erklärten mir mehr oder weniger unumwunden, dass es langsam Zeit wurde, dass ich das Risiko begriff. Unser Besuch im Haus war bestimmt aufgefallen. Dass jemand, der mit dem Vatikan zu tun hatte und aus Rom gekommen war, hier herumspazierte, war sicher beobachtet worden. Meine Begleiter machten mir klar, dass ich für einige eine Trophäe sein könnte, für andere wiederum die Chance, mit einem Schlag sehr reich zu werden, da bestimmt einige Hunderttausend Dollar aus meiner Entführung herausgepresst werden könnten. Sie sahen mich ernst an und sagen dann: »Wenn dir etwas passiert, wenn dich jemand in ein Auto zerrt, dann können wir das nicht verhindern.« Ich nickte. Ich hatte verstanden.

Wir beschlossen, trotzdem in den besagten Stadtteil Erbils zu fahren und die Jesidinnen zu bitten, uns trotz der späten Stunde noch zu einem Gespräch zu empfangen. In der Dunkelheit fuhren wir durch ein Gebiet, in dem die wohlhabende Mittelschicht Erbils zu wohnen schien. Ein Haus, das von Weitem aussah wie ein Einfamilienreihenhaus, fiel dadurch auf, dass die Fenster abgedunkelt waren.

Meine Begleiter nickten mir zu. Hier war es. Ich bat sie vorzugehen und zu fragen, ob die Frauen wirklich sicher waren und ob sie mit mir sprechen wollten, aber schon nach wenigen Augenblicken kamen die beiden zurück und erklärten mir: »Sie haben uns nur gesagt, dass es besser gewesen wäre, wenn du sehr viel früher gekommen wärst.«

»Sie meinen, schon heute am Nachmittag?«

»Nein, sie meinen, Jahre früher.«

Ich betrat ein geräumiges mit dunklen Möbeln ausgestattetes Wohnzimmer. Dann kam eine attraktive Studentin nach der anderen durch eine Glastür. Es waren Ragheed Baballos, Khaleda Saido, Bubhi Sada, Basma Sulaiman, Sairi Khala, Odedel Madhhi und Nanssy Ayad, alle zwischen 20 und 26 Jahre alt.

Sie wollten wissen, was ich über die Jesiden wusste, doch das war nicht viel. Ich hatte in Kursen im Vatikan über Weltreligionen gelernt, dass die Jesiden zu den ältesten Religionen der Erde zählen. Die Religion dürfte etwa 1500 Jahre älter sein als das Christentum. Ich wusste, dass es etwa eine Million von ihnen gibt und dass sie zu den wenigen Religionen gehören, die in der Geschichte nie missioniert haben. Das Seltsame an dieser Religion ist, dass die Jesiden kein heiliges Buch besitzen. Sie kennen keine heilige Schrift, sondern beziehen sich ausschließlich auf die Geschichten ihrer Religion, die seit Jahrtausenden erzählt werden. Eine große Rolle spielt ein von Gott geschaffener Engel, der durch einen blauen Pfau symbolisiert wird. Dieser Engel ist auch an der Erschaffung Adams beteiligt, und alle Jesiden sehen sich als Nachfolger Adams, deswegen ist es auch verboten, in andere Religionsgemeinschaften hineinzuheiraten.

Eine der jungen Frauen sah mich an und sagte dann: »Unsere Religion hat der IS als Vorwand für den Völkermord genommen.«

Wir alle in dem Raum wussten, dass Frauen der Jesiden Opfer einer so perversen sexuellen Logik des IS gewesen waren, dass wir alle zunächst peinlich berührt schwiegen. Als der IS ihre Wohngebiete im Irak bei Mosul angriff, waren die Frauen der Jesiden halal. Aus Sicht der Terroristen standen Jesiden, die kein heiliges Buch kennen, nicht im Geringsten unter Gottes Schutz. Das bedeutet im IS-Terrorstaat: Es war in Ordnung, sie zu vergewaltigen und trotzdem gute Muslime des IS zu sein.

»Sie konnten in ihrem perversen Kalifat zum Scheich gehen, uns für ein paar Tage auf dem Papier heiraten und uns systematisch vergewaltigen, und sie blieben gute Gläubige. Warum sagt der Papst das nicht? Wenn er schon hier ist? Meine Cousine ist verschwunden und nie wieder aufgetaucht, wir denken jeden Tag an die Frauen, die wir kannten und die nicht mehr da sind. Warum sagt der Papst nicht, dass wir uns nicht trauen, zurück in unsere Städte zu gehen, weil die, die mit dem IS durch unsere Städte marschierten, immer noch da sind und jetzt so tun, als seien sie unbescholtene Bürger und als wäre nichts gewesen«, sagte die Jesidin Sairi Khala.

Dann fügte sie hinzu: »Als der Daesh kam, wussten wir Jesiden, dass es um Leben oder Tod gehen würde. Wir haben versucht, uns auf den Heiligen Berg zu retten nach Sindschar. Der Daesh hat uns rund um den Berg eingekesselt. Nach Schätzungen sind etwa 10 000 Menschen gestorben. Die US-Luftwaffe hat versucht, uns Jesiden aus der Luft mit Wasser und Lebensmitteln zu versorgen, aber am 3. August begann die systematische Ermordung durch den Islamischen Staat. Die Peschmerga-Kämpfer der Kurden, auf die wir gehofft hatten, haben uns nicht geholfen. Dankbar sind wir noch heute den Amerikanern, weil sie mit Bomben die Panzer und Lastwagen des IS angegriffen haben. Kurdische Truppen haben schließlich einen Weg frei gekämpft in Richtung Syrien, und so konnten wenigstens einige von uns fliehen.«

Es war still in dem Raum, während die jungen Frauen sprachen.

»Es wird nichts mehr so sein wie vor dem Völkermord«, sagte eine von ihnen. »Wir haben gesehen, wozu die Fanatiker des Islam fähig sind. Wir leben mit den Christen in einem Meer aus Muslimen, und wir werden von nun an immer Angst haben.«

Ich bedankte mich für das Gespräch, und bevor ich ging, sagten die Frauen noch zu mir: »Es ist gut, dass Sie gekommen sind. Es ist gut, dass jemand, der mit dem Papst gekommen ist, weiß, dass es nicht nur die Christen waren, die ausgerottet werden sollten, sondern auch die Jesiden. Vergessen Sie das nicht.«

Ich habe das nicht vergessen, auch wenn ich mir manchmal wünsche, diese Tage im Irak vergessen zu können. Aber vermutlich hat der Papst recht, dass kaum etwas so tödlich ist wie die

Gleichgültigkeit, und die Erinnerung macht die Gleichgültigkeit unmöglich. Schließlich hatte auch der Papst die Jesiden nicht vergessen und all die Menschen, deren Leid ich ein bisschen zu nahe gekommen war. In Ur, dem Geburtsort Abrahams, hatte der Papst gesagt:

»Feindseligkeit, Extremismus und Gewalt entspringen nicht einer religiösen Seele – sie sind Verrat an der Religion. Und wir Gläubigen dürfen nicht schweigen, wenn der Terrorismus die Religion missbraucht. Im Gegenteil, es liegt an uns, Missverständnisse durch Klarheit aufzulösen. Lassen wir nicht zu, dass das Licht des Himmels von den Wolken des Hasses verdeckt wird! Über diesem Land brauten sich die dunklen Wolken des Terrorismus, des Krieges und der Gewalt zusammen. Alle ethnischen und religiösen Gemeinschaften haben darunter gelitten. Ich möchte insbesondere an die jesidische Gemeinschaft erinnern, die den Tod vieler Männer zu beklagen hatte und mit ansehen musste, wie Tausende Frauen, Mädchen und Kinder entführt, als Sklaven verkauft sowie körperlicher Gewalt und Zwangskonvertierung unterworfen wurden. Heute beten wir für alle, die solche Leiden erfahren haben, für alle, die immer noch vermisst und entführt sind, dass sie bald nach Hause zurückkehren. Und wir beten dafür, dass die Gewissensfreiheit und die Religionsfreiheit überall respektiert und anerkannt werden: Dies sind Grundrechte, denn sie machen den Menschen frei, den Himmel zu betrachten, für den er geschaffen wurde.«

Am 7. März traf ich mich mit meinen Kollegen aus dem Vatikan-Tross in Erbil. Der Papst würde dort vor seiner Rückreise nach Rom eine Messe vor erwarteten 30 000 Gläubigen zelebrieren. Die Kollegen bestürmten mich und wollten wissen, was ich bei den Christen erlebt hatte. Aber ich wusste nicht genau, womit ich anfangen sollte. Gleichzeitig waren wir alle ziemlich nervös, weil die

Militärs uns für meinen Geschmack etwas zu genau über das Risiko der Messe aufgeklärt hatten. Aus der Sicht der Militärs war ein voll besetztes Stadion mit einem Papst und Zehntausenden Christen das perfekte Ziel für die Extremisten des IS. Die Armee würde aus der Luft das ganze Gebiet per Hubschrauber kontrollieren, aber ein gewisses Risiko blieb. Der zuständige General erklärte, dass die Terroristen für einen eventuellen Angriff auf das Stadion ganz sicher Raketen einsetzen würden. Diese Raketen würden von Lkws abgeschossen, aber von Hubschraubern aus konnte man solche Lkws von ganz normalen Lastwagen nicht unterscheiden. Erst wenn die Lkws stoppten und die Abschussrampen hochfuhren, würden die Hubschrauber eine Chance haben, sie zu erkennen. Von dem Augenblick an, in dem sie stoppten und die Abschussrampen vorbereiteten, bis zum Abfeuern der Rakete vergingen mindestens 15 bis 20 Minuten. In dieser Zeit mussten die Hubschrauber sie erkennen und ausschalten, um den Raketenbeschuss des Stadions und damit ein Massaker zu verhindern.

Ich weiß noch, wie verwundert ich darüber war, was für eine festliche Stimmung im Stadion herrschte, obwohl eine Gefahr durch eine Ansteckung mit dem Virus ebenso wenig zu leugnen war wie die Gefahr eines Angriffs des IS. Dennoch feierten die Menschen den Papst, allerdings sah ich auch eine ganze Menge Kollegen immer wieder besorgt zum Himmel schauen und abwechselnd wieder auf ihre Uhr. Offensichtlich konnten sie das Ende des Gottesdienstes im Stadion kaum erwarten.

Der Papst versuchte, während des Gottesdienstes der Kirche im Irak Mut zuzusprechen. Dann erklärte er, dass es jetzt Zeit sei, nach Rom zurückzufliegen. Kurz darauf segnete er die Menschen, und ich sah, wie der beeindruckende Konvoi gepanzerter Autos den Papst in einem unglaublichen Tempo über gesperrte Straßen vom Stadion zum Flughafen brachte.

Auch ich packte meine Sachen und checkte vor dem Abflug noch einmal meine Mails. Vier Familien aus dem großen Gebäude hatten mir geschrieben und mich gefragt, ob ich Ihnen helfen könnte, irgendwie aus ihrem Elend herauszukommen. Ich habe mir damals vorgenommen zu versuchen, ihnen beizustehen, sobald ich in Rom zurück war. Aber wenn ich ehrlich bin, habe ich viel zu wenig getan, und ich schäme mich dafür. Soweit ich weiß, ist es nur einer Familie gelungen, sich aus diesem Haus in Erbil nach Kanada zu Verwandten abzusetzen.

2022

Kanada

Dass Päpste sich für ihre eigenen Taten und für ihre Kirche entschuldigen, ist ein relativ neues Phänomen. Für die ersten Christen wäre die Vorstellung, sich für ihre entstehende Kirche zu entschuldigen, etwas unvorstellbar Verwerfliches gewesen. In den ersten Jahrhunderten der christlichen Religionen galt es als ein schweres Verbrechen, wenn ein Christ sich weigerte, sich umbringen zu lassen, und stattdessen lieber dem römischen Kaiser die Ehre erwies. Es gab heftige Diskussionen unter den ersten Christen, ob diejenigen unter ihnen, die es vorgezogen hatten, am Leben zu bleiben, statt sich als Märtyrer für ihren Glauben hinrichten zu lassen, überhaupt noch zur Gemeinde gehören dürften. Noch heute spielt der Glaube an diese ersten Märtyrer eine große Rolle in der katholischen Kirche, obwohl nach heutigen Maßstäben die Einstellung der ersten Christen als durchaus fanatisch bezeichnet werden kann. Mit ihrem Aufstieg zu einer Weltmacht ab dem 9. Jahrhundert legte die katholische Kirche immer mehr auch nur die geringsten Tendenzen für eine Entschuldigung ab. Damit ist auf dem Höhepunkt der Macht zwischen dem 12. und dem 17. Jahrhundert dann vollkommen Schluss. Nicht einmal für die schwersten Verbrechen der Geschichte hat sich die katholische Kirche entschuldigt. Bis heute ist unklar, wie viele Menschen bei der Zwangsevangelisierung Lateinamerikas ums Leben kamen, nach heutigen Maßstäben würde man von einem Völkermord sprechen. Ganze Zivilisationen, die eine hohe Kultur entwickelt hatten, wurden in Südamerika nahezu ausgerottet. Verkompliziert wurde das Ganze unter Papst Pius IX., der entgegen allen Widerständen das Dogma der Unfehlbarkeit des Papstes durchpaukte. Diese Entscheidung, dass ein Papst, wenn er als Inhaber des Lehramtes, also »ex cathedra«, spricht, keinen Fehler machen kann, scheint angesichts der Geschichte der katholischen Kirche heute absurd.

Die Liste der Fehler, die Päpste begangen haben, auch wenn sie »ex cathedra« sprachen, ist sehr lang. Es gab päpstliche Bullen, die die Sklavenjagd auf Menschen in Afrika oder Amerika legitimierten und den sogenannten »Wilden« einfach das Recht absprachen, sich überhaupt als Mensch zu bezeichnen.

Ein Kirchenmann musste schon enorm blauäugig und vollkommen ignorant gegenüber der Geschichte sein, um ohne Gewissensbisse am Dogma der Unfehlbarkeit festhalten zu wollen. Es ist so gesehen auch kein Wunder, dass vor der endgültigen Abstimmung des Unfehlbarkeitsdogmas am Abend des 18. Juli 1870 mehr als 60 Bischöfe, die während des Konzils als Gegner des Papstwunsches regelrecht gemobbt worden waren, die Stadt Rom verließen, weil sie sich nicht überwinden konnten, für das Dogma zu stimmen, aber auch nicht wagten, sich offen gegen den Papst zu stellen.

Für Fehlverhalten im Ersten und Zweiten Weltkrieg entschuldigt sich die katholische Kirche selbstverständlich auch nicht, dabei hätte Papst Pius XII. wahrscheinlich zumindest verhindern können, dass mehr als 1000 Juden aus dem römischen Ghetto direkt in das Vernichtungslager Auschwitz deportiert wurden.

Die Handvoll Überlebender warf ihm später vor, dass er »keinen Finger gekrümmt hatte, um auch nur ein Kind zu retten«. Papst Paul VI. schaffte es auch nicht, sich zu einem tatsächlichen Eingeständnis der Schuld der Kirche durchzuringen, aber eine seiner Gesten kam einem gewissen Schuldeingeständnis nah. Am

13. November 1964 legte er feierlich seine Tiara auf den Altar des Petersdoms. Er hatte beschlossen, die päpstliche Krone den Armen der Welt zu stiften. Dabei ging es allerdings nicht nur um eine karitative Geste. Der Papst gab damit nach über 1000 Jahren auch den Anspruch der Päpste auf weltliche Herrschaft auf. Eine richtige Revolution kam aber erst mit der Wahl von Papst Johannes Paul II. im Jahr 1978 in Gang. Der 263. Nachfolger des heiligen Petrus wollte nicht nur mit einer Geste andeuten, dass die katholische Kirche Fehler begangen hatte, er wollte ein regelrechtes Schuldeingeständnis ablegen.

Das hatte mit seiner Herkunft zu tun. Karol Wojtyła stammte aus dem Städtchen Wadowice in der Diözese Krakau. Dort hatte der Vater eines Mannes gelebt, auf den der Pole Karol Wojtyła wie viele seiner Landsleute sehr stolz war und den die Polen als einen der größten Söhne ihres Landes feiern: Nikolaus Kopernikus. Dieser wurde, nachdem sein Vater Krakau verlassen hatte, im Jahr 1473 im heutigen Torun in Polen geboren. Damals gehörte die Stadt unter dem Namen Thorn zu Preußen.

Für Papst Johannes Paul II. bedeutete der Name Kopernikus ein Symbol. Die Kommunisten in Polen hatten den Fall von Nikolaus Kopernikus jahrzehntelang benutzt, um die Verbohrtheit der Kirche in ihrem Land darzustellen. Johannes Paul II. hatte sich in zahllosen Diskussionen in seiner Diözese in Krakau immer wieder vorwerfen lassen müssen, dass die katholische Kirche sich weigere, wissenschaftliche Tatsachen anzuerkennen.

Der Fall Nikolaus Kopernikus zeige, zu welcher Ignoranz die katholische Kirche in ihrer Geschichte fähig gewesen sei. Dabei war Kopernikus eng verknüpft mit einem ebenso berühmten Namen, nämlich dem von Galileo Galilei, und dieser Fall hatte direkt mit dem Inneren der katholischen Kirche zu tun. Während seiner Amtszeit als Erzbischof von Krakau hatten sich die Streitigkeiten Karol Wojtyłas mit der Wissenschaft immer um den Fall von Nikolaus Kopernikus gedreht. Da Galileo Galilei dessen Annahme, dass sich die Erde um die Sonne drehe, übernahm, hatte auch der Prozess gegen Galileo Galilei in der Kirche Santa Maria sopra Minerva im weit entfernten Rom damit zu tun.

Aber jetzt war der Pole Karol Wojtyła Papst, und der alte Vorwurf hatte eine neue Brisanz. Schon im Jahr nach seiner Wahl, am 10. November 1979, hatte Papst Johannes Paul II. eine Untersuchung des Prozesses gegen Galileo Galilei angekündigt, der am 22. Juni 1633 von der katholischen Kirche verurteilt worden war. Obwohl der Prozess über 350 Jahre zurücklag, wollte Johannes Paul II. eine Aufarbeitung all dessen, was damals geschehen war. Zum Entsetzen der großen Mehrheit im Vatikan gab der Papst zu, dass Galileo Galilei »durch Männer der Kirche sehr zu leiden gehabt hatte« und dass es an der Zeit sei, »die Größe des Wissenschaftlers endlich anzuerkennen«. Im Oktober 1992 wurde die Verurteilung formal aufgehoben. Damit war zum ersten Mal offiziell durch einen Papst ein historischer Fehler der Kirche anerkannt worden.

Dieses Schuldeingeständnis führte zu einem der heftigsten Konflikte mit dem Chef der Glaubenskongregation und Nachfolger auf dem Thron des Papstes, Joseph Ratzinger. In der Frage der Schuld der Kirche lagen Joseph Ratzinger und Johannes Paul II. sehr weit auseinander. Die Ansicht Joseph Ratzingers war: Die katholische Kirche kann gar keine Schuld auf sich laden. Die von Gott selbst gegründete Kirche ist für alle Zeiten und für immer rein. Schuld können nur ihre Mitglieder auf sich laden. Individuelle Schuld der Mitglieder der Kirche war also selbstverständlich möglich, was aber nichts mit der Institution selbst zu tun hatte. Johannes Paul II. sah das anders. Aus seiner Sicht trug die Kirche als Institution selbst schuld an den Verfehlungen der vergangenen Jahrhunderte. Das hatte auch damit zu tun, dass die Wahl des Mannes aus Polen im Grunde ein Fehler des Systems gewesen war.

Der Vatikan hatte über Jahrhunderte Päpste generiert, die vor allem aus hochadligen Familien stammten. Dass es dem Sohn eines nahezu mittellosen Witwers und ehemaligen Soldaten der k. u. k. Monarchie gelingen könnte, auf den Thron Petri zu steigen, hatte lange Zeit als unmöglich gegolten. Johannes Paul II. hatte persönlich die deutsche Besatzung erlebt und war selbst Strafgefangener gewesen. Er hatte miterlebt, wie seine jüdischen Nachbarn abgeführt worden waren von deutschen Soldaten, die zahlreich an katholischen Feldgottesdiensten teilnahmen.

Diesem Mann zu erklären, dass Katholiken im 20. Jahrhundert keine Sünden begangen hatten und die katholische Kirche mit all den Katastrophen des Zweiten Weltkriegs absolut nichts zu tun hatte, war ausgeschlossen. Die Lebensgeschichte Karol Wojtyłas ließ nicht zu, dass er ernsthaft glauben konnte, die katholische Kirche und ihre Mitglieder auf den Schlachtfeldern und in den Konzentrationslagern des Zweiten Weltkriegs seien schuldlos geblieben. Deswegen setzte er im Jahr 2000, übrigens gegen den damaligen Chef der Glaubenskongregation Joseph Ratzinger, auch das neue Karfreitagsgebet durch, in dem er die Schuld der katholischen Kirche zugab.

In der Amtszeit von Franziskus änderte sich noch einmal alles. Franziskus hat eine vollkommen andere Perspektive. Er ist davon überzeugt, dass die Kirche ihren Kurs radikal ändern und von ihrer arroganten Position abrücken sollte. Deswegen war er grundsätzlich auch bereit, Fehler der Vergangenheit einzugestehen. Das unglaubliche Ausmaß des Missbrauchsskandals hatte ihn dazu gezwungen, immer wieder ganz tief auf die Knie zu gehen, um sich zu entschuldigen.

Das Jahr 2022 bescherte dem Papst ein ganz neues Problem. Wenn ich darüber nachdenke, ist das Erstaunliche daran nicht nur, welche Ausmaße dieses Verbrechen in Kanada hatte, sondern vor allem auch, dass es für so viele Jahrzehnte vollkommen ignoriert worden war. Unvorstellbar, dass es möglich sein konnte, über eine so lange Zeit so schwere Verbrechen an Kindern und Jugendlichen zu begehen, ohne dass die Welt sie zur Kenntnis nahm.

Etwa um das Jahr 1850 hatte in Kanada eine brutale und menschenverachtende Praxis begonnen, um sogenannte Wilde, also die Ureinwohner des amerikanischen Kontinents, zu »zivilisieren«. Die kanadische Regierung ordnete an, sie im Kindesalter mit vier, fünf oder sechs Jahren aus ihren Familien zu zerren und zwangsweise in Internaten, sogenannten Boarding Schools, unterzubringen. Das erklärte Ziel damals war es gewesen, die Kultur der Ureinwohner zu zerstören und sie in die kanadische Zuwanderergesellschaft zu »integrieren«. Es war den Kindern verboten, die eigene Sprache zu sprechen oder ihre Traditionen zu pflegen. Die Minderjährigen durften keinen Kontakt zu ihren Eltern oder Verwandten haben. 150000 indigene Kinder wurden gegen den Willen ihrer Familien in diesen Schulen interniert. Ihre Haare, die bei vielen Völkern der Ureinwohner zu einem Ausdruck ihrer Würde gehören, wurden abgeschnitten. Alle Versuche, in irgendeiner Weise an Traditionen ihrer Eltern festzuhalten, wurden mit brutaler Gewalt unterdrückt. Der Staat betrieb nur sehr wenige dieser Boarding Schools selbst. In etwa 70 Prozent der Fälle überließ Kanada die »Umerziehung der Wilden in zivilisierte Christen« der katholischen Kirche.

Nach Schätzungen müssen etwa 100000 dieser verzweifelten Kinder, die in katholischen Boarding Schools der Gewalt der dort agierenden Ordensfrauen und Priester ausgesetzt waren, eine unglaubliche Pein erlebt haben. Die letzten Boarding Schools wurden erst in den 90er Jahren des 20. Jahrhunderts geschlossen.

Was bei diesem Albtraum so schwer zu verstehen ist, ist, dass trotz des gewaltigen Ausmaßes und der ungeheuer langen Zeit, über die sich diese Verbrechen erstreckten, sie so gut wie unbekannt blieben. Im Mai 2021 änderte sich alles. Neben der Kamloops Indian Residential School in Kamloops, British Colombia, entdeckte ein Team 215 nicht markierte Gräber von Kindern und Jugendlichen. Sie waren von Unbekannten einfach verscharrt worden. Wenige Wochen später, am 23. Juni 2021, entdeckte ein anderes Team 751 nicht markierte Gräber, ebenfalls von Kindern und Jugendlichen, an der Marieval Indian Residential School in Marieval. Damit war immerhin ein Rätsel nach über einem Jahrhundert gelöst: Wo waren die zahllosen Kinder, die nie zu ihren indigenen Eltern zurückkehrten, eigentlich geblieben?

Für die katholische Kirche und vor allem für den Papst zeichnete sich jetzt ein Desaster ab. Es ließ sich beweisen, dass Hunderte Kinder, die in der Obhut katholischer Nonnen und Priester gewesen waren, in Nacht-und-Nebel-Aktionen rund um die Schulen verscharrt worden waren. Der Verdacht, dass diese Schulen der Vernichtung eines Volkes gegolten hatten, schien sich zu bewahrheiten. Tausende Kinder waren in katholischen Internaten an Unterernährung, zahllosen Infektionskrankheiten wie Tuberkulose oder Masern, an Vernachlässigung, körperlicher Misshandlung und Auswirkungen sexuellen Missbrauchs umgekommen.

Im Jahr 2007 hatte sich eine Truth and Reconciliation Commission (Wahrheits- und Aussöhnungskommission) gegründet, nach dem Vorbild der 1995 in Südafrika von Nelson Mandela gegründeten Kommission, die die Verbrechen der Apartheid hatte aufarbeiten sollen. In Kanada war es darum gegangen, transparent zu machen, was den Kindern und Jugendlichen der Ureinwohner wirklich widerfahren war. Der Verdacht, dass sich in diesen Schulen furchtbare Gräuel abgespielt hatten, lag nahe. Aber erst die Entdeckung der Massengräber entsetzte nicht nur Kanada, sondern die ganze Welt. Diesmal stand die katholische Kirche weltweit am Pranger.

Im Frühjahr 2022 meldeten die Ureinwohner Kanadas den Wunsch an, den Papst persönlich zu sprechen, und Franziskus empfing die Delegationen Ende März im Vatikan.

Betroffen waren alle drei großen Gruppen:

1) die sogenannten »First Nations«, direkte Nachkommen der Ureinwohner Kanadas, die vor allem zu dem größten Volk, den Cree, gehören.
2) die Métis, Nachkommen indigener Frauen, die mit den aus Europa stammenden Eindringlingen zusammengelebt hatten. Sie hatten in Kanada eine eigene Sprache entwickelt.

3) die Inuit, Bewohner des Polarkreises, die ganz besonders unter Umsiedlungsmaßnahmen und dem System der Boarding Schools gelitten hatten, allein schon, weil die Entfernungen so groß waren, dass die Eltern nicht einmal eine theoretische Chance hatten, ihre Kinder je wiederzusehen.

Als Journalisten am 24. Juli 2022 die päpstliche Maschine bestiegen, machte Franziskus schon kurz nach dem Start klar, dass dies eine einzigartige Reise in der Geschichte des Vatikans sein würde. Papst Franziskus redete nicht lange darum herum, sondern sprach klar aus, was diese Reise bedeutete: Es sollte einzig eine Reise der Buße sein. Ganz offensichtlich hatten die Einzelheiten der Verbrechen, die katholische Priester und Ordensleiter in den Internaten Kanadas angerichtet hatten, den Papst so tief schockiert, dass er beschlossen hatte, sich über alle Widerstände hinwegzusetzen und diese Reise anzutreten, weil er vor allem eins tun wollte: sich entschuldigen.

Wie wichtig diese Reise für ihn war, zeigt die schlichte Tatsache, dass er eine andere Reise deswegen aufgegeben hatte. Der Papst hatte jahrelang eine Reise in den jungen Staat des Südsudan geplant, eine Gegend der Welt, in der über sehr lange Zeit Christen verfolgt und ermordet worden waren. Franziskus hatte immer wieder betont, wie sehr ihm diese Reise nach Afrika am Herzen liege, und so waren die Vorbereitungen getroffen worden und auch zum Abschluss gekommen, als der Papst sein Vorhaben in diesem Sommer 2022 plötzlich absagen musste. Franziskus erklärte später, dass seine Ärzte ihm klargemacht hatten, dass er sich entscheiden müsse. Entweder konnte er die Strapazen einer Reise in den Südsudan und den angrenzenden Kongo durchstehen oder aber eine Reise nach Kanada zu den Opfern und Angehörigen der fürchterlichen Verbrechen in den kanadischen Internaten. Schweren Herzens hatte der Papst die Reise nach Afrika abgesagt, weil das Treffen in Kanada ihm noch wichtiger erschienen war.

Es gibt in der Geschichte der Päpste keine andere vergleichbare Reise. Nie zuvor hatte ein Papst angekündigt, dass er eine Auslandsreise antreten wolle, nur um Buße zu tun.

Die einzige Reise, die sich zumindest teilweise vergleichen ließe, war der Besuch Papst Pauls VI. im Jahr 1964 nach Jerusalem, wo er mit dem Patriarchen der orthodoxen Kirche Athenagoras I. zusammentraf.

Im Jahr 1054 hatten sich die römische Kirche und die orthodoxe Kirche durch eine gegenseitige Exkommunikation getrennt, es war zur großen Kirchenteilung, dem Schisma des Ostens gekommen. Die beiden Ereignisse, die das Verhältnis zwischen der Kirche im Westen und dem Osten endgültig zerstörten, waren die Plünderung Konstantinopels durch die Kreuzfahrer im Jahr 1204 und in deren Verlauf der Diebstahl der Reliquie des heiligen Andreas, des Gründers der Kirche von Konstantinopel. Die Reliquie des heiligen Andreas, des Bruders des heiligen Petrus, gehörte über Jahrhunderte zu den größten Schätzen Italiens. Für die Ostkirchen war dieser Schlag so verheerend, weil sie damit gar keinen Apostel mehr vorzuweisen hatten, auf den sie ihre Kirche zurückführen konnten, während die Römer auf Petrus verweisen konnten. Als besonders schmerzhaft wurde zudem empfunden, dass ein Teil der Reliquie des heiligen Andreas im Petersdom aufbewahrt wurde, ganz in der Nähe des Petrusgrabes unter der Kuppel. Als Papst Paul VI. im Januar 1964 in Jerusalem eintraf, hatte er einen Teil der Kopfreliquie des heiligen Andreas im Gepäck und gab sie als Zeichen der Entschuldigung und der Versöhnung an Athenagoras.

Doch diesmal ging es in Kanada nicht um Verbrechen, die viele Jahrhunderte zurücklagen, sondern um einen systematischen Horror, an dem die katholische Kirche beteiligt gewesen war und deren Opfer noch lebten.

Die päpstliche Maschine nahm auf dem Flug von Rom direkt Kurs auf Edmonton im Westen Kanadas. Das war deswegen so ungewöhnlich, weil Päpste in der Regel, wie alle anderen Staatsgäste auch, aus Höflichkeit als erste Stadt beim Besuch eines Landes selbstverständlich in die Hauptstadt reisen, um dort auf die Vertreter der Regierung zu treffen. Viele Länder sehen es als unglücklich an, wenn der Papst irgendeinen anderen Ort oder irgendeine andere Delegation im Land bereits besucht hat, bevor er dem Staatsoberhaupt die Hand schüttelt. Aber genau das hatte der Papst vor. Der erste wichtige Termin sollte am 25. Juli ein Gebet auf dem Friedhof von Maskwacis sein, einem Acker rund um eine ehemalige Internatsschule, auf dem Kinder und Jugendliche in unmarkierte Gräber gelegt worden waren. Zwar würde Ministerpräsident Justin Trudeau den Papst nach seiner Landung begrüßen, aber Franziskus ließ mit seiner Planung unmissverständlich klarstellen, dass ihm nicht daran gelegen war, den Sitz der Regierung in Ottawa zu besuchen, sondern die Überlebenden zu treffen. Die lebten vor allem in den Gebieten rund um Edmonton.

Es gab noch einen weiteren Hinweis darauf, dass dies eine ganz besondere Reise war. Der Papst wollte während des ersten Treffens auf dem Friedhof der verstorbenen Kinder nur schweigen. Es sollte keine Rede geben, keine Rechtfertigung angesichts dessen, was die katholische Kirche angerichtet hatte. Den Papst quälte ganz offensichtlich das Gefühl, nicht das Recht zu haben, eine versöhnliche Rede zu halten. Selten in seinem Pontifikat hatte der Papst zu diesem extremen Mittel gegriffen, unter anderem während des Besuchs im Konzentrationslager Auschwitz.

Wir hatten viel Zeit an diesem Vormittag, und ich lief durch die Reihen der etwa 4000 anwesenden Betroffenen. Ich wusste nicht so recht, wo ich anfangen sollte. Ich fand es irgendwie nicht passend, zu fragen, ob diese meist älteren Menschen mir erzählen wollten, welche Gräueltaten ihnen angetan worden waren. Auf der anderen Seite ist es genau mein Job, danach zu fragen.

Ich begann, Frauen und Männer anzusprechen, indem ich ihnen sagte, dass ich gerne zuhören würde, wenn sie ein Interesse daran hätten, mir zu erzählen, was ihnen in den Internaten zugestoßen sei. Aber falls sie das nicht wollten, würde ich sie selbstverständlich nicht weiter belästigen. Eine ganze Weile stieß ich auf Schweigen. Das versammelte Elend der Indigenen war an diesem regnerischen Montagmorgen in Maskwacis in Kanada nur schwer auszuhalten.

Eine Frau, die ich angesprochen hatte, antwortete dann aber doch nach längerem Zögern. »Sie wollen wissen, was mit uns passiert ist, mit unseren Eltern und Großeltern? Dann will ich es Ihnen sagen. Als die Nachrichten kamen, im Fernsehen, dass sie all diese Gräber gefunden hatten, sagte mein Vater an diesem Abend nichts mehr. Ich habe ihn nur durch die Wand meines Zimmers weinen hören, die ganze Nacht.«

Die Dame hieß Eileen Clerasky und gehörte zum Volk der Waywayseecappo. Sie hatte sich an diesem Tag Zeit genommen, um die traditionelle Kleidung der Cree anzulegen. Sie berichtete auch von einem Mädchen in einer der Internatsschulen, das fünf oder sechs Jahre alt gewesen sein muss. Es hatte im Hof der Schule ein Stück Holz gefunden und daraus ein Spielzeug gebastelt. Ob es eine Puppe oder ein Tier darstellen sollte, wusste nur das Mädchen allein. Aber dann fanden die Nonnen das Spielzeug, obwohl das Mädchen es immer versteckt hatte. Sie schlugen das Kind und nahmen ihr das Spielzeug weg, denn manchmal, wenn sie damit spielte, konnte sie sogar lachen. Aber Lachen war in der katholischen Internatsschule verboten. Das Mädchen starb kurz darauf, und die Nonnen hatten ihm das Spielzeug nicht einmal ins Grab gelegt.

Unter den Cree fiel Grand Chief David Gamble mit seinem beeindruckenden Federschmuck auf dem Kopf in der Menge sofort auf. Sein Gesicht schien wie versteinert. Es war unübersehbar, dass dieser Vormittag nicht einfach für ihn war, wie für viele andere um ihn herum auch. »Nach allem, was mir mein Vater erzählt hat, nach allem, was meine Mutter dort durchlitten hat, will ich Gerechtigkeit. Alles kommt wieder hoch dadurch, dass der Papst hier ist, die Tränen meines Vaters, das Entsetzen in den

Augen meiner Mutter, aber vielleicht ist das ja auch gut so. Ich will das auch nicht vergessen«, sagte er.

Da war auch noch ein anderes Mädchen, das David Gambles Mutter nicht vergessen konnte. Sie war ungezogen gewesen, hatte mit ihren acht Jahre. nicht genug gebetet. Deswegen wurde sie abends ausgesperrt, obwohl draußen Schnee lag. Sie verkroch sich unter einem Busch und erfror dort ganz leise und ganz allein.

Gamble sagte mir: »Ich wusste das alles natürlich nicht. Ich wollte als Kind unbedingt in eine Internatsschule. Alle meine Freunde waren schließlich da. Aber mein Vater hat das verhindert. Er hat mir, als ich klein war, nur gesagt, dass ich nicht dorthin gehen solle, weil er dort gewesen sei und an diesem Ort schreckliche Dinge passieren würden. Ich war enttäuscht, dass er mich nicht gehen ließ. Erst später habe ich verstanden, wie furchtbar diese Dinge wirklich waren.«

David Gamble hatte lange nicht geglaubt, dass der Papst tatsächlich nach Kanada kommen würde. »Dieser Papst Franziskus kann ja im Grunde nichts dafür. Es waren seine Vorgänger, deswegen hätte ich gedacht, dass er sich wegducken würde, statt zu uns zu kommen. Denn er musste sich ja im Grunde für eine Tragödie verantworten, mit der er gar nichts zu tun hatte. Deswegen finde ich es ziemlich mutig und sehr anständig, dass der Papst jetzt hier ist«, sagte er mir.

Elizabeth Seeseequasis konnte nicht vergessen, dass sie auf die Hände geschlagen wurde, dass sie kein Essen bekam, wenn sie »ungezogen« gewesen war, dass sie nicht auf die Toilette durfte als Strafe und dass sie sich immer schämte. Denn es gab da einen Gott, von dem sie keine Ahnung hatte, der aber betrübt war, weil die Kinder manchmal heimlich Worte aus ihrer Sprache Cree benutzten. Die Nonnen schlugen dann die Mädchen auf den nackten Po, und alle mussten zusehen.

Das, was Alphina Yellowfly von den Blackfoot nicht vergessen konnte, war, dass ihre Eltern sie nie in den Arm genommen haben. »Nach dem, was sie erlebt hatten, konnten sie einfach nicht sagen: Ich habe dich lieb. Sie konnten uns nicht über die Haare streichen, weil sie nicht vergessen konnten, dass ihnen die Haare abgeschnitten worden waren, was ihnen als Blackfoot die Würde nahm. Sie konnten nicht auch nur ein klein wenig zärtlich sein. Sie waren innerlich wie tot. Sie erinnerten sich manchmal an einen kleinen Jungen, der einfach verschwand. Ich bin deshalb auch für die Geister hier, die Geister meiner Eltern und die Geister all der Toten.«

Ich stand dort unter all diesen Menschen mit ihren Erinnerungen, und dann kamen sie auf einmal: die Toten. Freiwillige trugen ein kolossales, etwa 1,5 Meter breites und über 20 Meter langes Tuch durch die Menge. Auf dem Stoff aufgedruckt standen die Namen der 4120 Kinder, von denen nachgewiesen war, dass sie in den Internatsschulen zu Tode gekommen sind. Nach vorsichtigen Schätzungen verloren etwa 2000 Kinder mehr dort ihr Leben. Es herrschte Stille, als das lange Tuch durch die Menge getragen wurde. Wer mochte diese Mary gewesen sein, die da aufgelistet war, und wo mochte der Name des Kindes stehen, das kein Spielzeug haben durfte, wo der Name des Mädchens, das in das Zimmer musste und sich durch einen Sturz das Genick brach, und wo das Mädchen, das im Schnee erfror?

Viele der Überlebenden sagten an diesem Morgen in Maskwacis, dass sie etwas »versteinert« habe, und noch etwas sagten viele, nämlich dass die katholische Kirche ihr Leben zerschlug, in tausend Stücke. »Meine Eltern konnten sich einfach nicht mehr zusammensetzen. Was waren sie? Imitationen der Weißen? Welche Sprache sprachen sie? Nicht ihre. Zu welchem Gott mussten sie beten? Zu einem, der zuließ und offenbar wollte, dass Nonnen und Mönche Kinder quälten. Sie hatten in den Internatsschulen nur eins gelernt: dass sie nichts wert waren. Sie sollten nie eine gute Schulausbildung bekommen, sondern nur das Gefühl, das sie nicht gut waren, so wie sie waren. Sie sollten sich selbst verlieren und das, was sie waren, hassen lernen. Das hat viele von ihnen, die die Schulzeit überlebten, dann später umgebracht, durch Alkohol oder Drogen«, sagte Alphina Yellowfly.

Das, was Corinne Macnab von den Cree aus dem Gordon-Reservat nicht vergessen konnte, ist, dass ihr Vater, der zu den weisen Männern ihres Volkes gehörte, ihr als Kind immer in seiner Sprache die Geschichte ihres Volkes erzählte. »Ich war da noch zu klein, um zu verstehen, was mein Vater alles wusste über unser Volk und unsere Spiritualität. Er hätte es mir später bestimmt erzählt, er hätte mich vielleicht unsere Sprache gelehrt, aber dazu kam es nicht mehr. Ich war erst sechs Jahre alt, als ich in die Internatsschule verschleppt wurde. Ich musste zu einer Maria beten, und ich hatte keine Ahnung, wer das sein sollte. Als ich nach über zehn Jahren endlich aus der Internatsschule kam, war mein Vater ein gebrochener Mann. Er konnte gar nichts mehr erzählen.«

Sie hatte sich an diesem kalten Vormittag etwas vorgenommen. »Diese freiwilligen Helfer kommen alle paar Minuten vorbei und wollen mir Taschentücher anbieten, weil sie wissen, dass ich in einer Internatsschule war, und weil sie denken, dass ich bestimmt heulen muss. Aber ich habe mir fest vorgenommen: Ich werde nicht weinen.«

Corinne hat ein Hochschulstudium absolviert, einen guten Job gefunden. »Nur ungefähr jeder Vierte von uns Cree hat ein normales Leben gelebt, die anderen sind an Drogen oder Alkohol kaputtgegangen, nach dem, was sie in den Schulen erlebt haben.«

Es herrschte eine bedrückende Atmosphäre unter dem regenverhangenen Himmel an diesem Morgen auf dem Friedhof von Maskwacis. Dann kam schließlich der Papst, nachdem er das stille Gebet auf dem Friedhof nebenan beendet hatte. Er schien in seinem Rollstuhl noch niedergedrückter als sonst. Schweigen lag über diesem flachen Land. Es gab keinen Applaus für den alten Mann aus Rom, nicht einmal die katholischen Priester und Ordensleute wagten zu applaudieren, als der Papst auf der Tribüne Platz nahm.

Er betete noch einmal eine Weile still, dann begann er zu reden:

»Der Ort, an dem wir uns jetzt befinden, ruft in mir einen Schmerzensschrei hervor, einen unterdrückten Schrei, der mich in diesen Monaten begleitet hat. Ich denke an die Tragödie, die so viele von euch, eure Familien, eure Gemeinschaften erlitten haben, an das, was ihr mir über das Leid, das ihr den Internatsschulen ertragen musstet, erzählt habt. Das sind traumatische Erfahrungen, die in gewisser Weise jedes Mal wieder durchlebt werden, wenn sie in Erinnerung gerufen werden, und ich bin mir bewusst, dass auch unsere heutige Begegnung Erinnerungen wachrufen, Wunden aufreißen kann und dass viele von euch Schwierigkeiten haben könnten, während ich spreche.«

Dann fiel der Papst – was nur noch verbal möglich war – auf die Knie:

»Ich bitte um Verzeihung für die Art und Weise, in der leider viele Christen die Mentalität der Kolonialisierung der Mächte unterstützt haben, die die indigenen Völker unterdrückt haben. Ich bin schmerzlich betrübt. Ich bitte um Vergebung, insbesondere für die Art und Weise, in der viele Mitglieder der Kirche und der Ordensgemeinschaften, auch durch Gleichgültigkeit, an den Projekten der kulturellen Zerstörung und der erzwungenen Assimilierung durch die damaligen Regierungen mitgewirkt haben, die in dem System der Internatsschulen ihren Höhepunkt fanden.«

Die Rückkehr nach Edmonton nach dem Treffen mit dem Papst und den First Nations war bedrückend. Dabei fand an diesem Nachmittag vor dem Hotel unserer Delegation ein Stadtfest statt. Ich ging zwischen gut gelaunten Menschen hindurch, gönnte mir an einem der Stände ein hervorragendes Curry, und langsam wurde mir klar, dass ich begann, in meinem Kopf etwas auszublenden. Vor dem Eingang des Hotels hatten zwei junge Menschen in einer Ecke gekauert und ganz offensichtlich Crack geraucht. Auf den wenigen Hundert Metern bis zu diesem Volksfest, also mitten im Stadtzentrum von Edmonton, hatte ich mindestens ein Dutzend junger Menschen gesehen, die Heroin gespritzt hatten oder im Hauseingang offensichtlich im Drogenrausch vor sich hin dämmerten. Sie waren in einem furchtbaren Zustand, verletzt, vollkommen abgemagert, ihre Augen lagen auf eine Art und Weise in den Höhlen, dass sie wie Zombies wirkten. Ich streifte ein wenig durch die Stadt, und der erste Eindruck bestätigte sich leider. Es war erst Nachmittag, aber vor den Eingängen zu den U-Bahnen, vor den Shops, in denen Alkohol verkauft wurde, auch vor ganz normalen Imbissbuden kauerten Menschen, die ganz offensichtlich drogensüchtig waren.

Ich verstand nicht, ob das einfach Zufall war, ob meine Wahrnehmung mich trog. Dann traf ich zufällig einen Schweizergardisten im Fahrstuhl, der mit uns aus Rom gekommen war. Er war genauso entsetzt und sagte zu mir: »Hast du das gesehen? Die haben hier offenbar ein sehr großes Problem mit Drogen. Weißt du, das erinnert mich an Zürich, damals, als wir in der Schweiz von einer unglaublichen Drogenwelle überrollt wurden, bevor wir das in den Griff bekommen haben. Aber hier scheint niemand das im Griff zu haben, dabei haben sie doch Cannabis liberalisiert, aber offenbar hat das nichts gebracht.«

Ich ging auf mein Zimmer und schaute aus dem elften Stock auf die Leute, die immer noch das friedliche Volksfest feierten. Ich versuchte mir die Betongebäude wegzudenken und diese große Prärie wieder herbeizuzaubern. Es war seltsam, dass die Cree, mit denen ich gesprochen hatte, sich immer in diese beiden Kategorien eingeteilt hatten: Es gab die Plains Cree, die hier zu Hause gewesen waren, auf den großen Ebenen Bisons gejagt hatten und mit ihren Tipis den großen Viehherden gefolgt waren. Und es gab die Woods Cree, die vor allem in den Wäldern gelebt und sich vom Fischfang ernährt hatten. Sie waren weit sesshafter gewesen.

Die Welt dieser Menschen war nicht einfach untergegangen,

sie war ihnen genommen worden. Man hatte sie an den Rand gedrängt, ihnen ihre Kultur genommen, ihnen die Sprache und ihre Kinder geraubt, und diese Kinder hatte man nicht nur misshandelt, sondern in vielen Fällen sogar umgebracht durch Krankheiten, Hunger und Gleichgültigkeit. Hatte das Drogenproblem, das auf den Straßen von Edmonton unübersehbar war, damit zu tun? Die Cree hatten darüber gesprochen, über Alkohol- und Drogenprobleme. Vermutlich würde es niemanden geben, der zweifelsfrei beweisen konnte, dass das Elend, das die Ureinwohner hier erlebt hatten, in die Drogenabhängigkeit vieler Menschen geführt hatte, die mir auf der Straße aufgefallen waren. Aber es war leider sehr wahrscheinlich. Was mich an diesem Nachmittag so fertigmachte, war, dass der Papst recht gehabt hatte. Er hatte gesagt, dass man keinen Schlussstrich ziehen konnte. Diese ganze Katastrophe war überhaupt nicht vorbei. Das Böse, das hier einmal angerichtet worden war, zerstörte noch Generationen später Schicksale, Hoffnungen, ja Menschen. Manche der Ureinwohner hatten zu mir gesagt, dass es gut sei, dass der Papst komme, aber er könne ja eigentlich nichts dafür. Das war auch das Besondere an diesem Besuch. Natürlich konnte dieser Mann, der in Argentinien geboren worden war, nichts dafür, was in den Internaten in Kanada geschehen war, lange bevor er überhaupt zum Papst gewählt worden war. Aber anders als sein Vorgänger Joseph Ratzinger sah er nicht nur die Schuld der Einzelnen, sondern die Schuld der Kirche, und er war das Oberhaupt dieser Kirche, und deswegen nahm er diese Schuld auf sich. Während ich an diese durch Drogen vernichteten jungen Menschen dachte, an denen ich vorbeigegangen war, wurde mir langsam klar, wie schwer diese Schuld eigentlich wog. Das, was die Kirche angerichtet hatte, war noch lange nicht vorbei und würde es noch lange nicht sein. Diese Kinder waren von der katholischen Kirche misshandelt, missbraucht und getötet worden, weil sie nicht weiß waren, weil sie Kinder von Völkern waren, die nun wirklich nicht auf ihre Christianisierung gewartet hatten.

Plötzlich kam mir ein Gedanke, eher eine Erinnerung, die dafür sorgte, dass sich mir der Magen umdrehte. Mir wurde schlagartig klar, dass ich ja selber noch dabei gewesen war, als die Kirche genau das getan hatte, was Papst Franziskus heute scharf verurteilte: eine erzwungene Assimilierung. Am 13. Mai 2007 hatte Papst Benedikt XVI. in Aparecida in Brasilien erklärt, dass die Ureinwohner sich »im Stillen nach Christus gesehnt hatten« und dass es sich bei der Missionierung »keineswegs um die Auferlegung einer Kultur gehandelt habe«. Zwei lateinamerikanische Staatspräsidenten, auch der erste indigene Präsident in der Geschichte Boliviens, Evo Morales, hatten gegenüber dem Vatikan heftig protestiert und dem Papst Rassismus vorgeworfen und beklagt, dass er kein Wort über die Wahrheit, nämlich die Massaker an den indigenen Völkern Südamerikas, verloren hatte. Das war keine 15 Jahre her. In der Geschichte der Kirche ist das nur ein Wimpernschlag. Noch der Vorgänger von Papst Franziskus hatte also ernsthaft behauptet, dass es keinerlei Auferlegung einer Kultur gegeben habe, dabei hatten die katholischen Eroberer die Kultur der indigenen Völker auch in Südamerika zerstört und ihnen ihre Sprache genommen. Nahezu alle Sprachen der hochzivilisierten Kulturen Mittel- und Südamerikas sind ausgestorben, so wie die Sprachen der Cree und der Sioux und der Blackfoot in Kanada zum Aussterben verurteilt sind.

In der päpstlichen Maschine hatte Papst Franziskus bei unserem ersten Gespräch zu mir gesagt, dass er gekommen sei, um Schluss zu machen mit einer arroganten Kirche. Jetzt begriff ich besser als je zuvor, was er gemeint hatte. Welchen Eindruck musste die Rede des Papstes Benedikt XVI. in Brasilien auf den Argentinier Jorge Mario Bergoglio gemacht haben, als er behauptet hatte, die Indigenen hätten sich im Stillen nach Christus gesehnt. Diese Haltung hatte Tod, Missbrauch und Verzweiflung gebracht, und dieser Papst musste jetzt die Scherben einer Tragödie zusammenkehren – und damit hatte er gerade erst angefangen. Als der Papst am Nachmittag die Sacred Heart Church of the First Peoples besuchte, versuchte ich mit der kleinen Schar der gläubigen Ureinwohner ins Gespräch zu kommen, die in die Kirche gekommen waren. Ich fragte mich, ob sie gekommen waren, weil sie zu den Glücklichen gehörten, die dem Horror der Internate entgangen waren, oder ob sie hier waren, obwohl sie den Albtraum miterlebt hatten. In einer der ersten Reihen saß Chekotah Bronson, der stolz darauf ist, katholisch zu sein. Aber als um ihn herum die Gläubigen zu singen begannen und einige »Viva Francesco«-Rufe probten, stand er auf. Er wollte etwas sagen, und es war unübersehbar, wie schwer es ihm fiel. Ich ging zu ihm hinüber, er setzte sich wieder, und dann sagte er zu mir: »Mein Großvater, meine Mutter und ich auch, alle drei Generationen waren in katholischen Schulen der Grey Nuns in Edmonton. Meine Mutter …«

Seine Augen sahen jetzt flehend aus. Wie soll man über den sexuellen Missbrauch seiner eigenen Mutter sprechen? Auch wenn man schon 74 Jahre alt ist. »Das, was ihr passiert ist, war schlimm. Sehr, sehr schlimm. Die Priester haben sie …« Er weinte jetzt. »Ich habe mal versucht, meine Geschwister zu finden. Ich habe nur sieben gefunden, meine Eltern hatten aber zwölf Kinder, glaube ich. Sie sind …« Wieder muss er weinen. »Trotzdem bin ich katholisch. Aber sie haben meine Mutter zerstört, sie lief herum, weil … weil sie so zerstört war.«

Es war von Anfang an kein Zufall gewesen, dass die Reise der Buße des Papstes nach Kanada ausgerechnet Ende Juli stattfand. Das hatte damit zu tun, dass sowohl die First Nations als auch die Métis den Papst zur wichtigsten Pilgerreise Westkanadas eingeladen hatten, der Versammlung der Pilger am See der heiligen Anna. Benannt wurde der See nach der Großmutter Christi, Anna, der Mutter Marias. In der Bibel kommt die heilige Anna überhaupt nicht vor; wenn es sie gegeben hat, dann weiß man nur dank der sogenannten Apokryphen, also den nicht zur Bibel zählenden Schriften, etwas über sie. Anna soll mit einem Mann namens Joachim verheiratet gewesen sein und lange vergeblich darauf gewartet haben, schwanger zu werden. Ein Engel soll schließlich ihrem Mann und ihr selber auch die Geburt einer Tochter angekündigt haben, eben die Geburt Marias, der späteren Muttergottes.

Ich war gespannt auf das Treffen mit den First Nations und den Métis an dem See. Die katholische Kirche hatte sich dort vor über 100 Jahren zu der zweiten Methode der Einvernehmung von nichtchristlichen heiligen Orten entschieden, nämlich ihrer Umdeutung. Nach dem heutigen Stand der Forschung trafen sich bereits die Nakota Sioux und die Cree, lange bevor die Europäer nach Kanada kamen, an diesem See. Sie nannten ihn in ihren Sprachen Wakamne (Sioux) oder Sakhahigan (Cree). Beides bedeutet so etwas wie »See Gottes« oder »der See der Geister«. Als französische Missionare in der Mitte des 19. Jahrhunderts dann den See erreichten, verwandelten sie diese heilige Stätte der Ureinwohner in eine christliche Pilgerstätte.

Ureinwohner, die zum christlichen Glauben übertraten, besuchen nun diesen christlichen Pilgerort einmal im Jahr, immer im Juli, hier zu Ehren der Großmutter Jesu. Im Laufe der Jahrzehnte entwickelte sich diese Pilgerstätte zu einer der wichtigsten Nordamerikas. Jährlich kommen Tausende Pilger an die Ufer des Sees und feiern dort christliche Gottesdienste und gleichzeitig indigene Feste.

Ich war noch nie dort gewesen und stellte mir einen See mitten in der Wildnis, weit weg von den kanadischen Großstädten, als etwas Wundervolles, Reines, ein ungeheures Spektakel der Natur vor. Als ich aus dem Bus stieg und von den freundlichen Organisatoren der Métis an den See geführt wurde, war ich bitter enttäuscht. Das Ganze war eine nur wenige Meter tiefe, ziemlich braune Brühe. Gemessen an dem kristallklaren Wasser des Bolsenasees nördlich von Rom, war dieses Gewässer eine schlammige Enttäuschung. Aber hier ging es schließlich auch um Religion und nicht um einen Badesee. Neben zahlreichen Vertretern der First Nations waren vor allem zahlreiche Familien der Métis gekommen.

Auf eine gewisse Art und Weise erinnert der Ort an Lourdes in Frankreich, auch wenn es nur eine wirkliche Übereinstimmung gibt. In der Versammlungshalle sind Krücken ausgestellt, die Kranke nicht mehr nötig hatten, nachdem sie auf wundersame Art und Weise an diesem See geheilt worden sein sollen.

Der Plan des Vatikans war, dass der Papst nach der Buße hier während der Prozession am See der heiligen Anna daran erinnern sollte, dass es durchaus auch Positives in der Geschichte der Christianisierung Kanadas gegeben hatte. Die katholische Kirche konnte von sich behaupten, den First Nations und Métis, die Katholiken geworden waren, einen Pilgerort geschenkt zu haben. Hier hatten sich weit über ein Jahrhundert lang katholische Indigene jedes Jahr zu fröhlichen Festen getroffen.

An diesem sonnigen Tag am Seeufer versuchte ich, mich auch selber wieder ein bisschen zu fangen. Das Zusammentreffen mit den Opfern und Hinterbliebenen der Internatsschulen am Tag zuvor hatte mich ziemlich mitgenommen. Die fröhlichen Menschen am See, die Sonne, der gut gelaunte Papst, der eine positive Rede über die katholische Kirche halten würde, alles schien die Schatten zumindest ein bisschen wieder zurückdrängen zu können. Ich wusste nicht genau, ob das eigentlich in Ordnung war angesichts dessen, was wir erlebt hatten. Es dauerte auch nicht lange, bis ich begriff, dass die meisten Menschen, die hier waren, nicht hier waren, um zu feiern, sondern um ihre Wunden zu heilen.

Ich hatte mich an einer Stelle angestellt, wo freiwillige Helfer Wasser verteilten, und stand zufällig neben einer älteren Dame. Ich sprach sie an: »Darf ich Sie fragen, warum Sie hierhergekommen sind?«

Sie schaute auf meine Erkennungskarten, die ich um den Hals trug, und sagte dann: »Sie sind mit dem Papst aus Rom gekommen, stimmt's?«

»Ja«, sagte ich.

Sie antwortete: »Nein, Sie dürfen mich nicht fragen, weshalb ich hierhergekommen bin.« Dann drehte sie sich weg.

Während dieses Aufenthalts in Kanada hatte ich wieder einmal das Gefühl, dass ich versuchen musste, hier sehr, sehr vorsichtig zu sein, und dass die Gefühle dieser Menschen sehr leicht zu verletzen waren, auch wenn man es nicht wollte.

Ich ging zurück zu der Halle, in der Papst Franziskus seine Rede halten würde, und suchte mir einen Platz, an dem ich arbeiten konnte. Ich hatte mich gerade gesetzt und meinen Laptop aufgeklappt, als die Dame von der Wasservergabe plötzlich wieder neben mir stand. Neben ihr stand ein ebenfalls nicht mehr ganz junger Herr.

»Ich habe es mir anders überlegt«, sagte sie. »Ich möchte doch mit Ihnen sprechen. Ich möchte, dass Sie wissen, was passiert ist. Ich heiße Anna Evelyn Roberts, und ich bin in eine katholische Internatsschule gegangen. Man hat mich aus meiner Familie gerissen. Da war ich fünf Jahre alt. Ein Priester hat mich im Beichtstuhl vergewaltigt, das war ein Jahr später. Verstehen Sie das? Ich war erst sechs, als ich brutal entjungfert wurde. Ich bin dann mit 14 Jahren aus dem Internet raus. Ich war voller Hass. Ich habe versucht, mit meiner Mutter darüber zu sprechen, aber sie hat mich immer nur angeschrien, ich sollte nicht solche Schweinereien erzählen. Keiner hat mit mir gesprochen. Ich habe mein Leben nicht in den Griff bekommen. Ich hatte Alkoholprobleme. Viele sagen immer, dass sie sich vorstellen können, wie das ist, als Kind missbraucht worden zu sein, aber ich glaube, dass das nicht wahr ist. Man kann sich das nicht wirklich vorstellen, wenn man es nicht erlebt hat. Es gibt Leute, die haben Bücher geschrieben über uns, über das Schicksal der Kinder in den Internatsschulen der Kirche, die missbraucht worden sind, aber immer wenn ich das lese, denke ich, die haben wirklich keine Ahnung. Erst eine Gruppe von der Truth and Reconciliation Commission hat mir schließlich geglaubt. Sie haben sogar den Priester ausfindig gemacht. Sie haben herausgefunden, dass ich nicht die Einzige war. Ich denke oft daran, wer die anderen Kinder gewesen sein mögen. Sie haben versucht, ihn anzuklagen, sie haben ihn der Staatsanwaltschaft gemeldet, aber es ist nichts passiert, weil er zu alt war. Er ist dann gestorben. Verstehen Sie? Ich war sechs. Was waren das eigentlich für Männer?«

Iqaluit

Ich habe schon viele frostige Empfänge erlebt, die ein Papst durchstehen musste. Ich erinnere mich an den Januar 1999, als sich US-Präsident Bill Clinton auf dem Flughafen von St. Louis über Johannes Paul II. regelrecht lustig machte. Er meinte, Scherze darüber machen zu müssen, dass Papst Johannes Paul II. so viele Sprachen beherrschte. Das Verhältnis war auch deswegen verdorben, weil Johannes Paul II. kein Verständnis für den Sex im Oval Office gehabt hatte.

Für Benedikt XVI. war es wahrscheinlich nicht einfach gewesen, die offensichtliche Abneigung der Kanzlerin Angela Merkel zu ertragen. Sie machte kaum einen Hehl daraus, dass sie mit dem Papst aus Bayern nichts anfangen konnte und ihn auch nicht für einen guten Seelenhirten hielt. Als Konsequenz weigerte sie sich als Einzige, während des G8-Gipfels im Jahr 2009 in Italien den Papst besuchen.

Aber einen so frostigen Empfang wie ihn Papst Franziskus erleben musste nach der Landung am Polarkreis in Iqaluit bei den Inuit, habe ich noch nie erlebt.

Der Airbus A 330 der ITA Airways wirkte riesig auf dem kleinen Flugplatz, auf dem nur wenige Propellermaschinen standen. Es gibt nur einen Linienflug von Ottawa hierher. Alle anderen Besucher benutzen diesen Flughafen häufig als Basislager für Expeditionen zu dem nur noch 1800 Meilen entfernten Nordpol.

Auf dem Weg von Quebec nach Iqaluit hatte ich zum ersten Mal in meinem Leben mit eigenen Augen gesehen, was die Erwärmung der Erde für die Arktis bedeutet. Eisberge, die sich vom Packeis gelöst hatten, trieben in Richtung Süden.

Als sich die Türen des Flugzeugs öffneten und wir mit der Delegation des Papstes ausstiegen, konnte ich nicht fassen, dass dort niemand war. Denn wenn das Papstflugzeug gerade irgendwo gelandet war, wartete immer jemand – und immer jemand sehr Wichtiges, ein Staatspräsident, eine Königin oder ein Regierungschef – und dazu immer Unmengen winkender Kinder, Soldaten, die Salut schossen, Delegationen ausgewählter Katholiken, die Fahnen schwenkten, Bischöfe, die den Papst überschwänglich begrüßten. Alles das gab es in Iqaluit nicht. Dort war niemand. Die nächste Überraschung hätten wir ebenfalls nicht für möglich gehalten. Normalerweise werden klimatisierte Luxuslimousinen für die Delegation des Papstes bereitgestellt. Wir trauten deswegen unseren Augen kaum, als wir sahen, was dort auf uns wartete. Es waren klapprige gelbe Schulbusse. Dem Papst und der ganzen Delegation schlug offensichtlich eine eisige Kälte entgegen. Auf dem Weg zu der Schule, in der das Treffen mit dem Papst stattfinden sollte, hielten Demonstranten Schilder hoch mit der Forderung: »Fakten statt Worte« und »Wir verlangen Entschädigungen«. Ich hatte mir den Polarkreis weiß vorgestellt und rein, eine saubere Welt mit einer kristallklaren Luft. Die Welt, die uns dort aber erwartete, bestand aus dem, was das Eis, das diese Landstriche hier über Tausende Jahre bedeckt hatte, nach dem Schmelzen übrig gelassen hatte. Es war nichts weiter als Staub, Schmutz, eine hässliche Permafrost-Erde und keinerlei Vegetation. Eine Landschaft wie auf einem Mond, kahl, bedrückend und natürlich kalt.

Die Inuit hatten darauf bestanden, dass der Papst allein mit den Familien der Überlebenden der Internatsschulen sprach. Es sollte keine versöhnlichen Bilder geben. Die Wunden, die hier geschlagen worden waren, sind sehr tief. Vor der Halle, in der das Treffen stattfand, hielt eine Frau ein Schild hoch, auf dem »Ahiarmiut« stand. Die kanadische Regierung ließ das kleine Volk ab dem Jahr 1949 zwangsumsiedeln. Ohne Zugang zu den Rentierherden und dem Fisch, von dem sie gelebt hatten, war das ganze Volk zum Tod verurteilt. Sie versuchten zu überleben, indem sie Baumrinde aßen, im Winter starben viele an Unterernährung. Trotz all dieser Vorgeschichten baute die katholische Kirche in den 50er Jahren des 20. Jahrhunderts »Umerziehungsschulen« für Inuit. Das System dieser Internatsschulen wurde im hohen Norden erst Jahrzehnte später als in den Reservaten der First Nations eingerichtet. Den Höhepunkt erreichte die »Umerziehung« im Jahr 1964. Damals zwang ein menschenverachtendes System aus Kirche und Staat 75 Prozent aller Inuit-Kinder in ein von massiver Gewalt geprägtes Schulsystem. Pro Jahr wurden etwa 4000 Kinder aus ihren Familien entführt. Die meisten Kinder wurden in der katholischen Turquetil-Hall-Schule und den Schulen in Chesterfield eingesperrt. Bis heute ist unklar, wie viele dabei ihr Leben durch Gewalt, Krankheiten und Hunger verloren.

Wie wenig der Vatikan hier willkommen war, zeigte sich auch an der Tribüne, auf der der Papst sitzen sollte. Dort gibt es bei Reisen des Papstes immer den für die Presse reservierten Sektor. Ein Ordner schickte die Journalisten aus dem fernen Rom weg. »Die Sektoren in der Nähe des Papstes sind für die Überlebenden reserviert. Und nur für sie«, erklärte er.

Ich schaute mich auf dem staubigen Parkplatz vor dem North-Mart-Supermarkt in der Nähe der Tribüne um. Mir fiel eine Frau auf, die vom Alter her als Überlebende einer Internatsschule infrage kam. Sie sagte, sie heiße Lena Totalik, und sie überlegte eine Weile, ob sie mit mir, dem weißen Reporter, der mit dem Papst gekommen war, überhaupt reden sollte. Sie dachte nach, und dann entschloss sie sich. Sie wollte nicht meine Fragen beantworten, nicht den Beginn der Geschichte erzählen und auch nicht den mittleren Teil, sondern nur den Schluss.

»Meine Schwester ist in Chesterfield kaputtgemacht worden. Ich habe sie gefunden. Sie hatte die Flasche Schnaps noch in der Hand, als sie tot im Bett lag«, sagt sie und begann zu weinen. Eine Frau neben Lena gab sich als ihre Schwester zu erkennen und sagte zu mir: »Vielleicht hätten Sie sie besser in Ruhe gelassen.«

Doch Lena wollte nach einer Weile weiterreden. »Unsere Schwester hat immer nur getrunken. Das Schlimmste ist ihr dort passiert. Verstehen Sie?«, sagte sie, und nach einer Weile ergänzte sie: »Was für ein Schmerz muss das gewesen sein? Was kann so wehgetan haben, dass sie es jahrelang betäuben musste?«

Ihr Eltern waren noch Jäger gewesen: »Sie haben Rentiere gejagt, Eisbären, Robben. All die Tiere, die es damals noch hier gab. Eben alles, was man essen konnte. Sie haben uns all das gelehrt, was die Nonnen in den Schulen nur verachtet haben: worauf man achten muss, wenn man den Robben folgt, und was man tun muss, wenn das Meer unter dem Kajak zufriert. Die Nonnen sprachen von einer Maria und dem ewigen Licht. Gebracht haben sie nur Finsternis.«

Schließlich kam der Papst nach dem Treffen mit Überlebenden auf die Bühne. Er sah niedergeschlagen aus, während er sich in seiner Rede auch hier entschuldigte und daran erinnerte, dass die Inuit hier im Einklang und dem Respekt vor der Natur lebten, bevor die Kirche und der Staat die Familien zerstörten.

Während der Papst sprach, reichten Inuit die 94 Forderungen der Truth and Reconciliation Commission herum. Es war beschämend, mitzubekommen, dass die Indigenen gezwungen waren, solche Selbstverständlichkeiten einzufordern wie, dass die von den Vereinten Nationen garantierten Rechte für indigene Völker respektiert würden. Die Punkte 58 bis 61 betrafen die Kirche. Es schien mir unglaublich zu sein, dass die Kommission auch diese Forderung überhaupt formulieren musste, dass die Kirche die Spiritualität der Indigenen respektieren solle.

Auf dem Rückflug nach Rom schien der Papst regelrecht niedergedrückt von den Ereignissen der Reise. Er sprach während der Pressekonferenz auf dem Rückflug darüber, dass es Theologen gegeben habe, die sogar daran gezweifelt hatten, ob die Ureinwohner überhaupt eine Seele hätten, und er erinnerte daran, dass die Kolonialherren aus Spanien, Portugal, England und

Frankreich vor allem eins zeigen wollten, dass sie »überlegen waren, und dass die Ureinwohner nichts zählten«.

In all den Jahren im Vatikan habe ich selten einen Geistlichen gesehen, der an seiner eigenen Kirche so sehr zweifelte wie Papst Franziskus während dieser Reise.

Nur-Sultan

Im Sommer 2022 zeigte sich auf erschreckende Art und Weise die Hilflosigkeit der katholischen Kirche beim Versuch, die Schrecken des Krieges in der Ukraine wenigstens zu lindern. Das lag vor allem auch daran, dass dem Vatikan sein wichtigstes Instrument geradezu aus der Hand geschlagen wurde: die Konferenz der Oberhäupter der wichtigsten Weltreligionen. Jahrzehntelang hatte der Vatikan an dieser Plattform gearbeitet. Bereits am 27. Oktober 1986 hatte Papst Johannes Paul II. zum ersten Mal die Idee eines Weltgebetstreffens umgesetzt.

Damals nahmen in der Stadt des heiligen Franziskus, des friedfertigen Bettlers von Assisi, 150 Vertreter aus zwölf verschiedenen Religionen teil, darunter die Vertreter des Buddhismus und des islamischen Weltkongresses. Auch der Großrabbiner von Rom kam, sowie Vertreter des Hinduismus und Sikhismus.

Sieben Jahre später, im Januar 1993, setzte der Papst ein weiteres Weltgebetstreffen durch. Diesmal ging es darum, eine Allianz zu schmieden, um den Krieg auf dem Balkan zu beenden.

Das dritte Treffen fand am 24. Januar 2002 statt. Johannes Paul II. hatte sich damals zu einer spektakulären Geste entschlossen. Wir fuhren im Gefolge des Papstes von Rom mit 300 Vertretern verschiedener Weltreligionen mit dem Zug nach Assisi. Das war deswegen so spektakulär, weil der Bahnhof des Vatikans bis zu diesem Zeitpunkt ganze drei Male genutzt worden war. Papst Johannes XXIII. war von hier aus gestartet, als er am 4. Oktober 1962 nach Assisi fuhr, unmittelbar vor dem Beginn des Zweiten

Vatikanischen Konzils. Papst Johannes Paul II. hatte ihn am 8. November 1979 noch einmal benutzt, aber nur, um mit einem Zug einmal quer durch seine Diözese Rom zu fahren. Im Januar 1986 hatte der Papst dann den Bahnhof benutzen müssen, weil sein Flugzeug auf dem Rückweg von Indien nicht in Rom landen konnte, sondern in Neapel aufgesetzt war. Er fuhr mit dem Zug nach Rom zurück. Am 24. Januar 2002 war es also genau das vierte Mal, seitdem der Bahnhof im Jahr 1933 gebaut worden war, dass an dem Bahnsteig Passagiere in einen Zug stiegen.

Die Rechnung des Papstes ging damals auf. Die Medien der ganzen Welt berichteten über dieses Ereignis, den Tag, als die Weltreligionen mit einem Zug von Rom nach Assisi fuhren.

Am 27. Oktober 2011 lud Papst Benedikt XVI. zum Friedensgebet nach Assisi ein. Allerdings betonte der Papst damals, dass die Einzigartigkeit Jesu Christi und seiner Kirche klargemacht werden müsse. Johannes Paul II. hatte während seiner Weltgebetstreffen immer darauf verzichtet, die katholische Kirche als etwas Einzigartiges und als die »allein selig machende« darzustellen.

Im September 2016 lud Papst Franziskus zum Weltgebetstreffen ein, und mehr als 500 Delegierte der zehn großen Religionen kamen. Aus dieser Tradition des Weltfriedensgebets in Assisi entstand der Kongress der Oberhäupter der Religionen in Kasachstan. Die Idee bestand darin, dass dieser Kongress in einem Land tagen sollte, in dem möglichst viele Religionen unterschiedlicher Art friedlich miteinander leben, und so fiel die Wahl auf das riesige Land in der asiatischen Steppe, nämlich Kasachstan und seine Hauptstadt Nur-Sultan, das frühere Astana.

Als im Februar 2022 der Angriffskrieg der Russen auf die Ukraine begann, besaßen die Religionen dieser Welt also bereits eine Plattform, die seit Jahrzehnten erprobt war, um nachdrücklich und mit ihrem weltweiten Gewicht auf Frieden hinzuwirken. Bisher hatte an diesem Kongress der Oberhäupter noch nie ein Papst teilgenommen, aber angesichts der Brisanz der Lage im

Jahr 2022 schien es wahrscheinlich, dass Papst Franziskus trotz seiner nachlassenden Kräfte persönlich daran teilnehmen würde, statt nur wie sonst immer einen Kardinal und eine Delegation zu schicken.

Das Zusammentreffen der Religionen hätte brisant werden können, weil das Oberhaupt der russisch-orthodoxen Kirche, Patriarch Kyrill, der den russischen Invasionskrieg im nationalen Interesse ausdrücklich guthieß, an dem Treffen teilnehmen wollte. Der Papst erhoffte im Gespräch mit Kyrill zumindest den Weg für einen Waffenstillstand frei machen zu können. Daher fasste der Papst den ehemaligen KGB-Agenten, den Patriarchen Kyrill, mit Samthandschuhen an und betonte im Juli des Jahres 2022, dass er sich ein Treffen mit Kyrill wünsche, den er für einen wichtigen Seelsorger halte. Diese Formulierung aus dem Mund des Papstes war in Bezug auf einen Patriarchen, der sich weigerte, die entsetzlichen Kriegsverbrechen der russischen Armee in der Ukraine auch nur zu benennen, ausgesprochen schmeichelhaft. Doch das alles nutzte nichts.

Im August, nur wenige Wochen vor dem geplanten Eintreffen des Papstes in Kasachstan, sagte Kyrill seine Teilnahme ab. Damit schien die Reise des Papstes zu dem dreitägigen Treffen nahezu sinnlos zu sein. Die Absage Kyrills konnte nichts anderes bedeuten, als dass die russische Seite gar nicht verhandeln wollte und sich auch nicht anhören wollte, was die übrigen Religionsführer zu sagen hatten. Was zumindest viele der Teilnehmer zu sagen haben würden, ging aus den Weltgebetstreffen der vorausgegangenen sechs Weltkongresse der Oberhäupter der Religionen in Kasachstan ziemlich eindeutig hervor. Viele Religionen sahen in all ihrer Unterschiedlichkeit vor allem einen gemeinsamen Nenner, Frieden schaffen zu wollen über Grenzen hinweg.

Die Idee Karol Wojtyłas war es gewesen, eine Art Vereinte Nationen der Religionen zu schaffen, die wie in einem Weltsicherheitsrat in besonderen Krisensituationen eingreifen sollten. Alle Menschen dieser Welt, die an einen oder viele Götter glaubten oder an die Philosophien des Buddhismus oder Taoismus, also alle, die Johannes Paul II. »Menschen guten Willens« nannte, sollten im Fall eines Krieges genug Druck ausüben, um Konflikte beenden zu können.

Aber die russische Seite war ganz offensichtlich nicht interessiert daran, einen Dialog über diesen Krieg aufzunehmen.

Die Aussicht darauf, dass der Papst eine anstrengende, aber vermutlich völlig sinnlose Reise nach Kasachstan unternehmen würde, setzte den Vatikan gewaltig unter Druck. Denn die Schmerzen in den Knien und in der Hüfte sorgten dafür, dass Franziskus kaum mehr einen einzigen Schritt ohne Hilfe gehen konnte.

Das machte die Planung von Reisen sehr schwierig. Auf Verlangen seiner Ärzte hatte der Papst erklärt, dass er mehrere Reisen hintereinander, etwa nach Kiew oder im Falle einer Einladung nach Moskau, nicht mehr würde durchstehen können. Eine einzelne Reise nach Nur-Sultan würde für ihn beschwerlich genug werden. Trotzdem sagte der Papst die Reise nicht ab.

Nach dem Start am römischen Flughafen war es erschütternd, mit anzusehen, wie sich der Papst mit letzter Kraft auf einen Stock und die Sitze in den Reihen des Flugzeugs gestützt durch die Maschine kämpfte, um das alte Ritual einzuhalten, jedem Journalisten und jedem Besatzungsmitglied an Bord persönlich die Hand zu geben.

Nach der Landung in Nur-Sultan ersparten die Gastgeber dem Papst die erniedrigende Geste, mit dem Rollstuhl in den Fahrstuhl geschoben zu werden, um das Flugzeug verlassen zu können. Ein »Finger« wurde an das Flugzeug geführt, und der Papst konnte, ohne begafft zu werden, das Flugzeug verlassen.

Gleich nach der Ankunft zeichnete sich ab, dass diese Reise auch auf eine kuriose Art und Weise in die Geschichte der Päpste eingehen würde. Zum ersten Mal wechselte die Hauptstadt eines Landes ausgerechnet während eines Papstbesuches ihren Namen. Zwischen 2019 und 2022 hatte die Hauptstadt Kasachstans

Nur-Sultan gehießen, während des Papstbesuchs wurde die Entscheidung bekannt gegeben, dass die Stadt ihren alten Namen Astana zurückbekommen würde, den sie zwischen 1998 und 2019 getragen hatte.

Von Anfang an war vollkommen klar, worin das Problem für den Papst bestand. Er musste versuchen, eine Mehrheit zusammenzubekommen für eine Abschlusserklärung, die den Krieg in der Ukraine und den Angriff der russischen Armee eindeutig verurteilte. Die Aussichten dafür standen nicht besonders gut. Zahlreiche Teilnehmer der Konferenz hatten ein gewisses Verständnis für das Vorgehen Russlands in der Ukraine signalisiert. Es war sehr wahrscheinlich, dass die religiösen Führer, die in Nur-Sultan zusammenkamen, unter dem Einfluss ihrer Regierungen entstanden.

Würden die Taoisten aus China den russischen Aggressor wirklich verurteilen? Das schien sehr unwahrscheinlich zu sein. Denn gleichzeitig mit dem Papst besuchte der chinesische Präsident Xi Jinping Kasachstan. Für Xi Jinping war Nur-Sultan lediglich eine Zwischenstation auf dem Weg nach Usbekistan. Dort wollte er den Kriegsherrn Wladimir Putin treffen, um ihm seine Nähe auszudrücken.

Aber nicht nur die Taoisten, auch die indischen Hindus standen sicherlich unter dem Einfluss ihrer Regierung, die sich ebenfalls bisher nicht eindeutig gegen den Ukrainekrieg positioniert hatte.

Das Lager der Muslime schien in zahlreiche Fraktionen geteilt. Seit Jahrzehnten bestimmte der Hass auf Israel und die USA weite Teile des islamischen Weltkongresses. Viele Geistliche der muslimischen Welt, vor allem jene, die dem Terrorregime von Baschar al-Assad in Syrien und der Hisbollah im Libanon nahestanden, sahen in Russland eher einen Verbündeten.

Besonders heikel war selbstverständlich das Verhältnis zu den orthodoxen Kirchen. Auf der einen Seite betonte der Moskauer Patriarch Kyrill immer wieder die Brüderlichkeit unter den orthodoxen Kirchen. Allerdings herrschte schon seit Jahrhunderten eine gewisse Feindschaft zwischen der russischen Kirche und anderen orthodoxen Nationalkirchen. Einige orthodoxe Kirchen würden die russische Position vermutlich nicht unterstützen. Die griechische orthodoxe Kirche würde vermutlich schweren Herzens lieber eine Allianz mit dem verachteten Papst eingehen als mit der russisch-orthodoxen Kirche. Aber sicher war auch das nicht.

Die Buddhisten wiederum waren nur sehr schwer einzuschätzen. Dass diese Religion, die eher einer Philosophie gleicht, grundsätzlich friedlich ausgerichtet ist, steht außer Frage. Allerdings gab es in weiten Teilen buddhistisch geprägter Länder gewalttätige Aktionen buddhistischer Mönche gegen Muslime, vor allem in Myanmar, aber auch in anderen Teilen Asiens.

Deswegen fiel der Auftakt des Kongresses am 14. September 2022 auch so spektakulär aus. Denn kaum hatte der Kammerdiener den Rollstuhl von Papst Franziskus an den riesigen runden Tisch in der Kongresshalle in Nur-Sultan geschoben, stürmte das Oberhaupt der sunnitischen Muslime, der Großscheich der Al-Azhar-Hochschule in Kairo, Ahmad al-Tayyib, auf den Papst zu und umarmt ihn geradezu stürmisch. Der Papst erwiderte die Geste, und damit war eine Vorentscheidung gefallen. Bevor der Kongress überhaupt begonnen hatte, gab es ganz offensichtlich eine Übereinstimmung ausgerechnet zwischen den beiden seit über 1000 Jahren so tief verfeindeten Lagern, nämlich den Katholiken und den Muslimen. Das hing natürlich damit zusammen, dass am 4. Februar 2019 Papst Franziskus und Ahmad al-Tayyib in Abu Dhabi auf einer interreligiösen Konferenz ein Abkommen der Geschwisterlichkeit unterzeichnet hatten.

Dieser Schritt hatte damals als großer Durchbruch gegolten, und offensichtlich war dieses Abkommen tatsächlich ein Erfolg gewesen. Der Kongress in Nur-Sultan zeigte sich deswegen zutiefst beeindruckt, weil die Welle der terroristischen Anschläge nach dem Abschluss des Abkommens eindeutig nachgelassen hatte. In den Jahren 2015 bis 2018 hatten Terrorattentate vor allem in Frankreich, England, Belgien und Deutschland Hunderte Tote gefordert. Damit war nach dem Abschluss des Abkommens schlagartig Schluss gewesen. War das ein Zufall, oder hatte der Druck der muslimischen Geistlichen, die sich mit dem Papst auf Gewaltlosigkeit geeinigt hatten, tatsächlich bewirkt, dass die Welle der Gewalt gestoppt werden konnte?

Diese Frage lässt sich nicht beantworten, aber ganz offensichtlich gefiel vor allem den Vertretern muslimischer Geistlicher die Vorstellung, dass es ihnen gelungen war, Extremisten zu isolieren. Es bestand kein Zweifel daran, dass die sunnitischen Muslime, die Ahmad al-Tayyib repräsentierte, auf der Seite des Papstes standen.

Als der Papst schließlich mit seiner Rede begann, stellte sich die mit Spannung erwartete Frage, ob er einen vorsichtigen Kurs in Bezug auf Russland wählen oder losschlagen würde. Er entschied sich für Losschlagen und entwarf ein Szenario, das wie ein Großangriff der Religionen der Welt auf den Krieg in der Ukraine schien. Dieser Angriff sollte von Nur-Sultan ausgehen.

Der Papst legte sofort den Finger in die Wunde und klagte das verhängnisvolle Bündnis zwischen der russischen Kirche und dem Staat offen an. »Rechtfertigen wir niemals Gewalt. Lassen wir nicht zu, dass das Heilige vom Profanen instrumentalisiert wird. Das Heilige darf nicht zur Stütze der Macht werden und die Macht darf sich nicht auf das Heilige stützen! Gott ist Frieden und führt immer zum Frieden, niemals zum Krieg.« Das saß. Genau darum ging es. Das Heilige, das Stütze der Macht wurde, bedeutet in Putins Russland, dass Patriarch Kyrill den Angriffskrieg des Diktators segnete.

Geradezu verzweifelt versuchte Franziskus in Nur-Sultan zum Auftakt des Kongresses Brücken zu bauen. Er verzichtete sogar darauf, in seiner Rede die Bibel zu zitieren und erklärte, dass Schluss sein müsse mit dem, was über ein Jahrtausend lang charakteristisch für die katholische Kirche gewesen war, sich als die

»allein selig machende« zu sehen, die etwas Besseres und weit auserwählter sei als andere Religionen: »Die Stunde ist gekommen, um aus jenem Fundamentalismus zu erwachen, der jedes Bekenntnis beschmutzt und zersetzt, die Stunde, um das Herz rein und barmherzig zu machen.«

Das bedeutete wieder einmal einen Schlag ins Gesicht der Traditionalisten und Anhänger des Papstes Ratzinger. Benedikt XVI. hatte ja schon während seines eigenen Friedensgebets in Assisi darauf bestanden, dass klargestellt werde müsse, dass Gott nur einmal und nur in Form des Jesus von Nazareth seinen Willen kundgetan hatte. Alle anderen Religionen besaßen laut Joseph Ratzinger nur »Samenkörner der Wahrheit«. Damit bedeuteten die Gipfeltreffen der Weltreligionen, dass die katholische Kirche nicht bereit war, die anderen als ebenbürtig anzuerkennen, und genau das sieht Papst Franziskus anders.

Dafür wurde er nach dem Kongress von den Konservativen in den eigenen Reihen wieder einmal auf das Heftigste attackiert. Weihbischof Athanasius Schneider sprach davon, dass der Papst sich an einem »Supermarkt der Religionen« beteiligt habe. Genau das, was für Joseph Ratzinger so wichtig war, nämlich dass Gott nur eine Kirche, die katholische, gegründet hatte, habe Papst Franziskus in Nur-Sultan wieder einmal verraten.

Aber Papst Franziskus ging es nicht nur um eine Kirche, die nicht mehr arrogant gegenüber den anderen auftrat. Er beharrte in Nur-Sultan darauf, was seiner Ansicht nach der Grundkonflikt der Welt ist. Er sagte:

»Der größte Risikofaktor unserer Zeit bleibt die Armut. (…) Solange Ungleichheit und Gerechtigkeit wüten, werden schlimmere Viren als Covid nicht aufhören: jene des Hasses, der Gewalt und des Terrorismus. (…) Aus den am meisten benachteiligten Gebieten versuchen die Menschen in die wohlhabenderen zu gelangen. (…) Gewiss, instinktiv neigt man dazu, die eigenen erworbenen Sicherheiten zu verteidigen und die Türen aus Angst zu schließen; es ist einfacher, den Fremden zu verdächtigen, ihn zu beschuldigen und zu verurteilen, als ihn kennenzulernen und zu verstehen.«

Sobald der Papst geendet hatte, richteten sich alle Blicke auf Antonij von Wolokolamsk, den Sprecher des Patriarchats der russisch-orthodoxen Kirche. Kyrill hatte diesen jungen Mann mit dunklem Bart als Strohmann nach Nur-Sultan geschickt. Es war klar, dass er ungerührt aufzutreten versuchte, was allerdings dazu führte, dass er ausgesprochen arrogant wirkte. Seine Antwort auf den Papst ließ nicht lange auf sich warten. Er verlas eine Erklärung des Patriarchen Kyrill. Darin beklagte der Patriarch vor allem »Geschichtsfälschung«. Kyrill versuchte gar nicht erst, sich auch nur im Ansatz von der Position Putins abzugrenzen, sondern übernahm eins zu eins die unverfrorene Empörung darüber, dass der Kongress es wagen würde, den russischen Angriffskrieg einen Angriffskrieg zu nennen.

Eine Diskussion, gar ein Dialog, schien nach dem Statement einfach nicht mehr möglich zu sein. Wenn die russisch-orthodoxe Kirche sich weigerte, die Wahrheit als Wahrheit zu akzeptieren und die Tatsachen als Lüge darstellte, gab es keine Margen mehr, um zu verhandeln. Zur Überraschung des Kongresses wurde Antonij von Wolokolamsk dann auch noch geradezu weinerlich, weil er beklagte, dass der Kongress sich darauf eingeschworen habe, zwischen Gut und Böse zu unterscheiden. Unfairerweise habe der Kongress daher auch beschlossen, einige Staaten als böse einzustufen.

Diese Erklärung löste in dem Saal allgemeines Kopfschütteln aus. Was blieb dem Kongress der Oberhäupter der Weltreligionen denn anderes übrig, als einen Staat, der einen anderen Staat angegriffen und Tausende Menschen hatte töten lassen, als böse einzustufen? Als der Kongress in die Mittagspause ging, ließ sich im Saal kaum mehr übersehen, dass die meisten Teilnehmer von den russischen Erklärungen ausgesprochen enttäuscht waren und die Tatsache, dass Kyrill sich nicht getraut hatte, selbst zu kommen, sondern eine Erklärung hatte verlesen lassen, als ausgesprochene Feigheit angesehen wurde. Die Befürchtung des Vatikans, dass die übrigen Religionen es als arrogant ansehen könnten, dass der Papst als Erster sprach, erwies sich als unbegründet. Das lag aber vor allem daran, dass es auch in den Lagern der Hindus und Buddhisten offene Anerkennung dafür gab, dass die beiden Erzfeinde, die katholische Kirche und der Islam, ganz offensichtlich Frieden geschlossen hatten.

Ich ging nach dem Auftakt der Konferenz am Nachmittag dieses 14. September zum Gelände der Weltausstellung, wo später die Messe mit Papst Franziskus stattfinden sollte, und empfand eine gewisse Wehmut. Ich war mit Papst Johannes Paul II. im Jahr 2001 hier in Nur-Sultan gewesen, das damals noch Astana hieß.

Ich hatte nach unserer Ankunft am Tag zuvor die Orte gesucht, an denen wir damals gewesen waren, und ich hatte nichts, absolut nichts wiedererkannt. Ich hatte vor allem eine Apotheke gesucht, in der mir vor 21 Jahren eine furchtbar nette Apothekerin geholfen hatte, nachdem ich mir im Hotelzimmer durch Ungeschicklichkeit eine üble Schnittwunde an der Hand zugezogen hatte. Als ich damals blutend in der Apotheke stand, hatte sie mir erklärt, dass sie unter anderem auch Krankenschwester gewesen war, und sie hatte meine Hand verbunden. Sie hatte kein Geld dafür verlangt und mir eine ganze Menge über ihr Land Kasachstan erzählt. Was mich jetzt erschreckte, war nicht nur, dass es diese Apotheke nicht mehr gab. Es gab das ganze Stadtviertel nicht mehr. Alle alten Gebäude waren abgerissen und durch futuristische Hochhäuser und Büros ersetzt worden.

Ich habe mich dann von einem Taxi zu dem Platz bringen lassen, auf dem damals die Messe von Johannes Paul II. stattgefunden hatte. Vor der Reise hatte ich mir noch einmal alte Fotos angesehen von diesem großen, völlig unbebauten Platz, der am Rande einer gewaltigen Steppe zu liegen schien. Von einem unbebauten Platz und einem Blick auf die Steppe konnte nicht mehr die Rede sein. Gigantische Wolkenkratzer waren überall dort entstanden, wo einmal dieser holprige lehmige Platz gelegen hatte.

Ich konnte mich ganz genau an diesen seltsamen Vormittag im September 2001 erinnern. Wir hatten vor der Reise im Vatikan mit völliger Verblüffung die Statistik gelesen, dass es im riesigen Kasachstan nur einige Zehntausende Katholiken gab. Wir hatten erwartet, dass zum Gottesdienst in Astana nur sehr wenige Besucher kommen würden. Ich erinnere mich, dass ich am Abend, bevor der Gottesdienst stattfand, am 22. September 2001, zu diesem Platz gegangen war. Der Vatikan hatte uns darüber informiert, dass vor dem Altar bis zu 400 000 Menschen Platz haben würden. Deswegen schien die Wahl dieses Ortes ist für einen Gottesdienst absolut lächerlich zu sein. Was für ein seltsames Bild würde es abgeben, wenn ein Papst einen Gottesdienst auf einem Platz feierte, auf dem bis zu 400 000 Menschen Platz finden konnten, auf dem aber nur wenige Hundert standen. Ich konnte es nicht fassen, als ich damals auf den Platz kam, denn Abertausende campierten neben ihren Bussen auf dem Boden, schliefen nach zum Teil mehrtägigen Reisen. Ich erinnere mich daran, dass ich stundenlang mit meinem Übersetzer in dieser Gruppe umherging. Damals hätte ich mir niemals vorstellen können, dass an dieser gleichen Stelle nur 20 Jahre später eine futuristische Stadt entstehen könnte, die aussieht wie aus einem *Star-Wars*-Film.

Damals gab es überall Schlamm und Armut, und ich erinnere mich an Frauen und Männer, die mit Wodkaflaschen versorgt rund um Feuerstellen saßen. Ich fragte sie damals, ob sie katholisch seien, und sie antworteten mir: »Nein.« Dann fragte ich sie, ob sie überhaupt Christen seien, und wieder antworten sie: »Nein.« Sie sagten, sie hätten nichts mit der Kirche zu tun. Eine Frau erklärte mir schließlich, dass ihr Urgroßvater vermutlich ein Muslim gewesen sein. Aber in der Zeit der Sowjetunion sei es besser gewesen, seine Finger von Religionen zu lassen, weil das sonst in einem Straflager enden konnte. Viele Polen waren in Lager in Kasachstan eingesperrt worden. Die Dame erklärte mir damals, dass sie mir nicht einmal sagen könne, ob sie selbst eine Muslima sei. Ich weiß noch, dass ich sie dann fragte, warum sie dann hierhergekommen waren, um an dem Gottesdienst eines Papstes teilzunehmen. Ich habe diese Frage in diesen Tagen damals in Astana immer und immer wieder gestellt, und ich bekam fast immer die gleiche Antwort: Wir wollten einmal in unserem Leben den Mann sehen, der die Russen in die Knie gezwungen hat.

Als ich diesmal zwischen Betonklötzen an der gleichen Stelle stand, musste ich daran denken, wie zuversichtlich die Menschen damals gewesen waren, dass nie wieder eine Aggression von Russland ausgehen würde. 21 Jahre später war der Gottesdienst auf dem Expo-Gelände eine fröhliche Veranstaltung. Die Sonne beschien einige Zehntausende Gläubige. Sie jubelten einem Papst zu, der wie sein Vorgänger den Gottesdienst nur noch mit Mühe ohne Hilfe durchstehen konnte. Die Geschichte schien sich zu wiederholen.

Der nächste Tag erwies sich als spannend. Denn der siebte Kongress der religiösen Oberhäupter hatte sich auf die Regel geeinigt, dass das Abschlussdokument nur dann Gültigkeit erhalten würde, wenn eine einfache Mehrheit zustimmte. War der Arm Moskaus lang genug, um das doch noch verhindern zu können? Würden die Oberhäupter der Religionen es wagen, die russische Invasion eindeutig zu verurteilen? Wie viel Einfluss besaßen die Russen noch in Kasachstan? Mir gingen diese Fragen durch den Kopf, als ich mir in dem Fast-Food-Laden neben unserem Hotel eine Cola kaufte, bevor wir zum Kongressgelände fuhren. An der automatischen Kasse, an der ich mit meiner Kreditkarte bezahlen konnte, sollte ich aus drei Sprachen auswählen. Die zweite, Kasachisch, und die dritte, Englisch, wurden so gut wie nie benutzt. Alle, die in dem Fast-Food-Laden neben mir standen und etwas zu essen oder zu trinken kaufen wollten, wählten Russisch als Sprache.

Als wir die Versammlungshalle des Kongresses betraten, war die Spannung deutlich spürbar. Die Frage war, wie viele und

welche Religionen gegen das geplante Abschlussdokument ge-
stimmt hatten. Kardinal Kurt Koch konnte keine Antwort auf
die Frage geben. Die Delegierten tasteten sich mit neugierigen
Blicken ab. Dann ging es los. Der Präsident Kasachstans erklärte,
dass die Abschlusserklärung jetzt verlesen würde. Es schien ein
gutes Zeichen zu sein, dass eine der ganz wenigen Frauen, die an
dem Kongress teilnahmen, die anglikanische Bischöfin Joanne
Caladine Bailey Wells, die Abschlusserklärung verlesen sollte.
Der Konferenz war offensichtlich auch aufgefallen, dass an diesem riesigen Tisch mehrere Dutzend Männer, aber nur vier
Frauen saßen. Joanne Caladine Bailey Wells las mit klarer Stimme
das 35-Punkte-Programm vor, darunter auch eine schwammige
Verurteilung Russlands.

Die entscheidende Attacke auf Putins Krieg folgte erst danach,
in der anschließenden Rede des Papstes. Franziskus verpackte sie
ausgesprochen geschickt. Er wusste, dass die einzelnen Delegationen mehr oder weniger den Regierungen ihrer Länder gegenüber
verpflichtet waren. Dazu gehörten auch Länder wie Indien, die
vom Krieg in der Ukraine durch Lieferungen von russischem Gas
profitierten und deswegen kaum zu einer klaren Verurteilung
Russlands zu bewegen waren. Der Papst wusste daher, dass einige
Delegationen zögern würden, den verbrecherischen Krieg Putins
als das zu benennen, was er war. Aber dem Papst gelang es immerhin, einen gemeinsamen Nenner aller Beteiligten zu bezeichnen,
nämlich »Schaden von den Religionen abzuwenden«. Er benutzte
diesen gemeinsamen Nenner zu seiner schärfsten Attacke, indem
er Putins Krieg gegen die Ukraine mit islamistischem Terror ver-
glich. Das ermöglichte ihm aufzuzeigen, dass beide kriegerischen
Akte eine Gefahr für alle Religionen darstellten. So konnte er zu
seiner Kernforderung gelangen: Alle Religionen mussten gegen
Putin und Terror aufstehen. Der Papst sagte: »Terrorismus mit
pseudoreligiösem Charakter, Extremismus, Radikalismus und Nationalismus unter dem Deckmantel der Heiligkeit führen weiter
zu Ängsten und Bedenken gegenüber der Religion.« Das war es,

was den Kongress zusammenhielt und ihm seine Stärke gab. Die religiösen Oberhäupter mussten sich gegen Bedrohungen wehren, gegen religiös motivierten Terrorismus und gegen religiös gerechtfertigten Krieg.

Beide bedrohten den Kern der Religionen. Damit attackierte der Papst innerhalb von zwei Tagen zum zweiten Mal den russischen Patriarchen der russisch-orthodoxen Kirche Kyrill, der nach Ansicht des Papstes genau diesen russischen »Nationalismus unter dem Deckmantel der Heiligkeit« befeuerte und mit dem Segen der russisch-orthodoxen Kirche die Invasion in der Ukraine rechtfertigte.

Unmittelbar danach legte Papst Franziskus in seiner Rede noch einmal nach und ging auf die entscheidenden Punkte der Erklärung ein:

> »In diesem Zusammenhang bekräftigt die Erklärung unseres Kongresses, dass Extremismus, Radikalismus, Terrorismus und jede andere Aufstachelung zu Hass, Feindseligkeit, Gewalt und Krieg unabhängig von ihrer Motivation oder ihrem Ziel nichts mit authentischem religiösem Geist zu tun haben, auf das Schärfste abgelehnt werden müssen: verurteilt, ohne Wenn und Aber.«

Mit diesem Satz verurteilte der Papst nicht nur ein weiteres Mal den Krieg in der Ukraine, sondern schloss auch die Tür für den Teil des Islam, der Gewalt seit Jahrzehnten mit der Religion rechtfertigt wie die Hisbollah im Libanon.

Der Papst ergänzte, dass der Kongress so wichtig war, »in einer so schwierigen Zeit, auf der außer der Pandemie auch noch der sinnlose Wahnsinn des Kriegs lastet.«

Die Abschlusserklärung des Kongresses mit seinen 35 Absätzen hielt für den Papst auch eine positive Überraschung bereit. Der Kongress einigte sich trotz Widerstands drauf, das Brüderlichkeitsabkommen, das der Papst im Februar 2019 in Abu Dhabi mit dem Scheich der Al-Azhar-Hochschule in Kairo, Ahmad al-Tayyib, geschlossen hatte, ausdrücklich als einen wichtigen Schritt der gemeinsamen Verständigung und des Friedens zu feiern.

Franziskus zitierte vor seinem Rückflug nach Rom am Donnerstagnachmittag noch den flammenden Appell des Abschlussdokuments gegen den Krieg und warf gleichzeitig eine entscheidende Frage auf:

»Deshalb fordert die Erklärung die Staats- und Regierungschefs der Welt auf, Konflikte und Blutvergießen überall zum Stillstand zu bringen und aggressive und zerstörerische Rhetorik aufzugeben. Wir bitten euch im Namen Gottes und zum Wohl der Menschheit: Setzt euch für den Frieden ein und nicht für Rüstung! Nur wenn ihr dem Frieden dient, wird euer Name in der Geschichte groß bleiben.«

In der vatikanischen Delegation kursierte ab diesem Zeitpunkt die Frage: Was bedeutete das? Verurteilte der Papst jede Form der Rüstung, auch der Aufrüstung der Ukraine?

Nach dem Start vom Flughafen Nur-Sultan gab es in der päpstlichen Maschine erst einmal Sekt für alle. Das hatte aber nichts mit der Bewertung der Konferenz von Kasachstan zu tun, sondern damit, dass eine Kollegin ihren Geburtstag feierte. Nahezu alle Kollegen der internationalen Presse waren sich aber in einem einig: Der Papst hatte eine Auslandsreise, die von vornherein als völlig nutzlos schien, noch einmal gedreht und auch in einen persönlichen Erfolg verwandelt. Aber die brisante Frage blieb: Würde der Papst tatsächlich jede Form der Rüstung verurteilen? Diese Antwort war wichtig in vielen Ländern der Welt. Auch in den USA, Polen, Frankreich, Deutschland, England, den baltischen Staaten und vielen weiteren unterstützten christlich orientierte politische Parteien die Waffenlieferungen an die Ukraine. Ein klares Nein des Papstes zu Waffenlieferungen hätte sehr wahrscheinlich einen extremen Dämpfer zur Folge gehabt.

Zumindest aber hätte eine solche Verurteilung die Diskussion über die moralische Legitimierung von Waffenlieferungen an die Ukraine noch mal entfacht.

Franziskus antwortete auf diese komplizierte Frage mit einer beeindruckend klaren und einfachen Formel: »Wer etwas liebt, wird es auch verteidigen, und wer etwas nicht liebt, wird das auch nicht verteidigen. Die Lieferung von Waffen kann moralisch sowohl legitim als auch verwerflich sein, wenn Waffen geliefert werden, nur um neue Kriege zu entfachen oder wenn man einfach seine Waffen liefert, um alte Bestände loszuwerden.«

Damit war klar: Dieser Papst unterstützte den bewaffneten Kampf gegen die Angreifer aus Russland.

Winter 2022/23

Eine veränderte Welt

Es ist jetzt 35 Jahre her, dass ich mich zum ersten Mal zu meinem Arbeitsplatz am Petersplatz im Vatikan aufmachte, und manchmal setze ich mich einfach in eine der Ecken des Platzes und denke daran, wie das alles angefangen hat. Ich erinnere mich, dass die älteren Kollegen mir, dem 24 Jahre alten Frischling, damals erklärten, dass es angebracht war, stets ein Päckchen Belga-Zigaretten dabeizuhaben. Ich hatte keine Ahnung, wozu das gut sein sollte. Es dauerte aber nicht lange, bis ich begriff, was dahintersteckte. In der päpstlichen Maschine rauchte der damalige Reisemarschall Roberto Tucci Kette und ließ sich gern eine Belga anbieten. Während er eine Zigarette nach der anderen vernichtete, plauderte er Details über die Papstreisen aus, zum Beispiel, dass es ein Planungsfehler gewesen war, Papst Johannes Paul II. während seiner ersten Australienreise nach der Landung einen Koalabär in den Arm zu drücken. Das Tier hatte vor Schreck die weiße päpstliche Soutane auf unrühmliche Weise beschmutzt. Dadurch war das Gerücht entstanden, dass neben der Schlange im Garten Eden auch der Koalabär in Sydney Gottes Missfallen erregt habe.

Es wimmelte von Kettenrauchern in der Umgebung von Johannes Paul II. Pressechef Joaquín Navarro-Valls war ebenso ein Kettenraucher wie sein Haus-und-Hof-Fotograf Arturo Mari.

Wir im Gefolge mussten das Geheimnis Arturo Maris wahren. Denn der Papst hatte ihn einmal erwischt, als er sich im päpstlichen Appartement eine Zigarette angezündet hatte. Als der Papst überraschend den Raum betrat, hatte Mari sie einfach in den Innenhof des Vatikans geworfen. Der Papst maßregelte Arturo und war von der Wirkung dieser Predigt derart überzeugt, dass er behauptete, Arturo Mari habe nach der päpstlichen Schelte für immer mit dem Rauchen aufgehört – ein wahres Wunder. Wir wagten nicht, dem Papst zu verraten, dass Arturo in Wahrheit weiterrauchte, allerdings nur, wenn der Papst ihn nicht sah. Ich erinnere mich auch an die ersten meiner mittlerweile 50 Papstreisen. Unmittelbar vor der Landung des päpstlichen Flugzeugs schnallten sich damals trotz heftiger Proteste der Stewardessen alle Fotografen von ihren Sitzen los und stürmten zur Hintertür, bereit, sofort nach der Landung auf das Flugfeld zu stürmen. Denn eines der wichtigsten Fotos der damaligen Reisen war das erste. Die Fotografen wussten, dass sie gefragt werden würden: Hast du das Foto, auf dem der Papst die Erde küsst? Die Kollegen waren damals gezwungen, ab und zu die Waisenkinder beiseitezuschubsen, die neben der gelandeten Papstmaschine zur Begrüßung von Johannes Paul II. Fähnchen schwingen sollten, um *das* Foto schießen zu können.

Der Vatikan ließ damals Dutzende Koffer bedruckten Papiers in die päpstliche Maschine verladen. Jeden Morgen zwischen 4 und 5 Uhr war es den Journalisten gestattet, sich aus dem Bett zu quälen, um die Ausdrucke der päpstlichen Reden des anbrechenden Tages abzuholen. Jahrzehntelang standen zerknitterte Kollegen notdürftig gekleidet und vollkommen verschlafen vor den Hoteltüren der päpstlichen Delegation, um die Reden abzuholen. Es existierte ein Tauschhandel. Abends zahlten Kollegen das Abendessen und die Getränke, wenn sie am nächsten Morgen im Bett bleiben konnten, weil ein Kollege für sie die Reden mitbrachte und dann unter der Zimmertür des Hotels hindurchschob. Es kam vor, dass Kollegen die Zimmertür verwechselten und wildfremden Urlaubern päpstliche Reden, Stunden bevor sie gehalten wurden, unter der Tür durchschoben. Geschlafen wurde damals während der päpstlichen Reisen kaum, weil einfach alles sehr viel länger dauerte. Die Fotografenkollegen schleppten kleine Gaskocher, Pakete mit Pasta und selbst gemachten Tomatensoßen mit, denn nachts mussten sie die Maschinen kontrollieren, die drei bis vier Stunden brauchten, um über schlechte Telefonleitungen ein einziges Foto nach Rom zu übertragen. Während die Maschinen liefen, wurde auf den Fluren gekocht, gegessen und natürlich geraucht. Es herrschte eine Stimmung wie auf einer Party mit vollkommen übermüdeten Partygästen. Wir Reporter standen stundenlang vor dem einzigen funktionierenden Telefon irgendwo in Afrika oder Asien an, um endlich unseren Text diktieren zu können. Die Kolleginnen und Kollegen am anderen Ende der Leitung, die mitten in der Nacht diese Texte aufschreiben mussten, hassten diese Gespräche über verrauschte Leitungen auch wegen der komplizierten Namen und Begriffe. Wenn wir diktierten, dass der Papst gesagt habe, er wolle vom Proselytismus absehen, fragten die Kolleginnen und Kollegen: »Waaaass will er absägen?«

Wir brüllten: »Er will vom Proselytismus ABSEHEN, nicht absägen.«

»Prosely-waaas?«

Wir brüllten dann in den Hörer: »Pro-se-ly-tis-mus. Das bedeutet, er will andere nicht bekehren.«

»Dann sag das doch gleich«, kam es aus dem Hörer. Kann man dieses »Prosely-etwas nicht weglassen, sonst muss ich erst ein Lexikon suchen, um nachzuschauen, wie man das schreibt.«

Die Gespräche dauerten ewig.

Wenn Papst Johannes Paul II. eine besonders wichtige Nachricht während des Fluges in das Zielland verbreiten wollte, stellte die Alitalia Flugzeuge mit Telefonen zur Verfügung. Diese Apparate funktionierten aber nie. Deswegen schleppte ich immer ein Satellitentelefon mit. Damals erinnerten die Dinger an Waffeleisen mit einem Hörer. Man musste die Metallplatte des Telefons während des Fluges in die geschätzte Richtung des Satelliten halten, dabei konnte sich aber im schlimmsten Fall die Schubumkehr des Flugzeugs einschalten. Also konnte man nur wenige Sekunden telefonieren. Ich weiß noch, dass ich auf dem Weg nach Kuba durchgeben wollte, dass der Papst Kuba zwingen werde, das bis dahin verbotene Weihnachtsfest zu erlauben, und im Gegenzug das Ende des Embargos der USA verlangen werde. Ich rief aus der päpstlichen Maschine meine Telefonaufnahme an und brüllte: »Hier spricht Andreas Englisch, ich sitze in der Papstmaschine. Johannes Paul II. wird auf Kuba die Erlaubnis durchsetzen, Weihnachten zu feiern.« Der Kollege verstand mich nicht richtig, sagte nur: »Sie sind also der Weihnachtsmann«, und legte auf.

Dann wurde Benedikt XVI. gewählt, und in seinem Pontifikat beendete der Fortschritt der Technik endgültig die Tradition der vatikanischen Botendienste. Es war jahrzehntelang üblich gewesen, Mitgliedern der Vatikan-Delegation Filmrollen und Videokassetten heimlich zuzustecken, sobald sie eine päpstliche Veranstaltung verließen. Da sie dank des Polizeischutzes als Erste und in hohem Tempo zurück zum Apostolischen Palast gefahren wurden, warteten dort Boten, die die herausgeschmuggelte Ware in die Redaktionen fuhren, wo diese Stunden vor den Kollegen ankam.

Als schließlich Papst Franziskus gewählt wurde, änderte sich alles. In der Amtszeit von Papst Johannes Paul II. und Benedikt XVI. galt es als ungeheures Privileg, dem Papst die Hand geben und mit ihm sprechen zu dürfen. Gewöhnlich wurde dieses Privileg immer nur den Kolleginnen und Kollegen gewährt, die zum ersten Mal im päpstlichen Flugzeug Platz nahmen oder zum letzten Mal, weil sie versetzt worden waren. Als ich Franziskus zum ersten der zahlreichen kurzen Gespräche im Papstflugzeug mit seinem Titel ansprach, wie die beiden Päpste vor ihm, nämlich mit »Heiliger Vater«, antwortete er: »Wie läuft es denn so, Heiliger Sohn?«

Franziskus schaffte es, eine kolossale Aufbruchstimmung im Vatikan zu verbreiten, und dennoch ist seine Amtszeit bisher so tragisch verlaufen. Der Petersplatz, diese imposante Arena, war zu Zeiten von Johannes Paul II. der Austragungsort einer großen Schlacht. Sie wurde nicht in Rom geschlagen, sondern überall in der ehemaligen Sowjetunion, gegen alle Organisationen der katholischen Kirche in Osteuropa. Die Gruppe der Machthaber, die sich der Oberste Sowjet in Moskau nannte, schaute mit Furcht und Argwohn auf diesen Platz und das, was dort geschah. Die Katholiken beklatschten dort einen Johannes Paul II., der sie immer wieder anfeuerte mit seinem Motto »Habt keine Angst!«. Mit den Hunderten Ansprachen auf diesem Platz baute der Papst ganz Polen zu einer Bastion des Glaubens aus, die sich für die Sowjetunion als tödlich erweisen sollte. Die ganze Welt schaute auf den Petersplatz, als Papst Johannes Paul II. ihn beherrschte. Die Kirche hatte unter diesem Papst ihre Schwingen ausgebreitet. Um ihn scharten sich zum ersten Mal in der Geschichte der Kirchen auf der ganzen Welt Millionen von Menschen: 4,5 Millionen im Jahr 1995 in Manila, 2,2 Millionen in Krakau 2003, 2 Millionen im Jahr 2000 in Rom. Johannes Paul II. führte einen geradezu gigantischen Zuspruch für die Kirche vor. Der Petersplatz war der Platz eines Siegers über eine Weltmacht geworden. Der Feind von außen war geschlagen worden.

Als Papst Franziskus sein Amt antrat, hatte er es mit einem viel gefährlicheren Feind zu tun: einem Feind von innen. Die ganze Welt zeigte jetzt mit Fingern auf diesen Platz, auf die Zentrale einer Kirche, die am Pranger steht, als eine Organisation, die Eltern dazu bringt, ihr Kinder und Jugendliche anzuvertrauen, mit dem Versprechen, sie zum Guten zu führen, es aber zuließ, dass Täter aus den eigenen Reihen, die konsequent gedeckt wurden, diese jungen Menschen sexuell missbrauchten und zerstörten.

Der deutsche Papst Benedikt XVI., der es liebte, auf dem Petersplatz seine theologischen Ideen auszubreiten, war nur ein Zwischenspiel gewesen. Seine übertriebene Nähe zu George W. Bush, den selbst die Öffentlichkeit der USA als einen der schlechtesten Präsidenten aller Zeiten ansah, hatte dem Papst und dem Platz die politische Magie genommen.

Vor dem Amtsantritt von Joseph Ratzinger war der Petersplatz für Katholiken in aller Welt der Ring eines Kampfes des Guten gegen das Böse gewesen, und alle hatten gewusst, dass die Kirche auf der Seite des Guten stand, während die Bösen in Folterkammern und Gulags Priester und Ordensleute umbrachten.

Aber Papst Franziskus wusste, dass die Kirche ihre eigenen Folterkammern geschaffen hatte und die Folterknechte Priesterkleider trugen. Papst Johannes Paul II. hatte es mit einer Weltmacht zu tun gehabt, Papst Franziskus mit einem Monster, das die Kirche selbst geschaffen hatte – durch Wegsehen. Das war es, was diesen Papst bis ins Mark traf, denn er, der Chef einer Kirche, die jahrhundertelang ihre eigenen Sünden konsequent vertuscht hatte, wollte der Welt das Wegsehen austreiben. Es sollte Schluss sein damit, dass die Welt wegsah, wenn Menschen auf der Flucht ertranken, in ungerechten Gesellschaften verhungerten, an Krankheiten starben, nur weil sie keine Medikamente bezahlen konnten. Im Laufe der Aufdeckung des unglaublichen Ausmaßes des Missbrauchsskandals musste dieser Papst erfahren, dass er zunächst einmal seiner eigenen Kirche das Wegsehen austreiben musste.

Die Menschen kehrten der Kirche weltweit den Rücken. Wie hatte dieser Papst auf die Idee kommen können, etwas ändern zu können, ausgerechnet er, ein so konkret denkender Mann? Er gehörte nicht zu der Fraktion im Vatikan, die sich ausschließlich dem Gott und dem Glauben widmete, er gehörte nicht zu den Leuten, die monatelang an Formulierungen feilten über die Beziehung zwischen Gott und den Menschen. Er war jemand, der die Armut der Slums kannte, die politischen Verbrechen und Verwicklungen, er wusste, wie es um diese Welt stand. Wie hat er auf die Idee kommen können, dass ausgerechnet er die Kraft haben könnte, etwas zu verbessern? Er hat versucht, in Myanmar einzugreifen, einer Friedensnobelpreisträgerin ins Gewissen geredet, die nichts daran geändert hatte, dass in ihrem Land der Völkermord gegen die Rohingya immer weiterging. Was hatte er also in Myanmar verbessert oder im Irak? Es war mutig gewesen, dorthin zu reisen, zweifellos, aber hungerten die Christen nicht immer noch, wurden sie nicht immer noch verfolgt, war ihre Lage nicht nach wie vor so gut wie aussichtslos? Hatte das Sterben im Mittelmeer aufgehört, obwohl seine erste Reise nach Lampedusa führte, obwohl er zweimal im Flüchtlingslager auf Lesbos gewesen war? War dieser 266. Nachfolger des heiligen Petrus persönlich einfach nicht überzeugend genug?

Ich habe viele Kolleginnen und Kollegen erlebt, die versucht haben, einen Papst aus der Nähe zu verstehen. Fast alle hatten enorme Vorurteile. Die Entscheidung von Papst Johannes Paul II., den Ausstieg aus dem Schwangerenkonfliktberatungssystem in Deutschland zu erzwingen, sorgte dafür, dass Kolleginnen und Kollegen, die für einige Jahre nach Rom kamen, einen stockkonservativen, menschenfeindlichen und vom echten Leben meilenweit entfernten Papst erwarteten. Fast alle waren maßlos überrascht, wenn sie zum ersten Mal direkt mit ihm zu tun hatten. Was sie überrascht hatte, war sein Charisma. Johannes Paul II. glaubte ganz fest an etwas, was sie sich nicht vorstellen konnten, nämlich dass man Gott auf dieser Welt ganz konkret erleben konnte, dass man seine Botschaften hören, sehen, sprechen konnte. Nur diejenigen, die lange in Rom blieben, bekamen auch die versteckte Seite des Papstes mit: seine Einsamkeit.

Ich habe auch über diese Seite geschwiegen. Aber vergessen habe ich es nicht, wie Johannes Paul II. durch die Botschaft von Guatemala City ging, auf den Stock gestützt, ganz allein, ohne Hilfe, während sein Gefolge es sich bei Champagner gut gehen ließ. Ich erinnere mich an die Besuche in seinem Appartement, als er sich nicht mehr wehren konnte und sich diebisch freute, wenn einer der Gäste endlich einmal seine ewig rechthaberischen Berater zum Schweigen brachte, die ständig über seinen Kopf hinweg entscheiden wollten und gegen die er sich nicht mehr durchsetzen konnte. Papst Benedikt XVI. überraschte durch seine zurückhaltende Art. Jahrzehntelang hatten die Zeitungen ihn als gnadenlosen deutschen Großinquisitor dargestellt. Dass er ein freundlicher Herr war, der seine Kirche vollkommen bedingungslos liebte, änderte für viele Besucher alles.

Aber Franziskus? Er schien ein älterer Herr zu sein, der sich eine unglaubliche Last aufgeladen hatte, und keineswegs ein Oberhaupt. Das ist das Seltsame an diesem Papst, dass er so gar nicht zu dieser Kirche zu passen schien. Die Kirche hatte makellose Lösungen in ihrer Geschichte versprochen. Wenn die Kirche eine Sünde vergab, dann war sie auch vergeben. Es gab keine Zweifel daran, kein Wenn und Aber. Was das Oberhaupt dieser Kirche lehrte, galt als unfehlbar, als sei er mehr als ein Mensch. Aber dieser Papst passt so gar nicht dazu. Bei ihm gibt es alles andere als makellose Lösungen. Er versuchte, das Leben auf dieser Welt ein ganz klein wenig zum Besseren zu wenden, und er wusste, dass er dabei ständig Niederlagen erleiden würde. Das ist das Geheimnis des Papstes und auch sein Vermächtnis. Er hat in seinem Pontifikat die Kirche von ihrer Spitze aus revolutioniert. Franziskus' Kirche ist eine katholische Kirche, die Hilfe sucht bei Muslimen, Hindus oder Buddhisten. Sie ist eine Kirche, von der er verlangt, dass sie ihre Arroganz ablegt, dass sie sich klein machen soll. Es ist eine Kirche, die sich verantwortlich fühlt für alle Menschen, die arm sind, weil die Welt ihren Reichtum nicht teilen will.

Dieser Papst scheint das Gegenteil der Unfehlbarkeit zu sein, weil er eine Kirche der Unzulänglichkeiten lenkt. Es ist eine Kirche, die das Unmögliche probiert, nämlich für das ganze Leid auf dieser Welt Verantwortung zu tragen.

Franziskus reicht es nicht, den Nächsten zu lieben, dieser Papst will, dass wir auch den Fernsten lieben, und es ist ihm egal, welche Religion dieser Nächste oder Fernste hat.

Vielleicht hat dieser Papst die einzige Chance erkannt, die die Menschen auf dieser Welt noch haben: dass die, die guten Willens sind, sich zusammentun, ungeachtet der Grenzen, die sie zu trennen scheinen. Geradezu flehentlich sagte der Papst während des Angelusgebets am 8. Dezember 2022: »Für Gott ist nichts unmöglich. Mit der Hilfe Gottes ist auch der Frieden möglich. Aber Gott will unseren guten Willen.« Dieser Papst hat zehn Jahre lang seinen innersten Glaubenssatz zelebriert, der da heißt: Das Übel der Welt hat ausgerechnet in der Arroganz derer seinen Ursprung, die sich für die Guten hielten. Der Glaube daran, dass eine Kirche Gottes nie schuldig werden kann, sondern nur ihre Mitglieder, hat sich als eine Falle herausgestellt. Denn dieser Glaube hatte den Blick verstellt für das, was in der Kirche wirklich geschehen war.

Ein Paukenschlag während der Audienz

Im Dezember des Jahres 2022 zeigte sich, dass die Auseinandersetzung mit der katholischen Kirche in Deutschland sich weiter zugespitzt hatte. Nach dem dramatischen Ad-limina-Besuch der deutschen Bischöfe im November hatte die Öffentlichkeit die Tatsache, dass die deutschen Vorschläge im Vatikan vor allem auf Ablehnung gestoßen waren, verärgert zur Kenntnis genommen. Papst Franziskus persönlich kreideten zahlreiche Medien in Deutschland an, dass er an dem letzten Treffen mit den Bischöfen nicht einmal teilgenommen hatte. Ein Großteil der Öffentlichkeit in Deutschland sah darin so etwas wie Desinteresse des Papstes für die Reformen, die der Synodale Weg in Deutschland forderte. Gleichzeitig trafen in Rom immer schlechtere Zahlen aus Deutschland ein. Die Bertelsmann-Studie hatte im Dezember 2022 einen alarmierenden Trend gemeldet. Demnach dachte jedes vierte deutsche Kirchenmitglied über einen Austritt nach, zwei Drittel von ihnen Katholiken. Für Spannung im Vatikan sorgte, dass zumindest ein Teil dieses Phänomens Franziskus persönlich angelastet wurde. Ganz besonders hoch lag die Zahl der Kirchenaustritte im Bistum Köln. Dort wurden mehr als 20 000 Anträge für einen Kirchenaustritt gezählt. Der Vorsitzende der Deutschen Bischofskonferenz Georg Bätzing hatte entschieden darauf verwiesen, dass eine Entscheidung im Fall des Kölner Kardinals Rainer Maria Woelki durch den Papst absolut überfällig sei. Die Revolte im Bistum gegen den Kardinal, die ganze Situation, »sei unerträglich.« Warum hatte der Papst nicht längst entschieden?

Inmitten all dieser Querelen aus Deutschland gönnte sich der Vatikan plötzlich am 18. Dezember eine Auszeit. Der Sieg der argentinischen Nationalmannschaft bei der Fußballweltmeisterschaft in Katar sorgte zumindest einige Tage lang für eine eher gelöste Stimmung in der Vorweihnachtszeit. Statt über die Probleme der Kirche nachzugrübeln, diskutierte die Spitze der Kirchenmänner im Vatikan, ob der Papst das Endspiel wohl gesehen habe und ob er für den argentinischen Star Messi gebetet habe. Die Nachrichten über den Papst betrafen jetzt eher seine lebenslange Liebe zu dem argentinischen Fußballclub San Lorenzo in Buenos Aires, und die hohen Kirchenmänner fabulierten darüber, ob Papst Franziskus wohl Maradona gekannt habe und ob er die argentinische Nationalmannschaft im Vatikan empfangen wolle – was er nicht tat.

Aber trotz der guten Vorzeichen entwickelte sich dieses Weihnachtsfest des Jahres 2022 für Franziskus auf eine überraschende Art und Weise tragisch. Im Jahr seines Amtsantritts 2013 hatte er beschlossen, zu Weihnachten ein ganz besonderes Signal zu senden. Vor den Weihnachtsfeierlichkeiten hatte er seinem zurückgetretenen Vorgänger in dessen Wohnung im Kloster Mater Ecclesiae einen Besuch abgestattet und ein frohes Weihnachtsfest gewünscht. Das Bild war um die ganze Welt gegangen, ein Papst wünschte dem anderen Papst frohe Weihnachten. Diese friedliche Botschaft zwischen den beiden alten Männern war so positiv aufgenommen worden, dass der Papst in den kommenden Jahren diesen Besuch zu Weihnachten wiederholte. Doch in diesem Jahr 2022 hatte Franziskus auf den Besuch im Kloster von Joseph Ratzinger verzichtet. Das hing auch damit zusammen, dass sich mittlerweile nur noch schwer abwägen ließ, ob ein solcher Besuch dem 95-jährigen zurückgetretenen Papst nicht mehr eine Last sei als eine Freude. Da Joseph Ratzinger kaum noch sprechen konnte, schien der Besuch des regierenden Papstes auch eine unangenehme Anstrengung für den alten Herrn zu sein, der auf keinen der Grüße von Papst Franziskus noch verständlich reagieren konnte. Es sprach also eine Menge dafür, Joseph Ratzinger diesen Weihnachtsbesuch zu ersparen.

Am Dienstag, dem 27. Dezember, verschlechterte sich plötzlich der Gesundheitszustand des ehemaligen Papstes. Die Ärzte bemerkten, dass es ihm schwerer fiel zu atmen und die Funktion der Nieren beeinträchtigt war. Für einen Mann in diesem Alter war das ein beunruhigendes Signal. Die behandelnden Ärzte beschlossen, vor allem ein wirksameres Beatmungsgerät einzusetzen, um dem Papa emeritus das schreckliche Gefühl des Erstickens zu ersparen. Natürlich hätte eine Verlegung in das vatikanische Großkrankenhaus, die Gemelli-Klinik, die knapp 13 Kilometer vom Vatikan entfernt liegt, eine Lösung bedeutet, weil dort alle nötigen medizinischen Geräte selbstverständlich zur Verfügung standen. Doch die Ärzte hatten den allgemeinen Zustand des Papstes so eingeschätzt, dass er nicht wirklich an einer akuten Krankheit litt, sondern dass seine gesundheitlichen Probleme schlicht und einfach damit zu tun hatten, dass er ein sehr alter Mann war, der wie eine Kerze langsam erlosch. Joseph Ratzinger hatte ganz offensichtlich den Wunsch geäußert, dass keine übertriebenen lebensverlängernden Maßnahmen an ihm vorgenommen werden sollten, er wollte friedlich in seiner Umgebung der letzten Jahre, im Kloster Mater Ecclesiae, einschlafen. Da eine Verlegung ins Krankenhaus also nicht infrage kam, beantragten die Ärzte leistungsstärkere Geräte für die Beatmung, die in das Kloster Mater Ecclesiae gebracht werden sollten. Dazu war ein ganz normaler Antrag zur Beschaffung nötig, der an die Verwaltung des Vatikan gerichtet werde musste. Im Grunde verlangte ja nur ein Bewohner des Vatikan eine Ausstattung mit besserem Gerät, das geschah jeden Tag. Doch diesmal war der betroffene Bewohner ein ganz besonderer. Die Verwaltung informierte Papst Franziskus über die Notwendigkeit, besseres medizinisches Gerät in das Kloster Mater Ecclesiae zu verlegen, und dieser erkannte sofort die Dramatik der Lage. Da bahnte sich offensichtlich eine lebensbedrohliche Situation an.

Für Franziskus zeichnete sich jetzt ein ausgesprochen unangenehmes Szenario ab. Wie würde er dastehen, sollte Joseph Ratzinger jetzt sterben? Es würde so aussehen, als habe er sich um seinen schwer kranken Vorgänger überhaupt nicht gekümmert, zumal er eben auch nicht die Weihnachtsgrüße übermittelt hatte. An diesem Morgen des Mittwoch, des 28. Dezember, fasste Franziskus den Entschluss, dass er jetzt handeln müsse, dass er vor der ganzen Welt klarmachen müsse, dass er durchaus darüber informiert war, wie es um Benedikt XVI. stand. Daher entschloss sich der Papst zu einer dramatischen Geste.

In der Generalaudienz, die an diesem Morgen in der Halle Papst Paul VI. stattfand, sollte es um die Erinnerung an den heiligen Franz von Sales gehen. Während der Audienz schien alles ganz normal, der Papst interpretierte die Gedanken dieses Heiligen, erklärte, dass nach Ansicht des Franz von Sales der Herrscher nicht auf einem Thron sitze, sondern ein Kind in der Krippe war, ein machtloses Kind. Dann, kurz vor Ende der Audienz, ließ er die Bombe platzen.

Er sagte: »Ich möchte euch alle um ein besonderes Gebet bitten für den zurückgetretenen Papst Benedikt, der in der Stille die Kirche unterstützt – er ist sehr schwer krank –, wir müssen an ihn denken und den Herrn bitten, dass er ihn tröste und ihn unterstütze in seinem Zeugnis für die Liebe der Kirche, bis zum Ende.«

Diese wenigen Zeilen lösten in der katholischen Welt, wie nicht anders zu erwarten war, eine regelrechte Schockwelle aus. In den Kirchen der Welt versammelten sich Gläubige, die für Papst Benedikt zu beten begannen. Die Oberhäupter zahlreicher

Bischofskonferenzen, so wie der Chef der Deutschen Bischofskonferenz Georg Bätzing, aber auch Kardinal Rainer Maria
Woelki schrieben Gebete für den Papst und setzten Andachtsstun-
den in ihren Kirchen an. Redaktionen der ganzen Welt schickten
blitzartig Reporterteams nach Rom. Innerhalb weniger Stunden
tauchten Dutzende von Kamerateams vor der Peterskirche auf.
Die Frage, die alle beschäftigte, war: Warum hatte der Papst das
gesagt? Wenn Franziskus öffentlich sagte, dass Joseph Ratzinger
sehr schwer krank sei, bedeutete das, dass sein Ableben unmittelbar bevorstand? Die meisten Reporterteams gingen davon aus, dass es nur noch eine Frage weniger Stunden sein könne,
bis sie die Nachricht vom Tod Benedikts XVI. verbreiten würden. Die Frage war, was dann geschehen würde. Es gab keinerlei
Vorbilder oder Regeln für einen solchen Fall. Es bestand aber
durchaus die Möglichkeit, dass der Papst den zurückgetretenen
Benedikt XVI. mit dem Ritual, das für einen Papst gedacht war,
am Ende seines Lebens ehren wollte. In dem Fall gab es zumindest die Gewissheit, dass die Peterskirche geschlossen werden
würde, um die Aufbahrung des verstorbenen Papstes vorzubereiten. Deswegen waren Dutzende Kameras auf den Eingang der Peterskirche gerichtet. Aber an diesem Donnerstag,
dem 29. Dezember 2022, geschah überhaupt nichts. Im Laufe
dieser Stunden wurden die Mutmaßungen über den Zustand von
Joseph Ratzinger immer fantasievoller.

Abschied

Für einen Mann erwies sich dieser Tag als ganz besonders tragisch. Josef Clemens gehört zu den engsten Freunden, die Joseph
Ratzinger in seinem Leben begleitet haben. Sie lernten sich vor
über 40 Jahren kennen. Clemens wohnte damals in dem sogenannten Prälatentrakt des Gästehauses am Deutschen Friedhof
in Rom. Für die Bewohner dieses Gebäudes mit der wahrschein-

lich schönsten Dachterrasse der Stadt Rom war der Aufenthalt dort nicht immer angenehm, weil nur wenige Zimmer ein eigenes Bad besitzen. Clemens arbeitete zu der Zeit an seiner Promotion in Moraltheologie über Menschenrechte und beschloss, seinen Mut zusammenzunehmen, als er hörte, dass der berühmteste deutsche Theologe der damaligen Zeit, Professor Joseph Ratzinger, in demselben Gebäude übernachtete. Joseph Ratzinger war zu dem Zeitpunkt von Papst Johannes Paul II. zum Präfekten der Glaubenskongregation ernannt worden, aber seine Wohnung an der Piazza della Città Leonina musste renoviert werden und war noch nicht bezugsfertig. In dem Zimmer am Campo Santo konnte der Kardinal nicht bleiben, weil er mit seiner Schwester Maria weiter zusammenleben wollte. Clemens ging also hinüber zu dem berühmten Mann, der eines der komfortablen Zimmer bewohnte, und stellte ihm seine Arbeit vor. Keiner der beiden konnte sich vorstellen, dass sie weit über 20 Jahre wie Vater und Sohn als Präfekt der Glaubenskongregation und als dessen Sekretär miteinander leben würden. Joseph Ratzinger hatte seit dem Jahr 1959 auf eine einzige echte Stütze in seinem Leben vertraut, seine ältere Schwester Maria Ratzinger. Nachmittags gingen die beiden Geschwister häufig in Rom durch den Stadtteil Borgo im Vatikan und machten Besorgungen oder tranken irgendwo einen Tee, denn sein ganzes Leben lang hatte Joseph Ratzinger nie wirklich Kaffee gemocht. Das seltsame Paar fiel auch deshalb sofort auf, weil der Präfekt der Glaubenskongregation Ratzinger kerzengerade durch die Straßen ging und seine viel kleinere Schwester neben ihm wie gebeugt wirkte, als müsse sie sich entschuldigen. Es war eine sehr innige Verbindung. Die ältere Schwester achtete auf den jüngeren Bruder. Ich erinnere mich an ein Abendessen, nachdem sich die Nachricht verbreitet hatte, dass Joseph Ratzinger ein kleines medizinisches Problem habe. Bei einer Einladung hatten ihm die Gastgeber die von ihm geliebte ausgesprochen herzhafte Kost serviert. Doch seine Schwester hatte sowohl das Bierglas als auch den Teller mit dem

Schweinebraten weggenommen und gesagt: »Joseph, das darfst du doch nicht.« Maria war die unangefochtene Herrscherin im Hause des Präfekten der Glaubenskongregation. Besucher mussten die Schuhe ausziehen, Schmutz wurde im Haus nicht geduldet. Das ganze Ausmaß dieser geschwisterlichen Liebe zeigte sich erst in der Trauer Joseph Ratzingers nach dem Tod seiner Schwester 1991. Er schien untröstlich. Zu diesem Zeitpunkt bekam seine Freundschaft zu seinem Sekretär Josef Clemens eine ganz neue Qualität. Legendär waren die Ausflüge, die dieser organisierte. Schließlich hatte er gegenüber seinem Chef Ratzinger den Vorteil, einen Führerschein zu besitzen, während der Präfekt der Glaubenskongregation stets betonte, dass Auto zu fahren für ihn nicht zu bewältigen sei. Sobald Joseph Ratzinger und seine Gäste vor Ausflügen in den VW Golf von Josef Clemens gestiegen waren, sorgte der Sekretär dafür, dass im Kassettenrekorder das Lied »O du mein Bayernland« lief, während er über einen eigens installierten Mechanismus mit dem Fuß eine kleine Bayernflagge an der Antenne des Autos hisste.

Nur gegenüber Josef Clemens erlaubte sich der Präfekt der Glaubenskongregation Ratzinger seine seltenen Wutausbrüche. Wenn Josef Clemens wieder einmal mit einem großen Aktenstapel in das Büro seines Chefs kam, konnte es passieren, dass dieser die Akten auf den Tisch knallte und schrie: »Wann soll ich das eigentlich alles lesen?«

Im Laufe der Jahre wurde die Freundschaft zwischen diesen beiden Männern immer enger. Nach über 20 Jahren treuer Dienste zeichnete sich im Jahr 2003 ab, dass der Chef der Glaubenskongregation innerhalb der kommenden Jahre nach Deutschland zurückgehen könne. Er hatte bereits seinen Rücktritt eingereicht, der aber abgelehnt worden war. In Abstimmung mit Joseph Ratzinger beschloss die Personalverwaltung des Vatikan, Josef Clemens die Möglichkeit zu bieten, in Rom und im Kontakt mit Joseph Ratzinger zu bleiben, auch wenn er nicht mehr sein Sekretär war. Sie boten ihm den Posten des Untersekretärs in der Kongregation für die Institute des geweihten Lebens an, die für die religiösen Orden zuständig ist, den er annahm. Von dort wechselte er zum Laienrat und wurde zum Bischof geweiht, er sollte den Weltjugendtag in Köln im Jahr 2005 mit vorbereiten. Joseph Ratzinger weihte ihn persönlich in der Apsis des Petersdoms zum Bischof. Es gehört zur Tragik Joseph Ratzingers, dass er nach seiner Wahl zum Papst Josef Clemens nicht als Privatsekretär zurückholen konnte. Ein Bischof konnte aus seiner Sicht kein Sekretär sein. Er war auf einen ganz neuen Mitarbeiter angewiesen, Georg Gänswein.

An diesem 29. Dezember hatten sich die Nachrichten des kritischen Gesundheitszustandes von Joseph Ratzinger auf der ganzen Welt verbreitet, aber Josef Clemens saß in Deutschland fest. Er hatte in dem westfälischen Werl eine Predigt halten sollen. Jetzt versuchte der langjährige Sekretär alles, um so schnell wie möglich mit einem Flugzeug zurück nach Rom zu kommen, um dem Mann, der nahezu sein ganzes Leben bestimmt hatte, Auf Wiedersehen zu sagen. Clemens traf am Nachmittag des 30. Dezember in Rom ein.

Dieser Tag vor Silvester zeigte auf eindrucksvolle Weise, wie sehr sich die Medienlandschaft in den vergangenen Jahrzehnten geändert hatte. Am Mittwoch hatte der Papst verkündet, dass Benedikt XVI. sehr krank sei, daher war am Mittwoch und Donnerstag eine ganze Armee von Reportern nach Rom gekommen, um den offenbar unmittelbar bevorstehenden Tod Joseph Ratzingers in der Welt zu verbreiten. Da aber am 29. Dezember nichts Dramatisches geschehen war und noch am 30. Dezember der Vatikan bestätigt hatte, dass Joseph Ratzinger bei Bewusstsein sei und an der heiligen Messe teilgenommen habe, beschlossen zahlreiche Redaktionen, die Reporter wieder zurückzurufen. Das zeigte eine drastische Veränderung im Verhalten der Medien, die immer stärker auf ihre Kosten achten müssen. Im März 2005, als Papst Johannes Paul II. dem Ende seines Lebens entgegenging, campierten Heerscharen von Reportern noch über Wochen in Rom. Jetzt war die Geduld der Redaktionen schon nach zwei Tagen erschöpft, und am Abend des 30. Dezember und am Morgen des 31., dem Silvestermorgen, reisten zahlreiche Reporter wieder ab. Das hatte auch damit zu tun, dass es noch keine bestätigten Berichte darüber gab, ob Joseph Ratzinger die sogenannte Krankensalbung empfangen hatte. Dieses Sakrament können Priester Kranken spenden, häufig vor allem sehr schwer Kranken, die dem Tod entgegensehen. Daher nannte der Volksmund dieses Sakrament auch lange »die letzte Ölung«. Aber es gab keinerlei Bestätigung dafür, dass der ehemalige Papst dieses Sakrament bereits empfangen hatte. Ein zweiter Aspekt schien darauf hinzudeuten, dass der Vatikan nicht mit dem unmittelbar bevorstehenden Tod des Papa emeritus rechnete. Der Dankgottesdienst zum Jahresende, das Te Deum, das für den Nachmittag des 31. Dezember geplant worden war, sollte stattfinden. Für diesen Gottesdienst musste aber die Peterskirche bestuhlt werden. Das bedeutete, dass fast einen ganzen Tag lang die Angestellten Tausende Stühle aufstellen mussten. Wenn der Vatikan damit rechnete, dass Joseph Ratzinger in den nächsten Stunden sterben würde, dann machte diese Bestuhlung keinen Sinn. Dann musste nämlich der Petersdom geräumt werden, um die Aufbahrung des verstorbenen ehemaligen Papstes vorzubereiten.

Es war Zufall, dass ich am Samstag, dem 31. Dezember, ausgerechnet im Palazzo Colonna in Rom war, an der Stelle, an der ich im Frühjahr des Jahres 2005 zum letzten Mal mit Joseph Ratzinger ausführlich gesprochen hatte, bevor er zum Papst gewählt wurde. Dort stellte er das letzte Buch von Papst Johannes Paul II. vor, das *Erinnerung und Identität* hieß. Das Buch sollte in der wunderschönen Galerie des Palastes präsentiert werden, und zufällig traf ich dort mit Joseph Ratzinger zusammen. Wir stiegen beide in den Fahrstuhl, zusammen mit dem damaligen Papstsprecher Joaquín Navarro-Valls.

»Werden Sie der nächste Papst sein«, hatte ich ihn gefragt, »oder wollen Sie nach Bayern zurückgehen, wenn Papst Johannes

Paul II. gestorben ist?« Er sagte zu mir: »Papst sein, das könnte ich nie, und die Vorbereitung für die Rückkehr nach Deutschland habe ich schon getroffen.«

An diesem 31. Dezember, 17 Jahre später, stand ich vor demselben Fahrstuhl, als mein Handy piepste und ein Kollege die Nachricht übermittelte: Joseph Ratzinger ist tot, er starb um 9.34 Uhr.

Es ist wieder ein Samstag, dachte ich als Erstes. Auch Papst Johannes Paul II. war an einem Samstag gestorben, also an dem Tag, an dem die katholische Kirche sich auf den Tag Gottes, den Sonntag, vorbereitet. Wie seltsam, dachte ich, Joseph Ratzinger hatte von sich gesagt, dass er das Alte und das Neue gleichzeitig sei. Dann konnte es keinen passenderen Tag zu gehen für ihn geben als den 31. Dezember, den Tag, an dem beides gefeiert wird. Das Alte, das zu Ende geht, und das Neue, das beginnt.

Ich fuhr zum improvisierten Pressesaal des Vatikan, der in der Nähe des Hauptquartiers der Jesuiten am Vatikan lag. Meine Kollegen und ich warteten auf die offizielle Bestätigung durch den Papstsprecher Matteo Bruni, der in knappen Worten erklärte, dass Papst Benedikt XVI. bereits in den Tagen zuvor die Krankensalbung erhalten habe und am Vormittag verstorben sei.

Es war sicherlich tragisch, dass ausgerechnet Josef Clemens an diesem Tag zu spät kam. Er hatte am Vormittag des 31. Dezember nachgefragt, ob er heute vorbeikommen könne, um seinen alten Chef zu sehen, aber aus dem Kloster Mater Ecclesiae erfahren, dass Benedikt XVI. bereits gestorben war. An diesem Vormittag kam er an das Totenbett seines früheren Vorgesetzten, nicht lange nachdem der erste Besucher überhaupt gekommen war, nämlich Papst Franziskus. Der hatte es sich nicht nehmen lassen, vor allen anderen am Totenbett seines Vorgängers zu beten.

Der Vatikan veröffentlichte zu diesem Zeitpunkt Einzelheiten über die Umstände des Todes. Der ehemalige Papst habe in der Nacht zum 31. Dezember das Bewusstsein verloren und sei dann ohne Schmerzen regelrecht entschlafen. Rom erlebte an diesem Tag einen der seltsamsten Jahreswechsel seiner Geschichte. Während die Stadt sich auf die Feier zum Beginn des neuen Jahres freute, begannen im Vatikan die Vorbereitungen für das Begräbnis Joseph Ratzingers. Papst Franziskus traf an diesem 31. Dezember eine historische Entscheidung. Nie zuvor hatten zwei Päpste im Vatikan gelebt, und nur ein einziges Mal in der zweitausendjährigen Geschichte der Kirche hatte ein Papst einen anderen Papst zu Grabe getragen. Der einzige Papst in der Geschichte der Kirche, der vor Papst Benedikt XVI. freiwillig zurücktrat, Papst Coelestin V., der nur in dem einen Jahr 1294 auf dem Thron Petri saß, war von seinem Nachfolger, Papst Bonifatius VIII., gefangen genommen und in einem Turm in Mittelitalien, bei Fumone, eingesperrt worden. Er erkrankte in der winzigen Zelle des Turms und starb im Jahr 1296.

Die Frage war, in welcher Art und Weise der Verstorbene geehrt werden sollte. Wer war dieser Mann? Galt er als ein zurückgetretener Papst, oder aber hatte der Rücktritt zur Folge, dass Joseph Ratzinger nichts weiter war als ein alter Priester? Franziskus traf die Entscheidung, dass der Papa emeritus mit allen Ehren wie ein Papst beigesetzt werden sollte. Dazu gehörte auch die Aufbahrung in der Peterskirche. Das war eine mutige Entscheidung, denn im Grunde war Joseph Ratzinger, seitdem das Zeichen seiner Würde, der Fischerring, annulliert worden war, eindeutig kein Papst mehr. Der Ring war nicht zertrümmert, sondern mit einem großen X ungültig gemacht worden. Im Mittelalter hatten diese Ringe der Päpste eine große Bedeutung gehabt, weil diese damit ihr Siegel in das heiße Wachs drückten und wichtige Dokumente so zu einem notariellen Akt erhoben. Der Vatikan kündigte am Samstag an, dass der Leichnam Joseph Ratzingers bis zum Montagmorgen in der Kapelle des Klosters Mater Ecclesiae aufgebahrt werde. Am Montagmorgen werde die Leiche dann in den Petersdom überführt, und für drei Tage könnten die Gläubigen jeweils von 9.00 Uhr bis abends um 19.00 Uhr von diesem Papst Abschied nehmen. Am Mittwochabend sollte dann die Peterskirche geschlossen werden, um das Begräbnis vorzubereiten.

Das Ende einer Epoche

Ich hatte an diesem Montag, dem 2. Januar 2023, um 9.00 Uhr morgens, also zufällig zur selben Zeit, im Borgo Pio am Vatikan einen Termin, als die Pforten der Peterskirche für die Pilger geöffnet wurden. Ich hatte mir zu Hause meinen Fahrradhelm und meine Batterie für mein E-Bike geschnappt und verließ meine Wohnung, als es mich plötzlich eiskalt überlief. Was war, wenn in dieser Nacht das eingetroffen sein sollte, was im April 2005 geschehen war? Auch damals hatte ich an dem ersten Tag, an dem die Pilger von einem Papst Abschied nehmen konnten, in den Vatikan fahren müssen. Der Tag gehört zu den unglaublichsten meines ganzen Lebens. Ich hatte damals mit meiner geliebten Vespa versucht, über die ganz gewöhnlichen Zufahrtsstraßen zum Vatikan zu kommen, aber die römische Innenstadt hatte sich über Nacht in ein unfassbares Chaos verwandelt. Die Straßen der Stadt, die normalerweise zwischen 400 000 und 500 000 Menschen aufnehmen müssen, wurden von über drei Millionen Pilgern überrannt. Es ging überhaupt nichts mehr. Die Erinnerung erzeugte in mir eine gewisse Panik. Ich musste unbedingt zu dem Termin am Vatikan, aber wenn auch nur annähernd das geschehen sein sollte, was damals im Jahr 2005 passiert war, hätte ich nicht die geringste Chance, innerhalb der nächsten Stunden auch nur in die Nähe des Ortes zu kommen, wo ich dringend erwartet wurde. Wenn sich die Situation tatsächlich wiederholen sollte, dann hätte ich vor Stunden, mitten in der Nacht, aufstehen müssen, um pünktlich an der vereinbarten Stelle zu sein. Damals hatten vor allem Reisebusse die Stadt so vollkommen verstopft, dass es der Polizei trotz aller Anstrengungen nicht gelang, Korridore zu schaffen.

Ich erinnere mich, dass ich damals im Pressesaal schlafen musste, weil es keine Möglichkeit gab, nach Hause zu kommen und wieder zurück an den Arbeitsplatz, und auch, dass die Millionen Menschen, die den Petersplatz umlagerten, die Reste der Lagerbestände der Restaurants und Bars vollständig aufgebraucht hatten. Die Preise schossen auf Schwarzmarkt-Höhe, und ich weiß noch, dass ich für eine Dose Cola 20 Euro bezahlen musste. Mit diesen Erinnerungen im Kopf schwang ich mich auf mein E-Bike und radelte in Richtung Peterskirche. Ich war schon ungeheuer froh, dass ich es ohne große Probleme bis zur Piazza Argentina schaffte. Von dort hätte ich zu Fuß meine Verabredung mit etwa einer halben Stunde Verspätung noch erreichen können. Aber ich konnte immer weiter radeln, ohne jedes Problem, erreichte, obwohl ich es kaum glauben konnte, zügig den Tiber und sah dann zu meiner völligen Überraschung eine nahezu leere Via della Conciliazione. Nur wenige Tausend Pilger hatten sich auf dem Petersplatz versammelt, um sich von Joseph Ratzinger zu verabschieden. Nach meinem Termin stellte ich mich auch in die Schlange und konnte es kaum glauben, dass ich weniger als 40 Minuten anstehen musste, um vor dem aufgebahrten Leichnam von Benedikt XVI. Abschied zu nehmen. Meine Journalistenkollegen warteten vor der Statue des heiligen Andreas auf mich, und wir erinnerten uns zusammen an die vielen Jahre, in denen wir Joseph Ratzinger gefolgt waren. Die nächsten Tage sollten zeigen, dass die Anteilnahme am Tod Joseph Ratzingers sich mit dem dramatischen Sterben von Papst Johannes Paul II. in keiner Weise vergleichen lassen konnte. Nach den Schätzungen des Vatikans kamen etwa 195 000 Menschen in den Petersdom, um sich von dem Papa emeritus zu verabschieden. Die Wartezeiten betrugen nie mehr als etwa eine Stunde. Zu dem aufgebahrten Leichnam in der Peterskirche von Papst Johannes Paul II. waren über drei Millionen Menschen gepilgert, die Wartezeiten hatten bei über 20 Stunden gelegen.

Dann kam der Tag des Begräbnisses, der 5. Januar 2023. Als ich an diesem Morgen durch den dichten Nebel auf den Petersplatz zuradelte, hätte ich nie für möglich gehalten, welche Überraschung mich dort erwartete. Ich hatte nicht den geringsten Zweifel daran, was in den kommenden Stunden geschehen würde.

Alles war bis ins kleinste Detail geplant. Schon am Abend zuvor war der Leichnam des aufgebahrten Papstes in den dreifachen Sarg gelegt worden, wie er im Vatikan üblich ist. Der innere Sarg besteht aus Zedernholz, er wird in einen Zinksarg gelegt, der verschweißt wird, der wiederum wird schließlich in einen Eichensarg eingelassen. Der Privatsekretär des Papstes, Erzbischof Georg Gänswein, hatte das Gazetuch auf das Gesicht des Papstes gelegt. Die Plaketten seiner Regierungszeit und die Zeichen seiner Würde, die Pallien, waren in den Sarg gelegt worden. Anschließend hatte der Zeremonienmeister das sogenannte Rogitum verlesen, eine Art Zusammenfassung der Entscheidungen des Papstes. Dieser Brauch stammt noch aus dem römischen Kaiserreich, es ähnelt einem notariellen Akt. Anschließend wird der Text des Rogitum in einer Metallhülle in den Sarg des Papstes gelegt.

Es war noch nicht lange hell, als ich den Petersplatz erreichte, und alles war in dichten Nebel gehüllt, für Rom war es empfindlich kalt. Wie bei diesen Anlässen üblich, hatte der Vatikan die Terrasse auf dem sogenannten Braccio di Carlo Magno auf der linken Seite des Petersplatzes für die Journalisten reserviert. Am Tag der Beerdigung von Papst Johannes Paul II. war es zum größten Treffen der Staatschefs in der Geschichte der Erde gekommen, 200 Staatsoberhäupter und über eine Million Menschen hatten an dem Totengottesdienst teilgenommen. Nach den Schätzungen der vatikanischen Gendarmerie hatten sich an diesem Morgen auf dem Petersplatz knapp 50 000 Gläubige versammelt. Aber auch das war auf eine gewisse Art und Weise zu erwarten gewesen. Benedikt XVI. war schon seit über zehn Jahren nicht mehr im Amt, und die Verwicklungen in den Missbrauchsskandal der vergangenen Jahre hatten an seinem Image ganz erheblich gekratzt. Ein Kollege, der für eine sehr fromme italienische Agentur arbeitet, kam plötzlich auf mich zu und sagte: »Andreas, entweder ist das ein kolossal peinlicher Fehler, oder es ist eine Sensation.« Er meinte die Predigt des Papstes, die den Journalisten immer einige Stunden bevor sie gehalten wird zur Verfügung gestellt wird. Ich las sie und war vollkommen sicher, dass es ein Fehler war. Papstsprecher Matteo Bruni lief in diesem Augenblick zufällig gerade vor mir her. Ich fragte ihn: »Habt ihr da ausgerechnet am Tag des Begräbnisses die falsche Rede geschickt?«

Er sah mich einen Augenblick lang eindringlich an und sagte dann: »Nein, Andreas. Das ist die richtige Rede.«

In diesem Augenblick wurde mir klar, dass ich gerade dabei war, eine der unglaublichsten Überraschungen in meinen 35 Jahren im Vatikan zu erleben. Was an diesem Morgen geschehen würde, hatte keiner von uns »Vaticanisti« in Zweifel gezogen. Joseph Ratzinger war tot. Papst Franziskus musste seinen Vorgänger, mit dem er sich so lange heftigste Auseinandersetzungen geliefert hatte, vor den Augen der ganzen Welt während eines Totengottesdienstes ehren. Wir waren uns sicher gewesen, dass der Papst an diesem Vormittag in seinen Reden so tun würde, als habe er ein inniges und herzliches Verhältnis mit ihm gepflegt und als habe er diesen deutschen Theologen, der ihn häufig bis aufs Messer bekämpft hatte, in Wirklichkeit über alle Maßen geschätzt. Keiner von uns hatte auch nur entfernt an die Möglichkeit gedacht, dass es anders sein könnte. Wir alle gingen davon aus, dass der Papst gar keine andere Wahl hatte. Die Welt erwartete das von ihm, die Kirche erwartete das von ihm, die Anhänger von Benedikt XVI. und die Staatsvertreter erwarteten das von ihm. Schließlich saßen auch der deutsche Bundespräsident, der deutsche Bundeskanzler, die spanische Exkönigin Sofia und der belgische König Philippe auf dem Platz. Franziskus musste eine warme persönliche Rede halten, die an den ehemaligen Papst erinnern würde, der im Jahr 2005 hier, genau an derselben Stelle, die Predigt in der Totenmesse von Papst Johannes Paul II. gehalten hatte. Joseph Ratzinger hatte in seiner Rede die Stationen im Leben von Johannes Paul II. nachgezeichnet, er hatte daran erinnert, dass der Herr ihn gerufen hatte, in das Amt des Priesters, des Bischofs, des Papstes. Ratzinger hatte seine Predigt darauf aufgebaut, den Gehorsam von Johannes Paul II. zu beschreiben.

Gegen Ende der Predigt hatte er einen zutiefst emotionalen Satz gesagt, der damals die über eine Million Teilnehmer dieses Gottesdienstes, auch mich, zu Tränen gerührt hatte. Er hatte gesagt, dieser tote Papst stehe jetzt am Fenster des Hauses Gottes und schaue auf die Menge herab. Damals war eine Stille über diesen Platz gesunken, die einzigartig gewesen war. Ich hatte mir ausgemalt, wie Papst Franziskus in seiner Predigt ansetzen würde, und das wäre kein großes Problem gewesen, denn Joseph Ratzinger hatte den größten Teil seines Lebens in Rom verbracht. Hier war deutlich sein Leben dokumentiert, als Chef der Glaubenskongregation, dann seine überraschende Wahl zum Papst und dann vielleicht noch überraschender der historische Rücktritt, der für die einzigartige Situation im Vatikan sorgte, dass plötzlich zwei Päpste nebeneinander lebten. All das gab mehr als genug Stoff für eine sensationelle Predigt. Papst Franziskus konnte sich sicher sein, dass an diesem Vormittag ihm ein Großteil der Welt zuhören würde. Seine Entscheidung war dramatisch, unglaublich mutig und so einzigartig, dass ich mich frage, ob je wieder ein Papst in einem solchen Moment die Courage aufbringen könnte, einen solchen Entschluss zu fassen.

Franziskus beschloss, sich nicht zu verstellen, trotz des Drucks, trotz des Anlasses, trotz des Sargs seines Vorgängers, der vor ihm stand, und trotz der Trauernden. Er hielt eine theologische Rede, eine Rede, die er zu jedem anderen Anlass hätte halten können, in der sein Vorgänger, der Präfekt der Glaubenskongregation, der Papst des historischen Rücktritts, kaum vorkam. Ein einziges Mal, ganz zum Schluss, erwähnte er Joseph Ratzinger und sagte: »Benedikt, treuer Freund des Bräutigams, möge deine Freude vollkommen sein, wenn du seine Stimme endgültig und für immer hörst.«

Dieser Satz machte etwa ein Prozent der ganzen Predigt aus. Die Überraschung auf dem Petersplatz war zum Greifen. Stille herrschte, unter vielen Mitstreitern des Joseph Ratzinger eine geradezu bleierne Stille. Kein Wort des Dankes, keine Ehrung des Theologen, nicht einer seiner Kerngedanken, nicht einmal der, den jeder im Kopf hat, wenn er an den ehemaligen Papst denkt, nämlich: »Wer glaubt, ist nie allein«, hatte den Weg in diese Predigt gefunden. Aus Sicht seiner Anhänger war das überhart. Seltsamerweise sollten die Politiker, die nach dem Gottesdienst ihre Kommentare abgaben, auch Bundespräsident Frank-Walter Steinmeier und der bayerische Ministerpräsident Markus Söder, immer nur von der herzlichen Atmosphäre und dem feierlichen Gottesdienst sprechen. Dass der Papst in seiner Predigt Benedikt so gut wie nicht erwähnt hatte, übergingen sie. Auch ich war getroffen, überrascht, aber ich muss ganz ehrlich sagen: Wenn ich jemals einen Menschen eine wirklich unfassbar mutige Rede habe halten hören, mit einer geradezu schonungslosen Ehrlichkeit, dann war das an diesem Tag. Ich bin mir sicher, dass es Franziskus schwergefallen ist. Sie waren anderer Meinung gewesen, sie hatten an völlig anderen Fronten gekämpft.

Eine Epoche ging jetzt zu Ende. Papst Franziskus hatte sein Amt in einer historisch einzigartigen Situation angetreten, ein zurückgetretener Papst hatte mit ihm im Vatikan gelebt und ihm einen erbitterten Kampf mit der Hilfe seiner Getreuen geliefert. Jetzt war diese einzigartige Phase in der Geschichte der Kirche zu Ende. Sie hatte Papst Franziskus alles abverlangt, sein ganzes Pontifikat geprägt. Die Kämpfe waren hart gewesen, seine Versuche, den Zölibat schrittweise abzuschaffen, waren am Widerstand der Ratzinger-Anhänger gescheitert, und auch seine Bemühungen, wiederverheirateten Geschiedenen den vollständigen Zugang zu den Sakramenten zu verschaffen, waren torpediert worden. Der Papst der Armen hatte einstecken müssen, und genau das würde seinen Platz in der Geschichte sichern. Vielleicht wären schon vor langer Zeit Historiker auf die Frage gekommen: Was würde im Vatikan eigentlich geschehen, wenn ein traditionsbewusster Papst zurücktreten sollte und ein Reformer sein Nachfolger würde? Die Antwort auf diese Frage hat Papst Franziskus in das dicke Buch der langen Geschichte der katholischen Kirche geschrieben.

Personenregister

Kursiv gesetzte Ziffern beziehen sich auf den Bildteil.

Abdullah II. (jord. König) 136

Alexander VI. (Papst) 79, 155

Alfieri, Carmine 234

Ali (Schwiegersohn Mohammeds) 237

Andreas (Apostel) 133, 305

Anna (Heilige) 315

Antonij von Wolokolamsk (russ.
Metropolit) 331

Assad, Baschar al- 327

Athenagoras I. (orth. Patriarch) 133

Augustinus (Kirchenvater) 111

Augustus (röm. Kaiser) 103

Ayad, Nanssy 292

Aziz, Tariq 277

Baballos, Ragheed 292

Bailey Wells, Joanne Caladine 335

Bartholomaios I. (orth. Patriarch) 23,
133, 178, 180 f.

Bathdadi, Karim 63 f.

Bätzing, Georg 9–11, 13–15, 348

Benedikt XI. (Papst) 79

Benedikt XII. (Papst) 105

Benedikt XIV. (Papst) 99

Benedikt XV. (Papst) 80, 113

Benedikt XVI. (Papst) 4, 17, 26, 28,
41–49, 53–59, 61 f, 65–67, 69–71,
73 f., 76–78, 81, 84, 91–97, 100,
106, 110 f., 116, 118, 125, 130–139,
148 f., 160, 170, 175, 196 f., 202–
204, 206 f., 219, 243, 252, 255, 269,
300, 314, 319, 324, 330, 342–344,
349–363

Bertone, Tarcisio 44, 63

Boff, Leonardo 93

Bonaventura (d.i. Giovanni Fidanza)
111

Bonifatius VIII. (Papst) 43, 79, 91,
104, 154 f., 171

Brandmüller, Walter 206, 208

Bronson, Chekotah 315

Buddha 50, 215

Burckard, Johannes 79

Burke, Greg 226

Burke, Raymond 206 f.

Bush, George W. 62, 170

Caffarra, Carlo 207

Cañizares Llovera, Antonio 208

Cardenal, Ernesto 167, 270

Cardenal, Fernando 167
Castro, Fidel 166
Castro, Raúl 21
Charamsa, Krzysztof 174–176
Clemens VII. (Gegenpapst) 204
Clemens XIV. (Papst) 129
Clemens, Josef 77, 97, 351–354, 356
Clerasky, Eileen 307
Clinton, Bill 319
Coelestin V. (Papst) 43, 91
Copenot, Guy 182
Cordes, Paul Josef 208

Degollado, Marcial Maciel 83 f.
Domitian (röm. Kaiser) 129

Eichmann, Adolf 135
Elizabeth II. (brit. Königin) 32
Erdoğan, Recep Tayyip 39
Farnese, Giulia 79
Fernández de Kirchner, Cristina 37
Ferrer, Luis Ladaria 12
Fisichella, Rino 109
Fitzgerald, Michael 49
Franz von Assisi 128, 323
Friedrich III. (röm.-dt. Kaiser) 102

Galilei, Galileo 17, 299 f.
Gamble, David 57 f., 307 f.
Gänswein, Georg 97 f., 139, 360
Gantz, Menachem 277
Gautama, Siddharta, siehe Buddha
Gorbatschow, Michail 100, 189
Grande, Rutilio 165 f.
Gratteri, Nicola 234
Gregor der Große (Papst) 154 f.
Groër, Hans Hermann 108, 174, 197

Hamel, Jacques 182
Harvey, James Michael 98, 149

Hieronymus II. (griech.-orth.
    Patriarch) 177, 180 f.
Hitler, Adolf 115
Honorius III. (Papst) 128
Humbert von Silva Candida 133
Hummes, Cláudio 208
Hussein, Saddam 278

Irenaeus von Lyon 111

Jalics, Franz 38
Jesus von Nazareth 49 f., 127,
    155 f., 161, 195, 201, 243, 269
Johannes XXIII. (Papst) 42, 58, 80,
    82, 99, 127, 137, 323
Johannes Paul I. (Papst) 81, 173
Johannes Paul II. (Papst) 10, 17,
    21, 28, 36 f., 41, 43 f., 53, 56,
    65–67, 81, 83, 89, 92–94, 100,
    107 f., 113, 116–120, 126, 129–131,
    133 f., 136 f., 140, 145, 154–156,
    159–161, 173 f., 185–187, 190 f.,
    208, 213, 229, 232, 238, 270 f.,
    299–301, 319, 323–326, 332,
    339–345, 352, 354–356, 359–362
Julius II. (Papst) 80

Karl der Große (röm.-dt. Kaiser)
    102
Karl V. (frz. König) 204
Kasper, Walter 57, 208
Kesselring, Albert 115
Khala, Sairi 292 f.
Kirchner, Néstor 37
Klitschko, Vitali 22
Koch, Kurt 335
Kolumbus, Christoph 81
Konstantin (röm. Kaiser) 104
Kopernikus, Nikolaus 299
Kopp, Matthias 10

Kowalska, Maria Faustyna 156–159
Krajewski, Konrad 8, 28 f.
Kyrill (russ.-orth. Patriarch) 21 f., 31,
    325, 327, 329, 331, 336

Lahl, Oliver 11
Lahouaiej-Bouhlel, Mohamed 182
Law, Bernhard 108
Lehmann, Karl 10
Leo III. (Papst) 102
Le Pen, Marie 116
Leviné, Eugen 114
Lombardi, Federico 70
López Trujillo, Alfonso 93, 168

Macnab, Corinne 309
Madhhi, Odedel 292
Mandela, Nelson 303
Maria (Muttergottes) 315 f.
Marini, Guido 75, 101
Martin V. (Papst) 79, 204
Martini, Carlo Maria 38, 78
Martino, Renato Raffaele 208
Marx, Reinhard 208
Meisner, Joachim 206, 208
Merkel, Angela 319
Michelangelo (d.i. Michelangelo
    Buonarroti) 105
Mohammed 48, 50, 178 f., 237 f.
Montini, Giovanni Battista,
    siehe Paul VI. (Papst)
Morales, Evo 96, 314
Müller, Gerhard Ludwig 207 f.
Mussolini, Benito 80

Nagit, Suhair 35 f., 289 f.
Al Nahyan, Muhammad bin
    Zayid 238 f.
Namashalua, Carmelita 72 f.
Navarro-Valls, Joaquín 136, 339, 355

Nervi, Pier Luigi 108
Nikolaus V. (Papst) 102

O'Flaherty, Hugh 158
Obama, Barack 62, 231
Opeka, Pedro 24
Orbán, Viktor 116
Ottaviani, Alfredo 158

Pacelli, Eugenio, siehe Pius XII.
    (Papst)
Paul IV. (Papst) 13
Paul VI. (Papst) 44, 58, 81 f., 99, 105,
    133, 163 f., 173, 229, 305
Paulus (Apostel) 65, 127, 208
Pell, George 208
Perón, Juan 29 f., 93
Petrus (Apostel) 52, 65, 208
Philip (brit. Prinz) 32
Pinturicchio (d.i. Bernardino
    di Betto di Biagio) 79
Pius III. (Papst) 80
Pius VI. (Papst) 171
Pius IX. (Papst) 112, 227 f., 298
Pius X. (Papst) 80, 88, 113, 228
Pius XI. (Papst) 58, 80, 113 f.
Pius XII. (Papst) 42, 44, 58, 80,
    114 f., 129, 244, 298
Politi, Marco 46
Popiełuszko, Jerzy 94, 168
Provenzano, Bernardo 233
Pujats, Jānis 208
Putin, Wladimir 22, 31, 327, 329,
    335

Quarracino, Antonio 52

Raffael (d.i. Raffaello Sanzio da
    Urbino) 80
Rajoelina, Andry 257

Ratzinger, Joseph, *siehe* Bene-
    dikt XVI. (Papst)
Razafiarivony, Berthine 257
Reagan, Ronald 229
Riva, Vinicio 6
Roberts, Evelyn 317–319
Romero, Óscar *18*, 45, 94, 122, 161,
    163–170, 229

Sada, Bubhi 292
Saido, Khaleda 292
Salvini, Matteo 116
Sapienza, Leonard 85 f.
Saraiva Martins, José 168
Schneider, Athanasius 201, 330
Schönborn, Christoph 108, 196 f., 208
Scola, Angelo 44
Seeseequasis, Elizabeth 308
Seifert, Josef 209
Skorka, Abraham 57
Sodano, Angelo 146, 197
Somoza Debayle, Anastasio 166, 229
Stephanus (Diakon) 52 f.
Sulaiman, Basma 292
Suu Kyi, Aung San *21*, 71, 212

Tarqua, Maria 54 f.
Tauran, Jean-Louis 74

Tayyib, Ahmad Mohammad al- *33*,
    238, 241 328 f., 336
Thomas von Aquin 165
Tilke, Karl 246, 247
Totalik, Lena 321 f.
Traettino, Giovanni 60 f.
Trudeau, Justin 306
Trump, Donald 116, 227, 229–231

Urban VI. (Papst) 204

Waghelstein, John David 170
Weizsäcker, Ernst von 115
Williamson, Richard 57, 84
Woelki, Rainer Maria 11–14, *13*
Wojtyła, Karol, *siehe* Johannes
    Paul II. (Papst)
Wolff, Karl 115
Wyszyński, Stefan 154

Xi Jinping 327

Yellowfly, Alphina 308 f.
Yorio, Orlando 38

Zen Ze-kiun, Joseph 208
Zollitsch, Robert 47 f.
Zollner, Hans *8*, 249

Bildnachweis

Getty Images: 4 (Gamma-Rapho/Maurix), 5 (AFP/Alessandro Bianchi), 24 (AFP/Rijasolo), 25 (AFP/Gianluigi Guercia), 30 (NurPhoto/Giuseppe Ciccia), 34 (AFP/Osservatore Romano)

Imago: 1 (Ulmer/Lingria), 26, 28 (Independent Photo Agency Int./Vatican Media/Catholic Press Photo), 27 (Zuma Wire)

KNA: 11 (Francesco Pistilli), 13, 14 (Vatican Media/Romano Siciliani), 18 (Ernst Herb)

picture alliance: 2 (dpa/Valdrin Xhemaj), 3, 19 (dpa/Osservatore Romano), 6 (dpa/Claudio Peri), 7, 8 (AP Images/Osservatore Romano), 9 (AP Images/Andrea Bonetti), 10 (dpa/Osservatore Romano/Eidon), 12 (EPA-EFE/Vincenzo Pinto), 17 (abaca/Eric Vandeville), 20 (AP Images/Oded Balilty), 21 (AP Images/Max Rossi), 22 (Reuters/Yara Nardi), 23 (dpa/Maxppp/Donatella Giagnori/Eidon), 29 (AP Images/Andrew Medichini), 31 (EPA-EFE/Alexei Druzhinin/Sputnik/Kremlin), 32 (abaca/IPA/abaca)

privat: 15, 16, 33